道路工程专论

（第二版）

张金喜 等 编著

科学出版社

北京

内 容 简 介

本书吸纳了国内外道路工程方向的最新研究成果,以专题的方式系统地介绍了道路工程从设计、施工、使用、养护到道路使用性能评价的理论和方法,阐述了相关领域研究现状和发展趋势。主要内容包括:道路工程发展简史、道路线形设计理论与方法、路基路面设计与施工、道路景观与多功能路面、道路工程病害及防治方法、道路养护与技术状况评价、道路与交通安全、国外沥青路面设计方法简介。

本书可作为交通运输工程和土木工程专业(道路工程方向)研究生及本科生的教材和教学参考书,也可供交通、城建、公安等部门从事设计、施工和管理工作的技术人员参考。

图书在版编目(CIP)数据

道路工程专论/张金喜等编著. —2 版. —北京:科学出版社,2019.6
ISBN 978-7-03-060384-5

Ⅰ.①道… Ⅱ.①张… Ⅲ.①道路工程 Ⅳ.①U41

中国版本图书馆 CIP 数据核字(2019)第 006733 号

责任编辑:周 炜/责任校对:郭瑞芝
责任印制:吴兆东/封面设计:陈 敬

科学出版社出版
北京东黄城根北街 16 号
邮政编码:100717
http://www.sciencep.com

北京虎彩文化传播有限公司印刷
科学出版社发行 各地新华书店经销
*
2010 年 2 月第 一 版 开本:720×1000 B5
2019 年 6 月第 二 版 印张:30 1/4
2019 年 6 月第一次印刷 字数:607 000
定价:168.00 元
(如有印装质量问题,我社负责调换)

第二版前言

道路工程具有悠久的发展史,其技术水平伴随人类的生产和生活活动而进步和提高。自19世纪后期发明汽车、充气轮胎和碎石路面以来,道路工程建设技术从设计、施工、使用、养护到路面技术状况评价,均已形成完善的理论和方法,促进了现代道路交通运输事业的发展,成为国民经济建设和发展的重要支柱。自20世纪80年代以来,我国道路交通事业快速发展,仅用三十多年的时间就完成了发达国家近百年的发展历程,在道路工程建设方面,道路设计、施工和管理均形成了比较完善的理论和方法,以及相对独立、完整、成熟的科学体系。

道路工程是我国高等教育中交通运输工程学科、土木工程学科的核心教学内容,也是我国交通运输工程和土木工程领域的重要工作内容。相关学科在本科生阶段都开展了道路勘测设计、路基路面工程、道路工程检测等系列课程教学工作,为本科生从事道路工程领域相关工作奠定基础。道路工程是一个庞大的体系,涉及道路工程的设计理论、设计方法、施工方法、道路建筑材料、道路病害和处治、路面养护和管理等,这些内容都是当代道路工程工作者所应具备的必要知识。但由于教学体系、课程学时等客观因素的影响,目前大部分本科生课程还只限于道路勘测设计和路基路面工程,而对道路工程病害与维修、路面性能评价、道路景观设计等内容介绍较少。另外,道路工程技术日新月异,新的理论、技术和方法层出不穷,道路工程技术研究也在不断地深入。对道路工程技术发展方向的把握、对不同国家技术的了解同样也是道路工程工作者的必备素质。

基于以上目的,根据我国研究生教育特点,以我国道路工程领域国家和部门的相关技术标准和规范为依据,参照研究资料,作者于2010年编著出版了《道路工程专论》。该书面向交通运输工程、土木工程学科硕士和博士研究生,以专论的方式就道路工程领域的相关问题进行介绍,并在"为什么这么做"、"如何做"、"将来要怎么做"等方面进行详细介绍。

《道路工程专论》出版至今已经有8年的时间。8年来我国道路交通基础设施建设又有了较大的飞跃,不论是国家道路网规划,还是国家标准和规范建设均有较大的变化,工程建设水平和成果也有较大的进步,高速公路里程已经稳居世界第一位。面对新形势,在北京工业大学研究生课程建设重点项目"道路工程专论"的支持下,对《道路工程专论》进行了修订,主要包括:补充修订我国道路工程建设的规划、建设成果等内容和数据;根据新版标准和规范修订道路线形设计、沥青路面设计、道路路面养护评价等方面的内容和数据;对部分内容进行调整和删减。修订后的《道路工程专论》(第二版)能够反映道路工程领域发展现状,具有更好的应用性。

　　本次修订工作由北京工业大学张金喜负责,北京工业大学苗英豪、魏中华参与了修订工作。

　　本书的编写和修订工作均是在北京工业大学研究生课程建设重点项目"道路工程专论"资助下完成的。在此表示衷心感谢。

　　由于作者水平有限,书中难免有疏漏及不足之处,敬请专家和学者指正,并希望有关院校师生及读者提出宝贵意见,以便及时修改完善。

作　者

2018 年 10 月于北京工业大学

第一版前言

道路工程具有悠久的发展史,道路工程技术水平伴随人类的生产和生活活动而进步和提高。自19世纪后期发明汽车、充气轮胎和碎石路面以来,道路工程建设技术从设计、施工、使用、养护到路面技术状况评价,均已形成完善的理论和方法,促进了现代道路交通运输事业的发展,成为国民经济建设和发展的重要支柱。自20世纪80年代以来,我国道路交通事业快速发展,仅用二十多年的时间就完成了发达国家半个多世纪的发展历程,在道路工程建设方面,道路设计、施工和管理均形成了比较完善的理论和方法,形成了相对独立、完整、成熟的科学体系。

当前,我国道路工程学科的教学工作得到广泛开展,在交通运输工程和土木工程专业(道路工程方向)的本科生教育阶段基本完成道路勘测设计和路基路面工程的教学活动,为本科生从事道路工程领域相关工作奠定了基础。道路工程是一个庞大的体系,涉及道路工程的设计理论、设计方法、施工方法、道路建筑材料、道路病害和处治、路面养护和管理等,这些内容都是当代道路工程工作者所应具备的必要知识。但由于教学体系等客观因素的影响,目前大部分本科生课程还只限于道路勘测设计和路基路面工程,对道路工程病害与维修、路面性能评价、道路景观设计等内容介绍较少。另外,道路工程技术日新月异,新的理论、技术和方法层出不穷,道路工程技术研究也在不断地深入。对道路工程技术发展方向的把握、对不同国家技术的了解同样也是道路工程工作者必备的素质。

基于以上目的,根据我国研究生教育特点,以我国道路工程领域国家和部门的相关标准和规范为依据,参照现行教材、研究资料,编写了本研究生教材。对于本科生阶段已经讲授的内容,本教材以"为什么这么做"、"如何做"、"将来要怎么做"等为着眼点进行论述,对本科生阶段未进行系统介绍的内容,本教材同样以上述内容为着眼点进行系统介绍。此外,本教材对国内外的相关道路设计理论进行了阐述,包括编者的最新研究成果。希望读者阅读本教材后了解道路工程的过去、现状和将来,达到理论与实践、技术和方法的同步提高。

全书共8章,北京工业大学张金喜编写第1、5、6、8章及第2章和第4章的部分内容,贺玉龙编写第7章及第2章的部分内容,苗英豪编写第3章,魏中华编写第4章的部分内容,全书由张金喜统稿。

本书在编写过程中参阅了相关专著、教材和研究资料,由于条件所限,不能与原著者一一联系,引用与理解不当之处,敬请谅解。

　　本书是在北京工业大学研究生课程建设重点课题"道路工程专论"资助下完成的。在本书编写过程中,北京工业大学博士研究生金珊珊、王书云,硕士研究生林翔、孔静静、陈炜林、陈春珍、范猛、李爽、赵恩强、张晨等协助进行了资料的收集和分析工作。日本岩手大学工学部藤原忠司教授、美国亚利桑那州交通局李永奇博士、美国田纳西大学土木和环境工程系黄宝山副教授为本书的编写提供了大量素材。在此对为本书的出版提供帮助的部门单位和专家学者表示衷心感谢。

　　由于作者水平有限,书中难免有疏漏及不足之处,敬请专家和学者指正,并希望有关院校师生及读者提出宝贵意见,以便及时修改完善。

作　者

2009 年 8 月于北京工业大学

目 录

第1章　道路工程发展简史

1.1　道路及其重要性

1.1.1　什么是道路

我国著名的革命家、思想家和文学家鲁迅先生在他的《故乡》一文中写道:"其实地上本没有路,走的人多了,也便成了路"。这句话虽然是鲁迅先生以"路"的形成方式来描述对人生理想、希望和人生出路的思考和探索,但同时也准确、科学地描述了道路的起源和发展特点。道路伴随人类生产和生活活动而产生,促进了人类社会的进步和发展,是历史文明的象征、科学进步的标志之一。

原始的道路是指由人踩踏而形成的小径。东汉训诂书《释名》解释道路为:"道,蹈也,路,露也,人所践蹈而露见也"。由道路一词的起源可以看出,道路是伴随人类活动而产生的,也必会随着人类活动的扩大而扩大,随着人类生产和生活活动的改变而改变。在远古的尧舜时代,道路曾被称作"康衢"。西周时期,人们曾把可通行三辆马车的地方称作"路",可通行两辆马车的地方称作"道",可通行一辆马车的地方称作"途"。"畛[zhen 枕]"是老牛车行的路,"径"是仅能走牛、马的乡间小道。秦始皇统一中国后,"车同轨",兴路政,最宽敞的道路称为驰道,即天子驰车之道。唐朝时筑路五万里,称为驿道。后来,元朝将路称作"大道",清朝按不同等级称道路为"官马大路"、"大路"、"小路"等。

1902 年中国开始有了两辆汽车,作为稀有之物只供统治者玩赏之用。北洋政府时期(1912~1928 年)现代公路建设处于萌芽状态,而"公路"一词的出现,有据可考者,是 1920 年广东省成立"公路处",以后各地相继沿用,其词的来源是由外文"public road"翻译而来,至今被我国作为标准用语普遍采用。罗马帝国时代修建的罗马大道网,以 29 条主干道为主,全长约 660km,修建的道路路面高于地面,主要干道平均高出地面 2m 左右,以利瞭望保障行车安全,因此,成为现代英语所袭用的"highway"一词的来源。汽车发明后,汽车性能不断改善,在速度、安全和舒适方面提出了更高的要求,原来的道路条件已不能适应形势的发展,因而高速公路开始出现,在英国称"motorway",美国称"freeway",德国称"Autobahn",日本称"高速道路"。自第二次世界大战以来,高速公路已成为公路现代化的重要标志。

现代意义上的"道路"包括公路和城市道路等不同的类型。据史料记载,大致在周朝(公元前1046～前256年)时期,政府管理者已经把道路分为市区和郊区部分,前者称为"国中",后者称为"鄙野",分别由名为"匠人"和"遂人"的官吏进行管理,可以说是现代城市道路和公路划分的先祖。城市道路的规划分为"经、纬、环、野"四种,南北之道为经,东西之道为纬,都城中有九经九纬,呈棋盘形,围城为环,出城为野。郊外道路分为路、道、涂、畛、径五个等级。历经秦、汉、唐、宋、元、明、清各代,城市道路的功能和建设标准更加明确,出现了街、巷、坊、弄、胡同等具有城市道路特点的道路名称。唐朝长安城内有11条南北大街,14条东西大街,把全城划分为一百多个整齐的坊市。皇城中间的南北大街称为承天门大街,视野开阔,连接12座城门的有6条大街。到了宋和辽、金时期,在城市道路建设与交通管理方面,实现了街和市的有机结合。城内大道两旁,第一次成为百业汇聚之区。北宋的都城汴京,中心街道称作御街,宽200步,路两边是御廊。北宋政府改变了周、秦、汉、唐时期居民不得向大街开门、不得在指定的市坊以外从事买卖活动的旧规矩,允许市民在御廊开店设铺和沿街做买卖。为活跃经济文化生活,还放宽了宵禁,城门关得很晚,开得很早。御街上每隔两三百步设一个军巡铺,铺中的防隅巡警白天维持交通秩序,疏导人流、车流;夜间警卫官府商宅,防盗、防火,防止意外事故发生。

因此,道路是人类社会发展的产物,是社会进步和发展的基础,道路技术的发展和进步改善了人类的生产和生活环境,提高了人类生活质量,极大地促进了人类社会的进步。科学技术的进步是道路工程技术进步的原动力,道路工程及其技术的产生和发展有其自身的规律,采用先进的科学技术发展道路工程,可以为人类社会的发展做出更大的贡献。

1.1.2　道路工程的重要作用

道路是人类社会发展和进步的垫脚石,这充分说明了道路工程在人类社会发展中的重要作用。历史上也不乏因为道路建设的发展或缺失而导致社会变革的例子。

战国时期(公元前475～前221年),各国之间车战频仍、交往繁忙,道路的作用显得日益重要,甚至一国道路的好坏,成为其兴亡的征兆。《国语》载有东周单子经过陈国时,看见其国道路失修,河川无桥梁,旅舍无人管理,预言其国必亡,后来果然应验。

秦蜀之间修建金牛道的故事也说明了道路建设的重要作用。在秦朝之前,蜀国还没有通往外界的比较像样的陆路通道。战国后期,秦国日益强大,南攻蜀国,东击巴国,出三峡以图楚国。巴、蜀沃野千里,物产富饶,秦垂涎已久。但蜀有剑门之险,巴有江河之阻,道路崎岖,运输艰难,征伐很不容易。后来,秦惠文王采纳大将司巴错的计策,诈言秦得天降石牛,夜能粪金,秦王写信给蜀王愿与蜀国友邻,馈赠宝物石牛给蜀王,请开道迎接回去。蜀王开明氏素性贪欲,便派大量劳工在大、小剑山、五丁峡一带峭壁处,日夜劈山破石凿险开路,以便进入秦国迎回石牛。秦国等蜀国开通道路后,就暗派大军长驱直入,蜀国由于开凿蜀道耗费巨大的财力和人力,国力下降,加上对秦国没有防备,前线军队又寡不敌众,在葭萌一战中大败,蜀国随之灭亡。

周朝之后,直至元、明、清各代,道路交通网络的建设在巩固国防、加强统治、对外经济交往、民族和国家间的交流等各方面具有举足轻重的作用。周道沿途地区不仅是周、秦、汉、唐时期的政治经济文化重心,而且在以后的宋、元、明、清时期,以周道为轴线的交通线仍然是横贯东西的大动脉,在我国经济文化发展的历史上起到了奠基性的作用。

秦始皇统一中国后,实现了"车同轨",把过去错杂的交通路线加以整修和连接,修筑了以驰道为主的全国交通干线,加强了对各国的统治,建立了比较稳定的、统一的封建政权。汉朝时开辟的"丝绸之路",东以长安(今西安)为起点,沿渭水西行,过了黄土高原,通过河西走廊到达敦煌。由敦煌西行分成南、北两条道路,经过阿富汗、伊朗和中亚诸国,再过地中海,最后到达丝绸之路的终点——古罗马的首都罗马城和意大利的威尼斯。陆上丝绸之路这条国际通道的开辟,有着极为深远的意义。它经过中亚、西亚,可与东南欧及北非的交通线相衔接,构成了世界性的东西大商道。不仅在两汉时期,而且在唐、宋、元、明时期,它始终发挥着重要作用,成为古代东、西方文明联系的主要纽带。

唐、宋、元、明各时期均在过去的道路建设基础上有所提高。元、明、清时期建成了以北京为中心的、稠密的驿路交通网。驿路干线辐射到全国的四面八方。特别是元代,其地域辽阔,综合拓展了汉唐以来的大陆交通网,进一步覆盖了亚洲大陆的广阔地区,包括阿拉伯半岛。同汉唐时期的丝绸之路比较起来,元、明道路规模更大,效率更高,发挥着更为直接的重要作用。

清朝是我国最后一个封建王朝,奠定了近代中国的基本疆域。虽然,就交通工具、交通设施、交通动力、交通管理来说,比起以前朝代,除了量的变化外,没有什么质的突破,但是经过清朝政府的多次整顿,全国道路布局比以往任何时候都更加合理而有效。清朝建设了"官马大路"、"大路"、"小路"等不同等级的道路,从而形成了以"官马大道"为主干,由官马北路系统、官马西路系统、官马南路系统和官马东路系统组成的全国道路交通网络。这些道路交通网络系统的建立,在开发清代北疆、捍卫我国北部边疆、对外经济和文化交流、巩固清朝统治等方面发挥了重要的战略作用。清政府通过这些道路,实现了对全国各省、各市、各县、各乡镇乃至自然村落的政治和经济的统治,全国各地各民族人民也通过这个庞大的道路交通网络,实现了经济、文化等各方面的交流。

随着运输工具的现代化和人们交往的日益扩大,道路交通的作用更加重要。道路是人们生活、学习、工作、旅游等出行的通道,是旅客、货物中转和集散的最主要途径。道路是城乡结构的骨架,是城市建设的基础。道路又是抵御自然灾害的通道,是在自然灾害和战争时人员集散的场地。总之,道路是社会发展的基础产业,是经济发展的先行设施,在工农业生产、国土开发、国防建设、旅游事业等国民经济和社会发展各个方面发挥了举足轻重的作用。

1.2　国外道路发展简史

1.2.1　西方古代道路

公元前 1900 年前,亚述帝国曾修筑了从巴比伦辐射出的道路,今天在巴格达和伊斯法罕之间仍留有遗迹。传说非洲古国迦太基人(公元前 8 世纪~前 146 年)曾首先修筑有路面的道路,后来为罗马所沿用。

罗马帝国大修道路对维护帝国的兴盛起到了很大的作用。由首都罗马通过修建道路和意大利、英国、法国、西班牙、德国、小亚细亚部分地区、阿拉伯及非洲北部连成整体,以维持在该地区的统治地位;并把这些区域分成 13 个省,有 322 条联络干道,总长度达 78000km(52964 罗马里)。罗马大道网以 29 条主干道为主,其中最著名的一条是由罗马东南方向越过亚平宁山脉通往布林迪西的阿庇乌大道(亦译亚平大道),全长约 660km,开始兴建于公元前 400 年前后,用了 68 年的时间,完成后起到沟通罗马与非洲北部和远东地区的作用。罗马大道常常不顾地形的艰险,恒以直线相连,工程浩大,至今尚留有隧道、桥梁、挡土墙的遗迹(图 1.1)。其中若干主要军用大道宽达 11~12m,中间部分宽 3.7~4.9m,用硬质材料铺砌成路面,以供步兵使用,两边填筑了高于路面的宽约 0.6m 的堤道,可能是为军官指挥之用,外侧每边尚有 2.4m 宽的骑兵道。其施工方法是先开挖路槽,然后分四层用不同大小的石料并用泥浆或灰浆砌筑,总厚度达 1m。路面的式样也不尽相同,较高级的阿庇乌大道,曾用自 160km 以外运来的边长 1~1.5m 的不整齐石板,镶砌于灰浆之中。有些道路是用大理石方块或用厚约 18cm 的琢石铺砌。罗马帝国的道路建设之所以有如此辉煌的成就,主要原因之一在于统治者的重视,道路的主持者是高级官吏,道路的最高监督有至高的权威和荣誉,如恺撒(公元前 102 或公元前 100~前 44 年)是第一个任此职者,从此以后只有执政官级别的人才有资格充当。正因为道路建设对罗马帝国的兴盛起着很大的作用,罗马人修建了凯旋门,纪念诸如恺撒、图拉真等的筑路功绩。随着罗马帝国的衰亡,道路建设也随之衰落。可以说,国家的兴衰和道路的状况有着密切的联系。

图 1.1　古罗马人建造的道路遗迹

1.2.2　西方近代道路

　　首先用科学方法改善道路施工的是拿破仑时代法国工程师特雷萨盖,由于他的努力,筑路技术向科学化和近代化迈出了第一步。他曾于 1764 年发表新的筑路方法,10 年后在法国获得普遍采用,主要特点是减小了路面的厚度,底层用较大的石料竖向铺筑,用重夯夯实;其上同样铺成第二层后,再用重夯夯击并将小石块填满大孔隙;最上层撒铺坚硬的碎石,罩面形成有拱度的厚约 7.5cm 的面层。他重视养护,被认为是首先主张建立道路养护系统的人,在他的影响下,法国的筑路精神重新受到了鼓舞。这使得法国在拿破仑当政期间(1804~1814 年),建成了著名的法国道路网。因而当时法国尊称特雷萨盖为现代道路建设之父。

　　英国的苏格兰工程师特尔福德于 1815 年修建道路时,采用一层式大石块基础的路面结构,即先将路基做成拱形,用厚 15~20cm(6~8in①)、宽 13~25cm(5~10in)、长 13~38cm(5~15in)的大石块铺砌在路基上,用铁锤将小石块打入石块之间,然后摊铺薄碎石层并用 12t 以上滚压机压实。最后摊铺 7.5cm(3in)以上的碎石层,用滚压机压实并撒铺石屑作为道路面层。该种结构宜用于软基道路。图 1.2 为特尔福德式路面结构形式示意图。

　　1816 年,英国的另一位苏格兰工程师马卡丹对碎石路面作了认真的研究,认为路面损坏的原因主要是选用材料不良,准备工作不够,铺筑工艺欠精及设计不合理等。他主张取消特尔福德所发明的笨重的大石块基础而代之以小尺寸的碎石材料,用两层 10cm 厚的 7.5cm 大小的碎石,上铺一层 2.5cm 的碎石作为面层获得成功,因而今天仍将这种碎石路面称为马卡丹路面。他首先科学地阐述了路面结构

---

①　1in=2.54cm,下同。

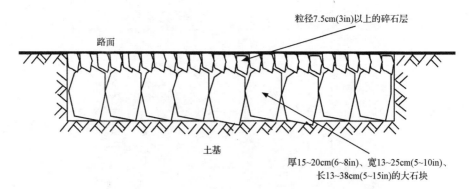

图 1.2　特尔福德式路面结构形式示意图

的两个基本原则,至今仍为道路工作者所肯定:一是道路承受交通荷载的能力主要
依靠天然土路基,并强调土路基要具备良好的排水条件,当它经常处于干燥条件
时,才能承受重载而不致发生沉降;二是用有棱角的碎石,互相咬紧锁结成为整体,
形成坚固的路面。根据当时的交通情况,路面的厚度一般小于 25cm 即可使用。
与罗马时代的路面厚度相比较减小了 3/4,节约了大量的人力和材料。路面施工
的压实主要依靠车辆,并经常用工具整平,直到路面坚实为止。因此,路面的成型
需要较长的时间,而生产碎石在当时造价较高。1858 年发明了轧石机后,促进了
碎石路面的发展,后来又用马拉的滚筒进行压实工作。1860 年在法国出现了蒸汽
压路机,进一步促进并改善了碎石路面的施工技术和质量,加快了进度。在 20 世
纪初,碎石路面被公认为是最优良的路面而推广于全球。马卡丹还为汽车时代交
通与道路的关系提出了正确的见解。他认为,道路的建设应该适应交通的发展,而
不应该为了维持落后的道路而限制交通。这个主张为以后公路的发展起到很大的
作用。1883 年戴姆勒和 1885 年本茨分别发明了汽车,1888 年邓禄普发明充气轮
胎,加上马卡丹的碎石路面,成为近代道路交通的三大支柱。与此同时,特尔福德
以道路工程师的身份首先创办了土木工程师学会,并终身担任主席,发展成为国际
上群众性学术团体。图 1.3 为马卡丹式路面结构形式示意图。

　　进入 20 世纪,道路建设材料、施工机械和施工技术均有巨大进步,除砂土路、
卵石路、碎石路、三合土路、块石路、砖路、木块路等路面外,各种形式的沥青路面开
始应用。由于沥青材料、施工设备、混合料技术等方面的限制,当时的沥青路面均
为简单的沥青处置路面。下面介绍几种沥青处治路面。

1. 沥青毡路面

　　由于碎石路面易产生尘土飞扬等问题,20 世纪初采用了称为"沥青毡路面"的
技术。使用地沥青、柏油等黏结料,将加热的黏结料用压力洒布机洒布于已经整

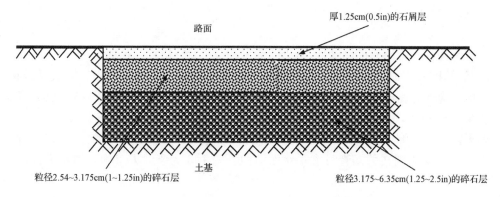

图 1.3　马卡丹式路面结构形式示意图

平、压实且干燥的碎石路面上，用刷子刷匀，静置 3d 凝固后在其上撒铺砂或石屑，以防止沥青黏结到车轮上。该种路面使用寿命短，一般一年需要翻修一次，交通量大时需要半年翻修一次。图 1.4 为 20 世纪初使用的路面清扫机，图 1.5 为 20 世纪初使用的沥青洒布机。

图 1.4　20 世纪初使用的路面清扫机

图 1.5　20 世纪初使用的沥青洒布机

2. 沥青碎石路面

为加强碎石路面的黏结性,减少路面破损,20世纪初有一种称为"沥青碎石路面"的结构形式,但与目前通称的沥青碎石路面结构完全不同。其施工方法是,与其他普通碎石路面施工方法一样,先做好基层和碎石面层。首先洒布第一层沥青和第一层石屑,进行滚压压实。然后洒布第二层沥青和石屑,再进行滚压压实。如果需要,还可以进行第三层沥青和石屑的洒布和压实施工。该种方法在某种程度上类似于现在的沥青贯入式路面结构。图1.6为当时人工洒布沥青进行路面施工的情景。

图1.6　20世纪初人工洒布沥青进行路面施工的情景

3. 沥青混合料路面

在20世纪初,出现了两种类似于现在的热拌沥青混合料的路面形式,其一称为"沥青片路"路面,其二称为"沥青块路"路面。

沥青片路是将地沥青、碎石、砂和石粉按一定的比例进行加热混合,然后摊铺于已经整平、压实的基层上,压实而成的一种路面结构。沥青含量一般为9%～13%,石粉含量一般为6%～12%,沥青加热温度一般为150～163℃,集料加热温度一般为177～193℃。

沥青块路是将地沥青、石粉、砂、碎石加热、混合后压成方块,然后铺筑于已经整平、压实的基层上的一种路面结构。该种混合料沥青含量一般为8%～12%,石粉含量一般为8%～10%。加热、混合后的混合料放入固定的模具,施加压力使混合料形成混合料块,然后放入冷水降温成型、脱模。沥青混合料块的尺寸一般为30cm×12.5cm×7.5cm(12in×5in×3in)。

图1.7为20世纪初热拌沥青混合料施工的情景,图1.8为20世纪初沥青混合料块路路面施工的情景。

图 1.7　20 世纪初热拌沥青混合料施工的情景

图 1.8　20 世纪初沥青混合料块路路面施工的情景

　　图 1.9 为 20 世纪二三十年代国外使用的几种压路机,图 1.10 为 20 世纪初国外使用的道路刮平机。

　　由上可见,国外道路工程具有悠久的发展历史,特别是 18 世纪以来,西方发达国家的工业革命使科学技术得到前所未有的发展,与之同步,道路工程技术得到巨大的发展,在道路路面设计方法、道路材料、施工设备、施工方法等方面提出了新的理论和方法,推动了现代道路工程理论和技术体系的形成,对现代道路技术具有重要的影响。

图 1.9　20 世纪二三十年代国外使用的几种压路机

图 1.10　20 世纪初国外使用的道路刮平机

1.3　我国道路工程发展简史

1.3.1　我国古代道路建设简史

1. 先秦时期的道路

早在 50 万年前,在亚洲东部这块古老的土地上,就先后有了元谋人、蓝田人和北京人等原始人群。我们的祖先在极端恶劣的自然环境和十分低下的生产力条件下,为了生存和繁衍,在中华大地上开辟了最早的道路。距今 4000 年前的新石器晚期,我国有关于役使牛马为人类运输而形成驮运道,并出现了原始的临时性简单桥梁的记载。相传中华民族的始祖黄帝,因看见蓬草随风吹转,而发明了车轮,于是以"横木为轩,直木为辕"制造出车辆,对交通运输做出了伟大贡献,故尊称黄帝为"轩辕氏"。到公元前两千多年前,我国就已经有了可以行驶牛车和马车的古老道路。据《古史考》记载:"黄帝作车,任重致远。少昊时略加牛,禹时奚仲驾马。"舜登位后办的第一件大事就是"辟四门,达四聪","明通四方耳目",二月巡泰山,五月去衡山,八月访华山,十一月到恒山。可见舜帝对发展交通、开辟道路是非常重视的。夏禹的事业,也是从"随山刊木,奠高山大川"(《尚书·禹贡》)入手的。

经过夏、商两朝长期的开拓,到公元前 1046～前 771 年的西周时期,可以说我国道路已经初具规模。周武王姬发灭商后,除定都镐京(今西安附近)外,还根据周公姬旦的建议,修建了东都洛邑(今洛阳)。为了有效发挥两京的政治、经济、文化中心的作用,在它们之间修建了一条宽阔平坦的大道,号称"周道",并以洛邑为中心,向东、向北、向南、向东南又修建成等级不同的、呈辐射状的道路。东周时期,社会生产力空前发展,农业、手工业与商业都兴盛起来。除周道继续发挥其中轴线的重要作用外,在其两侧还进一步完善了纵横交错的陆路干线和支线,这个时期修建的主要道路工程有许多,秦国修筑的著名的褒斜栈道就是其中重要的一项。秦惠文王时,为了克服秦岭的阻隔,打通陕西到四川的道路,开始修筑褒斜栈道。这条栈道起自秦岭北麓眉县西南 15km 的斜水谷,到达秦岭南麓褒城县北 5km 的褒水河谷,故称褒斜道。这条全长二百多公里的栈道是在峭岩陡壁上凿孔架木,并在其上铺板而成的。除了褒斜道外,以后几百年间还陆续开凿了金牛道、子午道和傥骆道等栈道。这些工程极其艰巨,人们首先是采用古老原始的"火焚水激"的方法开山破石,然后在崖壁上凿成 30cm 见方、50cm 深的孔洞,分上、中、下三排,均插入木桩。接着在上排木桩上搭遮雨棚,中排木桩上铺板成路,下排木桩上支木为架。除了秦国的栈道外,其他主要的道路工程还有:楚国经营的从郢都通往新郑的重要通道,晋国打通的穿越太行山的东西孔道,齐、鲁两国建设的四通八达的黄淮交通网络,燕国开辟的直达黄河下游和通往塞外的交通线等。

2. 秦汉时期的道路

我国全国陆上交通网的形成,始于秦朝。秦始皇统一中国后,实现了"车同轨"。全国车辆使用同一宽度的轨距,车上的主要零部件都有统一标准,更换迅速方便。这种"标准化"的要求和方法适应了秦朝全国土木工程和战争等方面长途运输的需要,对道路修建方面提出了更高的要求,具有巨大的经济价值和社会效益。根据"车同轨"的要求,秦朝在把过去错杂的交通路线加以整修和连接的基础上,又耗费了数以万计的人力和物力,修筑了以驰道为主的全国交通干线。这项费时 10

年的工程,规模浩大,它以京师咸阳为中心,向四方辐射,将全国各郡和重要城市全部连通。

丝绸之路是自汉朝开始开辟的一条横贯亚洲的陆路交通干线,是中国同印度、古希腊、古罗马及古埃及等国进行经济和文化交流的重要通道。在我国的汉朝和唐朝时期,东部山东和东南沿海江浙一带的大批质量上乘的丝绸从水路或陆路集中到长安城。有相当一部分通过陆路转运到西方去。由于在这条陆路上,丝绸的贸易占了很大比重,因此把它称为丝绸之路。以后又开辟了经海洋通往西方的航线——海上丝绸之路,所以把这条陆路又称为陆上丝绸之路。一般认为,陆上丝绸之路最初东以长安(今西安)为起点,沿渭水西行,过了黄土高原,通过河西走廊到达敦煌。由敦煌西行则分成南、北两条道路:南路出阳关,沿今塔里木盆地南沿、昆仑山北麓,经古楼兰(今新疆若羌一带)、且末、民丰、于田、和田、墨玉、皮山、叶城、莎车,到达喀什;北路出玉门关,沿今塔里木盆地北沿、天山南麓,经过吐鲁番、库尔勒、库车、拜城、阿克苏、巴楚到达喀什。南、北两路在喀什汇合后,继续往西,登上帕米尔高原,这是最难走的一段路。然后经过阿富汗、伊朗和中亚诸国,再过地中海,最后到达丝绸之路的终点——古罗马的首都罗马城和意大利的威尼斯。后来,又开辟了一条北新道,从敦煌经哈密,沿着天山以北的准噶尔盆地前进,渡伊犁河西行到古罗马帝国。在古代交通工具简陋的条件下,中外商人和使者行走在这条丝绸之路上,旅程十分艰难。可贵的是,在上述极端艰难的条件下,我国古代的先驱者早在两千多年前就已经开拓了这条具有世界意义的通道。

3. 唐代以后的道路

唐朝(618~907年)是中国封建王朝的鼎盛时期,非常重视道路建设。唐太宗即位不久就曾下诏书,在全国范围内要保持道路的畅通无阻,对道路的保养也有明文规定,不准任意破坏,不准侵占道路用地,不准乱伐行道树,并随时注意保养。唐朝重视驿站管理,传递信息迅速,紧急时,驿马每昼夜可行500里以上。唐朝已开始沿路设置土堆,名为堠,以记里程,即今天的里程碑雏形。唐朝不但郊外的道路畅通,而且城市道路建设也很突出。首都长安是古代著名的城市,东西长9721m,南北长8651m,道路网是棋盘式,南北向14条街,东西向11条街,位于中轴线的朱雀大街宽达150m,街中80m宽,路面用砖铺成,道路两侧有排水沟和行道树,布置井然,气度宏伟,不但为中国以后的城市道路建设树立了榜样,而且影响远及日本。

宋朝、元朝、明朝(960~1644年)均在过去的道路建设基础上有所提高。到了宋和辽、金时期,我国的道路建设进入一个新的发展阶段,特别是在城市道路建设与交通管理方面,实现了街和市的有机结合。城内大道两旁,第一次成为百业汇聚之区。城里居民走出了周、秦、汉、唐那种以封闭分隔为特征的坊里高墙,投入空前活跃的城市生活:酒楼茶肆勾栏瓦舍日夜经营,艺人商贩填街塞巷。元朝地域辽阔,自大都(今北京)通往全国有 7 条主干道,形成一个以大都为中心的稠密、宏大的驿路道路网,综合拓展了汉唐以来的大陆交通网,进一步覆盖了亚洲大陆的广阔地区,包括阿拉伯半岛。

清朝(1644～1911 年)是我国最后一个封建王朝,利用原有驿道修建了长达约 15 万 km 的"邮差路线"。清朝把驿路分为三等:一是"官马大路",由北京向各方辐射,主要通往各省城;二是"大路",自省城通往地方重要城市;三是"小路",自大路或各地重要城市通往各市镇的支线。官马大路是国家级官道,在京城东华门外设皇华驿,作为全国交通的总枢纽,管理北路、西路、南路、东路等官马大路干线系统。官马北路系统最重要的是通往大东北的干线,即从北京经山海关、盛京(今沈阳)分别延伸到雅克萨、庙屯(在黑龙江入海口)的官路和通往朝鲜半岛的国际通道。属于官马北路系统的还有分别到呼伦、恰克图的干线及塞上的横向大通道。这些道路在开发清代北疆、捍卫北疆的斗争中发挥过重要的战略作用。官马西路系统包括兰州官路与四川官路的两大干线,兰州官路从北京经保定、太原、西安、兰州,分别到青海、西藏和新疆,并通往中亚、西亚诸国;四川官路则是通往大西南的干线,从西安通往云、贵、川,并向西延伸到西藏拉萨。在大清帝国创建和巩固的过程中,这个覆盖我国整个西部地区的官马西路系统,曾起到十分重要的作用。官马南路系统,包括云南官路、桂林官路和广东官路三条干线。前两条干线均从太原南下过黄河到洛阳,然后分道到昆明或桂林,并延伸到印度支那半岛;第三条干线即广东官路的主干道,是从北京出发经济南、徐州、合肥、南昌、赣州、韶关,直达广州。这是元、明以来北京到广州纵贯中国南北的主要官道,历来被当做"使节路",而终点广州又曾是清代对外通商的唯一口岸,所以清政府对这条干线特别重视。官马东路的唯一干线就是福建官路,沿途经过天津、济南、徐州、南京、苏州、上海、杭州、福州等重要城市。它是清政府经济上赖以生存的重要通路。此外,还有横贯东西的长江官路等。

总结而言,我国古代具有重要影响的道路如下。

(1) 秦蜀栈道。建于春秋时期,秦国为攫取四川盆地的财富,壮大秦国实力,开通栈道,横绝秦岭,在群山中修建栈道。后因战争需要,屡建屡毁,直到秦汉时代,一直是陕西通往四川的重要通道。

(2) 秦驰道、直道。公元前 220 年,秦统一中国,为巩固统一局面,修建驰道。东穷齐燕,南极吴楚,西至临洮、羌中,北据河为塞,沿阴山至辽东,总里程 17920km。

(3) 零关古道。公元前 130 年,司马相如奉汉武帝之命,出使西南,建零关道。起于四川宜宾,止于西昌,横绝大渡河、雅砻江、北盘江,是我国古代通往西南地区和印度、阿富汗等地的重要商道。

　　(4) 丝绸之路。公元前 132 年,张骞奉汉武帝之命,出使西域(今新疆),开通自长安到新疆、中东至罗马帝国的商业通道,将中国的丝绸等产品运往西方,故称"丝绸之路"。这是当时世界上最长的一条国际通道。

　　(5) 交趾古道。汉将马援远征交趾(今越南),自广西合浦沿海修筑山路417km,直指越南河内等地,是当时重要的战略通道。

　　(6) 运河御道。公元 605 年,隋炀帝下令修建南北大运河,同时修建运河沿岸道路,称为"御道",全长两千多公里,和大运河一起成为我国南北交通的重要通道。

　　(7) 唐蕃古道。公元 7 世纪,松赞干布统一西藏建立吐蕃王国,与唐王朝建立良好关系。公元 641 年,唐王朝送文成公主入藏和亲,开辟唐蕃古道。其自长安,经青海乐都县、西宁市、共和县,渡通天河,翻唐古拉山口至拉萨,总里程 2895km,是汉、藏两地的重要通道。

　　(8) 渤海古道。公元 698 年,黑龙江、松花江流域的靺鞨人建立渤海王国,公元 713 年,被唐王朝封为渤海郡。建立起自长安,经河南道、河北道、渡山海关至辽宁朝阳、清原,吉林浑江、珲春,朝鲜咸兴,黑龙江宁安等地的渤海古道,是当时通往东北地区的重要商道。

　　(9) 南诏古道。南诏是唐代云南地区建立的王国,国都设于大理。自长安经川东、黔西,至云南昭通到大理,或经川西汉源到大理,建立商道。这是云南通往中原地区的重要通道。

　　(10) 官马大道。建于清朝,分北路、西路、南路、东路。北路自北京通往张家口、蒙古国乌兰巴托和恰克图(俄蒙边界);经山海关至沈阳到齐齐哈尔;经承德至内蒙古多伦、海拉尔等地。西路自北京经河北保定、山西太原和临汾,过潼关,经西安、兰州到乌鲁木齐、伊犁,经兰州分道,过成都、雅安到拉萨。南路自北京经河北正定、武昌、长沙、贵阳,到云南,可转道缅甸、印度、越南等国;自长沙、衡阳至桂林,自衡阳越南岭,过韶关到广州。东路自北京经山东德州和济南、江苏徐州和南京、浙江杭州和衢州到福建建瓯和福州。这是我国古代最完备的道路交通网络。

1.3.2　我国近代道路建设简史

　　历经明、清两代的发展,虽然道路里程、道路网络、道路覆盖率等方面有一定的发展,但在道路建设技术方面的进步较小,直至 19 世纪末期,我国才出现了现代铁路和公路。我国最初的公路,是 1908 年苏元春驻守广西南部边防时兴建的龙州到那堪的公路,可惜没有全部完工。

　　1913 年开始修建的长潭公路,使长沙、湘潭这两个当时湖南最大的城市之间除了有水路交通的便利外,还有了陆路交通的便利。它是我国第一条标准汽车公路,不仅标志着湖南现代公路运输的开端,而且在我国公路建设史上占有重要地位。辛亥革命后,南北军阀混战多年,竞相搜刮民财,农田水利失修,粮食歉收,人民处于水深火热中。但工业交通事业有所发展,架通长潭电话线,开工修筑长潭公路。长潭公路全长 50km,总计全路完成路基土石方 56.6 万 m^3,铺砂 3.4825 万 m^3,修成大小桥梁 31 座,涵洞 86 座,东岸码头一处,驳岸 5 处,总耗资 90 万银元。这条公路还未修建完成就已饱经风霜,从开工到竣工,经过四兴三辍,历时 9 年才得以完成。1913 年春,都督谭延凯以军事运输为目的设立了湖南军路局,主持修建长沙至湘潭的公路,开中国按汽车通行标准修筑公路的先河。当年就在原驿道上改建成长沙至大托铺一段。同年,继任督军汤芗铭下令停修。1916 年谭延凯第二次督湘,促成复工,至 1917 年 1 月建成大托铺至易家湾路段;9 月傅良佐督湘,因军阀混战再次停修。1918 年恢复修建,因经费困难,进度缓慢。1918 年 4 月张敬尧任湖南省督军,撤销军路局,改设路政科,6 月从湖田处拨部分经费修建朝阳桥、暮云桥,不久又因经费拮据停工。1920 年 6 月谭延闿第三次督湘,又继续修筑,至 1921 年 11 月终于全线竣工通车。

在其后,一些现代公路逐渐开工建设。广西壮族自治区内的邕武路(即今南宁至武鸣)长 42km,1919 年通车;广东省内的惠山至平山路长 36km,1921 年通车;在北方以张库公路为最长,自河北省张家口至库伦(现为蒙古人民共和国首都乌兰巴托),全长 965km,是沿原有的"茶叶之路"加以修整而成的,自 1918 年试车成功后至 1922 年间,有 90 余辆长途汽车行驶,在当时是交通最繁重的一条公路。其他商营公路、兵工筑路和以工代赈所修的道路,出现于沿海、华北、华东一带,也促进了当时道路建设的发展,并且开始认识到道路建设的重要性。特别是孙中山先生倡言:"道路是文明之母和财富之脉",并有百万英里碎石公路的设想。到 1926 年,全国公路里程为 26110km,大都是晴通雨阻的低级道路。

1928~1949 年,修建各省联络公路,逐渐走向统一化和正规化,初步形成公路网。1932 年,首先制定了联络公路的规划,先由江苏、浙江、安徽三省开始,于 1932 年修通了沪杭(上海至杭州)公路,继之以杭徽(杭州至安徽歙县)公路,从此打破了公路分割的局面。后又扩充为七省联络公路,即除原三省外,又加上河南、江西、湖南、湖北四省,并逐步扩大到全国。1934 年公布《公路工程准则》24 条,对于几何设计、路面、桥涵等都有规定,统一了公路工程的技术标准。

为了鼓励各省按规划和标准筑路,建立了补助基金和分区督察的制度。除了各省修建外,直接修建西北的西安至兰州和西安至汉中的两条公路。抗日战争时期,前方公路建设随军事失利而有始无终,于是集中力量打通西北的羊毛车路线(由西安经兰州、乌鲁木齐至霍城,在苏联境内接阿拉木图,是进口抗战物资的重要路线之一,西北出产的羊毛由此线出口,故称羊毛车路线)和西南通往缅甸的滇缅公路(抗战期间日本帝国主义切断越南、中国香港到中国内地的交通,滇缅公路建成后,进口的抗战物资较多,成了重要的西南国际通路)。此外,还在后方西北、西南一带修筑若干联络干线,如川康、康青、南疆、乐西、汉白、华双、西祥等路,截至1945年抗战胜利,全国公路总里程为123720km。但1949年能通车的公路不过75000km。

1949年10月1日中华人民共和国成立,首先医治了道路的创伤,修复了被破坏的桥梁。在20世纪50年代,修筑了著名的康藏(西康至西藏)及青藏(青海至西藏)两条公路:康藏公路自今四川的雅安至西藏拉萨,全长2271km,翻越海拔3000m以上的大雪山、宁静、他念他翁等山脉,跨越大渡河、金沙江、澜沧江、怒江等急流,更有冰川、流沙、塌方和泥沼、地震、森林地带,地形十分复杂,工程特别艰巨,路基土石方有2900多万 m^3,(其中石方有530多万 m^3)。该公路1950年开工,于1954年建成通车。青藏公路自青海省的西宁至拉萨,全长2100km,横越高达4500m,号称世界屋脊的昆仑、霍霍西里、唐古拉等山脉,沿途草地、沼泽遍布,环境十分恶劣,经过艰苦努力,与康藏公路于1954年12月25日同时在拉萨举行通车典礼。

经过新中国成立后70年的持续建设,我国已经形成了完善的道路交通网络,截至2017年底,全国公路通车总里程477.35万km,其中高速公路达到13.65万 km,位居世界第二。我国道路科研工作也取得重大进步,编制了道路设计、施工和养护维修的系列标准和规范,形成了完善的道路设计、施工和养护的技术体系,公路建设技术总体达到国际先进水平,部分领域和技术达到国际领先水平,在国民经济和社会发展中起到重要作用。

1.3.3　我国道路工程建设技术简史

关于我国古代道路建设的标准和技术,目前尚无详细的资料予以介绍,只是从一些历史文献、古代文学著作中有一些文学性的描述,成为我们了解我国古代道路建设的间接的资料。

《诗经·小雅》记载:“周道如砥,其直如矢”,表明当时道路坚实平坦如磨石,线形如箭一样直,这间接说明,当时的道路建设已经有比较统一的做法。在对道路网的规划、标准、管理、养护、绿化及沿线的服务性设施建设方面,周朝有所创建。在道路网规划方面,把道路分为市区和郊区,前者称为“国中”,后者称为“鄙野”,城市道路分为“经、纬、环、野”四种。南北之道为经,东西之道为纬,都城中有九经九纬,呈棋盘状,围城为环,出城为野。各种道路规定有不同的宽度(其单位是轨,每轨宽8周尺,每周尺约合0.2m,有的资料介绍每周尺约0.25m),经涂、纬涂宽9轨,环涂宽7轨,野涂宽5轨。郊外道路分为路、道、涂、畛、径5个等级,并根据其功能规定不同的宽度,如同现代的技术标准。在道路管理方面,分别由名为“匠人”和“遂人”的官吏管理城市道路和野外道路。朝廷设有“司空”掌管土木建筑及道路,而且规定“司空视涂”,按期视察道路设施。对道路设施及时维护,规定“雨毕而除道,水涸而成梁",并"列树以表道,立鄗食以守路",是以后养路、绿化和标志的萌芽。在道路设施服务方面,"凡国野之道,十里有庐,庐有饮食;三十里有宿,宿有路室,路室有委;五十里有市,市名侯馆,侯馆有积",与现代公路建设的公路服务区具有类似的服务功能,可想而知,在周代,道路建设已经形成完善的系统。

秦朝统一中国后修建的驿道有统一的质量标准:路面幅宽为 50 步;路基要高出两侧地面,以便排水,并要用铁锤把路面夯实;每隔 3 丈种一株青松,以为行道树;除路中央 3 丈为皇帝专用外,两边还开辟了人行旁道;每隔 10 里建一亭,作为区段的治安管理所、行人招呼站和邮传交接处。古驿道是古代为传车、驿马通行而开辟的交通大道,沿途按一定距离设置驿站。图 1.11 为位于河北省井陉县东部的秦皇古驿道。汉朝继承了秦朝的制度,在邮驿与管理制度上更加完善,驿站按其大小分为邮、亭、驿、传四类,大致上 5 里设邮,10 里设亭,30 里设驿或传,约一天的路程。据《汉书·百官公卿表》记

图 1.11　秦皇古驿道

载,西汉时全国共有亭 29635 个,如此则估计当时共有干道近15 万 km。唐代以后道路建设更加标准和规范,而且道路的质量提高,传递信息迅速,紧急时,驿马每昼夜可行 500 里以上。

在道路工程建设技术方面,商朝(公元前 1600~前 1046 年)已经懂得夯土筑路,并利用石灰稳定土壤。根据商朝殷墟的发掘,发现有碎陶片和砾石铺筑的路面,并出现了大型的木桥。战国时期,在山势险峻之处凿石成孔,插木为梁,上铺木板,旁置栏杆,称为栈道,是中国古代道路建设的一大特色。秦朝时则道路路基土壤采用金属椎夯实,以增加其密实度。公元前 212 年,秦始皇命蒙恬由咸阳修向北延伸的直道,全长约 700km,仅用了两年半的时间修通,"堑山堙谷"(逢山劈石,遇谷填高),其工程之巨,时间之短,可称奇迹,今陕西省富县境内尚依稀可见其路形。

栈道作为一种道路形式,集聚了我国古代劳动人民的伟大智慧,创造了人类道路建设历史的奇迹。修筑栈道在生产力较为落后的那个年代是一项殊为艰苦的工程。莽莽秦岭巍峨挺拔,高峻险陡,是我国南北气候分界点,要穿越并非易事。蜀道的选线大多是在羊肠小道的基础上因水而成,沿着河谷前进。分布于河谷近侧的道路,因远古时无水文资料,每遇洪水常被淹没。于是,就只有将路基逐渐升高。年复一年,越升越高。有些地方,仅升高路基还是不行,这时,真正的"栈道"出现了,也便出现了"栈道"这个词。从现有的考古资料分析,古栈道大致以如下几种形

式建成：

一种为在离河床不太高的悬崖峭壁上凿出横洞，穿以横木为梁，并在相应的河底岩石或巨石上凿出竖洞，插以竖木作为横梁中一端的支撑，然后在横梁上铺上木板成道。壁孔多凿在枯水季节常水位上 8～9m 处，横洞深近 1m，横梁的孔外长度约 6m，路宽 5m 多，可以容纳两辆车或两乘轿车并行或迎面通过，这种方式后人称为"标准式"。

另一种为"斜柱式"，就是如果栈道离水面较高，不能在河床上立柱，则在路下的悬崖上凿斜孔，孔内立斜柱以支持横梁，斜柱的作用与立柱相同。

还有一种"无柱式"，即在陡壁地段，难以用斜柱支撑，距河床又高，不能竖立柱时，则修成仅安横梁的栈道。有的地方还将木制的横梁改为石梁，称为"石栈"。

再一种为"依坡搭架势"，在岩壁倾斜的地方，在倾斜或阶梯状的岩石上凿洞安立柱，横梁一头架在立柱上，另一头架在山坡上开出的石坎上，或在斜坡上多处竖立柱，在立柱上架横梁，横梁上铺木板成路。

这是几种较常见的栈道修筑形式。除此以外，尚有"凹槽式"、"多层平梁重叠连缀式"、"石积式"等。

从古栈道的遗迹，即在崖壁上凿孔的形状和深度看，最初修筑栈道时的炼铁术已达到相当高的水平。在坚石和次坚石中凿出标准形状的孔，必须使用很好的钢钎，这种钢钎既要有足够的强度，又要有相当好的韧性。具有这些性能的材料应该是钢，或是很好的合金。即使是用来制造兵刃的合金恐怕也难以胜任，更不必说铸铁和铸铜了。

为了保障安全，在栈道靠河身的一侧，有的还装有栏杆，以防人马车辆不慎坠入河中，尤其在栈道的转弯处，这种设备更加重要。为了防止崖壁上土石下坠砸伤来往人畜，有的地方的栈道上还加盖顶棚。有顶棚和栏杆的栈道，远远望去好像一长串的空中楼阁，故古人又称其为阁道。桥梁是横水而过，栈道是傍水而行，栈道中有时也有上加盖顶棚的桥梁，所以古人也称栈道为桥阁。

修筑栈道颇为费工费时费力，而且以木结构为主的栈道耐久性较差，所以自唐朝以后，栈道逐渐被碥道所取代。碥道是在有坡度的崖壁上削坡铲石筑成的土石路。用铲凿下来的石块在路下坡上砌成石墙，内填土石以加宽道路。为防止车马坠入道外，石墙往往高出路面，其高出路面的部分称为拦马墙。为建碥道要寻找有坡度的山崖，需绕山取土，并且要随坡上下、削崖、砌岸、铺石、填土以成碥道。所以碥道不像栈道那样平直近捷，里程要长，坡度有增加，但比栈道经久耐用、安全，且维修省工。

我国最古老的隧道工程，在陕西汉中市北斜谷口七盘山上，即古褒斜道的石门。

从周代开始，陕西就成为我国古代政治、经济的中心地区。陕西古称关中，与汉中、巴蜀以秦岭山脉相隔。为了取得南部和西部地区的丰富物资,自东周战国时代就致力于打通秦岭交通,大约到东汉初期共修了四条主要道路,即子午道、褒斜道、故道、阴平道。其中褒斜道是从陕西西安一带到汉中最近、又较易于通行的一条道路。所以,它也是历代经营最多、最受重视和记载最详的一条道路。至今在这条道上还保存着很多遗迹。东汉永平年间开凿的石门就是较为完整的一条隧道,距今已有一千九百多年的历史。

　　七盘山山势嵯峨,绝壁直入褒水中,古栈道修建到这里,只有在绝壁间凿开隧道才能通过。东汉初期,在这里开凿了一条隧道,因为形如门洞,所以叫做石门。据建和二年(公元 148 年)所刻的《石门颂》碑记载,开通褒斜道在东汉永平六年(公元 63 年),而凿通石门似乎还提前两年,即公元 61 年。目前,很多人都认为石门开凿时间在公元 1 世纪中间。褒斜道石门的隧道为南北走向,和褒河河道平行,东壁长 16.5m,西壁长 15m,北口高 3.75m,宽 4.1m,南口高 3.45m,宽 4.2m。整条隧道由北向南逐渐变低,高差有 30~50cm。它的内壁平展光滑,没有斧凿的痕迹。历代人士在隧道的东西内壁和隧道南北各 5km 的山崖上,留下一百多方石刻,称为“褒斜道石门摩崖石刻”。这些碑刻不仅为道路史研究提供了珍贵的资料,而且在书法史研究上也很有价值。关于古石门隧洞的开凿方法,文献有高度概括的记载:“积薪一炬石为圻,锤凿既加如削腐”,即是指我国古代原始攻凿山石的办法——“火烧水激”方法,它是我国最早的人工隧道,也是世界上最早人工开凿的隧道。但也有另一种说法,即先用柴烧炙岩石,然后泼以浓醋,使之粉碎,再用工具铲除,逐渐挖成山洞的方法。1969 年,石门水库修建,原石门遗迹淹没在几十米深处的水下。古老的石门消失在人们的视线中,古人究竟采用何种技术开凿了世界第一条隧道,至今仍是一个不解之谜。图 1.12 为近年修复的古褒斜道,图 1.13 为褒斜道石门摩崖石刻遗迹。

图 1.12　修复的古褒斜道　　　　　　　图 1.13　褒斜道石门摩崖石刻

　　此外,隋朝(公元 581~618 年)时期的匠人李春等在赵郡(今河北省赵县)洨河上修建了著名的赵州桥,首创圆弧形空腹石拱桥,是建桥技术上的卓越成就,在世界建桥史上具有重要影响。清朝利用原有驿道修建了长约 15 万 km 的"邮差路线"。在筑路及养路方面也有新的提高,规定很具体。在低洼地段,出现高路基的"叠道";在软土地区用秫秸铺底筑路法,犹如今天的土工织物,对道路建设有不少新贡献。

　　我国古代的这些道路,大都是砂石或泥土路,还没有用沥青或水泥铺成的道路。直到 20 世纪 20 年代,上海、天津等城市开始出现了沥青和水泥混凝土路面,并有沥青拌和厂及压路机等筑路机械,开始了中国道路建设的现代化进程。

　　从 20 世纪初到 30 年代,国外的道路建设技术不论在设计理论、材料、路面类型、施工方法和施工机械方面均有较大的进展,我国的道路工作者对国外技术进行了引进和推广。由商务印书馆于 1935 年 4 月出版的《道路》(图 1.14)一书,参考

图 1.14　《道路》

欧美等国家道路建设技术的现状,对当时道路建设的设计、施工和养护进行了全面的介绍。该书共计 16 章,包括:总论、郊外道路、城市道路、土路、卵石路、碎石路、三合土路、石块路、砖路、木块路、沥青路、沥青碎石路、地沥青片路、地沥青块路、道路之附属构造物、道路之管理。该书对于道路建设涉及的几乎所有问题进行了介绍,如道路分类、道路线形、勘测设计方法、道路材料、路面结构形式、道路施工工艺、施工技术要求、各种路面特点和适用范围等。对当时我国来说比较先进的沥青路面的施工方法也进行了详细的介绍。同时对道路的养护和管理、附属设施的建设方法、道路建设施工机具等都进行了比较全面的介绍。该书从一个侧面比较真实地反映了 20 世纪 30 年代前后我国道路建设技术发展的现状。

　　1933~1946 年,我国先后在南京、重庆、昆明、乐山等地进行了水泥混凝土、块石、级配碎石、水泥稳定土、沥青表面处治、弹石等各种类型的路面试验,但因受到战争的影响,试验成果很少应用。这个时期只在滇缅公路上修筑了 157km 的双层沥青表面处治路面和 100km 的弹石路面,在乐(山)西(昌)公路修筑了 62km 的级配碎石路面,水泥稳定土路面为数不多。1933~1941 年,曾在南京修建两条试验路,一条主要试验国产材料的筑路技术,另一条主要用进口的沥青材料试验表面处理。1937 年在西兰公路咸阳市附近,试验水泥稳定土壤路面。1940 年在乐西公路乐山附近又修建了级配路面试验路。1941 年在滇缅公路上,修建了沥青表面处治路面 155km,采用筑路机械二百余部,是中国公路机械化施工的开端。但由于机械配件和燃料供应困难,机械化施工技术难于推广应用。在公路养护方面,抗日战争前多数地区的公路没有得到及时养护,只有少数路线建立了养路道班。1938 年,当时的中央政府公布了一些有关养护管理的规章制度,但缺乏技术要求内容。由于路面多是泥结碎石或天然土路,而桥梁又多是木制或石(砖)砌的,各省自订的一些养护技术要求十分简单。1947 年,公路总局公布了《养路须知草案》,共一百二十多条,包括了路基、路面、桥涵、渡口、房屋等工程设施保养的内容。

1.4　我国道路工程发展现状及规划

1.4.1　我国道路发展现状

　　自 1913 年修建我国第一条现代公路——长潭公路开始,我国公路建设逐渐成为基础设施建设的重要组成部分并取得快速发展。1949 年前,由于战争等各方面因素的影响,公路和城市道路建设速度缓慢,到 1949 年,全国可以通车的公路里程为 8.1 万 km,大多数是碎石路、土路等标准较低的道路,道路行驶质量差、车辆行驶速度低,道路遇雨天则更加泥泞难行,甚至造成道路中断。

　　1949 年中华人民共和国成立后,我国公路和城市道路建设均取得快速发展,

1978 年我国通车公路里程达到 88 万 km,是 1949 年通车里程的十多倍。特别是在这期间,建成了世界上海拔最高的公路之一——青藏公路。

世界的"第三极"——西藏是一个神奇而美丽的地方,一直以来都是许多人向往的佛教圣地。然而,因为地势险峻、高山大川阻隔了它与外界的联系。20 世纪 50 年代初,在世界屋脊上修通了全长约 4360km 的川藏和青藏两条公路,使得西藏人民用现代化交通运输取代了千百年来人背畜驮的极其落后的交通方式,开创了西藏交通事业发展的新篇章。青藏公路是西藏与祖国内地联系的重要通道,承担着西藏 85% 以上进藏物资和 90% 以上出藏物资运输任务,在西藏经济发展和社会稳定中发挥着重要作用,被誉为西藏的"生命线"。

青藏公路全长 1160km,为国家二级公路干线,路基宽 10m,坡度小于 7%,最小半径 125m,最大行车速度 60km/h,全线平均海拔在 4000m 以上,虽然线路的海拔高,但在昆仑山顶,高原表面系古老的湖盆地貌类型,起伏平缓,共修建涵洞 474座,桥梁六十多座,总长 1347m,初期修建、改建公路和设备购置总投资 4050 万元,每公里平均造价 2.52 万元。青藏公路改建工程于 1975 年开工,是世界上尚无铺筑先例的高寒冻土区铺设黑色路面工程,共投资 7.6 亿元,是当时中国公路史上规模最大的工程。1985 年 8 月青藏公路全线黑色路面铺筑工程基本竣工,大大提高了运输效率,经济效益明显提高,每年可节约运输成本 5000 万元,行车密度明显提高,最高车流量每昼夜达三千多辆,行车时速由 20km/h 提高到 60km/h,但还需要对早期铺建的沥青路面、沿线未适应重型车辆的临时性桥涵、多年冻土带热融沉陷及路基翻浆路段进行改建和彻底整治。

改革开放后,我国道路工程建设得到更加快速的发展,公路通车里程持续快速增长,道路铺装率逐渐提高,道路建设和养护质量越来越好。特别是高速公路从无到有,高速公路长度已经稳居世界第一位。

1984 年 6 月开工建设、1990 年 9 月建成通车的沈大高速公路全长 375km,是国家"七五"重点建设项目。沈大高速公路连接沈阳、辽阳、鞍山、营口、大连 5 个城市,是当时我国公路建设项目中规模最大、标准最高的艰巨工程,全部工程由我国自行设计、自行施工,开创了我国建设长距离高速公路的先河,为 20 世纪 90 年代我国大规模的高速公路建设积累了经验。标志、标线和交通监控系统完备,全线路面平坦舒展,行车安全、快捷、舒适。这条公路通车后,年平均交通量增长幅度达 16%。

1988 年第一条高速公路——沪嘉高速公路建成通车。1988 年开工、1993 年 9月建成通车的京津塘高速公路,是我国第一次运用世界银行贷款而修建的高速公路。为了适应世界银行贷款的要求,首次成立了作为独立法人的京津塘高速公路联合公司。这种新体制的形成,给我国公路建设带来了一系列根本性变革。京津塘高速公路也是我国第一次按照国际惯例菲迪克条款而建成的高速公路,把高速公路技术标准和质量要求推到了最权威的地位,保证了合同的严肃性。同时,还总结出一整套勘察、设计、施工、监理和建设技术,使我国公路建设管理体制逐步实现了与国际惯例接轨。

国家规划的"五纵七横"国道主干线中的重要一纵——京珠国道主干线,是全国第一条全部以高速公路标准贯通的国道主干线。京珠国道主干线全长2291km,于 1986 年开工建设,始于北京,经过河北、河南、湖北、湖南,止于广东的珠海市,贯穿五省一市。京珠国道主干线纵贯南北,是连接华北、华中、华南的交通大动脉,在国家公路网中具有十分重要的地位和作用。它的全线贯通,对发挥高速公路的规模效益,缓解交通运输紧张状况,完善国家综合运输体系具有重要意义;对改善沿线投资环境,加强地区间经济交流与合作,促进社会经济的全面发展,发挥重要作用。

1999 年 12 月开工建设、2003 年 8 月 22 日建成通车的榆靖高速公路起自榆林市榆阳区芹河乡孙家湾村,止于靖边县新农村乡石家湾村,正线全长 115.918km,榆林、横山、靖边三条连接线长 18.256km,项目建设里程全长 134.174km,是我国第一条沙漠高速公路。路线主要沿长城布设,大部分路段穿越毛乌素沙漠(即不毛之地)。正线设计标准为全封闭、全立交、双向四车道高速公路,计算行车速度为100km/h,使榆林至靖边行车时间缩短为一个多小时,仅是原来的三分之一。榆靖高速公路的建设,填补了我国沙漠高速公路建设的空白。工程科技人员历时两年,研究出路基填筑全部采用风积沙的办法,即只需将沙漠表层上的草皮扒去,高削低填,用特殊的压路机压实。同时根据沙漠冬夏温差较大,路面易造成冰害的特点,为防止破损,采取防沙治沙措施。建设者为我国沙漠高速公路的修筑和养护提供了第一手技术资料,积累了宝贵的经验。榆靖高速公路总投资为 18.17 亿元,其中用于绿化防沙的投资就达 4000 万元。公路两旁已基本建成全线绿化、防护林带,这条沙漠公路将成为一条"绿色长廊"。

近年来,我国在公路建设中取得举世瞩目的成绩。2017 年 7 月 15 日,经过多年建设的京新高速公路(G7)正式全线通车。京新高速公路东起北京,西至乌鲁木齐,全长约为 2768km,是横贯我国华北和西北地区的交通大干线。2017 年 7 月 15日通车的三个路段共 1243km。其中,临白段全长 930km(位于内蒙古西部巴彦淖尔市和阿拉善盟),白明段全长 134km(位于甘肃省酒泉市肃北蒙古族自治县),明哈段全长 178km(位于新疆哈密市)。这三个路段穿越戈壁、荒漠地区,自然条件极其恶劣,沿途干旱缺水,内蒙古更是有近 500km 路段穿越无人区,建设难度和艰苦程度在世界公路建设史上少见,采用了许多创新性的建设技术。2007 年 10 月开工建设、2012 年 3 月通车的矮寨大桥,位于湖南省湘西州吉首市矮寨镇,是吉

(首)茶(峒)高速公路的重点工程。该工程为双层公路、观光通道两用桥梁,四车道高速公路特大桥。矮寨大桥为钢桁加劲梁单跨悬索桥,桥梁两端直接与隧道相连,桥身全长 1073.65m,悬索桥的主跨为 1176m,在桥梁建设史上创造了多项世界第一。2009 年 12 月 15 日开工建设的港珠澳大桥,跨越珠江口伶仃洋海域,是以公路桥的形式连接香港、珠海及澳门的大型跨海通道,2018 年 10 月 24 日建成通车,是目前世界最长的跨海大桥。

图 1.15 和图 1.16 为 2001～2017 年我国公路和高速公路建设里程的变化情况。我国已经建成了布局基本合理、干支衔接、四通八达的交通网络,对国民经济和社会发展起到重要的保障和促进作用。

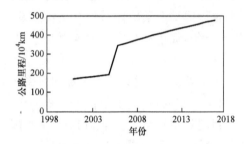

图 1.15　我国公路建设里程变化曲线
自 2005 年起,统计数字中包含了乡村道路

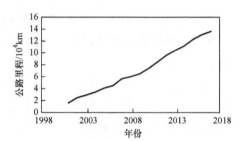

图 1.16　我国高速公路建设里程变化曲线

在公路建设取得巨大成就的同时,伴随着城市化进程的发展,作为城市基础设施之一的城市道路建设也取得了令人瞩目的成就。图 1.17～图 1.19 分别为 1978～2016 年我国城市道路里程、城市道路面积和人均道路面积的统计结果。可以看出,40 年来,城市道路里程增长 13.2 倍,城市道路面积增长 32.5 倍,人均道路面积增长 4.4 倍。图 1.20 为我国城市道路路网密度变化曲线,从 2002 年的 0.41km/km² 上升到 2016 年的 7.04km/km²,增长 16 倍多,城市居民的出行更加便利,城市交通更加繁荣。

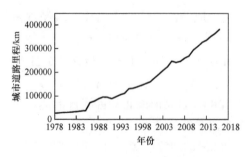

图 1.17　我国城市道路里程变化曲线

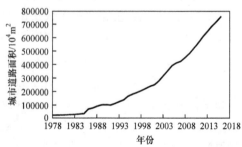

图 1.18　我国城市道路面积变化曲线

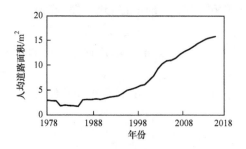

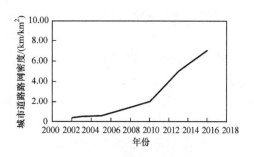

图 1.19　我国城市道路人均道路　　　图 1.20　我国城市道路路网密度变化曲线
　　　　　面积变化曲线

公路建设投资历年保持稳步增长。图 1.21 为我国公路建设投资变化情况,图 1.22 为我国公路建设投资增长率变化情况。从 2001~2017 年的 17 年间,我国公路建设投资增长了 7 倍,每年均以高于国内生产总值(GDP)增长的速度增加,2017 年公路建设投资达到 GDP 的 2.5%。城市道路建设也是如此,2016 年我国城市道路桥梁建设投资 7564.3 亿元。2016 年公路和城市道路的建设投资占 GDP 的 3.43%。国家对公路建设的投资有力地保障了公路建设的可持续发展,也为交通运输行业的现代化发展提供了重要支撑。

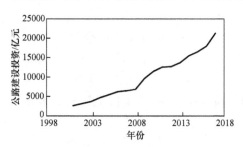

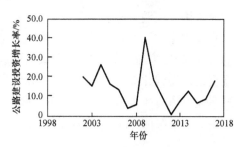

图 1.21　我国公路建设投资变化曲线　　　图 1.22　我国公路建设投资增长率变化曲线

1.4.2　我国公路发展规划

国道主干线建设大致经历了 4 个阶段,即规划发布前的起步建设阶段、规划发布后的稳步建设阶段、1998~2003 年的加快建设阶段和 2003 年以来的全面建成阶段。

根据国民经济和社会发展战略部署,中华人民共和国交通部于"八五"期间提出了公路建设的发展方针和长远目标规划。该规划的内容为:从 1991 年开始到 2020 年,用 30 年左右的时间,建成 12 条长 35000km"五纵七横"国道主干线,将全国重要城市、工业中心、交通枢纽和主要陆上口岸连接起来并连接所有目前 100 万以上人口的特大城市和绝大多数目前在 50 万以上人口的中等城市,逐步形成一个与国民经济发展格局相适应、与其他运输方式相协调、主要由高等级公路(高速、一级、二级公路)组成的快速、高效、安全的国道主干线系统。在技术标准上大体以京广线为界,京广线以东地区经济发达,交通量大,以高速公路为主;以西地区交通量较小,以一、二级公路为主。

"五纵"总里程约为 15590km,由下列 5 条自北向南走向的高等级公路组成:

同江—三亚,长约 5700km;

北京—福州,长约 2540km;

北京—珠海,长约 2310km;

二连浩特—河口,长约 3610km;

重庆—湛江,长约 1430km。

"七横"总里程约 20300km,由以下 7 条自东向西走向的高等级公路组成:

绥芬河—满洲里,长约 1280km;

丹东—拉萨,长约 4590km;

青岛—银川,长约 1610km;

连云港—霍尔果斯,长约 3980km;

上海—成都,长约 2770km;

上海—瑞丽,长约 4900km;

衡阳—昆明,长约 1980km。

该国道主干线系统建成后,将以占全国 2% 的公路里程承担占全国 20% 以上的交通量,在大城市间、省际、区域间形成 400~500km 当日往返、800~1000km 当日直达的现代化高等级公路网络,并将带来相当可观的经济效益。据测算,该交通网络建成后每年可节省当前全国公路运输柴油消耗量的 1/10,降低运输成本和减少客货在途时间所带来的直接效益达 400 亿~500 亿元,间接效益达 2000 亿元以上。

经过近 15 年,特别是"十五"和"十一五"期间的建设,总规模约 3.5 万 km 的"五纵七横"国道主干线已于 2007 年年底基本贯通,提前 13 年完成了《"五纵七横"国道主干线系统规划》建设任务。"五纵七横"国道主干线在经济社会发展中起到了重要的促进作用,主要体现在以下几个方面:

一是支撑经济发展,优化了运输布局和服务,提高了生产要素使用效率,推动了产业结构升级和空间布局优化。

二是推动社会进步,改善了人民生活质量,推动了城镇化进程,促进了区域经济协调发展。

三是改善公共服务,增强了运输可靠性和安全性,增强了政府应对突发事件和提供公共服务的能力。

四是服务可持续发展,改善了运输效率和效益,促进了综合运输体系发展,降低了能源消耗,加强了环境保护。

"十五"期间,在《"五纵七横"国道主干线系统规划》的基础上,为进一步适应国民经济快速发展和满足人民群众安全便捷出行的需求,交通部编制了《国家高速公路网规划》,这是中国历史上第一个"终极"的高速公路骨架布局,同时也是中国公路网中最高层次的公路通道。

国家高速公路网简称为"7918 网",共 34 条路线,包含了"五纵七横"国道主干线的全部 12 条路线,总规模为 8.5 万 km,服务对象进一步扩展到所有人口在 20 万人以上的城市、国家 4A 级及以上旅游景区城市等,规划技术等级全部为高速公路。

《国家高速公路网规划》采用放射线与纵横网格相结合的布局方案,形成由中心城市向外放射及横贯东西、纵贯南北的大通道,由 7 条首都放射线、9 条南北纵向线和 18 条东西横向线组成,简称"7918 网",总规模约 8.5 万 km,其中,主线 6.8 万 km,地区环线、联络线等其他路线约 1.7 万 km。

首都放射线 7 条:北京—上海、北京—台北、北京—港澳、北京—昆明、北京—拉萨、北京—乌鲁木齐、北京—哈尔滨。

南北纵向线 9 条:鹤岗—大连、沈阳—海口、长春—深圳、济南—广州、大庆—广州、二连浩特—广州、包头—茂名、兰州—海口、重庆—昆明。

东西横向线 18 条:绥芬河—满洲里、珲春—乌兰浩特、丹东—锡林浩特、荣成—乌海、青岛—银川、青岛—兰州、连云港—霍尔果斯、南京—洛阳、上海—西安、上海—成都、上海—重庆、杭州—瑞丽、上海—昆明、福州—银川、泉州—南宁、厦门—成都、汕头—昆明、广州—昆明。

此外,规划方案还包括:辽中环线、成渝环线、海南环线、珠三角环线、杭州湾环线共 5 条地区性环线,2 段并行线和三十余段联络线。实现这个规划目标,预计需要 30 年的时间。

《国家高速公路网规划》充分体现"以人为本"的理念。该规划方案将连接全国所有的省会级城市、目前城镇人口超过 50 万的大城市及城镇人口超过 20 万的中等城市,覆盖全国十多亿人口。规划方案将实现东部地区平均 30min 上高速,中部地区平均 1h 上高速,西部地区平均 2h 上高速,从而大大提高全社会的机动性。规划方案将连接国内主要的 4A 级著名旅游城市,为人们旅游、休闲提供快速通道。

规划方案重点突出"服务经济"的作用。加强了长三角、珠三角、环渤海等经济发达地区之间的联系,使大区域间有 3 条以上高速通道相连,还特别加强了与香港、澳门的衔接,在三大都市圈内部将形成较完善的城际高速公路网,为进一步加快区域经济一体化和大都市圈的形成,加快东部地区率先实现现代化奠定了基础;将显著改善和优化西部地区及东北等老工业基地的公路路网结构,提高区域内部及对外运输效率和能力,进一步强化西部地区西陇海兰新线经济带、长江上游经济带、南贵昆经济区之间的快速联系,改善东北地区内部及进出关的交通条件,为"以线串点、以点带面",加快西部大开发和实现东北等老工业基地的振兴奠定坚实基础;将连接主要的国家一类公路口岸,改善对外联系通道运输条件,更好地服务于外向型经济的发展。覆盖地区的 GDP 占到全国总量的 85% 以上,规划的实施将对促进经济增长、带动相关产业发展、扩大就业等做出重要贡献。

规划方案着力强调"综合运输",注重综合运输协调发展,规划路线将连接全国所有重要的交通枢纽城市,包括铁路枢纽 50 个、航空枢纽 67 个、公路枢纽约 140个和水路枢纽 50 个,有利于各种运输方式优势互补,形成综合运输大通道和较为完善的集疏运系统。

规划方案全面服务"可持续发展",规划的实施将进一步促进国土资源的集约利用、环境保护和能源节约,有效支撑社会经济的可持续发展。据测算,在提供相同路网通行能力条件下,修建高速公路的土地占用量仅为一般公路的 40% 左右,高速公路比普通公路可减少 1/3 的汽车尾气排放,交通事故率降低 1/3,车辆运行燃油消耗也将有大幅度降低。

为加快建设综合交通运输体系、促进现代物流业发展,构建布局合理、功能完善、覆盖广泛、安全可靠的国家公路网络,我国于 2013 年编制、颁布了《国家公路网规划(2013—2030 年)》,规划期限为 2013～2030 年。根据统计,截至 2012 年底,我国普通国道 10.5 万 km,国家高速公路 6.8 万 km。根据《国家公路网规划(2013—2030 年)》,到 2030 年国家公路网规模达到 40.1 万 km。其中,普通国道规模达到 26.5 万 km,包括首都放射线 12 条、南北纵线 47 条、东西横线 60 条和联络线 81 条。高速公路达到 11.8 万 km,另外还规划了 1.8 万 km 的远期展望线,包括首都放射线 7 条、南北纵线 11 条、东西横线 18 条、地区性环线 6 条,以及若干条并行线、联络线等。

截至 2015 年,新国高网的 63% 已经建成、13% 在建、24% 待建,预计该规划有望在不久的将来提前实现。规划实现后,1000km 以内的省会间可当日到达,东中部地区省会到地市可当日往返、西部地区省会到地市可当日到达;区域中心城市、重要经济区、城市群内外交通联系紧密,形成多中心放射的路网格局;有效连接国家陆路门户城市和重要边境口岸,形成重要国际运输通道,与东北亚、中亚、南亚、东南亚的联系更加便捷。普通国道全面连接县级及以上行政区、交通枢纽、边境口岸和国防设施。国家高速公路全面连接地级行政中心、城镇人口超过 20 万的中等及以上城市、重要交通枢纽和重要边境口岸。

1.4.3　我国道路分类、分级与技术标准

1. 道路的分类与分级

由前面的道路发展历史可知,道路是一个比较广义的概念,是指供各种车辆和

行人通行的天然路径和工程设施。按道路使用特点,我国将现代的道路分为五类,即公路、城市道路、厂矿道路、林区道路和乡村道路。这些道路使用目的不同,其技术标准和作用也不相同,具有明显的行业特点。

1) 公路

公路是指连接城市、乡村、工矿基地等,主要供汽车行驶的、具有一定技术指标和工程设施的道路。公路按其重要性和作用分为国道、省道、县道以及专用公路等,按其技术标准分为高速公路、一级公路、二级公路、三级公路、四级公路等五个等级,还有的公路未达到相关技术要求,一般称为等外公路。

2) 城市道路

在城市范围内,供汽车和行人通行的、具有一定技术指标和工程设施的道路为城市道路。现代的城市道路除具有交通功能外,还兼具其他城市服务功能,如构成城市的骨架网络,提供通风、采光通道,提供避难场所,提供绿化场地。此外,城市道路一般是城市各种管线布设的通道,多种管线,如上下水管道、煤气管道、雨水管道、各种电缆等,大多埋设在城市道路的下面。因此,城市道路设计要综合考虑城市功能。

按照道路在城市道路网中的地位、交通功能及对沿线建筑设施、车辆和行人的服务功能,城市道路分为城市快速路、主干路、次干路、支路等四个等级,还有一些街巷道路、街区道路主要为当地居民生活服务,不承担城市交通功能,故一般不列入上述四个等级的城市道路范围内。

3) 厂矿道路

厂矿道路是指主要为工厂、矿山运输车辆通行的道路。通常可分为场内道路和场外道路及露天矿山道路。厂矿道路特别是矿山道路,一般车辆的载重量大,但行驶速度相对较低,因此对道路结构承载力和稳定性的要求更高,而对道路舒适性方面的要求则处于相对次要地位。

4) 林区道路

林区道路是指修建在林区,主要供各种林业运输工具通行的道路。由于主要为林业运输服务,具有一定的行业特点,其建设标准与普通公路有所不同。

5) 乡村道路

乡村道路是指修建在乡村、农场,主要供行人及各种农用运输车辆和工具通行的道路。乡村道路主要为农业生产服务,一般不列入国家公路等级标准。

2. 道路技术标准

1) 公路

根据《公路工程技术标准》(JTG B01—2003),公路等级划分标准和原则如下:

高速公路。一般能适应的年平均昼夜汽车交通量为 25000 辆以上,具有特别重要的政治、经济意义,专供汽车分道高速行驶并全部控制出入的公路。

一级公路。一般能适应的年平均昼夜汽车交通量为 5000~25000 辆,连接重要政治、经济中心,通往重点工矿区,可供汽车分道行驶并部分控制出入、部分立体交叉的公路。

二级公路。一般能适应按各种车辆折合成载重汽车的年平均昼夜交通量为 2000~5000 辆,连接政治、经济中心或大工矿区等地,或运输任务繁忙的城郊公路。

三级公路。一般能适应按各种车辆折合成载重汽车的年平均昼夜交通量为 2000 辆以下,沟通县及县以上城市的一般干线公路。

四级公路。一般能适应按各种车辆折合成载重汽车的年平均昼夜交通量为 200 辆以下,沟通县、乡、村等的支线公路。

根据我国《公路工程技术标准》(JTG B01—2003)的规定,各等级公路主要技术指标见表 1.1。

表 1.1　各等级公路主要技术指标汇总

公路等级		高速公路			一级			二级		三级		四级
设计速度/(km/h)		120	100	80	100	80	60	80	60	40	30	20
车行道宽度/m		3.75	3.75	3.75	3.75	3.75	3.5	3.75	3.5	3.5	3.75	3.0(单车道时为 3.5)
中间带宽度/m	一般值	4.5	3.5	3.0	3.5	3.5	3.0	3.8	3.0	—	—	
	最小值	3.5	3.0	2.0	3.0	2.0	2.0	2.0	2.0	—	—	
右侧硬路肩宽度/m	一般值	3.0 或 3.5	3.0	2.5	3.0	2.5	2.5	1.5	0.75	—	—	
	最小值	3.0	2.5	1.5	2.5	1.5	1.5	0.75	0.25	—	—	
土路肩宽度/m	一般值	0.75	0.75	0.75	0.75	0.75	0.75	0.75	0.75	0.75	0.5	0.25(双车道)
	最小值	0.75	0.75	0.75	0.75	0.75	0.5	0.5	0.5			0.5(单车道)
不设超高最小半径/m	$i_{路拱}$≤2.0%	5500	4000	2500	4000	2500	1500	2500	1500	600	350	150
	$i_{路拱}$>2.0%	7550	5250	3350	5250	3350	1900	3350	1900	800	450	200
一般最小半径/m		1000	700	400	700	400	200	400	200	100	65	30
极限最小半径/m		650	400	250	400	250	125	250	125	60	30	15
停车视距/m		210	160	110	160	110	75	110	75	40	30	20
最小坡长/m		300	250	200	250	200	150	200	150	120	100	60
最大纵坡/%		3	4	5	4	5	6	5	6	7	8	9
桥涵设计车辆荷载		公路—Ⅰ级(汽车-超 20 级、挂车-120)			公路—Ⅰ级(汽车-超 20 级、挂车-120、汽车-20 级、挂车-100)			公路—Ⅱ级(汽车-20 级、挂车-100)		公路—Ⅱ级(汽车-20 级、挂车-100)		公路—Ⅱ级(汽车-10 级、履带-50)

2014年,我国颁布了《公路工程技术标准》(JTG B01—2014),对公路技术标准进行了新的定义和设置。公路等级划分标准和原则如下:

高速公路。专供汽车分方向、分车道行驶,全部控制出入的多车道公路,年平均日设计交通量宜在15000辆小客车以上。

一级公路。供汽车分方向、分车道行驶,可根据需要控制出入的多车道公路,年平均日设计交通量宜在15000辆小客车以上。

二级公路。供汽车行驶的双车道公路,年平均日设计交通量宜为5000～15000辆小客车。

三级公路。供汽车、非汽车交通混合行驶的双车道公路,年平均日设计交通量宜为2000～6000辆小客车。

四级公路。供汽车、非汽车交通混合行驶的双车道或单车道公路,双车道四级公路年平均日设计交通量宜在2000辆小客车以下,单车道四级公路年平均日设计交通量宜在400辆小客车以下。

根据《公路工程技术标准》(JTG B01—2014),各等级公路主要技术指标见表1.2。

表1.2　各等级公路主要技术指标

公路等级			高速公路			一级			二级		三级		四级	
设计速度/(km/h)			120	100	80	100	80	60	80	60	40	30	30	20
车道数			≥4						2		2		2(1)	
最低服务水平			三级			三级			四级		四级		—	
车道宽度/m			3.75	3.75	3.75	3.75	3.75	3.5	3.75	3.5	3.5	3.25	3.25	3.25
停车视距/m			210	160	110	160	110	75	110	75	40	30	30	20
最大纵坡/%			3	4	5	4	5	6	5	6	7	8	8	9
圆曲线最小半径/m	最大超高	10%	570	360	220	360	220	115	220	115	—	—	—	—
		8%	650	400	250	400	250	125	250	125	60	30	30	15
		6%	710	440	270	440	270	135	270	135	60	35	35	15
		4%	810	500	300	500	300	150	300	150	65	40	40	20
	不设超高	路拱≤2.0%	5500	4000	2500	4000	2500	1500	2500	1500	600	350	350	150
		路拱>2.0%	7500	5250	3350	5250	3350	1900	3350	1900	800	150	150	200
竖曲线	凸形竖曲线最小半径/m		11000	6500	3000	6500	3000	1400	3000	1400	450	250	250	100
	凹形竖曲线最小半径/m		4000	3000	2000	3000	2000	1000	2000	1000	450	250	250	100
	最小长度/m		100	85	70	85	70	50	70	50	35	25	25	20

2) 城市道路

《城市道路设计规范》(CJJ 37—90)对城市道路等级进行了如下划分:

快速路应为城市中大交通量、长距离、快速交通服务,一般在特大城市和大城市中设置。快速路双向车行道之间应设置中央隔离带,出入口应采取全控制或部分控制。快速路两侧不应设置吸引大量车流、人流的公共建筑物出入口。

主干路应为连接城市各主要分区的干路,以交通功能为主,负担城市的主要客货运交通。自行车流量较大时,宜采用机动车、非机动车分隔的三幅路或四幅路道路断面形式。主干路两侧不应设置吸引大量车流、人流的公共建筑物出入口。

次干路应与主干路结合组成道路网,起集散交通的作用,兼有服务功能。次干路两侧可以设置公共建筑出入口,机动车、非机动车停车场,公共交通站点等设施。

支路应为次干路与街坊路的连接线,解决局部地区交通,以服务功能为主。支路是街区通向次干路、主干路的道路,应避免与城市快速路直接连接。

城市具有不同的规模、不同的交通方式、不同的地理和自然条件,因此《城市道路设计规范》(CJJ 37—90)对城市进行了规模划分。按照市区和近郊区非农业人口总数划分,总人口在 50 万以上的城市为大城市,总人口在 20 万~50 万的城市为中等城市,总人口不足 20 万的城市为小城市,除城市快速路外,其他城市道路可按城市不同规模采用不同的设计标准。大城市采用各类道路中的Ⅰ级标准,中等城市采用Ⅱ级标准,小城市采用Ⅲ级标准。

根据我国《城市道路技术规范》(CJJ 37—90)的规定,各级城市道路的主要技术指标见表 1.3。

表 1.3 各级城市道路主要技术指标汇总

项目类别	级别	设计速度/(km/h)	双向机动车车道数/条	机动车道宽度/m	分隔带设置	横断面采用形式
快速路	—	60~80	≥4	3.75	必须设	双、四幅路
主干路	Ⅰ	50~60	≥4	3.75	应设	单、双、三、四
	Ⅱ	40~50	3~4	3.75	应设	单、双、三
	Ⅲ	30~40	2~4	3.5~3.75	可设	单、双、三
次干路	Ⅰ	40~50	2~4	3.75	可设	单、双、三
	Ⅱ	30~40	2~4	3.5~3.75	不设	单
	Ⅲ	20~30	2	3.5	不设	单
支路	Ⅰ	30~40	2	3.5	不设	单
	Ⅱ	20~30	2	3.5	不设	单
	Ⅲ	20	2	3.5	不设	单

注:1) 各类道路依城市规模、交通量、地形分为Ⅰ、Ⅱ、Ⅲ级,大城市采用Ⅰ级,小城市采用Ⅲ级。

2) 设计年限规定,快速路和主干路为 20 年,次干路 15 年,支路 10~15 年。

　　街区道路和小区道路还没有统一的设计规范,有些省市和地区根据实际情况制定了当地的设计和建设标准,但大多数情况下,参照公路技术标准和城市道路技术标准进行设计和施工。某些街区道路和小区道路有固定的产权单位,则一般按照工程招标文件规定进行设计和建设。

　　2012 年,我国颁布了《城市道路工程设计规范》(CJJ 37—2012),对城市道路等级进行了新的定义。

　　快速路应中央分隔、全部控制出入、控制出入口间距及形式,应实现交通连续通行,单向设置不少于两条车道,并应设有配套的交通安全和管理设施。快速路两侧不应设置吸引大量车流、人流的公共建筑物出入口。

　　主干路应连接城市各主要分区,应以交通功能为主。主干路两侧不应设置吸引大量车流、人流的公共建筑物出入口。

　　次干路应与主干路结合组成干路网,应以集散交通的功能为主,兼具服务功能。

　　支路宜与次干路和居住区、工业区、交通设施等内部道路相连接,应解决局部地区交通,以服务功能为主。

　　根据《城市道路工程设计规范》(CJJ 37—2012),各等级城市道路机动车道主要技术参数见表 1.4。该规范对不同等级城市道路的不同服务水平进行了规定,对非机动车道、人行道的设计技术参数进行了规定,还对路基路面、桥梁隧道、附属设施、交通安全设施等进行了规定,在此不再赘述。

表 1.4　城市道路机动车道主要技术参数

公路等级		快速路			主干路			次干路			支路		
设计速度/(km/h)		100	80	60	60	50	40	50	40	30	40	30	20
机动车道最小宽度/m	大型车或混行车道	3.75	3.75	3.5	3.5	3.5	3.5	3.5	3.5	3.5	3.5	3.5	3.5
	小客车专用道	3.5	3.5	3.25	3.25	3.25	3.25	3.25	3.25	3.25	3.25	3.25	3.25
停车视距/m		160	110	70	70	60	40	60	40	30	40	30	20
最大纵坡/%	一般值	3	4	5	5	5.5	6	5.5	6	7	6	7	8
	极限值	4	5	6	6	6	7	6	7	8	7	8	8
最小坡长/m		250	200	150	150	130	110	130	110	85	110	85	60
圆曲线最小半径/m	不设超高最小半径	1600	1000	600	600	400	300	400	300	150	300	150	70
	设超高最小半径 一般值	650	400	300	300	200	150	200	150	85	150	85	40
	极限值	400	250	150	150	100	70	100	70	40	70	40	20

3) 厂矿道路

1987 年我国有关部门颁布了《厂矿道路设计规范》(GB J22—87),对厂矿道路设计和建设进行了规定。

厂矿道路是为某一厂矿企业生产运输和生产流程的需要而修建的专用道路,它的布线应按照厂矿企业的总图设计来考虑。通常分为厂外公路、厂内公路和露天矿山公路三类。

厂外公路是工业企业与国家公路、车站、码头、原料基地衔接的公路,以及连接其他企业之间和工业企业分为若干区、点之间的公路。根据使用任务和性质、交通量、厂矿规模和车型条件分为三级:一级公路适用于运输繁忙的大中型厂矿企业的重要交通和运输特别繁忙的小型厂矿企业的重要交通,或几个厂矿企业共同使用的运输繁忙的交通;二级公路适用于大中型厂矿的重要交通,以汽车运输为主、运输繁忙的小型厂矿、运输繁忙的各类工业企业的次要交通;三级公路适用于各类工业企业的次要交通。

厂内公路为一个工厂(包括港口、仓库、露天矿的机修场、矿井井口场地等)内部的公路。厂内公路分为主干道(全厂性的主要出入口道路)、次干道(车间与车间、仓库之间的主要运输道路)、辅助道路、车间引道等四类车行道。厂内道路的设计,应有利于生产,方便生活,注意与厂内铁路、管线及其他建筑物相协调,并符合卫生、消防、人防和防振动等有关规定的要求。

露天矿山公路系指露天采矿场经常行驶矿用自卸汽车固定的生产道路。露天矿山道路一般分为以下几种:生产干线——采矿场各开采台阶通往卸矿点或废石场的共用道路;生产支线——由开采台阶或废石场与生产干线相衔接的道路,或由开采段直接到卸矿点或废石场的道路;联络线——经常通行露天矿生产所用自卸汽车的其他道路;辅助线——通往附属厂、辅助设施,行驶各种汽车的道路。露天矿山道路等级依矿区性质、交通量(主要为汽车的单向小时交通量)确定。主要技术指标依道路等级、车型等确定。道路技术指标中的车型均按矿用自卸汽车车型确定。一型车载重量 3.5～12t,计算宽 2.5m;二型车载重量 15～20t,计算宽 3.0m;三型车载重量 25～32t,计算宽 3.0m;四型车载重量 60t,计算宽 4.5m。

厂矿公路的等级和技术标准的选用,应根据道路性质及所承担的年运量,并考虑将来的发展而确定。对厂矿基建期间的大件、重件运输及其他特殊需要,也应适当照顾。路线设计应合理利用地形地势,综合平、纵、横三方面要求。在工程量增加不大时,尽可能采用较高的技术指标,不应任意采用极限指标。路线位置注意不设在工业企业爆破作业危险界限内,要尽量避开矿藏资源及地下活动采空区,并尽量避免穿越不良地质地段和居民区内部。

厂外公路应尽量避免与运输繁忙的铁路和重要公路相交。当厂矿公路与除高速公路、一级公路以外的各级公路交叉时,一般为平面交叉。平面交叉应尽可能为正交,斜交的交角应大于 45°;交叉地点宜设在平缓地段。厂内公路布线一般与建筑线相平行,注意与建筑物保持必要的安全最小距离。

厂外公路属于城市道路网规划范围内的,应与城建部门协商后,按《城市道路设计规范》执行;属于公路网规划范围内的,应与交通部门协商后,按《公路工程技术标准》执行。不属于上述范围内的厂外道路,应按《厂矿道路设计规范》执行。设计时,应尽量做到沿线厂矿企业共同使用,并兼顾地方交通运输的需要。

厂矿公路路面类型,根据厂矿生产特点可依如下要求选择:防尘要求较高的生产区,宜选用各种沥青路面或水泥混凝土路面;经常开挖检修的地下管线的路段,可选用水泥混凝土预制块路面或石块铺筑的块料路面;经常通过履带车的道路,可选用块石路面、碎石路面;临时性供基建运输用的道路,可采用钢筋混凝土板装配式路面。路面的厚度应根据厂矿使用的重型车辆,考虑当地自然条件,结合路基状况进行计算。

4) 林区道路

林区道路是修建在林区内为发展林业服务的道路,在林区内构成林道网。林道网一般由基本道路和营林道路组成,营林道路又可分为支线和岔路。

基本道路是指从各基本经营单位(林场、乡政府)通往储木场的道路,其主要作用是运输木材,兼有为地方交通运输服务的功能。

营林道路是对林地(主要是指用材林地)及确定改造成为用材林地的荒山、疏林地、灌木林地等进行各项林业经营活动所需要的道路。根据其服务目的、道路等级、使用年限等因素,又分为支线和岔路。支线是为全面经营森林服务的,使用年限长,因而要求道路等级高;岔路主要是为主伐集材服务,一般为临时性道路。

根据道路用途和特点,林区道路又可以分为以下几类。

(1) 运材道路。

林业企业在木材装车场或楞场(山场)与储木场之间按照森林经营要求修建的道路。

(2) 集材道路。

林业企业在木材伐区至木材装车场或楞场(山场)之间修建的专供集材作业使用的道路。

(3) 护林防火道路。

以护林防火为主要用途的道路。

(4) 连接道路。

在林区内部,沟通相邻的林业企业和企业内部林场之间交通的道路。

(5) 冻板道路。

冬季寒冷地区,靠地面冻结后达到可承受车辆荷载的、只在冰冻期内使用的季节性道路。

(6) 木排道。

在泥沼地带,用木杆及灌木为主要材料铺筑的道路。

林区道路布线的原则如下:贯彻以营林为基础的方针,线路走向和位置应从全面经营森林的要求出发,满足培育树林、木材生产、森林经营及护林、防火工作的需要;线路尽可能做到吸引资源多、工程量小、投资少、平均运距短、运营条件好;尽量利用现有道路;以林业生产为主,适当考虑地方交通;注意不占或少占农田,少拆民房,方便群众;妥善处理与农田、水利、居民点的关系;尽量避免穿过不良工程地质地带。

5) 乡村道路

乡村道路建设尚无专门规范,应按照国家规定的基本建设程序和有关规定进行。乡村道路建设标准按照交通部颁布的《公路工程技术标准》执行。根据交通部的相关规定,乡村道路目前的基本建设标准如下所述。

通村油路:路基宽 4.5m,路面宽 3.5m,路面水稳基层厚 18cm,基层强度以 3~6MPa 为宜,油面层厚度不低于 3cm,最大纵坡不高于 10%,最小半径 15m,每公里设置两三处错车道,桥涵设置配套合理,纵、横向排水畅通。

通村水泥路:路基宽 4.5m,路面宽 3.5m,基层厚 15cm(路基稳定路段可采用级配碎石调平压实处理),路面强度不低于 C30,路面厚 18cm,其他技术指标与通村油路相同。

通村道路(水泥路面和沥青路面)总的质量要求除坚持主要技术标准外,同时要求:路面两边各回填 50cm 宽土路肩并与路面平齐,路面平整,砂石料、水泥、沥青等符合质量要求,软路基应进行换填处理,路面纵、横向排水畅通,路基调平压实稳定性好,实现"安保工程"三同时。

1.4.4　我国道路建设存在的问题

(1) 数量少、密度低。

我国道路网密度相对较低,特别是人均道路面积较低。2000 年中国、美国、印度的人均道路占有率和路网密度见表 1.5。由表可以看出,我国的路网密度和人均道路占有率远低于美国,而且低于印度。2007 年,包括公路(含农村公路以及各种等级的公路)和城市道路的我国人均道路占有率和路网密度约为 24km/万人和 0.38km/km²,仍然远低于美国的水平,也还未达到印度的道路网发展水平。经过近 20 年的发展,截至 2017 年,我国公路的路网密度达到 0.50km/km²,人均道路占有率约为 34.3km/万人,逐渐接近发达国家水平。

表 1.5　中国、美国、印度的人均道路占有率和路网密度(2000 年)

国家	路网密度/(km/km²)	人均道路占有率/(km/万人)
中国	0.15	11
美国	0.68	280
印度	0.54	24

我国人口占世界人口的近四分之一,但据不完全统计,2008 年我国公路里程约占全世界各国公路总里程的 5.9%,道路里程(含公路和城市道路)只占世界的不到 10%。道路基础设施薄弱,公路数量少、密度低,在一定程度上制约了经济的发展,不能满足经济高速发展的需要,特别是西部地区公路建设任务更加繁重。因此在相当长的一段时间内,进行道路基础设施建设仍是我国主要工作之一。

(2) 质量差、标准低。

我国的道路设施总体上标准还偏低,质量还相对较低。截至 2006 年,我国有铺装路面和简易铺装路面公路里程 177.65 万 km,占总里程的 49.6%。相比较而言,2000 年美国、日本、印度的公路路面铺装率已经分别达到 58.8%、76.6%、57.4%,均高于我国 2006 年底的水平。截至 2011 年,我国有铺装路面和简易铺装路面公路里程 261.57 万 km,占公路总里程的 63.7%。截至 2017 年,我国四级及以上等级公路里程 433.86 万 km,占公路总里程的 90.9%,其中二级及以上等级公路里程 62.22 万 km,只占公路总里程的 13.0%。近十多年来,我国公路等级和质量有明显提升,但从铺装率、高等级公路比例来看,提升我国公路的技术标准和建设质量仍是一个长期而艰巨的任务。

(3) 交通运输经营管理技术落后。

交通运输管理手段、交通运输参与人的自觉意识、我国运输行业存在的诸多问题,对道路建设和养护维修造成较大影响。追求运输经济效益,超载现象屡禁不绝,交管部门没有合适和合理的有效手段予以控制。运输企业规模小,风险承担能力弱,管理手段落后,造成车辆的超负荷使用,易于发生交通事故。

(4) 我国公路发展水平不均衡。

东部地区经济发展快,公路建设也比较发达。西部地区由于各方面因素的影响,公路建设比较缓慢。另一方面,东部地区公路利用率高,而西部地区公路利用率低,特别是高速公路的利用率低,高速公路建设的经济效益低下。

(5) 公路设施养护管理需求与现有资金和技术体系不相适应。

三十多年来,我国已经建立起庞大的公路基础设施网络,目前已经和即将进入公路设施大修养护高峰期,既有公路设施的养护维修将是今后我国公路建设发展的主要工作。目前,我国尚未建立公路路面和其他设施的大修养护技术规范体系,在设计、施工等技术方面还处于摸索和探讨阶段,如何充分利用和发挥既有设施的效益,尚需进一步研究。另一方面,过去我国以"建设为主"、"重建设轻养护"的思维惯性,导致公路养护资金投入不足、分配不合理,使公路养护维修工作尚未实现科学化、合理化。

(6) 路网服务水平低、抵御灾害的能力弱。

近年来,我国的公路建设里程快速增长,但路网服务设施和能力建设没有受到足够重视,特别是信息化、智能化建设水平远落后于发达国家,使公路的效益不能得到充分的发挥。同时对于公路防灾、抗灾工作重视不够,在公路设计、施工和维修养护工作中没有引入防灾、抗灾理念,使公路交通运输在自然灾害面前变得非常脆弱,一旦出现地震、雨雪、浓雾等灾害或恶劣天气,公路经常陷入瘫痪、断行状态,严重影响国民经济建设和人们的正常出行。

(7) 高速公路建设和管理分散、不联网,规模效益低。

当前我国的高速公路系统仍处于各自管理状态,不仅各省自己管理,甚至一个省内的高速公路有几个部门管理。在管理上存在效益低下、资源利用率低等问题,在使用中存在高速公路或高速公路收费系统不联网,人为地降低了高速公路的使用效率,不能发挥应有的规模化效益。近年来上述情况虽有所改观,但总体趋势尚未发生根本转变。

(8) 公路建设速度与经济发展速度不相适应。

我国经济建设处于中、高速发展时期,交通运输量增长率与道路面积增长率不相适应,特别是经济发达的东部地区,部分道路处于超负荷运营,维修养护措施不能及时赶上。同时,公路建设和管理技术与交通量的快速增长不相适应,导致公路运营过程中出现投资效益低、交通运行效率低等问题。

参 考 文 献

长春工程学院教学基础资源库. 2009-06-03. 中国道路发展简史. http://bbs. ccit. edu. cn/kepu/100k.

汉中市人民政府. 2009-06-03. 国家级文物保护单位:褒斜道、石门及其摩崖石刻. http://tour. hanzhong. gov. cn.

《中国公路》杂志社. 2009-06-03.《中国路谱》编写大纲. http://www. chinahighway. com/news/2005/92756.

中华人民共和国交通部. 2004. 公路工程技术标准 JTG B01—2003. 北京:人民交通出版社.

中华人民共和国交通运输部. 2013. 国家公路网规划(2013—2030 年).

中华人民共和国交通运输部. 2014. 公路工程技术标准 JTG B01—2014. 北京:人民交通出版社.

中华人民共和国建设部. 1990. 城市道路设计规范 CJJ 37—90. 北京:中国建筑工业出版社.

中华人民共和国住房和城乡建设部. 2012. 城市道路工程设计规范 CJJ 37—2012. 北京:中国建筑工业出版社.

第 2 章　道路线形设计理论与方法

2.1　道路线形设计概述

2.1.1　道路线形的定义

作为具有交通功能的道路,要求能够为道路使用者提供安全、快速、经济、舒适的交通服务,这些服务功能的提供与道路本身的线形设计质量具有重要关系。

道路是一个空间三维立体构造,由路基、路面、桥涵、隧道和沿线附属构造物组成。道路的线形是指由道路的中心线组成的三维立体形状,为便于分析和进行道路线形设计,将空间道路线形在水平面上的投影称为道路平面线形,沿道路中心线垂直剖切再展开形成的线形称为纵断面,将道路中线上沿任意一点的法向切面称为道路的横断面。道路线形由道路的平面线形、纵断面和横断面构成,在设计中分别进行平面线形设计、纵断面设计和横断面设计,同时考虑三者之间的相互影响和内在联系,进行三者之间的组合分析与设计,才能得到满足交通需要的、经济合理的最优道路线形。

2.1.2　道路线形设计的一般注意事项

在进行道路线形设计时,应注意以下几点。

1. 道路线形设计应使道路线形与地形、土地利用得到最佳的配合

道路建设并非在一张白纸上进行工程规划与建设,而是在现有基础设施条件和自然环境下进行新的基础设施建设,因此,新的道路设计和建设必须充分考虑自然地形条件、现有道路网条件、土地利用等综合因素。道路建设应尽量保护自然环境、减少对沿线居民产生不良的干扰、减少对土地的占用和浪费,与现有道路网形成更加完善、合理的道路交通网络。道路建设的最佳效果是在我们得到方便、快捷出行的同时,使我们的环境更加美好,而不是以牺牲环境为代价实现交通的通行目的。

2. 道路线形应保持连续性

从驾驶员的驾驶特性来讲,一般来说,驾驶员对所在道路,特别是第一次行走的道路的设计速度、道路等级、道路限速等相关情况并没有太多的了解,驾驶员通常根据自身对道路情况的观察,以感觉安全和舒适的行驶速度驾驶车辆。其结果是,道路

线形与车辆的行驶速度具有更高的相关性,即使设计速度较低,如果道路线形好,车辆也会以超过设计速度和限制速度的速度行驶。从这个意义上讲,道路线形应避免设计成使车辆行驶速度发生突变的线形,这包括长直线尾部插入小半径曲线、大半径曲线插入小半径曲线等。道路线形的设计应充分考虑驾驶员的驾驶特点,使道路线形符合驾驶员根据经验作出的判断,符合大多数驾驶员的驾驶规律。

3. 道路线形设计应使平面线形、纵断面、横断面达到协调和统一

道路一般是起伏不平的,即使在平原地区,由于桥梁、涵洞、排水等设施的建设,以及道路之间的交叉、跨越、转向等,使得平原地区的道路也是一个高低、宽窄、方向都在发生变化的设施。因此,道路平面线形、纵断面、横断面的组合设计不仅决定道路线形的美观、道路的使用性能,而且对道路建设费用、道路使用效率和道路交通安全等产生重大影响。

4. 道路线形应满足驾驶员视觉的习惯和要求

驾驶员的视觉判断能力与行车速度密切相关,行车速度越高驾驶员的视野越窄,对前方物体细节的视觉变得模糊不清,驾驶员对道路两侧的景象就会无法顾及。速度越低则视野变宽,驾驶员有一定的"余力"加强对前方事物的认识和辨别,可以顾及道路两侧的景象变化和设施的变化。道路设计应充分考虑驾驶特性和规律,在线形设计时对驾驶员的心理和生理需求进行分析,设计出满足驾驶员心理和生理需求的道路。

5. 道路线形应满足保证车辆安全、舒适行驶的交通需求

交通安全是道路交通永恒的主题,道路设施是保证交通安全的最基本条件。道路设施包括道路的线形条件,也包括道路路基、路面设施条件,道路线形设计是保证车辆安全、舒适行驶的最重要环节,科学、合理地设定道路线形的各参数指标是道路安全运行的先决条件。

6. 道路线形设计中应充分考虑施工的难度和经济性

道路工程建设是庞大的基础设施建设,造价高、规模大、影响大。一个方案的改变可能会使造价出现巨大的增加,也可能出现明显的降低。在道路线形设计中应在满足道路设计标准的前提下,充分考虑工程建设的难度,考虑工程的技术和经济效益,实现以最低的成本取得最大的经济效果。

7. 应考虑地形、地物和地质条件方面的制约

道路建设要考虑道路的长期使用性能,对道路的地质条件进行充分的调查和

研究,在选线阶段避免道路在地质条件恶劣的地段通过,保证道路建成后具有良好的稳定性和防灾、抗灾能力。道路建设要充分利用地形、地物条件,但不能机械地套用地形、地物条件,应根据道路线形设计原则有意识地通过工程措施对地形、地物进行调整,设计出美观、顺畅、合理、安全的道路线形。

8. 在保证道路功能满足设计要求的前提下使道路的建设和养护费用最低

我国经过几十年持续的道路工程建设,公路里程已经达到 477 万 km,我国道路设施建设已经进入建、养并重时期,在今后的较长时期内,在进行新的道路建设的同时,道路养护维修工作越来越繁重和重要,养护维修投资越来越大。在道路建设初期要充分考虑道路建成后的养护维修工作特点,从便于养护维修、降低养护维修成本的目的出发做好道路线形的设计工作。

2.1.3　道路线形设计理论的发展

长期以来,人们公认的道路线形设计理论是基于汽车行驶动力学的一种设计理论。根据汽车行驶时对道路条件产生的需求,如道路宽度应满足车辆宽度与车身摆动的宽度要求;根据汽车的最大动力性能进行道路最大纵坡和最大坡长的设计;在道路曲线设计时,考虑车辆行驶时的需求进行曲线加宽和超高设计等。在此设计理论指导下的道路满足汽车行驶的要求,然而,在大量的道路交通事故统计中发现,满足汽车行驶力学理论的道路线形还需要考虑驾驶员的生理、心理需要。道路线形是服务于道路使用者的,因此,提供安全行车的道路线形比对汽车行驶动力学的需要更为重要。北京工业大学任福田教授于 1992 年初步提出了道路线形设计新理论——以用路者的交通需求和生理、心理反应特征作为道路线形设计的理论基础,用连续、动态的观点设计路线的各个元素,力求驾驶员驾驶行为的协调与顺适。

道路线形设计新理论说明:一条好的道路,应当满足驾驶员在行车过程中产生的期望心理要求,即能预知前进方向的道路条件、交通条件。同时,路线应便于驾驶员识别方向。道路线形不应当对驾驶员提供必须立即作出选择的几种方案。每一个问题的出现,都应符合道路交通情况的发展规律。

驾驶员的期望心理是由驾驶需要而产生的,是在长期对同一种情况作出相同反应的基础上建立起来的。因此,线形设计应根据人的认知规律,线形的各个元素组合能提供预知信息,在道路设计中,设计人员应将行车过程中驾驶员期望获得的信息及时通过线形设计及交通标志、标线、通信手段等及时告知驾驶员。

在道路线形设计中,还需要更多地关注用路者生理、心理的特点。例如,在 6 车道的高速公路上行车,当速度为 40km/h 时,路面在视野中占 20%;当速度为 96km/h 时,路面占视野中的 80%,道路两侧景物在视野中占 20%。由此可知,速度越快,路面本身在视觉透视图中所描绘的形状,即道路线形,就越成为构成道路美观印象的控制因素。因此,道路线形设计中需要结合驾驶员的生理特点。

　　本章道路线形设计方法的介绍中,融合了道路线形设计新理论的部分研究成果与探索,同时,也是对道路线形设计国内外发展最新状况的一个对比。

2.2　汽车行驶基本理论

　　汽车行驶总的要求是安全、迅速、经济、舒适,要想达到这个目标需要有道路、车辆、驾驶员和环境等各方面的条件共同保证。在道路线形设计中,应保证使设计的道路线形满足以下两个条件:

　　(1) 道路线形满足汽车行驶特性,符合汽车行驶的基本理论和规律。

　　(2) 道路线形要满足驾驶员安全舒适的驾驶,还应保证乘车人的乘车舒适性。

　　前者是道路线形设计的理论基础,是我国和世界其他各国均采用的道路线形设计理论。这个理论保证了汽车在道路上行驶所要求的基本条件,根据汽车行驶过程中稳定性原理确定道路最小转弯半径、道路最大纵坡坡度的方法,根据汽车动力特性确定道路最大纵坡坡度、最大纵坡长度等确定方法,根据汽车的制动性能和道路路面特性确定道路视距的方法。

　　后者是在前者保证汽车正常行驶的条件下,为保证行车安全和乘车舒适性而对道路提出的要求。在现代道路发展的初期阶段,道路建设更注重于道路的通行功能,设计中以保证道路上汽车的正常、稳定行驶为首要目标。随着汽车性能的提高,高等级道路的建设,行车速度有很大提高,除了车辆本身外,路、人、环境对道路安全和行车舒适性的影响越来越大,在满足车辆正常、稳定行驶的前提下还要求车辆在高速行驶下的安全性和舒适性。现有的道路线形设计体系中,在横向力系数、平曲线(圆曲线、缓和曲线)最小长度、竖曲线最小长度、平纵组合设计、行车视距等道路线形参数的确定过程中,均直接或间接考虑了行车舒适性、驾驶安全性等方面的因素。

　　近十几年来,我国道路交通安全形势严峻,交通事故发生量和交通事故死亡人数处于世界首位,如何在道路设计中充分考虑交通安全特性,将道路交通安全理论引入道路线形设计,已经成为道路和交通研究者重点研究的课题。同时,道路建设中坚持以人为本、节能降耗、可持续发展的建设理念,基于驾乘者心理和生理指标确定道路线形设计参数的新的道路线形设计理论备受广大道路工程工作者的关注。

2.2.1　汽车行驶的动力分析

　　1. 驱动力

　　车辆行驶的驱动力来自汽车的内燃发动机,通过将热能转化为机械能使车辆

行驶。车辆的驱动力 T 可以表示为

$$T = 0.377 \frac{n}{V} M \eta_{\mathrm{T}} = 3600 \frac{N}{V} \eta_{\mathrm{T}} \qquad (2.1)$$

式中：T——驱动力（N）；

　　　n——发动机曲轴转速（r/min）；

　　　V——汽车行驶速度（km/h）；

　　　M——发动机曲轴扭矩（N·m）；

　　　η_{T}——传动系统的机械效率；

　　　N——发动机功率（kW）。

　　式（2.1）中，M、N、η_{T} 是与汽车本身有关的参数，汽车种类不同，车辆的动力特性不同，产生的驱动力也不同。n、V 是与发动机状态和车辆行驶状态有关的参数。车辆状态不同，其驱动力也不同。

　　公路上运行的车辆多种多样，其行驶特性各不相同，在道路线形设计中，既不能考虑全部的车辆类型，也不能按性能最好或最差的车辆为标准进行道路线形设计，一般以本国使用最广泛、最具有代表性的车型为标准。同时在具体的道路线形设计中，还要考虑道路的等级、用途等，选择适宜的车辆类型进行设计。

　　2. 阻力

　　车辆行驶中遇到各种阻力，车辆通过克服阻力而前进。车辆遇到的阻力包括空气阻力、道路阻力和惯性阻力。

　　（1）空气阻力。它指汽车行驶中由于迎面空气的压力、车后的真空吸力及空气与车辆表面的摩擦而产生的阻力，可按式（2.2）计算。

$$R_{\mathrm{W}} = \frac{KAV^2}{21.15} \qquad (2.2)$$

式中：R_{W}——空气阻力（N）；

　　　K——空气阻力系数，按表 2.1 选取；

　　　A——汽车迎风面积（或正投影面积）（m²）；

　　　V——汽车与空气的相对速度（km/h）。

表 2.1　不同类型汽车空气阻力系数取值范围

车 型	迎风面积 A/m^2	空气阻力系数 K
小客车	1.4～1.9	0.32～0.50
载重汽车	3.0～7.0	0.60～1.00
大客车	4.0～7.0	0.50～0.80

　　（2）道路阻力。它是由轮胎的弹性变形、道路坡度产生的阻力，分为滚动阻力和坡度阻力。

滚动阻力。轮胎在路面上行驶时,由于轮胎变形或路面变形、路面凹凸不平等引发轮胎和路面之间产生界面摩擦或碰撞,从而导致车辆功率消耗。滚动阻力与车辆在路面上的垂直作用力成正比。

$$R_f = Gf\cos\alpha \qquad (2.3)$$

式中:R_f—— 滚动阻力(N);

$\quad\quad$ G—— 汽车总重力(N);

$\quad\quad$ f—— 滚动阻力系数,可按表2.2取值;

$\quad\quad$ α—— 坡度倾角,近似取 $\cos\alpha = 1$。

表2.2　不同路面的滚动阻力系数取值范围

路面类型	水泥及沥青混凝土路面	表面平整的黑色碎石路面	碎石路面	干燥平整的土路	潮湿不平的土路
f	0.01~0.02	0.02~0.05	0.03~0.05	0.04~0.05	0.07~0.15

坡度阻力。汽车在具有一定坡度的道路上向上行驶时,与汽车行驶方向相反,阻碍汽车行驶的汽车自身重量平行于路面的分力。当汽车向下行驶时,该分力与汽车行驶方向相同,助推汽车的行驶,此时已经不是阻力而成为汽车行驶的动力。按不利情况设计,汽车上坡时的坡度阻力为

$$R_i = G\sin\alpha \qquad (2.4)$$

式中:R_i—— 坡度阻力(N);

$\quad\quad$ G—— 汽车总重力(N);

$\quad\quad$ α—— 道路纵向坡度倾角,$\sin\alpha \approx \tan\alpha \approx i$,从而 $R_i = Gi$,其中,i 为道路纵坡度。

滚动阻力和坡度阻力都与道路的性能和状况有关,且都与车辆的重力有关,因此将滚动阻力和坡度阻力之和称为道路阻力。

$$R_R = R_f + R_i = G(f + i) \qquad (2.5)$$

式中:R_R—— 道路阻力(N);

$\quad\quad$ $f + i$—— 道路阻力系数。

(3) 惯性阻力。惯性阻力指汽车做变速运动时的惯性力,其计算公式为

$$R_I = \delta \frac{a}{g} G \qquad (2.6)$$

式中:G—— 汽车总重力(N);

$\quad\quad$ a—— 汽车加速度(为正)或减速度(为负)(m/s^2);

$\quad\quad$ g—— 重力加速度(9.8m/s^2);

$\quad\quad$ δ—— 惯性阻力系数。

惯性阻力系数 δ 为

$$\delta = 1 + \delta_1 + \delta_2 i_k^2$$

式中：δ_1——$\delta_1 = 0.03 \sim 0.05$；

　　　δ_2——$\delta_2 = 0.05 \sim 0.07$(小客车)，$\delta_2 = 0.04 \sim 0.05$(载重汽车)；

　　　i_k——变速箱速比，可以由汽车技术性能参数表查取。

汽车行驶过程中受到的阻力为上述三者之和，即汽车行驶的总阻力为

$$R = R_W + R_R + R_I$$

2.2.2　汽车的行驶条件

汽车运行的必要条件如下：汽车在道路上行驶，当驱动力等于阻力时汽车静止或匀速行驶，当驱动力大于阻力时汽车做加速运动，当驱动力小于阻力时汽车做减速运动。因此，保证汽车运行，必须有足够的驱动力来克服各种阻力，即汽车运行的必要条件为

$$T \geqslant R$$

有足够的驱动力还不能保证汽车的正常行驶，还必须保证汽车驱动轮与路面之间的摩擦力大于驱动力，以免轮胎出现打滑现象而不能保证汽车的正常行驶，即

$$T \leqslant \varphi G_k$$

式中：G_k——驱动轮所受的荷载(N)，一般情况下，小汽车为汽车总重的 0.50～
　　　　　0.65 倍，载重车为汽车总重的 0.65～0.80 倍；

　　　φ——轮胎与路面之间的附着系数。

附着系数表示轮胎和路面之间的摩擦性能，它与道路路面摩擦系数具有不同的意义，它与路面类型、轮胎种类、轮胎花纹等有直接关系，同时还与路面状态(潮湿状况、泥泞程度)、行车速度等有重要关系。表 2.3 为几种典型状态下的各种道路路面的附着系数，在道路设计中可以参考使用。

表 2.3　不同路面的附着系数

路面类型	路面状况			
	干燥	潮湿	泥泞	结冰
水泥混凝土路面	0.7	0.5	0.2	0.08
沥青混凝土路面	0.6	0.4	0.2	0.08
过渡式或低级路面	0.5	0.3	0.2	0.10

2.2.3　汽车的行驶稳定性

汽车在道路上行驶要有足够的稳定性，保证汽车行驶状态下不产生倾覆、滑移等现象。汽车行驶稳定性包括纵向稳定性和横向稳定性。

1. 纵向稳定性

纵向稳定性指汽车在纵坡方向行驶时不产生倾覆和滑移现象。汽车的稳定性

受汽车结构参数、驾驶员驾驶技术和道路参数共同影响,一般在汽车产生倾覆前会发生滑移现象。因此,汽车行驶的纵向稳定性的条件为

$$i < i_\varphi = \varphi G_k / G$$

式中:i——道路纵坡坡度;

　　　i_φ——产生纵向滑移临界状态时的道路纵坡度。

根据上述相关数据,纵向滑移临界状态道路纵坡度 i_φ 数值见表 2.4。在路面干燥和潮湿状态下,纵向滑移的临界道路纵坡度均大于 0.17,泥泞道路和结冰路面的临界道路纵坡度有较大的降低,特别是结冰路面道路附着系数小,临界道路纵坡度最低的为 0.05。因此,道路设计中,一定要根据当地气候、路面状态等条件确定道路的纵坡度等条件。

表 2.4　纵向滑移临界状态道路纵坡度 i_φ

路面类型	小汽车				载重汽车			
	干燥	潮湿	泥泞	结冰	干燥	潮湿	泥泞	结冰
水泥混凝土路面	0.40	0.29	0.11	0.05	0.51	0.36	0.15	0.06
沥青混凝土路面	0.35	0.23	0.11	0.05	0.44	0.29	0.15	0.06
过渡式或低级路面	0.29	0.17	0.11	0.06	0.36	0.22	0.15	0.07

2. 横向稳定性

汽车行驶的横向稳定性包括横向倾覆和横向滑移,一般来讲,在横向倾覆之前汽车会发生横向滑移现象,因此,汽车行驶的横向稳定性以不产生横向滑移为判断标准。

如图 2.1 所示,在横坡度为 i_h、路面横向倾角为 α 的路面上,汽车在平曲线上行驶时除受到自身重力外,还受到离心力的作用,作用点在汽车的重心而且为水平方向,离心力的计算如下:

$$F = m \frac{v^2}{R} = \frac{G}{g} \frac{v^2}{R} \tag{2.7}$$

式中:F——汽车承受的离心力(N);

　　　m——汽车的质量(kg);

　　　G——汽车总重力(N);

　　　v——汽车行驶速度(m/s)。

将离心力和重力分解为平行于和垂直于路面的分力,则

$$X = F\cos\alpha - G\sin\alpha$$
$$Y = F\sin\alpha + G\cos\alpha$$

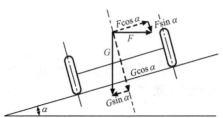

图 2.1　汽车行驶横向稳定性分析示意图

由于路面横坡度较小，近似取 $\sin\alpha \approx \tan\alpha \approx i_h$，$\cos\alpha \approx 1$，得到

$$X = F - G i_h$$

代入 F，则

$$X = G\left(\frac{v^2}{gR} - i_h\right)$$

其中，X 为汽车在圆曲线行驶时受到的横向力，对于相同重量的汽车，横向力越大汽车行驶的稳定性越差。因此，可以用单位重量的横向力，即横向力系数 μ 衡量车辆行驶的稳定性，则

$$\mu = \frac{X}{G} = \frac{v^2}{gR} - i_h$$

将车速 $v\,(\mathrm{m/s})$ 换算成 $V\,(\mathrm{km/h})$，则

$$\mu = \frac{V^2}{127R} - i_h \tag{2.8}$$

$$R = \frac{V^2}{127(\mu + i_h)} \tag{2.9}$$

式中：R——圆曲线半径(m)；

$\qquad V$——汽车行驶速度(km/h)；

$\qquad i_h$——道路横坡度。

式(2.8)和式(2.9)表明了横向力系数、汽车行驶速度和圆曲线半径三者之间的关系。由横向力系数的定义可以反算汽车在圆曲线上行驶时所受的横向力，即

$$车辆所受的横向力 = \mu G = \mu m g = m(\mu g)$$

由上式可以看出，横向力系数的物理意义是车辆在圆曲线上行驶时所受的以重力加速度为单位的横向加速度。横向力系数的取值受众多因素的影响。铁道建设中一般取横向加速度为 $0.3 \sim 0.6\mathrm{m/s}^2$，即横向力系数为 $0.03 \sim 0.06$。

如果汽车轮胎与路面的横向附着系数为 φ_h，则汽车不产生横向滑移的方程式为

$$X \leqslant \varphi_h Y \approx \varphi_h G$$

即

$$\mu = \frac{X}{G} \leqslant \varphi_h$$

将上式代入式(2.9)，则汽车行驶横向稳定性的条件为

$$R \geqslant \frac{V^2}{127(\mu + \varphi_h)}$$

如上所述，在道路线形设计中，只要横向力系数小于轮胎与路面之间的横向附着系数，车辆行驶就处于稳定状态，满足车辆行驶的特性和要求。研究表明，横向附着系数大小与横向摩擦角和路面的状况有关，日本等国的资料指出横向附着系

数大致等于纵向附着系数,而我国规范则指出横向附着系数为纵向附着系数的0.6～0.7倍。由表2.3可知,路面潮湿、泥泞状态下附着系数下降为0.2～0.3,路面结冰情况下附着系数下降为0.1以下。因此,综合考虑路面种类和路面状态,横向附着系数一般取0.10～0.15可以保证汽车的安全、正常行驶。

车辆行驶不仅要满足稳定性,还要使驾驶员能够安全驾驶车辆,使乘车人感到舒适。关于横向力系数取值,国内外进行了长时间的调查和实验研究。调查和实验研究表明,当横向加速度大于一定数值时,驾驶员安全驾驶受到影响,行车舒适性也降低。图2.2为AASHTO介绍的关于横向附着系数的研究成果。结果表明,为保证车辆行驶舒适性,当车辆行驶速度在50km/h以下时,横向附着系数为0.16;当车辆行驶速度在120km/h以下时,横向附着系数为0.12。同时,速度越高,要求的横向附着系数越小。

在道路线形设计中,横向附着系数的确定要考虑车辆行驶的稳定性,还要考虑驾驶安全性和乘车舒适性,在综合考虑二者变化的基础上确定设计取值。图2.3为不同国家的横向附着系数取值范围图。

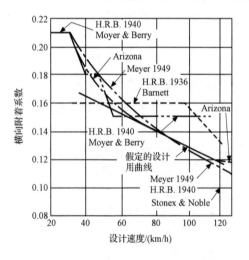

图2.2　横向附着系数(AASHTO)

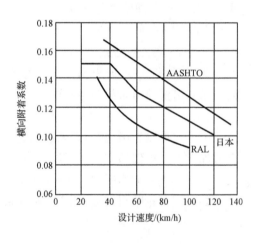

图2.3　不同国家横向附着系数取值范围

2.2.4　汽车的制动性

汽车的制动性是汽车在行驶过程中强制降低车速以致停车,或在下坡时保持一定速度行驶的能力,它直接关系到汽车的安全行驶。汽车的制动性是汽车自身的性能之一,评价指标包括制动效能、制动效能的热稳定性及制动时的方向稳定性。制动效能以汽车在良好路面上降低车速直至停止的制动距离来反映。

在道路线形设计中,为保证车辆遇到紧急状况下安全减速、停车的需要,道路应具有足够长度的视距。在道路行车视距计算和确定过程中,需要根据车辆制动距离进行计算。以速度 V_1 运行的汽车,采取制动措施后,速度降到 V_2,所行驶的最短制动距离为

$$S = \frac{V_1^2 - V_2^2}{254(f + i + \varphi)} \tag{2.10}$$

当汽车完全停止时,速度降低为零,即 $V_2 = 0$,则制动距离为

$$S = \frac{V_1^2}{254(f + i + \varphi)} \tag{2.11}$$

式中:S——汽车制动距离;

　　V_1——汽车制动初始速度(km/h);

　　V_2——汽车制动终了速度(km/h);

　　φ——纵向附着系数;

　　f——滚动阻力系数;

　　i——道路纵坡度,上坡为正,下坡为负。

道路坡度 i 可以按实际道路取值,滚动阻力系数 f 可以按表 2.2 取值,其值较小有时予以省略。纵向附着系数 φ 可以按表 2.3 取值。值得注意的是,纵向附着系数并不是一个常数,它与轮胎的种类、新旧、花纹有关,与道路路面的状况有关,还与车辆行驶速度、制动时行车状态(驱动状态还是制动状态)等有关。图 2.4 为利用动态

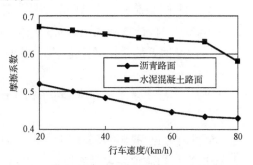

图 2.4   行车速度与摩擦系数的关系

摩擦系数仪测定的不同车速情况下的摩擦系数,表 2.5 为实际测定的不同行车速度、不同路面种类情况下的纵向摩擦系数。

表 2.5   行车速度与摩擦系数的关系

路面种类	测定路段	行车速度/(km/h)	湿润路面的摩擦系数测定值	路面温度/℃
水泥混凝土路面	路 1	10	0.72	25.0
	路 2	45	0.47	—
	路 3	60	0.47	35.0
	路 4	60	0.5	—
	路 5	80	0.47	23.5
	路 6	100	0.39	16.0
	路 7	100	0.46	19.0

续表

路面种类	测定路段	行车速度/(km/h)	湿润路面的摩擦系数测定值	路面温度/℃
沥青混凝土路面	路1	30	0.66	31.0
	路2	40	0.54	35.0
	路3	50	0.45	39.0
	路4	60	0.43	35.0
	路5	60	0.34	8.0
	路6	80	0.33	35.0
	路7	100	0.29	34.0

注:本表数据来自日本《道路构造令》。

两组实验结果均表明,随着行车速度的增加,轮胎和路面之间的摩擦系数降低。因此,在分析和计算汽车制动距离以确定行车视距时,应对该道路行车速度予以考虑。日本《道路构造令》建议,道路设计速度分别为 80~120km/h、40~60km/h、20~30km/h 时,计算制动距离所采用的行车速度应分别为设计速度的 85%、90% 和 100%,摩擦系数采用同速度下的湿润路面的摩擦系数值。

2.3　道路线形设计的主要控制参数

至目前为止,我国对《公路工程技术标准》、《城市道路设计规范》进行了多次修订,每次修订均对道路设计参数进行修正、补充、完善,使道路设计更加科学。下面对道路线形设计主要参数进行比较性介绍。

2.3.1　线形设计时的设计车辆及车辆折算

道路上行驶的主要是汽车,在混合交通道路上还有一部分非机动车。汽车种类多种多样,其性能各不相同。在道路设计中选择和确定标准设计车辆对于简化设计工作、实现道路设计标准的统一具有重要意义。

根据《公路工程技术标准》(JTG B01—2003)规定,我国公路设计采用三种标准车型,即小客车、载重汽车和鞍式列车,各标准车型的外廓尺寸见表 2.6。《公路工程技术标准》(JTG B01—2014)对设计车辆进行了细化和调整,结果见表 2.6。新标准对车辆类型的划分更细,反映了道路交通的发展现状,设计成果有更好的适应性。

表 2.6　设计车辆外廓尺寸

标准	车辆类型	总长/m	总宽/m	总高/m	前悬/m	轴距/m	后悬/m
《公路工程技术标准》 (JTG B01—2003)	小客车	6	1.8	2	0.8	3.8	1.4
	载重汽车	12	2.5	4	1.5	6.5	4.0
	鞍式列车	16	2.5	4	1.2	4+8.8	2.0
《公路工程技术标准》 (JTG B01—2014)	小客车	6.0	1.80	2	0.8	3.8	1.4
	大型客车	13.7	2.55	4	2.6	6.5+1.5	3.1
	铰接客车	18.0	2.50	4	1.7	5.8+6.7	3.8
	载重汽车	12.0	2.50	4	1.5	6.5	4.0
	铰接列车	18.1	2.55	4	1.5	3.3+11.0	2.3

　　道路线形设计以小客车作为交通量换算的标准车型,其他车辆根据一定的车辆折算系数折算成标准车型进行交通量统计。车辆折算系数(passenger car equivalent,PCE)最初出现在 1965 年版美国《道路通行能力手册》(HCM1965)中,其定义为:在通常道路条件下,货车或公共汽车对小客车的当量。在对车辆折算系数定义的研究中,很多研究者也将道路条件限定为通常情况。由于道路条件的不同,特别是道路等级、纵坡坡度和坡长的不同,会导致各车型对交通流的影响发生很大的变化,所以通常道路条件下的当量值应该只是车辆折算系数研究的一个方面。车辆折算系数研究还应包括各种坡度、坡长以及交通组成等特定条件下的当量值问题。

　　我国不同规范的使用范围和目的不同,采用的车辆折算系数也不相同。《城市道路交通规划设计规范》(GB 50220—95)对车辆折算系数做出了详细的规定。车型的划分比较细,除对当量小汽车换算系数做出规定外,还给出了标准货车换算系数、公共交通标准汽车换算系数和非机动车换算系数。其中对当量小汽车换算系数的规定见表 2.7。《公路工程技术标准》(JTG B01—2003)和《公路工程技术标准》(JTG B01—2014)规定的公路各汽车代表车型和车辆换算系数见表 2.8。对于城市道路,《城市道路设计规范》(CJJ 37—90)规定,机动车道通行能力按单位时间通过道路某断面的小客车数计;中、小城市小型汽车很少时,可按普通汽车计,并分别对路段和平面交叉口的车辆换算系数作了规定,其中路段的车辆换算系数见表 2.9。在《城市道路工程设计规范》(CJJ 37—2012)中,交通量换算统一采用小客车为标准车型,车辆换算系数见表 2.9。

表2.7　《城市道路交通规划设计规范》(GB 50220—95)规定的当量小汽车换算系数

车种	自行车	二轮摩托车	三轮摩托车或微型汽车	小汽车或小于3t的货车	旅行车	大客车或小于9t的货车	9～15t的货车	铰接客车或大平板拖挂货车
换算系数	0.2	0.4	0.6	1.0	1.2	2.0	3.0	4.0

表2.8　公路代表车型和车辆换算系数

代表车型	车辆换算系数	车型说明	
		《公路工程技术标准》(JTG B01—2003)	《公路工程技术标准》(JTG B01—2014)
小型车	1	≤19座的客车和载质量≤2t的货车	≤19座的客车和载质量≤2t的货车
中型车	1.5	>19座的客车和2t<载质量≤7t的货车	>19座的客车和2t<载质量≤7t的货车
大型车	2	7t<载质量≤14t的货车	7t<载质量≤14t的货车
拖挂车	3	载质量>14t的货车	载质量>20t的货车

表2.9　城市道路设计车辆换算系数

《城市道路设计规范》(CJJ 37—90)	车种	小客车	普通汽车	铰接车	
	换算系数	1	1.5	2	
《城市道路工程设计规范》(CJJ 37—2012)	车辆类型	小客车	大型客车	大型货车	铰接车
	换算系数	1	2	2.5	3

2.3.2　设计速度

设计速度是公路设计时确定其几何线形的最关键参数。我国从20世纪50年代引入设计车速的概念,作为路线设计的基础指标,根据车辆动力性能和地形条件,确定了不同等级公路的设计速度指标。各级公路按地形条件的差别,设计速度从20km/h到120km/h。

在1997年版《公路工程技术标准》中使用了计算行车速度的概念,《公路工程技术标准》(JTG B01—2003)则使用设计速度的概念,定义为:设计速度是在气象条件良好,车辆行驶只受公路本身条件影响时,具有中等驾驶技术的人员能够安全、顺适驾驶车辆的速度,因此,它与运行速度有密切关系,两者的对比见表2.10。《公路工程技术标准》(JTG B01—2014)则将设计速度定义为:确定公路设计指标并使其相互协调的设计基准速度。

表 2.10　《公路工程技术标准》的主要修订内容

版本	1997 年版	2003 年版
主要修订内容	1. 取消汽车专用公路和一般公路的分类方式,将公路按其使用任务、功能及适应的交通量分为高速公路、一级公路、二级公路、三级公路、四级公路五个等级 2. 将高速公路按设计速度分为 120km/h、100km/h、80km/h 和 60km/h 四个档次,并新增了六车道、八车道标准 3. 对受条件限制的高速公路规定了变化值,允许合理地降低标准	1. 在公路等级确定的问题上,纳入了公路功能、通行能力、服务水平的内容 2. 调整了各级公路的设计速度、路基压实度值、特大与大桥的分类、中与短隧道的分类 3. 对公路交叉设计的主要技术指标、交通工程及沿线设施的分级与安全指标及设施设置与配置等进行了修订 4. 在设计管理思想上引入了运行速度和安全性评价的概念

在道路线形设计中,曲线半径、超高、视距等参数的确定都与设计速度有关,车道宽度、路肩宽度等虽然与设计速度没有直接关系,但它们对行车速度具有明确的影响。设计速度是设计中采用的速度,与实际道路上汽车运行速度并不完全一致,运行速度与气候、天气、路面状况、驾驶员水平、车辆状况等因素有直接关系。道路线形设计中要考虑道路的等级、地形条件等选择合适的设计速度,同时还要考虑道路建设的经济性,应选用经济合理的道路设计速度。

目前我国公路设计速度见第 1 章中表 1.2。城市道路与公路不同,交通复杂、行人交通量大、交叉点多,平均行驶速度与公路相比有较大的降低。我国城市道路设计中采用的设计速度见第 1 章中表 1.4。

《公路与城市道路线形几何设计政策》(*A Policy on Geometric Design of Highways and Streets*)对设计车速的定义如下所述。

2004 年以前,设计速度的定义为:maximum safe speed that can be maintained over a specific section of highway when conditions are so favorable that the design features of the highway govern,即汽车运行只受道路本身条件(几何要素、路面、设施等)影响时一般驾驶员能安全而舒适地行驶的最大行驶速度。

2004 年修订的设计速度的定义为: a selected speed used to determine the various geometric design features of the roadway,即用于决定道路各项几何线形设计参数的可供选择的车速值。

2.3.3　设计交通量

交通量是指单位时间内通过道路某断面的交通流量,其数值由交通调查、交通预测得到。在道路线形设计中通常需要两个交通量数据:其一为设计交通量,其二为设计小时交通量。前者用于确定道路等级、论证建设费用、重要结构设计等,后者是确定车道数、车道宽度、评价服务水平时的依据。

1. 设计交通量

设计交通量(annual average daily traffic, AADT)是指拟建公路达到远景设计年限时达到的年平均日交通量(辆/d),设计交通量是确定道路等级的依据。设计交通量是指公路双向交通量之和,以小客车为计算和统计标准,其他车辆数量需要按表 2.8 的车辆换算系数折算为小客车数量。根据《公路工程技术标准》(JTG B01—2003)规定,我国公路等级与设计交通量的关系见表 2.11。

表 2.11　不同等级公路的设计交通量

公路等级	高速公路			一级公路		二级公路	三级公路	四级公路	
	四车道	六车道	八车道	四车道	六车道	双车道	双车道	双车道	单车道
设计交通量/(辆/d)	25000~55000	45000~80000	60000~100000	15000~30000	25000~55000	5000~15000	2000~6000	2000 以下	400 以下

设计交通量依道路使用性质和任务,根据建设前历年的交通量观测、设计年限、交通量增长率预测等进行推测。

$$N_d = N_0(1+r)^{n-1} \qquad (2.12)$$

式中：N_d ——远景年设计年平均日交通量(辆/d);

　　　n ——远景年设计年限;

　　　r ——交通量年平均增长率(%);

　　　N_0 ——起始年平均日交通量(辆/d),包括现有交通量和建成后吸引过来的交通量。

对于新建道路,由于缺乏现有交通量数据,起始年的交通量需要根据路网规划、道路建成后对路网道路交通和走廊带范围内综合运输体系的影响等综合考虑、确定。

2. 设计小时交通量

以小时为计算时段的交通量为设计小时交通量(design hourly volume, DHV),是道路线形设计的基础,是确定车道数和车道宽度或评价服务水平的依据。设计交通量是以一年为统计时段的年平均交通量,它反映的是该道路一年的平均交通量水平。但道路上交通量并不是一个稳定的数值,它不仅随月份和日期发生变化,而且随每天时段的不同而变化。道路线形设计如采用年平均交通量,则在交通高峰时段将有较多的道路发生拥堵,使道路的服务水平下降。因此,在道路线形设计中应考虑交通量随时间变化的特性。

道路线形设计中采用的是设计小时交通量。设计小时交通量的选用应充分考虑道路设计的经济性和合理性。目前我国及国外大多数国家均采用 30 位小时交通量作为设计小时交通量,我国《公路工程技术标准》(JTG B01—2003)中还规定,根据公路功能,选用当地第 20～40 位小时交通量作为设计小时交通量。

设计小时交通量可以根据当地历年观测资料绘制交通量随时间变化的关系图来确定。在缺乏观测资料的情况下,可以根据交通预测得到的设计交通量 N_d 进行推算

$$N_h = N_d KD \tag{2.13}$$

式中, N_h ——主要方向高峰小时设计小时交通量(辆/h);

N_d ——远景年设计年平均日交通量(辆/h);

D ——交通量方向分布系数,即高峰小时期间主要方向交通量与两个方向的总交通量之比 $\left(\dfrac{N_h}{N_h'}\right)$,一般取 0.55～0.60;

K ——设计小时交通量系数 $\left(\dfrac{N_h'}{N_d}\right)$,为设计小时交通量(辆/h,通常为 30 位小时交通量)与设计交通量(辆/d)之比,其中, N_h' 为高峰小时两个方向的总交通量(辆/h)。

设计小时交通量系数具有如下特点:

(1) 设计交通量越大其值越小。

(2) 人口密度小、山区等地方性道路, K 较大。

(3) 城市道路、干线道路、专用道等, K 较小。

设计小时交通量系数应根据当地交通量观测资料统计确定。缺乏观测资料时,可根据公路所在位置、地区经济、气候特点等确定,取值范围:近郊公路,0.058～0.11;公路,0.12～0.15。也可以按式(2.14)近似计算

$$K = 18(1+A)X^{-0.08} + \Delta \tag{2.14}$$

式中: A ——地区气候修正系数;

X ——设计小时时位,采用 30 位小时交通量时取 30;

Δ ——设计年限的日交通量修正系数, $\Delta = 0.2 - 0.0002 N_d$ 。

2.3.4　服务水平与通行能力

1. 公路设计的服务水平

车辆在道路上行驶,车量越多,行车自由度越小,行车受到限制,道路提供的交通服务水平低;反之,道路上车辆少,行车自由度大,道路提供的交通服务水平高。我国按照车流运行状态,把从小交通量的自由流至交通量达到可能状态的受限制车流这一运行条件范围划分为四级服务水平。

我国《公路工程技术标准》(JTG B01—2003)和《公路工程技术标准》(JTG B01—2014)对不同等级公路的服务水平进行了不同的规定,见表 2.12。

表 2.12　各级公路设计采用的服务水平

公路等级	高速公路	一级公路	二级公路	三级公路	四级公路
《公路工程技术标准》(JTG B01—2003)	二级	二级	三级	三级	视需要而定
《公路工程技术标准》(JTG B01—2014)	三级	三级	四级	四级	—

2. 道路通行能力

道路通行能力是在一定道路和交通条件下,道路上某一路段适应车流的能力,以单位时间内通过的最大车辆数(辆/h)表示。对于多条车道的道路,以一条车道通过的车辆数表示。

道路通行能力分为基本通行能力和设计通行能力,基本通行能力表示在理想条件下,单位时间内一条车道或一条车道某一路段可以通过的小客车最大数,它是计算各种通行能力的基础。设计通行能力是道路实际可以接受的通行能力,考虑了人为主观对道路的要求。设计通行能力为某一服务水平下的最大服务交通量与基本通行能力之比(V/C)乘以可能通行能力。

高速公路设计中采用的基本通行能力和设计通行能力见表 2.13,一级公路及二、三级公路的设计通行能力见表 2.14 和表 2.15。

表 2.13　高速公路一条车道的基本通行能力和设计通行能力

设计速度/(km/h)	120	100	80
基本通行能力/(pcu/h)	2200	2100	2000
设计通行能力/(pcu/h)	1600	1400	1200

表 2.14　一级公路设计通行能力

实际行驶速度/(km/h)	120	100	80
具有干线功能的一级公路设计通行能力/(pcu/h)	1300	1100	900
具有集散功能的一级公路设计通行能力/(pcu/h)	850~1000	700~900	550~700

表 2.15　二、三级公路设计通行能力

公路等级	设计速度/(km/h)	基本通行能力/(pcu/h)	不准超车区比例/%	V/C	设计通行能力/(pcu/h)
二级公路	80	2500	<30	0.64	550～1600
	60	1400	30～70	0.48	
	40	1300	>70	0.43	
三级公路	40	1300	<30	0.54	400～700
	30	1200	>70	0.35	

3. 设计交通量、通行能力和车道数的关系

道路设计中,设计交通量、通行能力和车道数存在以下关系:

$$N_d = \frac{NC_d}{DK} \tag{2.15}$$

$$N = \frac{N_d DK}{C_d} \tag{2.16}$$

式中:N——车道数;

N_d——设计交通量(辆/d);

C_d——该等级道路的设计通行能力(pcu/h),采用规范推荐数值。

根据式(2.15)或式(2.16)可以推算不同等级、不同设计车速情况下的设计交通量 N_d;反之,在已知设计交通量的情况下,可以根据公路的重要性、所在区域等情况,拟定道路等级和设计车速,确定公路车道数量。最后通过车道宽度、路肩和隔离带设施宽度等,确定公路断面宽度,完成道路横断面设计。

2.4　道路平面线形设计

道路几何线形是由直线、圆曲线和缓和曲线三部分组成的。各种线形的主要特点如下所述。

直线段道路视距良好,方向明确。汽车在直线段上行驶受力简单,驾驶员的操作简便,此外,直线距离短,节省工程费用。同时,在道路测设过程中,测定方向和距离简单,所以广泛应用于公路和城市道路中。

圆曲线路段设置于路线方向发生转折处。圆曲线路段曲线半径和曲率均为常数,测设工作比较简单,同时对地形有较好的适应能力,根据地形选择合适大小的圆曲线更能适应驾驶员的视觉心理。但是,圆曲线处汽车行驶受到离心力的作用,而且一般需要设置加宽以满足汽车转弯需要。当汽车在小半径曲线上行驶时,汽车受到的离心力较大,视距条件也较差,行车安全性低,易发生交通事

故。当圆曲线直接与直线相连时,道路线形不符合汽车行驶特性,易产生驾驶困难等问题。

缓和曲线是平面线形要素之一。它具有曲率连续变化而便于车辆遵循、离心加速度逐渐变化而乘车舒适、超高和加宽逐渐变化而行车平稳、与直线和圆曲线配合而线形美观等诸多优点,是高等级公路主要线形之一,其比例甚至超过了直线和圆曲线。但是,缓和曲线一般为比较复杂的线形,其测试和施工相对复杂。

下面对平面线形设计相关问题进行论述。

2.4.1 直线的最大长度

由于直线段的道路线形的行车视距不受限制,长时间行驶在直线段易造成驾驶员的趋驶心理,即趋向于尽快通过该区段,从而易引发高速行驶。如果道路环境缺乏变化,直线段上驾驶行为单一,直线段过长,将使驾车者兴奋度降低,造成精神的抑制状态,甚至达到半睡眠程度,易引发直线段的交通事故。

1. 各国关于直线最大长度的相关规定

为了提高直线段的安全性,有些国家分别制定标准来限制长直线的长度。德国和日本规定直线段的最大长度(以 m 计)为 $20V$(V 为设计速度,以 km/h 为单位)。苏联规定限制的直线段最大长度为 8km;美国为 180s 的行程;西班牙规定不宜超过 80%的设计速度的 90s 行程;法国认为长直线宜采用半径 5000m 以上的圆曲线代替;而我国在《公路路线设计规范》(JTG D20—2017)中指出:直线的长度不宜过长。受地形条件或其他特殊情况限制而采用长直线时,应结合沿线具体情况采取相应的技术措施。目前我国公路直线最大长度还没有具体规定。

2. 直线最大长度的国内外研究现状

重庆交通学院提出了直线长度 $L = ktV$ 的表达式。其中,k 为修正系数;t 为驾驶员进入疲劳状态的时间;V 为车辆行驶速度(吴国雄,1987)。

韩国 Chung Bong-Jo 等(2001)为了测试长直线对安全驾驶的影响,运用驾驶员行为反应的测试车辆,选择 10km 的长直线和普通路段(直线与曲线混合路段),此两条路段的设计速度均为 120km/h,长直线段的纵坡变化范围为±1%,普通路段的纵坡变化范围为−0.4%~2.1%,运用驾驶员行为与反应检测车(driver's behavior and response detecting vehicle)现场检测驾驶员生理-心理信号改变率的数量,并收集驾驶过程中周围环境的信息;量测和分析驾驶员对直线形道路的生理反应信号。分析的结果表明,驾驶时间在 60min 以内时,在直线段和普通地段均没有明显的差异趋势。然而,当驾驶时间超过 60min 以后,结果表明 β 波的相对强度值出现了下降,而且直线段的下降程度比普通地段更高。尤其是在控制可视神经的后脑,直线段上 β 波的下降程度达到 2.2 倍。这个结果大约比普通路段的测试结果高出 2.7 倍。根据大量统计数据得出:在驾驶员进入直线段以前已经行驶 1h 的前提条件下,从直线起点开始 4.2km 处,β 射线值快速下降,表明道路设计的直线最大长度是 4.2km 而不是 20 倍设计车速的长度。

3. 直线最大长度的北京工业大学研究成果

北京工业大学的研究者根据华中平原某高速公路的车载 GPS 数据的分析,将长直线段车辆运行速度的变化划分为以下两种类型。

1) 速度波动幅度递减并趋向稳定

如图 2.5 所示,车辆在满足速度变化的长直线段行驶时,由于良好的视距,进入直线段的车辆有一个间歇式的加速过程,即车辆加速过程是每有一定速度增长后,将会有一个停顿,再进行下一加速过程,最后达到车辆的期望车速。由于驾驶员的期望车速往往是高于高速公路限速值,在达到期望车速后,一方面驾驶员的期望心理得到满足,另一方面,还要承受超速行驶和由此而导致的交通安全方面的压力,驾驶员在维持一段期望车速行驶之后,又将逐渐降低车速,当车速达到驾驶员主观认为安全的速度(即为主观限速)时,驾驶员的心理压力得到缓解,将会保持在主观限速的车速范围匀速行驶一段,当驾驶员的心理压力消失后,驾驶员的期望心理又将引导车辆逐步加速,达到期望车速,行驶一段时间后,驾驶员又再度受超速行驶和交通安全压力,将又一次减速,回到主观限速的车速行驶,其波动幅度将随着行驶时间的推移逐渐减少。

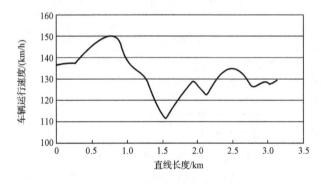

图 2.5　长直线车辆运行速度图

2) 速度波动之后趋向幅度递增

直线长度过长后,驾驶员会出现趋驶心理,如图 2.6 所示。当行驶了 2km 以上的直线段后,车辆运行速度出现显著增大。

此外,直线段车辆行驶过程中还具有如下特点。

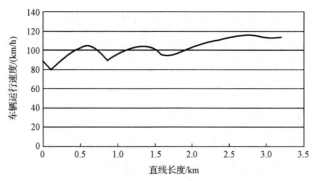

图 2.6　长直线车辆运行的趋驶性图

（1）驾驶员对车速的滞后反应。

适应性是人体自身的一种特性。这种特性决定了人对外界有变化的情况比较敏感,而对缺少变化的刺激则反应迟钝。英国道路研究所在一段长 65km 的直线高速公路上做过下述试验:首先让驾驶员以 100km/h 的速度行驶 5s,然后要求驾驶员凭主观感觉把车速减低至 60km/h;第二次让驾驶员以 100km/h 车速行驶30km 后,降低车速至 60km/h;第三次是在行驶 60km 后降低车速至 60km/h,试验结果见表 2.16。表中数据表明,减速前等速行驶的距离越长,车速判断的误差越大。这是因为在长直线高速公路上等速行驶一段时间后,由于适应性的影响,驾驶员的速度感减弱,虽然实际车速很高,但主观上觉得车速并不高(赵恩棠等,1990)。

表 2.16　驾驶员适应性试验结果

试验条件	驾驶员主观估计车速为 60km/h 时的实际车速/(km/h)	误差/%
100km/h 车速保持 5s 后减速	66.7	11
100km/h 车速连续行驶 30km 后减速	75.7	26
100km/h 车速连续行驶 60km 后减速	80.1	32

（2）驾驶员注意力的稳定性。

根据上述长直线段车辆运行速度的分析,车辆运行在长直线段的运行状态为:速度调整—稳定行驶—速度调整;如果驾驶员在行车过程中经历一段类似阻尼振动的驾驶过程后,仍未驶离直线段,驾驶员会出现趋驶心理,从而引发超速行驶以尽快摆脱直线段的行为。这是长直线段交通安全的一个隐患。

如果驾驶员在直线段行驶过程中,主要以稳定运行速度驾驶,若驾驶时间过长,驾驶行为单调,再由于外界道路和交通刺激较少,驾驶员将会出现驾驶疲劳,从而引发交通事故。因此,建议直线段最大长度为

$$L_{max} = L_{速度调整} + L_{防止驾驶疲劳}$$

式中：L_{max}——直线段最大长度；

　　　$L_{速度调整}$——速度调整至稳定运行速度时行驶的距离；

　　　$L_{防止驾驶疲劳}$——防止驾驶疲劳的行驶距离。

$L_{速度调整}$ 的确定分为如下几个过程见表 2.17。

① 加速过程：进入直线段的车辆加速至期望车速的过程。

② 加速至期望速度的反应滞后时间：车辆加速至期望车速，驾驶员不能及时感觉到，有一段滞后反应时间。

③ 期望速度的行驶时间：驾驶员在生理、心理承受能力之下，在期望车速状态下，并在注意力稳定性的范围内行驶过程。

④ 减速过程：驾驶员将车速从期望车速减速至主观限速的减速行程。

⑤ 车速减至主观限速的反应滞后时间：由于驾驶员速度的适应反应，车辆减速至主观限速后被驾驶员所意识的滞后反应时间。

⑥ 主观限速的行驶时间：以主观控制的速度行驶的时间。

⑦ 达到稳定行驶时间：车速在主观限速与期望车速之间稳定行驶。

表 2.17　长直线段车速调整至稳定运行速度行程时间 $L_{速度调整}$ 统计表

长直线各行程	长直线各行程时间/s
加速过程	46.38
加速至期望速度的反应滞后时间	2
期望速度的行驶时间	10
减速过程	24.03
减速至主观限速的反应滞后时间	2
主观限速的行驶时间	10
达到稳定行驶时间	10
长直线直线长度的控制行程时间	104.41

对长直线直线长度的控制行程时间取整，即控制直线长度为 105s 行程。对应德国和日本的长直线控制最大长度 20V 的表示方法为：29V(m)，其中 V 为设计速度，单位为 km/h。

$L_{防止驾驶疲劳}$ 的取值：参见德国和日本的长直线控制最大长度 20V。

北京工业大学推荐的直线段的最大长度值为

$$L_{max} = L_{速度调整} + L_{防止驾驶疲劳} = 29V + 20V = 49V = 177s \text{ 行程}$$

以上长直线长度的控制值的研究基础是我国目前高速公路路况、交通构成，并且是针对选择试验车型——桑塔纳的长直线指标。上述直线段控制最大长度的计算所包含的假设条件如下：在直线段行驶过程中，驾驶员以最快速（通过一次加速、一次减速）就实现了车辆稳定运行。

直线段长度的最大值与驾驶员个性、驾驶习惯及对地形的熟悉程度都是相关的。如果选取其他的驾驶行为，即驾驶员通过数次加速、减速过程才实现车辆稳定运行，则相应的最大直线长度控制值会相应增大。

2.4.2 直线的最小长度

我国《公路路线设计规范》(JTG D20—2017)中指出，两圆曲线间以直线相连时，直线的长度不宜过短：①设计速度大于或等于 60km/h 时，同向曲线间最小直线长度(以 m 计)以不小于设计速度(以 km/h 计)的 6 倍为宜，反向圆曲线间的最小直线长度(以 m 计)以不小于设计速度(以 km/h 计)的 2 倍为宜；②设计速度小于或等于 40km/h 时，可参照上述规定执行。

1. 同向曲线之间直线的最小长度

同向曲线是指转向相同的两相邻曲线。同向曲线间连以短直线，形成了俗称的"断背曲线"。互相通视的同向曲线之间若插以短直线，容易产生把直线和相连的曲线看成反向曲线的错觉，线形不连续，如图 2.7 所示。

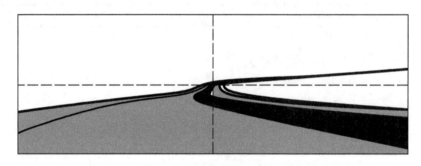

图 2.7 断背曲线示意图

同向曲线间的直线区段过短，不仅会破坏线形的连续性，甚至使驾驶员把两个曲线看成一个曲线，在行车过程中，驾驶员未能注意到曲线半径的变化，不能及时调整车辆运行速度，使得驾驶员在错觉下不能提前预见这种错觉的危险性，一旦驾驶员不能及时、准确地校正这种错觉，易造成驾驶操作的失误，从而引发交通事故。

同向曲线由于连续转弯，驾驶员难以掌握惯性作用，导致离心力不断增大，所以需要增加同向曲线之间的直线长度。由于这种线形组合所产生的缺陷是来自驾驶员的错觉，为防止这种错觉，应限制曲线中间直线的最短长度。

此外，多数驾驶员不希望出现同向的连续弯道，驾驶员多半习惯于下意识地顺着连续反向弯道行驶(美国各州公路与交通工作者协会，1980)，所以在同向曲线之间的直线段满足一定长度后，可以避免连续同向弯道的感觉。

同向曲线间直线段最短长度的影响因素有以下几点。

1) 注视点的距离

驾驶员的视野与行车速度有密切关系,随着汽车行驶速度的提高,注视点前移,视野变窄,周界感减少。

目前推荐的同向曲线最短直线长度的出发点是为了防止驾驶员从视线上产生错觉从而引发操作不当,最终导致交通事故。

从视觉上同向曲线直线段长度过短,形成"断背曲线",其前提是曲线 1、直线、曲线 2 全部在驾驶员的视野内,从以上驾驶员注视点前移的距离来看,如果此视点位于直线段起点处,是不会造成"断背曲线"的感觉的,因此,从视线范围所能看到的距离应包括前、后曲线的部分长度和直线段长度。

2) 道路几何线形的影响

车辆的稳定运行速度是与道路几何线形相关的,尤其是与直线段前后端曲线半径、曲线长度有关的。同时,驾驶员注视点的距离与车辆运行速度是相关的。北京工业大学推荐的同向曲线之间直线长度为

$$L = \frac{V_{直线}^2 - V_{曲直}^2}{25.96a} + \frac{V_{直线}^2 - V_{直曲}^2}{25.96a_d} \tag{2.17}$$

式中：L ——同向曲线之间直线段长度(km);

　　　a ——同向曲线之间车辆运行的加速度(m/s^2);

　　　a_d ——直线段车辆减速度(m/s^2)。

3) 同向曲线间最短直线长度取值的考虑因素

综合上述,在确定同向曲线最短直线长度时,需要考虑以下几个因素：

(1) 车辆在行驶曲线—直线—曲线的过程中,速度调整所需要的直线段长度。

(2) 保证驾驶员操纵方向盘不感到困难的行程长度,根据日本有关研究成果,需要保证至少有 6s 的行驶时间。

(3) 考虑行驶过程中驾驶员的注视点的距离。

所以,同向曲线最短直线长度在上述三者中取最大者为宜。

2. 反向曲线之间直线的最小长度

反向曲线指转向相反的两相邻曲线。

汽车在平曲线上行驶时产生的离心力,作用点在汽车重心,方向水平背离圆心。两个转向不同的反向曲线,如果中间无直线段相接或是直线段过短,车速过高而且曲线半径和长度过小时,乘坐者在很短时间内受方向相反的离心力作用,会产生不舒适感;同时,如果两曲线半径差过大,对于驾驶员来说,容易造成反应不及时、车辆轨迹不能保持正确,也将导致驾驶员可能在曲线上行驶速度过大从而带来危险。

对于操纵人员来说,需要连续操纵方向盘,以适应相反转向曲线上行驶的要

求;《日本高速公路设计要领——几何设计·休息设施》中指出:保证驾驶员操纵方向盘不感到困难的行程长度至少有 6s 的行驶时间。这是因为往一个方向转动方向盘最少需要 3s。若直线长度过短,将会导致驾驶员操纵方向盘困难,引发交通事故。

转向相反的两曲线之间,考虑到为设置超高和加宽缓和段的需要及驾驶员转向操作的需要,如无缓和曲线,宜设置一定长度的直线。我国《公路工程技术标准》(JTJ 001—97)推荐反向曲线间的最短直线长度(以 m 计)不小于行车速度(以 km/h 计)的 2 倍为宜。这相当于按设计速度行驶 7.2s。

北京工业大学推荐的反向曲线最短直线长度,需要考虑以下因素:

(1) 考虑到为设置超高和加宽缓和段的需要,反向曲线间的最短直线长度(以 m 计)不小于行车速度(以 km/h 计)的 2 倍为宜。

(2) 基于车辆行驶舒适性考虑的反向曲线最短直线段长度。

(3) 保证驾驶员操纵方向盘不感到困难的行程长度,根据日本有关研究成果,需要保证至少有 6s 的行驶时间。

所以,反向曲线最短直线长度在上述三者中取最大者为宜。

2.4.3　圆曲线

1. 圆曲线的特点

圆曲线(circular curve)是公路线形设计中最常采用、最简单的曲线要素之一。

在路线改变方向的转折处,往往可插入与两端直线相切的圆曲线来实现路线方向的改变。按照地形平面或立体的不同形态及大小,选用适当的圆曲线远比直线更能表达地形的实际情况。

圆曲线作为公路平面线形具有以下特点。

其优点如下:

(1) 平缓而适当的圆曲线,易引起驾驶员的注意。

(2) 平缓而适当的圆曲线,方便看到路侧的景观,可以诱导视线。

(3) 曲线上任意点的曲率半径 R 为常数,曲率也为常数,测设和计算比缓和曲线简单。

(4) 曲线上任意一点都在不断地改变方向,比直线更能适应地形的变化,尤其是由不同半径的多个圆曲线组合而成的复曲线,对地形、地物和环境有更强的适应能力。

(5) 较大半径的长圆曲线具有线形美观、顺适和行车舒适的特点,是高等级公路最常采用的线形之一。

其缺点如下:

(1) 汽车在圆曲线上行驶要受到离心力的作用,而且往往要比在直线上行驶多占道路宽度。

（2）圆曲线半径小，当汽车在其内侧行驶时，视距条件较差，视线受到路堑边坡或其他障碍物的影响较大，易发生行车事故。

2. 圆曲线半径

我国《公路路线设计规范》（JTG D20—2017）规定：各级公路平面不论转角大小均应设置圆曲线。

圆曲线的技术标准主要是曲线半径大小。半径是圆曲线的重要参数，半径一旦确定，则圆大小和曲率就完全确定了。

汽车在曲线上行驶时，受到离心力的作用，有向外滑移和倾覆的危险，由于汽车设计上的考虑，向外倾覆的危险很小，主要是向外滑移。

为了减少或消除行驶车辆向外滑移，可以将路面外侧提高，使之向内倾斜，这种倾斜度称为超高。

根据汽车行驶在曲线上力的平衡，有

$$R = \frac{V^2}{127(\mu \pm i)}$$

式中：＋——重力和离心力的两个分力反向，汽车在双坡路面内侧行驶；

　　　－——重力和离心力的两个分力同向，汽车在双坡路面外侧行驶；

　　　R——圆曲线最小半径（m）；

　　　i——路面横坡；

　　　μ——横向力系数。

表 2.18 为我国《公路工程技术标准》（JTG B01—2003）规定的最小圆曲线半径，在新版《公路工程技术标准》（JTG B01—2014）中，对极限最小半径进行了进一步的细化。表 2.19 为美国关于最小圆曲线半径的规定。我国规定的圆曲线最小长度见表 2.20。

表 2.18　我国最小圆曲线半径表

设计速度/(km/h)		120	100	80	60	40	30	20
圆曲线最小半径/m	一般值	1000	700	400	200	100	65	30
	极限值	650	400	250	125	60	30	15

注："一般值"为正常情况下的采用值，"极限值"为条件受限制时可采用的值。

表 2.19　美国最小圆曲线半径表

设计车速/(km/h)	最大超高 i_{max}/%	横向力系数 μ（极限值）	$\frac{i}{100} + \mu$	计算半径/m	典型半径值/m
20	4.0	0.18	0.22	14.3	15
30	4.0	0.17	0.21	33.7	35

续表

设计车速/(km/h)	最大超高 i_{max}/%	横向力系数 μ(极限值)	$\frac{i}{100}+\mu$	计算半径/m	典型半径值/m
40	4.0	0.17	0.21	60.0	60
50	4.0	0.16	0.20	98.4	100
60	4.0	0.15	0.19	149.1	150
70	4.0	0.14	0.18	214.2	215
80	4.0	0.14	0.18	279.8	280
90	4.0	0.13	0.17	375.0	375
100	4.0	0.12	0.16	491.9	490
20	6.0	0.18	0.24	13.1	15
30	6.0	0.17	0.23	30.8	30
40	6.0	0.17	0.23	54.7	55
50	6.0	0.16	0.22	89.4	90
60	6.0	0.15	0.21	134.9	135
70	6.0	0.14	0.20	192.8	195
80	6.0	0.14	0.20	251.8	250
90	6.0	0.13	0.19	335.5	335
100	6.0	0.12	0.18	437.2	435
110	6.0	0.11	0.17	560.2	560
120	6.0	0.09	0.15	755.5	755
130	6.0	0.08	0.14	950.0	950
20	8.0	0.18	0.28	12.1	10
30	8.0	0.17	0.25	28.3	30
40	8.0	0.17	0.25	50.4	50
50	8.0	0.16	0.24	82.0	80
60	8.0	0.15	0.23	123.2	125
70	8.0	0.14	0.22	175.3	175
80	8.0	0.14	0.22	228.9	230
90	8.0	0.13	0.21	303.6	305
100	8.0	0.12	0.20	393.5	395
110	8.0	0.11	0.19	501.2	500
120	8.0	0.09	0.17	666.6	665
130	8.0	0.08	0.18	831.3	830

续表

设计车速/(km/h)	最大超高 i_{max}/%	横向力系数 μ(极限值)	$\dfrac{i}{100}+\mu$	计算半径/m	典型半径值/m
20	10.0	0.18	0.28	11.2	10
30	10.0	0.17	0.27	26.2	25
40	10.0	0.17	0.27	46.6	45
50	10.0	0.16	0.26	75.7	75
60	10.0	0.15	0.25	113.3	115
70	10.0	0.14	0.24	160.7	160
80	10.0	0.14	0.24	209.9	210
90	10.0	0.13	0.23	277.2	275
100	10.0	0.12	0.22	357.7	360
110	10.0	0.11	0.21	453.5	455
120	10.0	0.09	0.19	596.5	595
130	10.0	0.08	0.18	738.9	740
20	12.0	0.18	0.30	10.5	10
30	12.0	0.17	0.29	24.4	25
40	12.0	0.17	0.29	43.4	45
50	12.0	0.16	0.28	70.3	70
60	12.0	0.15	0.27	104.9	105
70	12.0	0.14	0.26	148.3	150
80	12.0	0.14	0.26	193.7	195
90	12.0	0.13	0.25	255.0	255
100	12.0	0.12	0.24	327.9	330
110	12.0	0.11	0.23	414.0	415
120	12.0	0.09	0.21	539.7	540
130	12.0	0.08	0.20	665.0	665

注：出于安全考虑，i_{max}=4.0%只能用于城市条件下。

表 2.20　圆曲线最小长度表

设计速度/(km/h)		120	100	80	60	40	30	20
圆曲线最小长度/m	一般值	600	500	400	300	200	150	100
	最小值	200	170	140	100	70	50	40

注："一般值"为正常情况下的采用值，"最小值"为条件受限制时可采用的值。

2.4.4 缓和曲线

1. 缓和曲线定义

缓和曲线(transition curve)是道路平面线形要素之一,它是设置在直线与圆曲线之间或半径相差较大的两个转向相同的圆曲线之间的一种曲率连续变化的曲线。

《公路工程技术标准》(JTG B01—2003)规定:除四级路可不设缓和曲线外,其余各级公路都应设置缓和曲线。

在现代高速公路上,有时缓和曲线所占的比例超过了直线和圆曲线,成为平面线形的主要组成部分。

2. 设置缓和曲线的作用

在直线和曲线之间或在不同半径的两圆曲线之间,为了缓和汽车的行驶,符合汽车行驶的轨迹,采用曲率半径不断改变的缓和曲线。

其作用如下:

1) 曲率连续变化,便于车辆遵循

在转弯行驶的过程中,存在一条曲率连续变化的轨迹线,无论车速高低,这条轨迹线都是客观存在的,它的形式和长度随行驶速度、曲率半径和驾驶员转动方向盘的快慢而定。

在低速行驶时,驾驶员尚可利用路面的富余宽度在一定程度上使汽车保持在车道范围之内,缓和曲线似乎没有必要。

但在高速行驶或曲率急变时,汽车则有可能超越自己的车道驶出一条很长的过渡性的轨迹线。

从安全的角度出发,有必要设置一条驾驶员易于遵循的路线,使车辆在进入或离开圆曲线时不致侵入邻近的车道。

2) 离心加速度逐渐变化,旅客感觉舒适

汽车行驶在曲线上产生离心力,离心力的大小与曲线的曲率成正比。

汽车由直线驶入圆曲线或由圆曲线驶入直线,由于曲率的突变会使乘客有不舒适的感觉。

曲率连续变化缓和人体感到的离心加速度的急缓变化。

所以,应在曲线不同的两曲线之间设置一条过渡性的曲线以缓和离心加速度的变化。

3) 超高横坡度逐渐变化,行车更加平稳

车行道从直线上的双坡断面过渡到圆曲线上的单坡断面和由直线上的正常宽

度过渡到圆曲线上的加宽宽度,一般情况下是在缓和曲线长度内完成的。

为避免车辆在这一过渡行驶中急剧地左右摇摆,并保证路容的美观,设置一定长度的缓和曲线是必要的,并能提高视觉的平顺度及线形的连续性。

4) 与圆曲线配合得当,增加线形美观

圆曲线与直线直接连接,在连接处曲率突变,在视觉上有不平顺的感觉。设置缓和曲线以后,线形连续圆滑,增加线形的美观。同时,从外观上看也感到安全,收到显著效果。

缓和曲线的设置可使车辆完成不同曲率的过渡行驶,足够长度的缓和曲线可以使驾驶员从容地操纵方向盘,并使乘坐人员感觉舒适,另一方面也使线形美观。

3. 缓和曲线的最小长度

由于车辆要在缓和曲线完成不同曲率的过渡行驶,所以要求缓和曲线有足够的长度,以使驾驶员能从容地操纵方向盘,乘客感觉舒适,线形美观流畅,圆曲线上的超高和加宽的过渡也能在缓和曲线内完成。所以,应规定缓和曲线的最小长度。可从以下几方面考虑。

1) 旅客感觉舒适

汽车行驶在缓和曲线上,其离心加速度将随缓和曲线曲率的变化而变化,若变化过快,将会使旅客有不舒适的感觉。

离心加速度的变化率为

$$a_s = \frac{a}{t} = \frac{v^2}{Rt}$$

式中:v——汽车行驶速度(m/s);

　　　a——离心加速度(m/s^2);

　　　R——曲线半径(m);

　　　t——汽车在缓和曲线上的行驶时间(s)。

在等速行驶的情况下为

$$t = \frac{L_s}{v}$$

$$a_s = \frac{a}{t} = \frac{v^2}{Rt} = \frac{v^2}{R\dfrac{L_s}{v}} = \frac{v^3}{RL_s} = \frac{\left(\dfrac{V}{3.6}\right)^3}{RL_s} = 0.0214 \frac{V^3}{RL_s} \qquad (2.18)$$

式中:V——汽车行驶速度(km/h)。

汽车行驶在缓和曲线上,其离心加速度将随着缓和曲线曲率的变化而变化,若变化过快,将使乘坐者有不舒适的感觉。选定能保证舒适的最大的 a_s,则可得出在一定车速和一定圆曲线半径下的最短缓和曲线长度。

我们称 a_s 为"缓和系数",采用值各国不一致。缓和曲线的设置,铁路比公路早。铁路上采用的是 $0.16\text{m/s}^3 \leqslant a_s \leqslant 0.3\text{m/s}^3$。在美国一般采用 2in/s^3,但是由于超高的关系,最好尽量采用 1in/s^3。在联邦德国《乡村地区公路标准》(RAL)上规定的是 0.5m/s^3。日本将离心加速度变化率的容许值规定为 $0.5 \sim 0.7\text{m/s}^3$,根据经验,不使人感觉不舒适的离心加速度变化率容许值为 $0.5 \sim 0.6\text{m/s}^3$。我国铁路上控制 $a_s \leqslant 0.3\text{m/s}^3$,公路上参考这一规定建议 $a_s \leqslant 0.6\text{m/s}^3$。对于高速公路,一般取 $a_s = 0.3\text{m/s}^3$。

设计中可根据实际情况选用不同的数值。高速公路取较小的值,设计速度低的公路取较大的数值;平原区应取较小的数值,山岭区和交叉路口取相对较大的数值。

2) 超高渐变率适中

在缓和曲线上设置超高缓和段,如果缓和段太短则会因路面急剧地由双坡变为单坡而形成一种扭曲的面,对行车和路容均不利。

在超高过渡段上,路面外侧逐渐抬高,从而形成一个"附加坡度",当圆曲线上的超高值一定时,这个附加坡度就取决于缓和段长。附加坡度或称超高渐变率太大和太小都不好,太大相对行车不利,太小对排水不利。

《公路路线设计规范》(JTG D20—2006)规定了适中的超高渐变率,由此可导出计算缓和段最小长度的公式为

$$L_s = \frac{B\Delta i}{p} \tag{2.19}$$

式中: B ——旋转轴至车行道(设路缘带时为路缘带)外侧边缘的宽度(m);

$\quad\quad \Delta i$ ——超高坡度与旋转轴外侧路拱横坡度的代数差(%);

$\quad\quad p$ ——超高渐变率,即旋转轴线与车行道外侧边缘线之间的相对坡度。

多车道公路的超高缓和段长度还应考虑车道数系数,见表 2.21。

表 2.21　不同车道条件下的缓和段长度的车道数系数

旋转轴至行车带边缘的车道数	一车道	二车道	三车道
车道数系数	1.2	1.5	2.0

3) 行驶时间不过短

缓和曲线不管其参数如何,都不可使车辆在缓和曲线上的行驶时间过短而使驾驶员驾驶操纵过于匆忙。一般认为汽车在缓和曲线上的行驶时间至少应有 3s (驾驶员操纵方向盘所需的合理时间为 $3 \sim 5$s),即 $L_s = V/1.2$。

《公路工程技术标准》(JTG B01—2003)规定,按上述三种方法计算缓和曲线长度,并取整(一般取至 5 的倍数)。一般将其中的最大值作为缓和曲线的长度,以满足各方面的需要。

此外,从视觉效果来讲,随着平曲线半径的增大,缓和曲线还需相应增长。等级较高的公路更应尽可能利用缓和曲线调整线形,以适应地形和景观的需要,使视觉更加舒顺。大量设计和应用经验表明,道路线形舒顺、协调的缓和曲线长度为 $R/9 \sim R(\mathrm{m})$。

2.4.5　行车视距

为了行车安全,驾驶员应能随时看到汽车前面相当远的一段路程,一旦发现前方路面上有障碍物或迎面来车,能及时采取措施,避免相撞,这一必需的最短距离称为行车视距。

行车视距是否充分,直接关系到行车的安全与迅速,它是道路使用质量的重要指标之一。在道路平面上的暗弯(处于挖方路段的弯道和内侧有障碍物的弯道)、纵断面上的凸形竖曲线及下穿式立体交叉的凹形竖曲线上都有可能存在视距不足的问题。

驾驶员发现障碍物或迎面来车,根据其采取措施的不同,行车视距可分为以下几种类型:

(1)停车视距。汽车行驶时,自驾驶员看到前方障碍物时起,至到达障碍物前安全停止所需的最短距离。

(2)会车视距。在同一车道上两对向汽车相遇,从相互发现时起,至同时采取制动措施使两车安全停止所需的最短距离。

(3)错车视距。在没有明确划分车道线的双车道道路上,两对向行驶的汽车相遇,发现后即采取减速避让措施安全错车所需的最短距离。

(4)超车视距。在双车道公路上,后车超越前车时,从开始驶离原车道之处起,至可见逆行车并能超车后安全驶回原车道所需的最短距离。

上述四种视距中,前三种属于对向行驶,第四种属于同向行驶。第四种需要距离最长,须单独研究。而前三种中,错车视距的概念比较含糊,一般情况下不考虑错车视距问题。以会车视距最长,只要道路能保证会车视距,停车视距和错车视距也就得到保证。会车视距约等于停车视距的 2 倍,故只需计算出停车视距就可以。

计算视距首先得明确“目高”、“物高”。

“目高”是指驾驶员眼睛距地面的高度,规定以小客车为标准,据实测采用 1.2m。

“物高”过去曾有几种采用方法。如果为偏于安全方面的考虑,物高应为“零”,即驾驶员应看到前方一定距离的路面,这样势必在纵断面设计中要加大凸形竖曲线半径,是不经济的。如果从经济方面考虑,取汽车顶部的高度,则又会因看不见比汽车低的障碍物而导致车祸。

考察道路上可能出现的各种障碍物,除前面所说的迎面来车外,还有横穿道路的行人,前面车辆上掉下的货物及因挖方边坡塌方滚下的石头等。综合考虑以上因素,物高一般取 0.10m。

1. 停车视距

停车视距是指驾驶员发现前方有障碍物到汽车在障碍物前停住所需要的最短距离。停车视距可分解为反应距离和制动距离两部分。

反应距离是当驾驶员发现前方的障碍物,经过判断决定采取制动措施的那一瞬间到制动器真正开始起作用的那一瞬间汽车所行驶的距离。在这段时间过程中,也可分为"感觉时间"和"反应时间"来分析并可用试验测定。

感觉时间在很大程度上取决于物体的外形、颜色,驾驶员的视力和机敏度及大气的可见度等。在高速行车时的感觉时间要比低速时短一些,这是由于高速行驶时警惕性会更高的缘故。根据测定的资料,设计上采用感觉时间为 1.5s,制动反应时间取 1.0s 较适当。

(1) 感觉和制动反应的总时间 $t=2.5\text{s}$,在这段时间内汽车行驶的距离为

$$S_1 = \frac{V}{3.6}t$$

(2) 制动距离。汽车从制动生效到汽车完全停住,这段时间内所行驶的距离。

$$S_2 = \frac{V^2}{2gf}$$

式中:V——汽车行驶速度(km/h);

f——轮胎与路面之间的滚动阻力系数。

(3) 安全距离。汽车完全停止后,车头与障碍物之间所必需的最小保险距离。一般取为 5~10m,即 $S_0 = 5\sim10\text{m}$。

故通常停车视距(m)为

$$S = \frac{V}{3.6}t + \frac{\left(\frac{V}{3.6}\right)^2}{2gf} = 0.278Vt + 0.039\frac{V^2}{gf} \tag{2.20}$$

行驶速度 V:

设计速度为 120~80km/h 时,行驶速度 $V=85\%$的设计速度;

设计速度为 60~40km/h 时,行驶速度 $V=90\%$的设计速度;

设计速度为 30~20km/h 时,行驶速度 $V=$原设计速度。

美国停车视距的计算如下:

在 1994 年版《道路几何设计指南》中,停车视距计算公式中的 f 采用轮胎与湿润路面之间的附着力系数作为控制参数,平均值取为 0.3。但是在实际应用中发现,该式计算得到的停车视距很难达到。

在 2001 年版《道路几何设计指南》中,修正了前版中基于纵向摩阻系数的停车

视距的计算公式,而采用减速度 a 作为控制参数。

$$S = \frac{V}{3.6}t + \frac{\left(\frac{V}{3.6}\right)^2}{2a} = 0.278Vt + 0.039\frac{V^2}{a} \tag{2.21}$$

式中：a——推荐值为 $3.4\mathrm{m/s^2}$。

美国相关研究发现,大多数驾驶员在行车途中因意外情况需要减速时,减速的减速度值均大于 $4.5\mathrm{m/s^2}$,大约 90% 的驾驶员采用的减速度会高于 $3.4\mathrm{m/s^2}$。即使在潮湿路面上,驾驶员以这个减速度值进行制动时,驾驶员在刹车时可以有效地控制车辆,并保证车辆停留在原来所在车道上。所以,美国 2001 年版《道路几何设计指南》中建议取 $3.4\mathrm{m/s^2}$ 作为停车视距中的减速度值。

美国 1994 年版与 2001 年版的《道路几何设计指南》停车视距对照表见表 2.22,中美两国停车视距计算方法对照表见表 2.23,不同设计速度下,中美两国不同设计速度下停车视距对照表见表 2.24。

表 2.22　美国 1994 年版与 2001 年版的《道路几何设计指南》停车视距对照表

设计速度/(km/h)	停车视距/m	
	1994 年版	2001 年版
30	29.6	35
40	44.4	50
50	62.8	65
60	84.6	85
70	110.8	105
80	139.4	130
90	168.7	160
100	205.0	185
110	246.4	220
120	285.6	250

表 2.23　中国、美国停车视距计算方法对照表

中国	美国
$S = \dfrac{V}{3.6}t + \dfrac{(V/3.6)^2}{2gf}$	$S = 0.278Vt + 0.039\dfrac{V^2}{a}$
式中： f——纵向摩阻系数,依车速及路面状况而定； t——驾驶员反应时间,2.5s	式中： V——设计车速(km/h)； t——驾驶员反应时间,2.5s； a——减速度(m/s²)
目高为 1.2m,物高为 0.1m	目高为 1.08m,物高为 0.6m

表 2.24　中国、美国不同设计速度下停车视距对照表

国家	设计速度/(km/h)			
	120	100	80	60
中国	210	160	110	75
美国	250	185	130	85

2. 超车视距

超车视距可以划分为以下四个阶段计算：

(1) 加速行驶距离。

(2) 超车汽车在对向车道上的行驶距离。

(3) 超车结束时，超车汽车与对向汽车之间的安全距离。

(4) 超车汽车从开始加速到超车完时对向汽车的行驶距离。

1) 加速行驶距离

$$S_1 = \frac{V_0}{3.6}t_1 + \frac{1}{2}at_1 \qquad (2.22)$$

式中：V_0——被超车汽车的速度(km/h)；

　　　t_1——加速行驶时间(s)；

　　　a——平均加速度(m/s^2)。

2) 超车汽车在对向车道上的行驶距离

$$S_2 = \frac{V}{3.6}t_2 \qquad (2.23)$$

式中：V——超车汽车的速度(km/h)；

　　　t_2——在对向车道上的行驶时间(s)。

3) 超车完时，超车汽车与对向汽车之间的安全距离

这个距离视超车汽车和对向汽车的行驶速度不同采用不同的数值，一般取

$$S_3 = 15\sim100\text{m} \qquad (2.24)$$

4) 超车汽车从开始加速到超车完时对向汽车的行驶距离

$$S_4 = \frac{V}{3.6}(t_1 + t_2) \qquad (2.25)$$

以上四个距离之和是比较理想的全超车过程，但距离较长，在地形比较复杂的地点很难满足要求。

实际上在计算 S_4 所需的时间时往往只考虑超车汽车从完全进入对向车道到超车完所行驶的时间就可保证安全。因为尾随在慢车后面的快车驾驶员往往在未看到前面的安全区段就开始了超车作业，如果进入对向车道之后发现迎面有汽车开来而超车距离不足时还来得及返回自己的车道。因此，对向汽车行驶时间大致

为 $2t_2/3$ 就足够了,即

$$S'_4 = \frac{2}{3}S_2 = \frac{2}{3}\frac{V}{3.6}t_2 \qquad (2.26)$$

于是,最小必要超车视距为

$$S_{超} = S_1 + S_2 + S_3 + S'_4 \qquad (2.27)$$

在地形复杂或其他原因不得已时,可采用

$$S_{超} = \frac{2}{3}S_2 + S_3 + S'_4 \qquad (2.28)$$

我国规范要求的超车视距见表 2.25。其中,一般值为正常情况下的采用值,最小值为条件受限时可采用的值。

表 2.25　我国超车视距表

超车视距/m	设计速度/(km/h)				
	80	60	40	30	20
一般值	550	350	200	150	100
最小值	350	250	150	100	70

3. 各级公路对视距的要求

超车视距在所有视距中最长,如果在所有暗弯和凸形变坡处都能保证超车视距的要求,将会显著提高行车安全,但是受到工程地质条件制约和出于经济考虑,不同等级的公路按其实际需要作了不同的视距规定。

我国《公路工程技术标准》(JTG B01—2003)规定:高速公路、一级公路的视距采用停车视距;二、三、四级公路的视距应满足会车视距的要求,其长度应不小于停车视距的两倍。受地形条件或其他特殊情况限制而采取分道行驶的地段,可采用停车视距。

同时,我国《公路工程技术标准》(JTG B01—2003)规定:高速公路、一级公路及大型车比例高的二级公路、三级公路的下坡路段,应采用下坡段货车停车视距对相关路段进行检验,见表 2.26。

表 2.26　货车停车视距检验表

纵坡坡度/%	设计速度/(km/h)						
	120	100	80	60	40	30	20
0	245	180	125	85	50	35	20
3	265	190	130	89	50	35	20
4	273	195	132	91	50	35	20

纵坡坡度/%	设计速度/(km/h)						
	120	100	80	60	40	30	20
5	—	200	136	93	50	35	20
6	—	—	139	95	50	35	20
7				97	50	35	20
8	—	—	—	—	—	35	20
9						—	20

2.5　道路纵断面线形设计

道路纵断面设计图上有以下两条主要的线:

(1) 地面线。它是根据中线上各桩点的高程而点绘的一条不规则的折线,反映了沿着中线地面的起伏变化情况。

(2) 设计线。它是经过技术、经济及美学上等多方面比较后定出的一条具有规则形状的几何线,反映了道路路线的起伏变化情况。纵断面设计线是由直线和竖曲线组成的。

在纵断面图上标有路线的坡度线表示上坡和下坡,是用高差和水平长度表示的。在路线设计线出现的坡度转折的地方,需要进行平顺过渡设计,即凸形或凹形的竖曲线按坡度转折形式的不同,其大小用半径和水平长度表示。

2.5.1　纵断面设计的一般要求

为使纵坡设计经济合理,必须在全面掌握勘测资料的基础上,结合选(定)线的纵坡安排意图,经过综合分析、反复比较定出设计纵坡。纵坡设计的一般要求如下:

(1) 纵坡设计必须满足《公路工程技术标准》(JTG B01—2014)的各项规定。

(2) 为保证车辆能以一定速度安全顺适地行驶,纵坡应具有一定的平顺性,起伏不宜过大和过于频繁。尽量避免采用极限纵坡值,合理安排缓和坡段,不宜连续采用极限长度的陡坡夹最短长度的缓坡。连续上坡或下坡路段,应避免设置反坡段。越岭线垭口附近的纵坡应尽量平缓些。

(3) 纵坡设计应对沿线地形、地下管线、地质、水文、气候和排水等综合考虑,视具体情况加以处理,以保证道路的稳定与通畅。

(4) 一般情况下纵坡设计应考虑填挖平衡,尽量使挖方用作就近路段的填方,以减少借方和废方,降低造价,节省用地。

（5）平原微丘区地下水埋深较浅，或池塘、湖泊分布较广，纵坡除应满足最小纵坡要求外，还应满足最小填土高度要求，保证路基稳定。

（6）对连接段纵坡，如大、中桥引道及隧道两端接线等，纵坡应缓和、避免产生突变。交叉处前后的纵坡应平缓些。

（7）在实地调查基础上，充分考虑通道、农田水利等方面的要求。

2.5.2　竖曲线

1. 我国标准规定的最大纵坡

通过对汽车在坡道上的行驶情况进行大量调查、试验，并广泛征求各有关方面特别是驾驶员的意见，同时考虑了汽车、带拖挂车及畜力车通行的状况，结合交通组成、汽车性能、工程费用和营运经济等，经综合分析研究后确定了最大纵坡值。我国各级公路最大纵坡的规定见表 2.27。

表 2.27　最大纵坡表

设计速度/(km/h)	120	100	80	60	40	30	20
最大纵坡/%	3	4	5	6	7	8	9

设计速度为 120km/h、100km/h、80km/h 的高速公路，受地形条件或其他特殊情况限制时，经技术经济论证合理，最大纵坡可增加 1%。

设计速度为 40km/h、30km/h、20km/h 的公路，以及改建工程利用原有公路的路段，经技术经济论证合理，最大纵坡可增加 1%。

四级公路位于海拔 2000m 以上或严寒冰冻地区，最大纵坡不应大于 8%。

2. 高原纵坡折减

在高海拔地区，因空气密度下降而使汽车发动机的功率、汽车的驱动力及空气阻力降低，导致汽车的爬坡能力下降。另外，汽车水箱中的水易于沸腾而破坏冷却系统。不同海拔高度对应的纵坡折减值见表2.28。

表 2.28　高原纵坡折减值

海拔高度/m	3000～4000	4000～5000	5000 以上
纵坡折减值/%	1	2	3

3. 最小纵坡

为使道路上行车快速、安全和通畅，道路纵坡设计得小些为好。但是，在道路纵断面设计时，需要控制路线的最小纵坡值。

在长路堑、低填及其他横向排水不通畅地段,为保证排水要求,防止积水渗入路基而影响其稳定性,《公路路线设计规范》(JTG D20—2017)规定:必须设置不小于 0.3% 的最小纵坡。

如果在横向排水不畅的路段或长路堑路段,采用平坡或小于 0.3% 的纵坡时,其边沟应作纵向排水设计。

4. 平均纵坡

平均纵坡是指一定长度的路段纵向所克服的高差与路线长度之比,是为了合理运用最大纵坡、坡长及缓和坡长的规定,以保证车辆安全顺利行驶的限制性指标。

平均纵坡计算公式如下:

$$i_{平均} = \frac{H}{L}$$

式中:H ——相对高差;

　　　L ——路线长度。

对于地形困难、高差较大地段,在道路设计中发现,有时虽然道路纵坡设计完全符合最大纵坡、坡长限制及缓和坡长规定,有的设计者可能交替使用极限长度的最大纵坡及缓和坡长,形成"台阶式"纵断面线形,不能有效保证行车安全,形成安全隐患和事故多发地段。

《公路工程技术标准》(JTG B01—2003)规定,二、三、四级公路越岭路线连续上坡(或下坡)路段,相对高差为 200~500m 时,平均纵坡不应大于 5.5%;相对高差大于 500m 时,平均纵坡不应大于 5%,且任意连续 3km 路段的平均纵坡不应大于 5.5%。

5. 最小坡长

最小坡长的限制主要是从汽车行驶平顺性的要求考虑的。通常以汽车按设计速度行驶 9~15s 的行程作为规定值。原因如下:

(1)在设计速度较高的高等级道路上,车速较快,9s 的行程已能满足行车操作和布设几何线形的需要。

(2)设计速度较低的一般道路上,行程时间应取长些,方便更好地满足行车操作和布设几何线形的需要。

最小坡长的一般规定见表 2.29。

表 2.29　最小坡长

设计速度/(km/h)	120	100	80	60	40	30	20
最小坡长/m	300	250	200	150	120	100	60

6. 最大坡长

道路纵坡的大小及其坡长对汽车正常行驶影响很大。纵坡越陡、坡长越长,对行车影响也越大。坡长对行车影响主要表现在以下几个方面:使行车速度显著下降,甚至要换较低排挡克服坡度阻力;易使水箱"开锅",导致汽车爬坡无力,甚至熄火;下坡行驶制动次数频繁,易使制动器发热而失效,甚至造成车祸。为此,道路设计中应对最大坡长进行限制,即汽车在坡道上行驶,当车速下降到最低容许速度时所行驶的距离。影响最大坡长的因素包括海拔高度、装载、油门开启程度、滚动阻力系数及挡位等。

我国《公路工程技术标准》(JTG B01—2014)和《公路路线设计规范》(JTG D20—2017)规定的不同纵坡最大坡长见表 2.30。

表 2.30　不同纵坡的最大坡长　　　　　　　　(单位:m)

纵坡坡度/%	设计速度/(km/h)						
	120	100	80	60	40	30	20
3	900	1000	1100	1200	—	—	—
4	700	800	900	1000	1100	1100	1200
5		600	700	800	900	900	1000
6	—	—	500	600	700	700	800
7	—	—	—	—	500	500	600
8	—	—	—	—	300	300	400
9	—	—	—	—	—	200	300
10	—	—	—	—	—	—	200

公路连续上坡或下坡时,应在不大于表 2.30 规定的纵坡长度之间设置缓和坡段。缓和坡段的纵坡宜不大于 3%,其坡长应满足表 2.29 中最小坡长要求。

2.5.3　平、纵组合设计

道路的线形是平、纵、横投影所形成的立体线形。驾驶员行车中见到的是立体线形。平面线形好,纵断面线形也不错,并不代表空间线形就不错。因此,平、纵、横线形的组合设计极其重要。

德国弗里茨·黑勒(Fritz Heller)和汉斯·洛伦茨(Hans Lorenz)等,早在 20 世纪 20 年代就开始研究公路线形美学的问题。在 50 年代和 60 年代,美、法、英、荷等国,在这方面也作过一些研究。基于现有的研究成果,对如何构成协调、优美、诱导用路者视线的线形,已经形成相当普遍的一致意见。

1. 平、纵组合的设计原则

(1) 应在视觉上能自然地引导驾驶员的视线，并保持视觉的连续性。

尽力避免出现使驾驶员感到茫然、迷惑或判断失误的线形。同时需要衡量平、纵线形组合的最基本问题，即在视觉上能否自然地诱导视线。

(2) 注意保持平、纵线形的技术指标大小的均衡。

它不仅影响线形的平顺性，而且与工程费用相关。对纵断面线形反复起伏，在平面上却采用高标准的线形是无意义的，反之亦然。

(3) 选择组合得当的合成坡度，以利于路面排水和行车安全。

(4) 注意与道路周围环境的配合。

它可以减轻驾驶员的疲劳和紧张程度，并可起到引导视线的作用。

2. 平曲线与竖曲线的组合

1) 平曲线与竖曲线应相互重合，且平曲线应稍长于竖曲线

这种组合是使平曲线和竖曲线对应，最好使竖曲线的起、终点分别放在平曲线的两个缓和曲线上，即所谓的"平包竖"。

这种立体线形不仅起到诱导视线的作用，而且可取得平顺而流畅的效果。对于等级较高的道路应尽量做到这种组合，并使平、竖曲线半径都大一些才显得协调，特别是凹形竖曲线处车速较高，二者半径更应该大一些。

2) 平曲线与竖曲线大小应保持均衡

如果平曲线和竖曲线其中一方大而平缓，那么另一方就不应多而小。一个长的平曲线内有一个以上竖曲线，或一个大的竖曲线含有两个以上平曲线，看上去非常别扭，根据德国的研究人员计算统计，若平曲线半径小于 1000m 时，竖曲线半径为平曲线半径的 10～20 倍，便可达到均衡的目的。

3) 暗、明弯与凸、凹竖曲线的合理组合

暗弯与凸形竖曲线及明弯与凹形竖曲线的组合是合理的、悦目的。

对暗与凹、明与凸的组合，当坡差较大时，会给人留下舍坦坡、近路不走，而故意爬坡、绕弯的感觉。

此种组合在山区难以避免，只要坡差不大，矛盾也不很突出。

4) 平、竖曲线应避免的组合

平、竖曲线重合是一种理想的组合，但由于地形等条件的限制，这种组合并不是总能争取到的。

如果平曲线的中点与竖曲线的顶(底)点位置错开不超过平曲线长度的四分之一时，仍然可以获得比较满意的外观。

（1）要避免使凸形竖曲线的顶部或凹形竖曲线的底部与反向平曲线的拐点重合。

二者都存在不同程度的扭曲外观。前者会使驾驶员操作失误，引起交通事故；后者虽无视线诱导问题，但路面排水困难，易产生积水。

（2）小半径竖曲线不宜与缓和曲线相重叠。

对凸形竖曲线，诱导性差，事故率较高；对凹形竖曲线，路面排水不良。

（3）对于设计速度大于或等于 40km/h 的道路，应避免在凸形竖曲线顶部或凹形竖曲线底部插入小半径的平曲线。

凸形竖曲线顶部插入小半径的平曲线会失去引导视线的作用，驾驶员须接近坡顶才发现平曲线，导致不必要的减速或交通事故。

凹形竖曲线底部插入小半径的平曲线会出现汽车高速行驶时急转弯，行车不安全。

竖曲线的起、终点最好分别放在平曲线的两个缓和曲线内，其中任一点都不要放在缓和曲线以外的直线上，也不要放在圆弧段之内。

若平、竖曲线半径都很大，则平、竖曲线的位置可不受上述限制；若做不到平、竖曲线较好的组合，宁可把二者拉开相当距离，使平曲线位于直坡段或竖曲线位于直线上。

3. 直线与纵断面的组合

平面的长直线与纵断面的直坡线配合，对双车道道路超车方便，在平坦地区易与地形相适应，但行车单调乏味，易疲劳。

直线上一次变坡是很好的平、纵组合。直线中短距离内两次以上变坡会形成凸凹的"驼峰"和"凹陷"，看上去线形既不美观也不连贯，使驾驶员的视线中断。从美学观点讲，包括一个凸形竖曲线为好，而包括一个凹形竖曲线次之。

因此，只要路线有起有伏，就不要采用长直线，最好使平面路线随纵坡的变化略加转折，并把平、竖曲线合理地组合，但要避免驾驶员一眼能看到路线方向转折两次以上或纵坡起伏三次以上。

4. 平、纵线形组合与景观的协调配合

道路作为一种人工构造物，应将其视为景观的对象来研究。

修建道路会对自然景观产生影响，有时产生一定的破坏作用。而道路两侧的自然景观反过来又会影响道路上汽车的行驶，特别是对驾驶员的视觉、心理及驾驶操作等都有很大影响。

　　平、纵线形组合必须在充分与道路所经地区的景观相配合的基础上进行。否则,即使线形组合满足有关规定也不一定是良好设计。

　　对于驾驶员来说,只有看上去具有滑顺优美的线形和景观,才能称为舒适和安全的道路。

　　对设计速度高的道路,平、纵线形组合设计与周围景观配合尤为重要。

　　道路景观工程包括内部协调和外部协调两方面。内部协调主要指平、纵线形视觉的连续性和立体协调性,外部协调是指道路与其两侧坡面、路肩、中间带、沿线设施等的协调及各自的宏观位置。

　　道路线形与景观的配合应遵循以下原则:

　　(1) 应在道路的规划、选线、设计、施工全过程中重视景观要求。尤其在规划和选线阶段,对风景旅游区、自然保护区、名胜古迹区、文物保护区等景点和其他特殊地区,一般以绕避为主。

　　(2) 尽量少破坏沿线自然景观,避免深挖高填,如沿线周围的地貌、地形、天然树林、池塘湖泊等。纵断面尽量减少填挖,横断面设计要使边坡造型和绿化与现有景观相适应,弥补必要填挖造成的自然景观的破坏。

　　(3) 应能提供视野的多样性,力求与周围的风景自然地融为一体。充分利用自然风景,如孤山、湖泊、大树等,或人工建筑物,如水坝、桥梁、高烟囱、农舍等,或在路旁设置一些设施,以消除单调感,并使道路与自然密切结合。

　　(4) 不得已时,可采用修整、植草皮、种树等措施加以补救。

　　(5) 条件允许时,以适当放缓边坡或将其变坡点修整圆滑,以使边坡接近于自然地面坡形,增进路容美观。

　　(6) 应进行综合绿化处理,避免形式和内容上的单一化,将绿化视作引导视线、点缀风景及改造环境的一种技术措施进行专门设计。

2.6　横断面设计

2.6.1　横断面组成

　　道路横断面指中线上各点的法向切面,由横断面设计线与地面线所构成。

　　横断面由下面各个组成部分构成:车行道、路肩、分隔带、边沟、边坡、截水沟、护坡道、取土坑、弃土堆、环境保护设施等。

　　高速公路和一级公路横断面组成中还包括变速车道、爬坡车道和紧急避险车道。

2.6.2　车行道宽度设计

车行道是指道路上供各种车辆行驶部分的总称。它分为快车车行道、慢车车行道、非机动车道。

车行道宽度必须满足对向车辆错车、超车或并列行驶及车辆与路肩之间所必需的余宽。

我国设计车辆宽度为 2.5m，同向车之间的余宽、对向车之间的余宽、车辆与车行道边缘之间的余宽为 1～1.25m。

车行道宽度指在保证要求车速及道路通行能力的情况下，安全行车所必需的宽度。车行道宽度根据设计车辆的几何尺寸、汽车行驶速度、交通量及车辆之间或车辆与路肩之间的安全间隙等确定。

《公路路线设计规范》(JTG D20—2017)中对不同设计速度的道路推荐了不同的车行道宽度值，见表 2.31。美国的车行道宽度通常在 2.7～3.6m。

表 2.31　我国公路车行道宽度

设计速度/(km/h)	120	100	80	60	40	30	20
车道宽度/m	3.75	3.75	3.75	3.50	3.50	3.25	3.00

注：1) 设计速度为 20km/h 且为单车道时，车道宽度应采用 3.50m。

　　2) 高速公路为八车道时，内侧车道宽度可采用 3.50m。

为保证行车安全，考虑到八车道高速公路小客车因事故等临时紧急停车的需要，有条件时应设置左侧硬路肩。鉴于内侧车道上行驶的车辆以小客车为主，故规定左侧硬路肩包括左侧路缘带的宽度采用 2.50m。

《公路工程技术标准》(JTG B01—2014)对不同设计速度下硬路肩的一般值和最小值进行了规定，既考虑了行车安全的需要，确保必要的侧向净空，又考虑了节省工程造价的可能。

中国、美国和日本关于路肩宽度的规定见表 2.32。

表 2.32　中国、美国、日本高速公路横断面技术指标对比表

项目	中国 (JTG B01—2014)	美国 (AASHTO 2001)	日本 (道路构造令 1985)
右侧硬路肩宽度/m	3 或 3.5	至少 3.05	一般值 2.5 最小值 1.75
土路肩宽度/m	0.75	—	—
左侧硬路肩宽度/m	建议八车道采用左路肩，宽度 2.5	四车道 1.22～2.4	1.25

我国《公路工程技术标准》(JTG B01—2014)和《公路路线设计规范》(JTG D20—2017)均对公路的硬路肩和土路肩宽度进行了规定,给出了一般值和最小值。高速公路和具有干线功能的一级公路的右侧硬路肩宽度的一般值为 2.5～3.0m(2.5m 以小客车为主),其他公路为 0.75～1.5m,而右侧硬路肩宽度的最小值为 0.25～1.5m。高速公路和具有干线功能的一级公路土路肩宽度的一般值和最小值均为 0.75m,其他公路土路肩宽度的一般值和最小值为 0.50～0.75m。

我国《公路工程技术标准》(JTG B01—2014)和《公路路线设计规范》(JTG D20—2017)均规定,高速公路、一级公路整体式路基断面必须设置中间带,中间带由两条左侧路缘带和中央隔离带组成,左侧路缘带宽度一般为 0.5～0.75m,中央分隔带宽度根据中央隔离带功能确定,没有具体规定。而在以前版本的标准中,《公路工程技术标准》(JTG B01—2003)规定设计速度为 120km/h 时,中央隔离带的宽度一般为 3.0m,与《公路工程技术标准》(JTJ 001—97)的规定一致。当设计速度为 80km/h 和 60km/h 时,中央隔离带的宽度一般为 2.0m,比《公路工程技术标准》(JTJ 001—97)规定的 1.5m 有所提高。

2.6.3 曲线加宽

汽车行驶在曲线上时,各轮的轨迹半径不同,其中后内轮轨迹半径最小,且偏向曲线内侧,因此,在曲线段道路设计时,需要在曲线内侧增加路面宽度,以保证曲线段车辆的行车顺适性和安全性。

《公路路线设计规范》(JTG D20—2017)规定:二、三、四级公路的圆曲线半径小于或等于 250m 时,应设置加宽。双车道公路路面加宽值规定见表 2.33。

表 2.33 双车道路面加宽值

加宽类别	设计车辆	圆曲线半径/m								
		250～200	200～150	150～100	100～70	70～50	50～30	30～25	25～20	20～15
1	小客车	0.4	0.5	0.6	0.7	0.9	1.3	1.5	1.8	2.2
2	载重汽车	0.6	0.7	0.9	1.2	1.5	2.0	—	—	—
3	铰接列车	0.8	1.0	1.5	2.0	2.7	—	—	—	—

美国《道路几何设计指南》规定圆曲线加宽的最小值为 0.6m。加宽值的确定还与道路的设计速度、车道数相关。表 2.34 为美国 WB-15(large semitrailer,大型拖挂车)单向双车道的曲线加宽值。

表 2.34　美国 WB-15（large semitrailer,大型拖挂车）单向双车道的曲线加宽值

曲线半径/m	行车道宽度=7.2m						行车道宽度=6.6m						行车道宽度=6.0m					
	设计车速/(km/h)						设计车速/(km/h)						设计车速/(km/h)					
	50	60	70	80	90	100	50	60	70	80	90	100	50	60	70	80	90	100
3000	0	0	0	0	0	0	0.2	0.2	0.3	0.3	0.3	0.3	0.5	0.5	0.6	0.6	0.6	0.6
2500	0	0	0	0	0	0	0.2	0.3	0.3	0.3	0.3	0.3	0.5	0.6	0.6	0.6	0.6	0.6
2000	0	0	0	0	0	0.1	0.3	0.3	0.3	0.3	0.3	0.4	0.6	0.6	0.6	0.6	0.6	0.7
1500	0	0	0.1	0.1	0.1	0.1	0.3	0.3	0.4	0.4	0.4	0.4	0.6	0.6	0.7	0.7	0.7	0.7
1000	0.1	0.1	0.1	0.2	0.2	0.2	0.4	0.4	0.5	0.5	0.5	0.5	0.7	0.7	0.7	0.8	0.8	0.8
900	0.1	0.1	0.2	0.2	0.2	0.3	0.4	0.4	0.5	0.5	0.5	0.6	0.7	0.7	0.8	0.8	0.8	0.9
800	0.1	0.2	0.2	0.2	0.3	0.3	0.4	0.5	0.5	0.5	0.6	0.6	0.7	0.8	0.8	0.8	0.9	0.9
700	0.2	0.2	0.2	0.3	0.3	0.4	0.5	0.5	0.5	0.6	0.6	0.7	0.8	0.8	0.8	0.9	0.9	1.0
600	0.2	0.3	0.3	0.3	0.4	0.4	0.5	0.6	0.6	0.6	0.7	0.7	0.8	0.9	0.9	0.9	1.0	1.0
500	0.3	0.3	0.4	0.4	0.5	0.5	0.6	0.6	0.7	0.7	0.8	0.8	0.9	0.9	1.0	1.0	1.1	1.1
400	0.4	0.4	0.5	0.5	0.6	0.6	0.7	0.7	0.8	0.8	0.9	0.9	1.0	1.0	1.1	1.1	1.2	1.2
300	0.5	0.6	0.6	0.7	0.8	0.8	0.8	0.9	0.9	1.0	1.1	1.1	1.1	1.2	1.2	1.3	1.4	1.4
250	0.6	0.7	0.8	0.8	0.9		0.9	1.0	1.1	1.1	1.2		1.2	1.3	1.4	1.4	1.5	
200	0.8	0.9	1.0	1.0			1.1	1.2	1.3	1.3			1.4	1.5	1.6	1.6		
150	1.1	1.2	1.3	1.3			1.4	1.5	1.6	1.6			1.7	1.8	1.9	1.9		
140	1.2	1.3					1.5	1.6					1.8	1.9				
130	1.3	1.4					1.6	1.7					1.9	2.0				
120	1.4	1.5					1.7	1.8					2.0	2.1				
110	1.5	1.6					1.8	1.9					2.1	2.2				
100	1.6	1.7					1.9	2.0					2.2	2.3				
90	1.8						2.1						2.4					
80	2.0						2.3						2.6					
70	2.3						2.6						2.9					

注:1) 表中数值仅适用于 WB-15 车型,其他车型需要作相应调整。

2) 数值小于 0.6m 的可以忽略。

3) 对于单向三车道,需要乘系数 1.5,对于单向四车道需要乘系数 2.0。

2.6.4　路拱及超高

1. 路拱

美国《道路几何设计指南》中指出:路拱坡度在 2% 以内时,驾驶员在行车过程中很难感觉到路拱的存在;当路拱坡度大于 2% 时,驾驶员就能感受到路拱的存在,并且驾驶时会多加留神。当行驶在结冰或潮湿路面或在干燥路面紧急停车时,大的路拱坡度增加了驾驶员对侧滑的感受性。

对于高等级双车道且中间设有路拱的道路,路拱坡度应控制在 1.5%～2%。对于单向三车道以上的公路,从接近道路中线车道开始往路侧(每两条车道为一组)逐渐增加路拱坡度,邻近道路中线的一组使用最小路拱坡度,以后每组路拱坡度增加 0.5%～1%。

在降水较多的地区,需要较大的路拱坡度以便及时进行路面排水,对于高等级路面,路拱坡度可以增加到 2.5%,道路中线路拱坡度变化为 5%。对于单向三车道及以上的道路,最大路拱坡度应控制在 4%以内。除以上两种情况之外,其他高等级路面最大路拱坡度应控制在 2%以内。

美国《道路几何设计指南》推荐的正常路拱坡度见表 2.35。

表 2.35　美国道路路拱坡度值

路面类型	路拱坡度/%
高等级	1.5～2
低等级	2～6

对于设有路缘石的高等级路面,实际应用中路拱坡度的最小值推荐为 1.5%;对于路缘石紧接排水沟的部分,路面允许使用稍小的路拱坡度。

2. 超高

美国研究者认为对无冰雪地区公路通常使用的最大超高率为 10%,以不超过12%为限;在潮湿多雨及季节性冰冻地区,过大的超高易引起车辆向内侧滑移,采用最大超高率为 8%。

澳大利亚研究者认为在超高较大的路段上,当货车的运行车速小于设计速度时,将受到向心加速度的作用,若超高达 10%时,上述作用足以使货物发生位移并导致翻车。

我国《公路工程技术标准》(JTG B01—2003)参照专题研究的结论及各国的经验规定:高速公路、一级公路最大超高值为 8%和 10%,正常情况下采用 8%;对设计速度高或经验算运行速度高的路段宜采用 10%。二、三、四级公路限定最大超高为 8%是适宜的。但对于积雪冰冻地区,考虑我国以货车为主的特点,规定最大超高为 6%比较安全。

2.6.5　路侧紧急避险车道设计

紧急避险车道最早出现于 1956 年,是一种特殊的匝道式设计。它主要设置在公路的危险路段上,专门用于减少由于刹车失灵、车速过高、车辆失控时而造成翻车、撞山、掉崖事故的一种预防性道路安全设施,它可以让急速行驶的车辆在几秒钟内减低车速直至停稳,就像跳远运动员跳入沙坑后速度猛然受阻且不受损伤一样,起到安全有效的保护作用。

最早进行避险车道建设的是美国加利福尼亚州,该州于 1956 年建设了第一条为失控的卡车而设计的避险车道。在 1956～1977 年,美国 20 个不同的州先后进行避险车道规划与建设达 60 条以上。经过二十余年的充分实践证明,避险车道是提高失控卡车安全的一项有效措施。因此,美国联邦公路管理局于 1979 年出版了一本有关避险车道设计技术建议——《避险车道设计的临时指南》,该指南成为自从在下坡路段设置避险车道以来的第一本根本性的指导书。

根据美国有关调查,目前在有避险车道记录的 27 个州中,约有 170 个避险车道,与 20 世纪 70 年代的 58 条避险车道相比,数量增长了 2 倍。大多数的避险车道都分布在西部各州,其中密西西比河东岸的 12 个州内就分布了六十余条避险车道。

避险车道的广泛应用不仅对交通事故起到预防性作用,还与其经济效益有关。美国联邦公路管理局(Federal Highway Administration, FHWA)1989 年在《Grade Severity Rating System(GSRS)——用户手册》中给出了避险车道的经济效益。据此报告统计,在某一多山州,1/6 的货车事故都是由于车辆在下坡路段冲出车道所造成的。1981 年美国国家公路交通安全管理局(National Highway Traffic Safety Administration,NHTSA)估计每年总计发生 2450 起货车冲出路外的交通事故,这些事故造成的经济损失达 3.7 亿美元。据估计,其中在 2150 起货车事故中,货车在冲出路外时应用了避险车道,其事故损失略高于 0.1 亿美元。而在其余的 300 起事故中,冲出路外的货车没有应用避险车道,事故损失达 3.6 亿美元。由此可见,避险车道所产生的经济效益非同一般。发生冲出路外事故的货车中,据估计有一半的货车质量超过 27240kg,由于刹车系统过热而导致制动失效,是此类事故的主要原因。

1. 紧急避险车道的定义与形式

紧急避险车道(emergency escape ramp)。为使主线车流中失去控制的车辆能够减慢行驶速度并且能够停下来,在主线道路旁设置的一种车道形式。

避险车道根据路面材料和避险车道纵坡,分为重力分布式路床、砂堆式避险路床和制动式避险路床。

重力分布式路床。在数十年前应用比较普遍,通常是集材道路或是其他废弃的旧道路。这种避险车道的长度和比较陡的纵坡不仅能够确保失控的车辆及时停车,而且能够解决车辆退回的问题。

砂堆式避险路床。通常是一系列、按一定间隔堆放的货车荷载。在避险车道的早期普遍使用,多用于纵坡和线形条件受限的美国东部各州。这类避险车道是利用车辆的重力使得车辆降低车速。

制动式避险路床。主要是通过在路面上铺装大而松散的集料来取得较大的滚动阻力,此类避险车道可以应用在如下情形中:平坦地区、下坡路段,或在受限地形条件用于改变匝道的纵坡坡度。

目前避险车道多采用图 2.8 所示的四种形式:纵坡坡度增加的避险车道、水平的避险车道、纵坡坡度降低的避险车道及砂堆式避险车道。

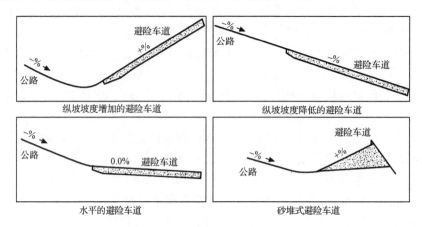

图 2.8　紧急避险车道的基本类型

2. 设置紧急避险车道的主要考虑因素

1979 年,Eck 完成了一份《货车避险设施的使用与设置位置的实践与经验》的报告,在此报告中,对设置避险车道的影响因素作了如图 2.9 所示的统计。

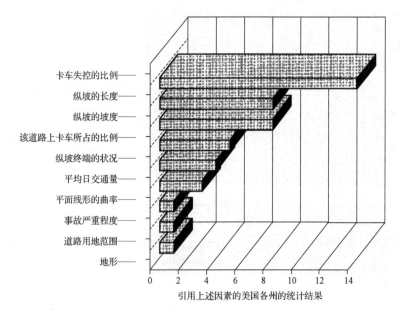

图 2.9　紧急避险车道设置必要性的考虑因素

在 1990 年美国各州公路与交通工作者协会出版的《公路与城市道路几何设计原则》中，并没有对设置避险车道作出明确的规定，只是指出了紧急避险车道的设置原则，即基于车辆行驶安全的需要，包括车行道上其他非失控车辆的行驶安全、失控车辆本身的安全及居住在下坡底部的居民安全。其目标如下：对于长下坡的出口或受地形限制地点，通过在适当位置设计、修建紧急避险车道，从而引导失控车辆驶离主线车流，并且能够有效减慢失控车辆的车速，最终实现失控车辆停止在紧急避险车道上的目的。

鉴于设置紧急避险车道所需考虑因素众多和相互关联性强，美国运输工程师协会于 1989 年签发了《紧急避险车道设置必要性指南》，为工程人员决策是否设置紧急避险车道提供参考。该指南认为紧急避险车道是否有必要设置的主要考虑因素为如下三个方面：事故率，平面线形与车辆运行速度之间的相关关系，导致严重交通事故的安全隐患（如校车车辆较多的道路上）。确定设置紧急避险车道时，该指南认为，设置交通提示标志、限速措施、设置强制停靠区域这三个方面也是不可忽略的重要事宜。

1982 年美国联邦公路管理局在《地形纵坡严重程度排序系统的构建与评价》中得出以下结论：避险车道设置的可行性、设计形式及其位置主要取决于工程师的判断，不同的道路特点会有不同的设计需求，但主要应考虑如下影响因素：

(1) 道路沿线的自然地形条件。

(2) 道路线形及纵坡的坡度。

(3) 公路相邻区域的视距条件。

(4) 环境的影响。

(5) 与坡顶合理的间距。

(6) 驶出路外货车可能达到的最高车速。

综上所述，目前并没有明确的紧急避险车道设置的标准条款。根据美国各州的实际设置情况，在如下两种条件下应考虑设置避险车道：①在乡村地区的长山坡上，山坡短而陡，而且该道路上交通量密集；②在死亡事故和严重物损事故频发或存在前述安全隐患的地点。这两种条件的共同点就是车辆都需要在该下坡底端能够停车或减慢车速。

表 2.36 是美国 TrauSafety 公司 1997 年公布的美国各州在某些路段存在安全隐患的地区的纵断面线形。根据上述设置原则，是可以考虑设置紧急避险车道的。

表 2.36　美国存在安全隐患地点的纵坡与坡长

地区	道路位置	纵坡度/%	坡长/km
宾夕法尼亚州	I-376	5	2.9
	I-279	5.5	2.7
	Stoop Ferry Rd.	10.5	0.7
	Hulton Rd.	10	0.5
爱达荷州	Lewiston Hill	6~7	11.3
	Whitebird Hill	7	11.3
俄勒冈州	Siskiyou Summit	5~6.4	11.3
加利福尼亚州	I-80	5~6	64.4

3. 紧急避险车道的几何设计

1) 紧急避险车道的构成

紧急避险车道由如下几个部分构成：

(1) 引道。

(2) 避险车道。

(3) 辅助车道。

(4) 地锚。

(5) 避险车道末端吸能设施。

(6) 避险车道材料。

2) 紧急避险车道的引道设计

20 世纪 80 年代中期之前很少有涉及避险车道的辅助引道的报道。Williams 于 1979 年的报道中曾建议：进行引道设计，其目的是为了实现进入避险车道车辆的所有车轮能够一起驶入避险车道的路床。Tye 于 1986 年的报道中指出，砂砾路床应与公路车道之间保持足够的侧面间距，以防止驶入避险车道的车辆将砂砾溅回到公路车行道上。

在美国各州公路与交通工作者协会 AASHTO 出版的《道路几何设计指南》指出，避险车道进行引道设计，一方面确保货车能够在较高速度的情况下安全驶入紧急避险车道；另一方面，在公路出口附近的引道，可以为驾驶员提供足够的准确时间，以确保在进行车辆减速时，失控车辆前、后轮同时驶入紧急避险车道。在美国《紧急避险车道设置必要性指南》中，要求连接公路车行道与避险车道路床的距离至少要大于 305m。

通过调查，多数专家赞同辅助引道宽度为 3.7~5.5m。

3）避险车道的平面几何设计

有关研究和指南建议，避险车道应该设计成直线，并且应与公路车行道之间的夹角尽可能为零。其根据在于驾驶员不需要操纵方向盘即可驶入避险车道。同时，与公路车行道平行的避险车道还可以使道路用地最小化。

4）紧急避险车道的长度

（1）驶入避险车道的车速。

驶入避险车道的车速是避险车道长度的主要影响因素。AASHTO 的"绿皮书"指出：避险车道的设计车速最小值为 128.7km/h 或 144.8km/h 为宜。

爱达荷州运输部根据结合能量积累的过程进行迭代计算，从而得到避险车道上任一点处车速。在进行避险车道设置地点选择时，可以用式（2.29）计算驶入避险车道的车辆驶入速度

$$V = 5.469\left(0.03343V_0^2 - H - KL - 0.000016\,V_m L - \frac{0.0012FLV_n^2}{W}\right)^{1/2}$$

$$\tag{2.29}$$

式中：V——在距离为 L 处的速度（mi/h）[①]；

　　　V_0——在起点处的速度（mi/h）；

　　　H——相应于距离为 L 处的竖向距离(ft)[②]；

　　　L——依据里程桩计算的坡度长度(ft)；

　　　K——路面摩擦系数；

　　　V_m——速度 V 和 V_0 的平均值；

　　　F——车辆前身的面积（ft²）；

　　　V_n^2——V^2 和 V_0^2 平均值；

　　　W——车重（lb）[③]。

（2）紧急避险车道的长度。

$$L = \frac{V^2}{0.98(f \pm G)} \tag{2.30}$$

式中：L——停车距离(m)；

　　　V——驶入避险车道的车速(mi/h)；

　　　f——避险车道滚动阻力系数；

　　　G——避险车道的纵坡(%)。

不同路面铺装材料，其滚动阻力系数也将不同，从而导致紧急避险车道的长度不同，见表 2.37。还需要注意的是，路面材料的铺装厚度也会对避险车道的长度

① 1mi=1.609344km，下同。

② 1ft=0.3048m，下同。

③ 1lb=0.453592kg，下同。

产生影响。

表 2.37　美国避险车道路面材料与滚动阻力系数对应表

路面材料	滚动阻力系数
普通水泥混凝土	0.010
沥青混凝土	0.012
压实砾石	0.015
松散的泥土、砂	0.037
压碎的集料	0.050
松散的砾石	0.100
砂	0.150
粒砾石	0.250

5）避险车道的宽度

在 AASHTO 的《道路几何设计指南》中指出,避险车道的宽度应满足停放 1 辆以上车辆的要求。其原因是,在短时间内有两辆或更多车辆进入避险车道的情况不常见。对于某些地区,避险车道的最小宽度应满足 7.9m 的要求,不过避险车道的宽度越宽越好。如果需要停放两辆或更多车辆时,避险车道的宽度为 9.2～12.2m 时更加安全。但由于避险车道的宽度影响着工程费用,美国多数州只考虑 1 辆货车驶入避险车道的情形。

6）避险车道的纵断面几何设计

避险车道的纵坡应适应地形的变化。纵坡的变化也会对避险车道的长度产生影响。若上坡的避险车道长度短一些,下坡的避险车道长度就会长一些。但需要注意的是,避险车道纵坡的变化以在驾驶员的视线范围内为宜。避险车道的纵坡设计可参照图 2.10。

7）紧急避险车道的辅助车道和地锚

进行紧急避险车道的设计时,还需要考虑到救援车辆进行拖车时的服务需求。辅助车道是供救援车辆牵引货车时使用的;地锚则是货车离开避险车道的辅助设施。因此,在进行避险车道设计的同时需要进行辅助车道和地锚设计。美国运输工程师协会指出:如果在紧急避险车道设计辅助车道,设计者还需要相应的交通组织设计,即通过相应的交通标识设计,确保使用紧急避险车道的驾驶员能够区分开避险车道与服务车道,尤其注意夜间使用紧急避险车道时的安全保障设计。

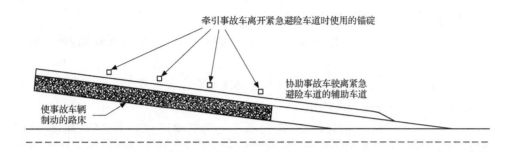

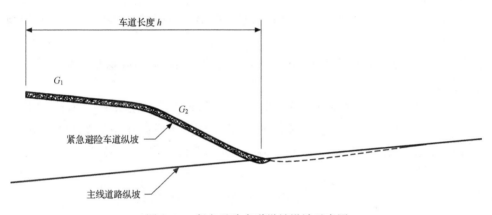

图 2.10　紧急避险车道纵坡设计示意图

8) 紧急避险车道的末端设计

在美国各州公路与交通工作者协会出版的《道路几何设计指南》中指出：如果车辆在避险车道的末端发生翻转，会导致严重的后果时，建议在避险车道的末端以避险车道的路床材料修建 0.6~1.5m 高、侧面设置坡度为 15∶1 的护堤。

只有在紧急避险车道受到地形限制的地点才允许考虑设置避险车道的横向护堤和吸能设施。但有专家认为，横向护堤与吸能设施的设置仍会带来如下两个方面的安全隐患：其一，横向护堤会导致水平方向的速度剧减，会导致竖向加速度的陡增，容易导致驾驶员受伤、失控，从而产生相应的经济损失；其二，横向护堤的受力主要作用在车辆的前轴上，并不能将减速度的变化等效地传递给车辆后轴，容易引起车辆受力不平衡，从而导致货车装载货物的倾斜。因此，屡有报道建议避免使用横向护堤。

如果在紧急避险车道的末端必须设置横向护堤和吸能设施，在紧急避险车道设计时，采用有效的方法使驶入避险车道的事故车辆运行速度减至 40.2km/h 以下为宜。

9) 紧急避险车道的路床材料设计

紧急避险车道设计方法中指出,通过对材料进行广泛的现场检测,得到如下结论:

(1) 光滑、圆形、未经碾碎的单一尺寸标准砾石在多数情况下可以作为制动路床材料,其最佳粒径应为 1.3cm。

(2) 按 AASHTO 划分的 57 级的砾石是所有检测材料中最佳的制动路床材料。

(3) 采用类似洛杉矶磨损检测来进行相应碾碎检测,用于评价制动路床材料的持久性。

(4) 采用抗剪强度低的材料可有利于轮胎陷入路床材料之中,起到较好的制动作用。

(5) 与其他有角棱的碾碎集料相比,采用圆形河床砾石降低车辆行驶速度更为显著。

因此,根据对美国现有避险车道的检测结果,推荐粒径在 0.6~3.8cm、平均粒径为 1.3~1.9cm 的圆形未经碾碎的河床砾石作为避险车道路床材料。对于 AASHTO 57 级的河中砾石,去除细料后也是非常好的避险车道路床材料。

2.7　互通式立体交叉的设计

2.7.1　互通式立体交叉的组成

当两条道路或多条道路相交时,当所有车辆都在一个平面交叉上运行时,就会产生分流、合流、交织运行,车辆之间都有发生碰撞的危险,这些地方被称为冲突点。这些冲突点往往成为交通事故的多发点。要部分避免乃至消除这些冲突点,只能从空间上或时间上分散这些冲突点。在进行相交道路的立体交叉(简称立交)设计时,采取的措施是将这些冲突点从空间上将交通流分层组织,以消除由直行车流与转弯车流所造成的冲突点。

互通式立体交叉(简称互通式立交)一般由以下几个部分组成。

(1) 引道——干道与跨线桥相接的桥头路,其范围是由干道的现况地面标高为起点至与桥头相接顺的路段。

(2) 坡道——一般指立体交叉桥下低于现况地面标高的路段。其范围是由干道的现况地面标高为起点,至与立交桥下路面标高相接顺的路段。

(3) 匝道——用以连接上、下两条相交道路的左、右转弯车辆行驶的道路。匝道由以下三部分组成:

① 离开主路(正线)的驶出的减速车道。

② 匝道路线。

③ 汇入主路的加速车道。

(4) 跨线桥——跨越相交道路的结构物(包括两端的桥台行驶部分)。

(5) 主路——相交道路中的主要道路。

(6) 相交道路路段——相交道路直车行道。

(7) 渠化设施——在立交中为指示和规定左、右转弯交通在匝道与相交道路连接处设置的导向设施。

(8) 接合部——包括进出口、渠化设施及集散路。

(9) 变速车道——分为使车辆从匝道设计速度加速到主路设计速度的加速匝道和从主路设计速度减速到匝道设计速度的减速匝道。

(10) 收费口——在收费立交处,用以发放磁卡和收费的设施。

(11) 集散车道——主路的一段辅助道路,与主路的直车行道横向分开,但在两端与主路相连,一般与主路平行。

图 2.11 为互通式立交组成部分示意图。

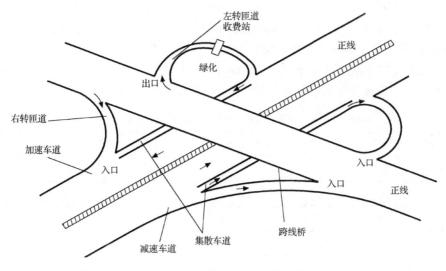

图 2.11　互通式立交组成部分示意图

2.7.2　匝道的平面几何设计要素

1. 匝道平面线形

在互通式立交的设计中,圆曲线半径直接影响着匝道的形式、用地、规模、造价及行车的安全性和舒适性。最小圆曲线半径的大小取决于匝道的设计速度,同时还应考虑经济性、安全性和舒适性。表 2.38 为高速公路互通式立交匝道圆曲线最小半径,通常应选用大于一般值的半径,当受地形条件或其他特殊情况限制时,方可采用极限值。由于匝道上车辆运行形式与主线上车辆的行驶特点不一样,匝道上从匝道终点至收费广场、一般公路连接部分的车辆行驶速度经常是变化的。因此,匝道设计的线形必须与匝道上车辆行驶特点相适应。

表 2.38　高速公路互通式立交匝道圆曲线最小半径

匝道设计速度/(km/h)		80	60	50	40	35	30
圆曲线最小半径/m	一般值	280	150	100	60	40	30
	极限值	230	120	80	45	35	25

2. 匝道纵坡线形

匝道因受上、下线标高的限制,为克服高差、节省用地和减少拆迁,并考虑匝道上车速较低,故匝道纵坡一般比主线纵坡大。纵坡度的极限值,一方面虽应直接根据设计车速决定;另一方面,还应间接地根据直接连接、不完全直接连接、环形等的匝道种类、设置地点、交通量等相适应的重要程度来决定。此外,从匝道的性质来说,匝道纵坡度还影响着车辆行驶的安全性。

美国规定不论匝道设计速度是多少,匝道纵坡除山岭区地形外一般都应限制在 6% 以内,而冰雪地区最好不超过 5%。我国规范规定见表 2.39。

表 2.39　匝道的最大纵坡

匝道的设计速度/(km/h)	一般地区/%	积雪冰冻地区/%
80	4	5
60	5	6
50	5.5	6
≤40	6	—

3. 匝道出入口布置

匝道出入口的布设应采取一致性原则,即出入口是在主线车行道的右侧还是左侧。由于我国交通法规规定驾驶员是按右侧行驶,对于高速公路互通式立交的出口或入口,要遵守的原则是出口或入口都必须设在主线车行道的右侧。如果将出口或入口放在左侧,不但会破坏路线的连续性,而且由于车行道靠左的车道是作为超车道,车辆行驶速度较高,与一般从右侧进出的习惯不同,从左侧进出易造成交通混乱,甚至引发交通事故,对直行交通干扰尤为严重。因此,除极个别不得已情况外,均应将出口和入口设置在主线车行道的右侧。

为了减少匝道出入口过多造成驾驶员的迷惑或错向驶出,影响车流的正常运行,在布置互通式立交的左、右转匝道时,在出口处只设置左、右转车辆驶离主线的一个出口,离开主线后的车辆再分别驶向左转或右转匝道,以减少多出口对主线交通稳定运行的影响。

2.7.3　互通式立体交叉的形式

根据 1998～1999 年对全国的 11 个省、1 个自治区的高速公路调查情况来看,我国已建高速公路互通式立体交叉形式大体有五种,即苜蓿叶形、环形、喇叭形、菱形和定向形。其分布情况见表 2.40。

表 2.40　全国部分高速公路互通式立交调查表

高速公路名称	里程/km	喇叭	定向	苜蓿叶	菱形	环形
沪宁	248.209	12	2	3	1	—
太旧	144.7	2	1	1	1	—
昆玉	85.707	8	1	2	0	1
沪蓉	109.782	7	0	0	0	—
连霍	—	2	1	0	0	—
土乌大	68.1	2	0	1	4	—
成乐(内江至自贡)	39.32	2	0	2	0	—
成乐(乐山至彭山)	86.327	4	0	1	0	—
成乐(自贡至宜宾)	67.88	6	0	0	0	—
广佛	15.7	3	0	0	0	—

这五种形式的立交从交通功能、占地面积及投资对比等方面各自具有不同的优缺点,但这些形式的立交总体上符合我国的交通特点和国情,在今后一段时间内仍将作为基本形式被采用。

互通式立交的形式与交叉路口的类型密切相关,以下分别就三路交叉、四路交叉分别介绍立交的形式及其适用性。

1. 三路交叉口的立交

1) 定向 Y 形

定向 Y 形属于完全互通式立交。所有转弯车辆全部行驶在转弯匝道上。而且所有左转车辆均是从道路的左侧驶出,在驶入道路的左侧汇入,如图 2.12 所示。

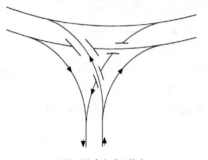 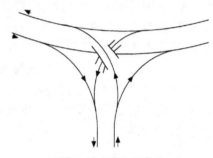

(a) 二层(Y形)定向式立体交叉　　　　　(b) 三层(Y形)定向式立体交叉

图 2.12　定向 Y 形互通式立交

其交通运行条件与适应性分析如下所述。

图 2.12(a)是定向 Y 形 A,将两层的立交构造物分设在三处,立交处道路均为单行道,消除了车辆间的相互干扰。这种形式的匝道设计速度可达 60~80km/h,其出入交通量也很大。它适用于两条高速公路相交。

图 2.12(b)是定向 Y 形 B,它与定向 Y 形 A 的区别在于把立交构筑物集中在一处,成为三层构造物,且用地面积比其小。但当地形条件不利时,A 型匝道纵坡比 B 型容易处理。

定向 Y 形立交的优点如下:

(1) 能提供所有方向车辆完全、无阻的直接运行,适用于各个方向交通量都很大而又相互接近的交通枢纽等情况;适用于两条高速公路相交的情况。

(2) 匝道修建里程和运行里程较短、线路直捷、运行流畅,不会发生错路运行。

(3) 在相交道路的外侧不需占用土地,最适用于相交道路外侧有障碍物的情况。

(4) 主要道路外侧需占土地宽度较小,特别适用于路线外侧有障碍物,如平行于路线的铁路、河流、房屋等情况。

定向 Y 形立交的缺点如下:

(1) 道路双向车道之间必须有足够宽度的隔离带才能满足左转匝道纵断面布置的要求。

(2) 左转弯匝道上行驶的车辆由驶入道路的左边汇入,对于双向四车道的道路,如果交通量较大时,会造成左转匝道上车辆的合流困难。

(3) 造价较高,以上两种定向 Y 形均需建造跨线构造物。

2) 不完全定向 Y 形

不完全定向 Y 形立体交叉又称为半定向 Y 形立体交叉,属于完全互通式立体交叉。

半定向 Y 形(T 形)立交与定向立交的区别是左转车辆的驶入方式,半定向式立交的左转车辆是从驶入道路的右侧汇入。一般交叉口总通行能力可达 8000～11000 辆/h,如图 2.13 所示。

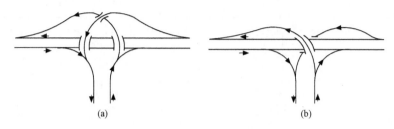

图 2.13　不完全定向 Y 形互通式立交

其交通运行条件与适应性分析如下所述。

A 型,与定向 A 型一样,需建造三座两层的跨线构造物;消除了主要道路车道分隔较远的缺点,但用地面积也较大。

B 型,除了具有主要道路不必重新规划的优点外,占地面积也比 A 型小,只需要建造一座三层构造物。

这两种形式适用于两条高速公路相交,双方向交通量相对较大的地方或高速公路与等级稍低的公路相交的情况。

匝道设计速度一般可达 50～60km/h。

半定向 Y 形立交的优点如下:

(1) 左转弯匝道由右侧进入主要道路,便于汇入车辆的加速合流。

(2) 所有车道均为单向行驶,完全消除了平面交叉所引起的冲突点。

(3) 所有运行为自由流式,通行能力大。

(4) 主要道路外侧需占土地宽度较小,特别适用于路线外侧有障碍物,如平行于路线的铁路、河流、房屋等的情况。

半定向 Y 形立交的缺点如下:

(1) 均需要建造跨线构造物,造价高。

(2) 匝道修建和运行长度较定向 Y 形长。

(3) 左转车辆从驶离道路的左侧分流,不利于重型车的左转。

3) 喇叭形

喇叭形属于完全互通式立交,代表形式如图 2.14 所示,分 A、B 两种类型。一般将环形匝道(左转匝道)设置在次要道路上,直行道路为主要道路。

其交通运行条件与适应性分析如下所述。

A 型中,直行的主要道路下穿,环形匝道连接于次要道路上跨。次要道路的左转车辆采用半定向匝道,左出右入。主要道路的左转车辆采用半定向匝道,右出左入。

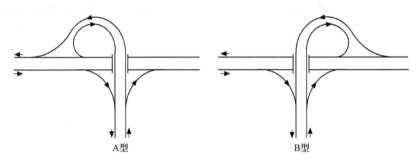

图 2.14　喇叭形互通式立交

B 型中,环形匝道下穿,直行主要道路上跨。这样,有利于高速车道的行驶,即视野开阔和容易判断立体交叉的进出口。当高速车辆由主要道路驶入次要道路时,可设计较大的转弯半径,有利于交通安全和逐步减速。主要道路的左转车辆采用半定向匝道,左出右入。次要道路的左转车辆采用半定向匝道,右出左入。

匝道设计速度一般小于 40km/h,适用于较小的交通量。

喇叭形立交的优点如下:

(1) 左转车辆是半定向运行。

(2) 均只需一个单一建筑物。

(3) 没有交叉、交织。

喇叭形立交的注意事项如下:

(1) 主要道路左转交通量大时,宜用 A 型;次要道路左转交通量大时,宜用 B 型。

(2) 次要道路下穿时宜斜穿或弯穿,环圈式匝道做成卵形或水滴形。

喇叭形立交的一个显著优势是收费站能集中在一个地方,所以特别适用于收费公路。喇叭形立交不仅在三路交叉时使用,在四路交叉时也可采用,即在一条公路上设喇叭形立交,另一条公路上用平面交叉连接,这时,喇叭形立交具有只设一个立交构造物的优点。

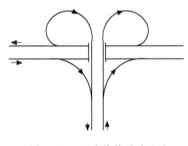

图 2.15　三路苜蓿叶式立交

4) 三路苜蓿叶式立体交叉

三路苜蓿叶式立体交叉属于完全互通式立交。当路口地形有条件时,可在两个象限上均设环形匝道,这种形式亦即三岔路口的苜蓿叶式,其行车方式同苜蓿叶式立交,相交道路上的左转车辆均以 270°右转弯后至左转方向的车道上,如图 2.15 所示。

其优点如下:

（1）造型美观。

（2）只需一个建筑物,造价经济。

（3）主要道路上跨时,对主要道路左转弯高速车辆运行较为有利。

（4）环圈形匝道不一定为圆形,如果改为卵形或水滴形,更有利于行车顺畅安全且美观。

其缺点如下:

（1）主要道路驶出车辆须经过小半径环圈匝道进行转弯运行。

（2）主要道路在两个环圈之间的那一段道路上存在加速的驶入车辆和减速的驶出车辆之间的交织,必要时加设集散车道来改善运行条件。

5）三路环形

环形立交属于部分互通式立交,是左转车辆在环道上平面交织代替 Y 形定向、半定向匝道来处理交通的一种形式,如图 2.16 所示。

其交通运行条件与适应性分析如下所述。

立交构造物为两层,占地面积较小,设计简单,行车路线明确易辨,这种形式适用于左转交通量小的两条道路相交。交叉口总通行能力一般可达5000～7000 辆/h,匝道车速一般为30～40km/h。

应注意的是,在选择环形立交形式时一定保证环形匝道的交织段长度满足要求,否则匝道车行道上发生车辆堵塞,甚至影响各个方向的车辆行驶。

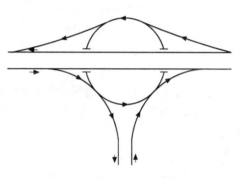

图 2.16　三路环形立交

2. 四路交叉口的立交

1）定向式立体交叉

定向式立体交叉属于完全互通式立交。

图 2.17 所示为定向式立交形式,这种形式的立交可根据需要确保几个主要的或全部的交通流向,各向行驶的车辆交通便利,路线短捷而清晰,避免了苜蓿叶形立交的绕行缺点。用于两条高速公路相交的情况,它能充分发挥车辆的高速性能且交通便利。但由于立交桥较多,有时交叉点重叠,需修建多层立交桥,结构复杂,费用也大。

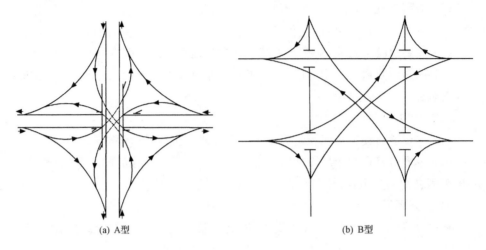

(a) A型　　　　　　　　　　　　　　(b) B型

图 2.17　定向式立交

其交通运行条件与适应性分析如下所述。

A 为全定向 A 型,四层构造物集中于一处,中心处高差较大,如果有地形限制,匝道纵坡不易处理,此种形式的立交主要道路不需要重新规划,匝道设计速度可达 60~80km/h。其优点是左转交通量分布均匀,转弯匝道线形更为流畅,弯道半径大,更适于高速、大交通量运行;没有交织,每个左转和右转匝道都只有一个出口或入口,有利于运行和简化标志,全部对称,各方向往来转弯模式统一,便于驾驶员识别,能使各个方向车辆自由流畅地运行,适用于两条高速公路相交的情况。

B 为全定向 B 型,共设 16 处两层构造物。这种形式中相交道路的往返车道分隔较远,需要重新规划,即和立交一起作为整体进行设计。

2) 不完全定向式

不完全定向式属于完全互通式立交,如图 2.18 所示。

其交通运行条件与适应性分析如下所述。

不完全定向式是定向式立交的一种,它适用于两条高速公路相交,左转交通量不很大但分布均匀的情况。其代表形式有 A 型。

A 型共有 8 处两层构造物,主要道路往返车道分隔较远,需要重新规划。不完全定向式立交占地面积也很大,其匝道设计速度一般为 50~60km/h。

3) 菱形立交

菱形立交属于部分互通式立交,是一种只有四条右转弯匝道、不设专门的左转匝道、不完善而却十分简单经济的一种四路立体交叉形式,如图 2.19 所示。

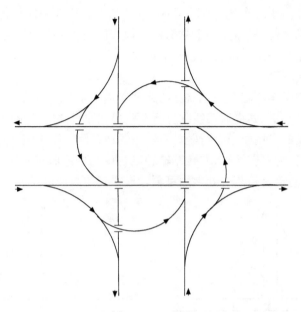

图 2.18　A 型不完全定向式立交

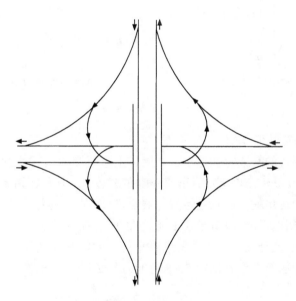

图 2.19　菱形立交

其交通运行条件与适应性分析如下所述。

菱形立交转弯车辆都转移到相交次要道路上去运行,在次要的一般道路上存在转弯车辆和直行车辆平面交叉的情况。此种立交交叉口总通行能力一般为

5000～7000pcu/h,匝道车速为 35～50km/h。其交通特性是能保证主要的高速公路上的车辆顺畅运行,只需要一个立交构筑物,造价经济,得到广泛采用,尤其适用于一条高速公路与一条一般公路相交的情况。

4) 苜蓿叶形立交

苜蓿叶形立交是四路互通式立交的典型形式。立交的四周四个象限内均设有左转形式的环形匝道,其交通路线除直行车流仍在原道路的直车行道上行驶外,转弯车辆均在所设的专用匝道上行驶。右转车辆在右侧专用匝道上定向驶入相交道路的右侧车道,称为右转匝道,左转车辆均以右转 270°弯形式实现左转。

图 2.20 是高速公路相交处常用苜蓿叶形立交的两种形式。

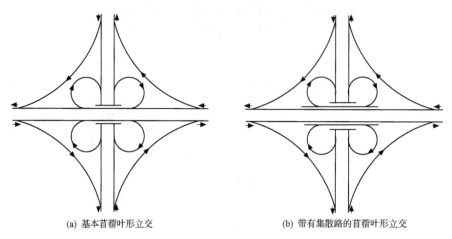

(a) 基本苜蓿叶形立交　　　　　　　(b) 带有集散路的苜蓿叶形立交

图 2.20　苜蓿叶形立交

(1) 基本苜蓿叶形立交。

此种立交形式的交通特性是车辆在匝道上进行交通运行连续而自然,交叉口总通行能力为 9000～13000辆/h,车速一般在 40km/h,环圈匝道半径适宜取 60m。仅建一个立交构筑物就使所有左转弯冲突点消除,是其最大的优点。但其占地面积大,限于节约用地,环形匝道半径不能太大,同时在左转匝道入口与右转匝道入口之间存在交织,这种交织由于主要道路直行车辆转弯要减速而匝道上车辆进入主要道路时要加速而受到恶化,所以通行能力要受到很大限制。

(2) 带有集散路的苜蓿叶形立交。

为了保证交通量较大的高速公路的直行车辆高速行驶,不受转弯车辆的进出匝道的影响,改善和提高苜蓿叶形立交的交通功能,需设置集散路,称为带有集散路的苜蓿叶形立交,如图 2.20(b)所示。

带有集散路的苜蓿叶形立交,是在立交范围内将集散路平行设置在交通量较大的高速公路上的侧面。其主要功能在于消除了交通量较大的高速车行道上的交织段,减少快速道上的进出口点。当左转弯以后的车辆进入快速路前,先在集散路上进行交织运行,然后再通过加速车道加速进入直行高速车道上。反之,当主要道路车辆需左转时,先通过减速车道减速后,并在集散路上交织运行,再由集散路上转入匝道进行左转。这样,减少了高速道路上不同去向车辆的混行,保证了直行车辆的高速运行。所以,集散路上车速应与左转匝道车速一致,而通过变速车道与直行高速车道相连。据日本有关资料的分析,增设集散路能使立交交通量提高20%～35%。

这种立交的交通功能特性是使交织段从高速路移至较低车速的辅助道路即集散路上,高速路上的汇入和分离点由 8 个减至 4 个,比基本苜蓿叶形能通过更大的交通量,快速公路上只有单一的出口和入口,转弯车辆运行自然。其缺点是可能较基本苜蓿叶形立交占用更多土地,由于构筑物跨度的增大使得其造价更高一些。

(3) 部分苜蓿叶形立交。

部分苜蓿叶形立交属于半互通式立交,只有一处两层立交构筑物,能保证部分方向的交通运行便利,主要道路的出入口均为立交,次要道路为平面交叉。部分苜蓿叶形立交形式有五种变形形式。如图 2.21 所示。

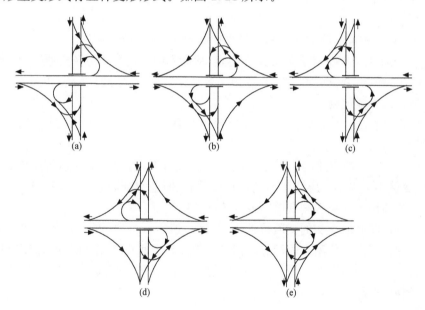

图 2.21　部分苜蓿叶形立交

其交通运行条件与适应性分析如下所述。

A 式在Ⅰ、Ⅲ象限布置匝道,次要道路左转弯和右转弯车辆皆经环圈形匝道进入主要道路。主要道路有两条菱形立交式匝道,次要道路上有平面交叉,为不完全互通式立交。

其优点如下：

① 驶出主要道路的车辆在跨线构造物之前分流有利于主要道路上车辆的行驶。

② 消除了交织。

③ 单一的驶出方式简化主要道路上的标志。

④ 可以作为分期修建的立交，易于将来扩建。

其缺点如下：

在次要道路上存在着交叉冲突点，从而限制了通行能力及交通安全。

B 式为在 A 式基础上在Ⅱ、Ⅳ象限增加两条右转匝道，可以直接右转上高速公路而不必绕行环圈式匝道。

其优点如下：

① 驶出主要道路的车辆在跨线构造物之前分流有利于主要道路上车辆的行驶。

② 消除了交织。

③ 单一的驶出方式简化主要道路上的标志，不易导致错路运行。

其缺点如下：

① 比 A 式苜蓿叶形立交和菱形立交的建筑和用地费用高。

② 在次要道路上存在着交叉冲突点，从而限制了通行能力及交通安全。

C 式类似于 A 式，但在Ⅱ、Ⅳ象限布置环圈式匝道，主要路线经环圈式匝道驶出转弯进入一般道路。

D 式是在 B 式基础上在Ⅰ、Ⅲ象限增加两条右转弯匝道，此外还增设了集散道。

E 式是在一般道路的一侧布置两个环圈式匝道，这种立交的运行条件最为不利，应尽量避免采用。应注意的是，两个环圈式匝道只能布置在一般道路的一侧。此种形式适用于立交一侧有铁路或河流的特殊情况。

部分苜蓿叶形立交的交通特性为：车辆一般运行自然，消除了交织，单一的驶出形式简化了高速公路上的标志。但是一般公路上匝道终点处的冲突点限制了道路通行能力和交通安全。另外，若一般公路上直通和转弯交通量大时，需要设置交通信号加以控制。

3. 四路或多路环形立交

四个以上支道交汇于一处时经常采用主要道路上跨或下穿，保证主要道路直通运行不受干扰，其余支道则经过一个圆形环道直行或转弯绕行，称为环形立交。

环道使进入的车辆都绕中心的环岛作单方向的转弯绕行，以相互交织运行的方式消除了所有的交叉冲突点，造型美观，工程简易，造价低廉。并且中心环岛还可以绿化和装饰,以美化环境。环形立交最适宜于地形平坦开阔、左转弯交通量较大、相交各支道上交通量大体相似的情况下采用。国外经验认为,环岛适宜于人口交通量总和在小汽车 3000 辆/h 以下时采用。

环形立交的缺点是占地面积较大,车辆绕行距离较长,沿着环岛四周将连续不断地发生汇入和分离的交织运行,因而通行能力受到限制。

4. 收费道路的立交

以上所述的立交形式都是未考虑收费道路情况的。如果采取收费方式,以上立交的每个出入口都须设置收费站。由于每个收费站每天需要 24h 设置收费人员,其管理费用和收费机设备费用都十分昂贵,当在部分出入口设置收费站时,又容易造成票款流失。道路收费与否,决定着立交的形式。目前我国高速公路一般均是收费道路,收费道路设置立交的做法如下:在距两条相交道路交叉口的适当距离处另设一条联络线,在联络线与两条道路相交的地方各设置一个三支立交,这样所有车辆就都集中经由联络线转弯出入,只需在联络线上设置一个收费站就足够了,从而大大简化了管理。联络线的位置和长度要满足两端三肢立交处的加、减速车道设置的要求。联络线两端的三肢立交可供选择的形式如下所述。

(1) 喇叭形。只建造一个跨线构造物,最为经济。A 式喇叭主要道路的高速车辆驶出流畅,比 B 式喇叭驶出车辆要经过环圈式匝道转弯要好,故经常采用 A 式。

(2) Y 形。车辆驶出、驶入运行皆最流畅,最适宜于转弯交通量大的情况。在道路一侧空间受限时多采用这种形式。但由于需要建造二层的跨线构造物三座和三层跨线构造物一座,工程造价高。

(3) 三肢苜蓿叶形。造型美观,只需修建一个构造物,但主要道路上驶出车辆须通过环形匝道是它的弊端。表 2.41 为常见的收费立交形式。

表 2.41　常见的收费立交形式

名称	图形	说明
单喇叭形		1. 主要道路快速车辆驶出流畅; 2. 次要路线上车辆出入为平交; 3. 只需一个构造物,造价经济,采用较多; 4. 适用于高速公路与一般公路相交处

名称	图形	说明
双喇叭形	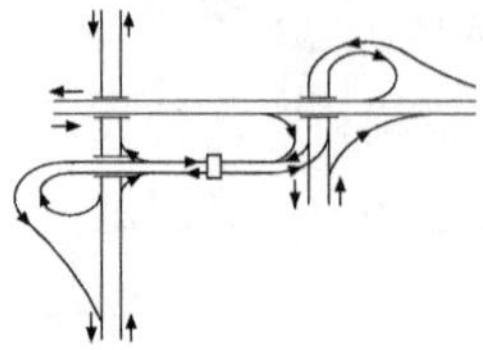	1. 两条道路上车辆进出皆流畅; 2. 需建两个构造物; 3. 适用于高速公路之间的相互交叉处
单 Y 形	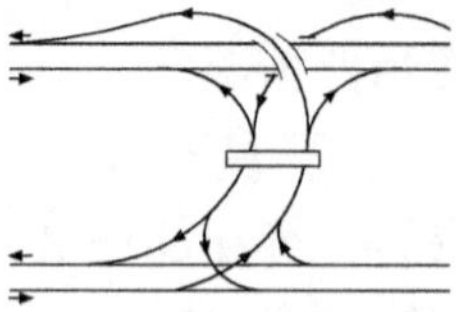	1. 高速车辆出入主要道路运行流畅; 2. 需建一桥三层或三桥二层,造价较高; 3. 适用于高速公路与一般公路相交处
双 Y 形	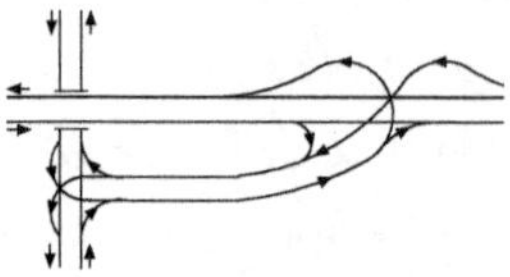	1. 建桥多,造价高; 2. 适用于高速公路之间相互交叉或高速公路与一般公路相交处
Y 形＋喇叭形	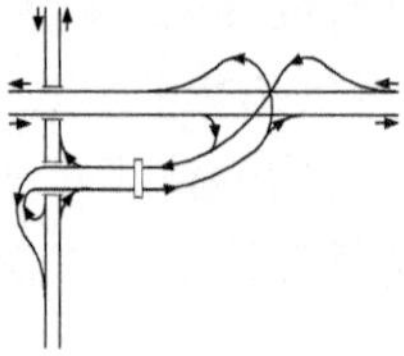	1. Y 形应设置在高速公路处; 2. 适用于高速公路之间相互交叉或高速公路与一般公路相交处

注:表内图中"□"为收费站。

　　由上述可见,收费立交除原来两相交道路处仍要设置跨线构造物之外,还要增加三肢立交构造物,匝道也将延长,工程造价要比不收费立交增加,行驶距离和营运费用也有所增大。

2.7.4　加速车道设计

1. 加速车道形式

　　加速车道是车辆从匝道进入高速公路时,为了减少匝道车辆对主线车辆的影响而设置的过渡车道。加速车道不仅为车辆提供一个加速的场所,也为车辆提供一个与主线车辆合流的机会。与减速车道相似,加速车道也有平行式和直接式两种(图 2.22 和图 2.23)。

　　《公路路线设计规范》(JTG D20—2006)规定,加速车道的长度是从合流端部到渐变段达到匝道路面标准宽度时的长度。

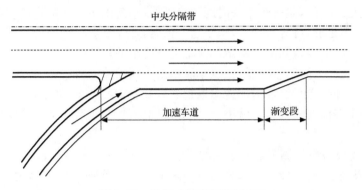

图 2.22　平行式加速车道(中国)

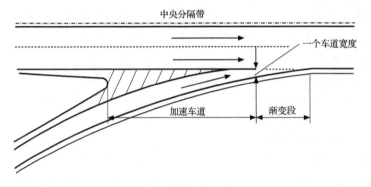

图 2.23　直接式加速车道(中国)

2. 加速车道长度的主要影响因素

加速车道上车辆要与高速公路最外侧车道的车辆合流,车辆不仅要在加速车道长度内达到合流要求的最低车速,而且更要保证车辆在加速车道长度内顺利地汇入高速公路。这就要求加速车道长度的确定要综合考虑匝道及高速公路的技术指标、车流特性、车辆性能、人为因素等众多方面的影响。在影响加速车道长度的众多因素中,下面仅就一些比较重要的因素进行分析。

1) 高速公路与匝道的相对车速的影响

加速车道的基本功能之一,就是使匝道车辆的车速,通过在加速车道上的加速,接近于高速公路车速,从而使合流顺利安全地完成。高速公路行车速度与匝道行车速度的差称为相对车速。显然,在主线与匝道车辆行驶速度一定的情况下,相对车速越大,车辆提速所需要的时间越长,所需的加速车道也就越长。

2) 车辆的可接受插入间隙的影响

加速车道车辆汇入高速公路的过程,是一个对高速公路车流中的间隙的选择过程。车辆的可接受插入间隙就是一个描述驾驶员对车头间隙接受程度的理论值,或者说是理想值,是一个车头时距的界限值,车流中车头间隙超过该值时,驾驶员便认为间隙足够,可进行插入;小于这个值时,驾驶员会拒绝插入。所以,显而易见,车辆的可接受插入间隙是确定加速车道长度至关重要的参数。

当可接受插入间隙较小时,主线车流中出现该间隙的概率就大,车辆在加速车道上等待的时间就短,所需的加速车道也就较短;相反,当车辆可接受插入间隙大时,车流中出现该间隙的概率就小,车辆等待间隙的时间就长,所需的加速车道也就相应较长。

3) 高速公路最外侧车道交通量的影响

从极限状态分析,如果高速公路最外侧车道的交通量为零,则匝道车辆可直接进入高速公路,而不需要设置加速车道,也就是说,加速车道的长度为零。相反,如果高速公路最外侧车道的交通量极大,已达到通行能力的极限,车流的车头时距是接近均匀分布的,即都为最小车头时距,那么,加速车道上的车辆一辆都插不进去,只有在加速车道上无休止地行驶下去,这样,加速车道的长度需要无穷长(即高速公路多加一条车道)。

从以上的两种极限状态的分析可以看出,高速公路最外侧车道的交通量也是决定加速车道长度的重要因素。外侧车道交通量越大,出现可插入间隙的概率越小,需要的加速车道长度越长。

4) 匝道交通量的影响

在高速公路交通流一定的条件下,匝道交通量越大,车流所需的可插入间隙越多,则车辆等待的时间越长,需要的加速车道也就越长;匝道交通量小时,需要排队等待的可能性越小,需要的加速车道长度也就越短。

5) 车辆的变速性能的影响

车辆的变速性能对加速车道长度确定的影响,可以从以下两方面来分析。

首先,如果车辆的变速性能较好,车辆提速所需的时间相对较短,所需的加速车道长度也就较短;反之,所需的加速车道长度会较长。

其次,车速的变速性能好时,车辆行驶所需的最小车头时距,以及车辆插入时所需的插入间隙越小,车辆插入过程持续的时间也越短,需要的加速车道长度自然较短;反之,会越长。

6) 车种构成的影响

车种构成中,大车的比例对加速车道的影响最为明显。如前所述,大车车身长、变速不灵便、惯性大等因素,使大车所需的提速时间、插入间隙、等待时间和汇入过程均较长,所需的加速车道也就较长。

7) 立交服务水平的影响

立交服务水平的定位是确定高速公路交通流状态、加速车道交通流状态和车辆合流原则的基础。服务水平越高,要求交通流运行状态越稳定,高速公路行车速度也越高,要求加速车道车辆对主线的影响越小,所需的加速车道长度自然越长。

8) 人为因素的影响

在汇入的过程中,人的影响不可避免。这主要表现在驾驶员对可插入空当的判断和选择上。不同的驾驶员所需的插入空当是不同的,而且,不同的驾驶员对车辆的加速过程、加速度及合流车速的把握均不相同。

3. 加速车道长度

我国互通式立交加速车道最小长度与出入口渐变率见表 2.42。

表 2.42 我国互通式立交桥加速车道最小长度与出入口渐变率表

变速车道类别		主线设计速度/(km/h)	变速车道长度/m	渐变率/(1/m)	渐变段长度/m
入口	单车道*	120	230	−1/45	90(180)
		100	200	−1/40	80(160)
		80	180	−1/40	70(160)
		60	155	−1/35	60(140)
	双车道	120	400	−1/45	180
		100	350	−1/40	160
		80	310	−1/37.5	150
		60	270	−1/35	140

* 表中数值为单车道入口为平行式的数值;若为直接式时,采用括号内的数值。入口为单车道的双车道匝道,其加速车道的长度应增加 10m 或 20m。

由图 2.24 中可见中国与美国加速车道的界定是有区别的,其中具体表现在如下几个方面。

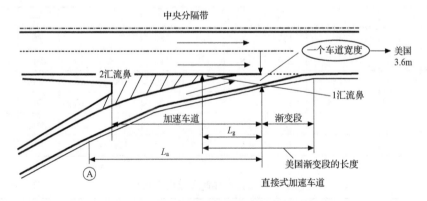

图 2.24 中国与美国加速车道长度的示意图

(1) 美国《道路几何设计指南》中 L_a 表示加速车道长度,L_g 表示可接受间隙区的长度,主要取决于汇流鼻的宽度,但至少为 90~150m。当汇流鼻的宽度为 0.6m 时,美国《公路几何设计指南》推荐使用 L_a、L_g 中较大的一个值作为加速车道的长度。

(2) 中国《公路路线设计规范》(JTG D20—2006)中,汇流鼻的位置在图 2.42 中 2 号位置,而在美国标准中,汇流鼻的位置在图中 1 号位置,且汇流鼻的具体位置取决于汇流鼻的宽度(0.6~3.0m)。因此两国标准所表示的加速车道长度意义是有所区别的。

(3) 对于直接式加速车道结束点的选择:我国是一个车道宽度,美国是 3.6m,如图 2.42 所示。

(4) 美国《道路几何设计指南》规定:直接式加速车道,渐变段开始于汇流鼻(宽度为 0.6~3.0m)处加速车道的外缘,结束于合流完成处车道的外缘,渐变率(纵/横)为 50:1~70:1。对于汇流鼻宽度取 0.6m,车道宽度为 4.8m,渐变率为 50:1,且大交通流状态下,推荐渐变段长度大于 L_a、L_g 的较大值,以减少对主线车流的干扰。平行式加速车道,渐变段设置在加速车道之后,其长度应该保证车辆逐渐进入合流车道。主线设计速度达到 110km/h,推荐渐变段长度为 90m。

不同国家对加速车道最小长度的规定见表 2.43~表 2.45。

表 2.43　美国加速车道最小长度(单车道)　　　　　　(单位:m)

匝道设计速度 /(km/h)	匝道连接加速车道处行驶车速/(km/h)	主线设计速度/(km/h)							
		120	110	100	90	80	70	60	50
		加速车辆汇入主线时行驶车速/(km/h)							
		98	91	85	77	70	63	55	47
80	70	120	105	85	60	—	—	—	—
70	63	140	120	100	75	55	—	—	—
60	51	155	140	120	100	80	55	—	—
50	42	170	150	135	110	90	70	55	—
40	35	175	160	145	120	100	85	65	45
30	28	185	170	155	135	115	95	80	60
20	20	195	180	165	140	125	105	90	70
—	0	200	180	170	145	130	110	95	75

表 2.44　日本加速车道最小长度　　　　　　(单位:m)

主线设计速度/(km/h)		120	100	80	60	50	40
加速车道	单车道	200	180	160	140	90	—
	双车道	300	260	220	180	—	—

表 2.45　加拿大加速车道最小长度　　　　　　　（单位：m）

匝道设计速度 /(km/h)	主线设计速度/(km/h)								
	140	130	120	110	100	90	80	70	60
	渐变段长度/m								
	110	100	95	90	85	80	70	65	55
80	510	380	280	165	70	—	—	—	—
70	565	455	350	245	150	70	—	—	—
60	600	520	425	330	230	150	85	20	—
50	625	550	470	380	285	205	135	70	20
40	640	570	500	410	330	240	175	105	60
30	660	595	525	440	350	270	205	135	80
20	670	610	540	455	365	290	220	150	95
0	675	610	545	465	380	300	235	165	105

4. 北京工业大学提出的加速车道长度的计算方法

北京工业大学于 2000 年完成的交通部高速公路互通式立交专题研究中,提出了基于车辆合流区交通行为的加速车道长度的计算方法。该方法将车辆从加速车道汇入高速公路的过程分为三个步骤:加速过程、等待汇入的滞留过程和汇入过程。根据这一步骤,将加速车道相应地分为三段计算,即加速段、等待段和渐变段。图 2.25 为平行式加速车道的分段计算示意图。

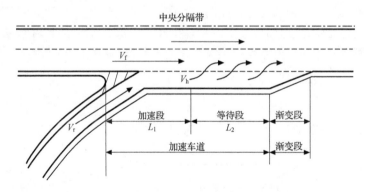

图 2.25　平行式加速车道的分段计算示意图

根据上述车辆在加速车道的不同驾驶过程的划分,通过分别计算加速段、等待段的长度,加速车道长度的推荐值见表 2.46 和表 2.47。

表 2.46　高速公路双向四车道加速车道长度推荐值　　（单位：m）

主线设计车速/(km/h)		120	100	80	60
匝道车速 /(km/h)	80	237	—	—	—
	60	442	242	—	—
	50	522	323	156	—
	40	587	388	222	89
	35	615	415	250	116
	30	639	440	273	140
	0(停车收费)	704	505	339	205

表 2.47　高速公路双向六车道加速车道长度推荐值　　（单位：m）

主线设计车速/(km/h)		120	100	80	60
匝道车速 /(km/h)	80	261	—	—	—
	60	465	262	—	—
	50	545	342	172	—
	40	610	408	238	100
	35	638	435	265	127
	30	662	459	289	151
	0(停车收费)	727	524	354	217

2.7.5　减速车道设计

1. 减速车道形式

减速车道是车辆驶离高速公路时，为了完成从高速公路车速到匝道车速的转换，衔接高速公路与匝道而设置的一种辅助车道。减速车道的长度指从分流点到渐变段路面宽度达到匝道路面标准宽度位置的长度，如图 2.26 和图 2.27 所示。

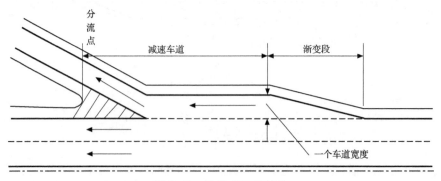

图 2.26　平行式减速车道

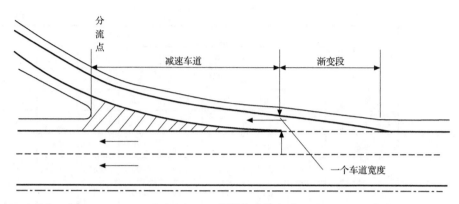

图 2.27　直接式减速车道

减速车道分为直接式和平行式两种形式,我国的《公路路线设计规范》(JTG D20—2006)规定,减速车道原则上采用直接式,特殊受限时采用平行式。

2. 减速车道长度

我国和美国对减速车道最小长度的规定分别见表 2.48 和表 2.49。

表 2.48　我国减速车道最小长度与出入口渐变率表

变速车道类别		主线设计速度/(km/h)	变速车道长度/m	渐变率/(1/m)	渐变段长度/m
出口	单车道	120	145	1/25	100
		100	125	1/22.5	90
		80	110	1/20	80
		60	95	1/17.5	70
	双车道	120	225	1/22.5	90
		100	190	1/20	80
		80	170	1/17.5	70
		60	140	1/15	60

表 2.49　美国减速车道最小长度(单车道)　　　　　　(单位:m)

匝道设计速度 /(km/h)	减速车道端点 处匝道行驶车 速/(km/h)	主线设计速度/(km/h)							
		120	110	100	90	80	70	60	50
		车辆驶离主线时平均行驶车速/(km/h)							
		98	91	85	77	70	63	55	47
80	70	120	105	85	60	—	—	—	—
70	63	140	120	100	75	55	—	—	—

匝道设计速度 /(km/h)	减速车道端点处匝道行驶车速/(km/h)	主线设计速度/(km/h)							
		120	110	100	90	80	70	60	50
		车辆驶离主线时平均行驶车速/(km/h)							
		98	91	85	77	70	63	55	47
60	51	155	140	120	100	80	55	—	—
50	42	170	150	135	110	90	70	55	—
40	35	175	160	145	120	100	85	65	45
30	28	185	170	155	135	115	95	80	60
20	20	195	180	165	140	125	105	90	70
—	0	200	180	170	145	130	110	95	75

中美两国关于减速车道的定义有一定的区别,如图2.28所示,区别具体表现在如下几个方面:

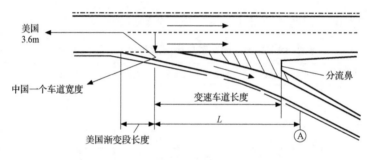

图 2.28　中国与美国减速车道长度的示意图

(1)美国《道路几何设计指南》中,减速车道开始的位置为主线增加的车道宽度达到3.6m处,结束位置为匝道从主线分离的位置Ⓐ。平行式减速车道长度应该大于或等于240m。

(2)我国《公路路线设计规范》(JTG D20—2006)中,减速车道开始位置为一个车道宽度处,结束位置为我国定义的分流鼻处。

(3)关于渐变段长度,对于直接式减速车道,我国和美国渐变段都设置在减速车道之前,从主线增加车道的位置开始到主线增加车道达到一个车道宽度(中国)或3.6m(美国)处。

(4)美国平行式减速车道的渐变段长度推荐值为75m,是指渐变率在1/25～1/15时的长度。

日本和加拿大关于减速车道最小长度的规定见表2.50和表2.51。

表 2.50　日本减速车道最小长度　　　　　　　（单位：m）

主线设计速度/(km/h)		120	100	80	60	50	40
减速车道	单车道	100	90	80	70	50	—
	双车道	150	130	110	90	—	—

表 2.51　加拿大减速车道最小长度　　　　　　（单位：m）

匝道设计速度/(km/h)	主线设计速度/(km/h)								
	140	130	120	110	100	90	80	70	60
	渐变段长度/m								
	110	100	95	90	85	80	70	65	55
80	150	135	120	100	—	—	—	—	—
70	165	150	135	120	100	80	—	—	—
60	185	170	155	140	120	100	80	60	—
50	195	180	170	150	135	115	95	75	55
40	205	190	180	160	145	125	105	90	70
30	215	200	185	170	155	135	115	100	80
20	220	205	190	175	160	140	120	105	85
0	225	215	200	185	170	150	130	110	90

要确定减速车道的设置长度,必须从研究减速车道长度的影响因素入手。车辆的行车速度、交通量大小、车辆的减速度等,对减速车道长度的确定均有较大的影响,具体如下所述。

1）相对车速的影响

相对车速指高速公路最外侧车道的平均行车速度与匝道平均行车速度的差。因为减速车道的设置目的是为了完成两个不同车速之间的过渡,所以高速公路最外侧车道与匝道上车辆的相对车速是决定减速车道长短的关键因素。车速差越大即相对车速越大,所需的减速车道也就越长;相反,若相对车速小,则所需的减速车道就短。

2）车辆的减速度的影响

减速车道上车辆的减速度是决定减速车道长度的另一个重要因素。在计算减速车道长度时,应采用在一般正常情况下,车辆比较从容地减速时,大多数车辆的平均减速度。减速度越大,所需的减速车道越短,但舒适性也就越差;反之,若减速度小,则需要的减速车道就越长,而舒适性就会提高。

3）转弯交通量的影响

当高速公路转弯交通量较大时,在分流端,直行车辆与分流车辆之间的相互影响加大,减速车道上交通流对高速公路交通流的干扰的可能性就会增加。并且,减速车道交通量大时,匝道上的交通流的不稳定因素就会增加,车辆之间的相互约束和制约就会加大。这些因素都需要增加减速车道的长度。

4) 大型车的影响

大型车的车身长,其加、减速性能都不如小汽车灵便。在同样的相对车速下,大型车完成加、减速所需要行驶的时间、距离都要长。所以,当车流中大型车占的比重较大时,变速车道的长度也需要相应地增加。

5) 变速车道车道数的影响

单车道的减速车道长度,可根据交通流参数及其运动方程进行计算;对于双车道的减速车道,不仅要考虑以上因素,还需要考虑相邻的两条减速车道上交通流的相互影响及制约,其设置的减速车道的长度也就相应地要增加。

3. 北京工业大学提出的减速车道长度的计算方法

根据车辆在减速车道上的减速过程及车辆在各过程中的行车特性,将减速车道长度分为三段计算,即渐变段、第一次减速段和第二次减速段,其过程如图 2.29 所示。

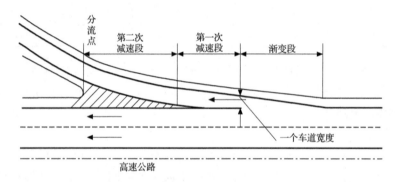

图 2.29　减速车道的驾驶行为示意图

第一次减速段是指车辆行驶过三角渐变段,进入减速车道全宽断面,并利用发动机进行第一次减速。

第二次减速段是指车辆完成第一次减速后,接着开始利用制动器进行第二次减速。二次减速的目的是将车速降至匝道车速 V_r。

同时还需要考虑车辆构成及匝道车道数的影响。由于大型车与小型车之间的动力性能的差异性,需要根据大型车所占的比重,对得到的减速车道长度进行修正。同时,也需要根据匝道车道数对减速车道长度进行相应的修正。

根据上述车辆在减速车道的不同驾驶过程进行分段计算,经过修正后的减速车道长度的推荐值见表 2.52。

表 2.52　高速公路减速车道最小长度推荐值　　　　　（单位：m）

主线设计车速/(km/h)	匝道设计车速/(km/h)					
	80	60	50	40	35	30
120	315	390	415	440	450	460
100	160	270	300	325	335	345
80	—	150	185	215	230	250
60			90	130	150	160

2.7.6　互通式立交间距

1. 间距的定义与各车的标准

互通式立交间距分为最小间距和最大间距。

互通式立交之间的最小间距应保证交通运行要求的距离,即要保证一个互通式立交驶入匝道的合流点与下一个互通式立交驶出匝道分流点之间交织运行所需的长度,以及为驾驶员及时提供交通信息而需在到达互通式立交之前设置一系列标志所需的距离。如果互通式立交间距过短,互通式立交过于集中,不仅造成工程投资的浪费,而且引起交通流频繁地交织,导致高速公路上交通流的紊乱,从而影响高速公路功能的正常发挥,并易引发交通事故。但立交间距过长,又会影响高速公路服务于沿线吸引交通量,导致沿线交通流的不均匀分配,从而影响高速公路的经济效益。

最大间距是指方便错过出口的驾驶员及时、迅速掉头,并满足交通服务设施的设置及维修所需要的合理距离。

《公路工程技术标准》(JTG B01—2003)规定,相邻互通式立交的最小间距是指两个相邻立体交叉之间的净距离(即上一互通式立交加速车道终点至下一互通式立交减速车道起点之间的距离),如图 2.30 所示。

图 2.30　互通式立交的间距示意图

北京工业大学于 1998～1999 年对全国的 11 个省、1 个自治区的高速公路互通式立交间距(互通式立交的中心桩号之间的距离)进行了调查,见表 2.53。

表 2.53　全国部分高速公路互通式立交间距调查表

高速公路名称	里程/km	立交个数	最小间距/km	最大间距/km	平均间距/km
沪宁	248.21	18	6.50	36.45	16.55
太旧	144.7	5	27.27	46.73	28.94
昆玉	85.707	13	0.94	12.56	6.10
沪蓉	109.78	7	7.44	38.80	17.20
土乌大	68.1	7	5.64	26.56	13.01
成乐(内江至自贡)	39.32	4	8.86	17.48	9.83
成乐(自贡至宜宾)	67.88	6	3.96	19.57	11.31
成乐(乐山至彭山)	86.33	6	4.39	21.35	14.39
楚大	177.62	11	12.00	27.51	16.15
广佛	15.7	5	2.00	6.00	3.90

　　根据我国的研究成果,当相邻互通式立交间距超过设置三个出口预告标志所要求的距离时,间距的大小对安全几乎没有明显的影响,因此,最小间距的确定主要取决于标志设置的需要,即最小间距等于两个互通式立交相邻侧的构造长度加上标志设置所需要的距离。我国互通式立交间距的设置标准见表 2.54,其他国家互通式立交间距的设置标准见表 2.55~表 2.58。可以看出,各国互通式立交间距的设置标准各有不同。

表 2.54　我国互通式立交的间距

地区类型	标准间距/km	最小间距/km
大城市、重要工业区周围市区	5~10	4.0
一般地区	15~25	4.0

表 2.55　联邦德国互通式立交之间的最小距离

交叉口	期望最小距离/km		交叉口指路牌前容许最小
类型	高交通量路段	低交通量路段	距离/km
高速公路交叉口	$2.7+L_E+L_A$	$2.7+L_E+L_A$	$0.6+L_E+L_A$
其他公路交叉口	$2.2+L_E+L_A$	$1.7+L_E+L_A$	$0.6+L_E+L_A$

注:1) 期望最小距离是指出口与入口交通岛尖端之间的距离。

　　2) L_A=入口处开口的长度,L_E=出口处开口的长度。

　　3) 交叉口指路牌通常采用门式指路牌。

表 2.56 日本互通式立交的间距

地区类型	标准间距/km	最小间距/km	最大间距/km
大城市周围、主要工业地区	5~10		
小城市零星分布的平原区	15~25	4	30
地方村镇、山岭区	20~30		

表 2.57 加拿大互通式立交的间距

地区类型	标准间距/km	最小间距/km
市区	3.0	2.0
郊区	8.0	3.0

表 2.58 美国互通式立交的间距

地区类型	最小间距/km
市区	1.0
郊区	2.0

2. 互通式立交间距的影响因素

互通式立交的建设,对周围地区交通量的吸引和出入的控制产生很大的影响,还对物资运输和集散的调整及其重新组合产生一定的影响,同时对周围地区经济的开发产生影响,吸引新的工业和商业的建立,刺激农业的发展;此外,还会对居民生活方面产生影响,收入的增加和就业机会的增多,人口的积聚,互通式立交往往形成当地的一个新风景点。鉴于互通式立交对周边地区的影响,相邻互通式立交的间距需要从以下方面考虑。

1) 能均匀地分散交通量

相邻立交之间保持一定的间隔距离,并且与相邻立体交叉所负担的交通要保持平衡。即不允许造成一处立体交叉的交通量过分集中,另一处立体交叉的交通量稀少,使整条主线和区域的交通流量分配不协调。因此,为了充分发挥主线的交通功能,立体交叉设置合理的间距是很重要的。立体交叉的间距主要取决于交通量的分布情况。

2) 匝道几何布置的要求

立交本身的进、出匝道口之间的间距往往需要数百米乃至近千米,而相邻立交匝道道口之间的净距要求则至少大于本身匝道之间的距离,以满足匝道几何布置的需要。而且还需要满足在此距离内预先看见一系列交通标志的距离,该距离主要根据车辆行驶速度与驾驶员的反应时间等因素来确定。

3）驾驶员驾驶顺适的考虑

互通式立交,尤其是高层式互通立交,其线形变换和纵断面起伏皆很频繁,如间距过小,线形变换过于复杂,对于高速行驶的车辆来说,不利于驾驶员判断、操作,并且很不利于景观观瞻。

4）经济上的考虑

如果高速公路互通式立交布置过密,造价很高,反而不如改为高架路经济合理。同时,高速公路的互通路线多属于一般县乡公路,吸引交通量很小,而这些互通式立交的设置,不仅建设费用高,还会增加管理费用,无疑会使其效益成本比降低。

5）进出高速公路的车辆完成变换车道的最小安全距离

相邻的互通式立交之间必须有足够的距离。因为运行距离的长短限制了驾驶员在一定时间和空间范围内必须完成车道变换,故需要提供足够的长度供交织车辆寻找合适的插入间隙。

6）满足地区不同的要求

互通式立交在主要公路、城市出入口处,由于互通式立交具有的交通特性和地区特性不同,其选择的重点也不同。在郊区,与主要干线公路连接的互通式立交,以分散交通为目的时,多选择与干线公路直接连接的互通式立交形式;而对为城市出入口连接服务作为首要目的的互通式立交,需根据相邻互通式立交的关系、同连接道路及城市规划的关系,将其效果从经济性和公共性方面考虑,并以提高高速公路的交通服务水平为主要目标。

7）最大间距的要求

为了保证给予错过出口的车辆合适的掉头机会及对高速公路上服务设施的合理布置,以及对高速公路进行维护的方便,需要对互通式立交的距离进行最大间距的限制。

高速公路互通式立交的设置间距若太大,从交通使用的观点来看,不能满足其交通需求,不能充分发挥高速公路的潜在功能,而且不能满足公路维修管理方面的需要。反之,若立交间距过密,不仅降低交通通行能力和行车速度,增加了交通事故的可能性,而且会导致交通运行上的困难,同时也会增加建设投资。所以,互通式立交的间距要根据交通的经济、技术条件综合平衡后确定。

3. 北京工业大学提出的立交间距的安全距离法

北京工业大学于 2000 年完成的交通部高速公路互通式立交专题研究中,提出了安全距离方法来确定互通式立交间距。该方法是根据道路使用者的生理特性、行驶舒适性及道路交通状况,考虑在驾驶员最不利的行驶方式下,可以安全完成变换车道,并及时进出立交的进出口的原则来确定互通式立交的最小间距。即当驾驶员在上一互通式立交的匝道入口驶入快速路后，在不了解道路状况的条件下，当直接变换到最内侧车道后，看到交通指示标志，并确定下一出口即为目标出口后，再次连续变换车道，在到达出口前完成车道变换，这个过程行驶的距离就是相邻互通式立交的最小间距。

最小非交织行驶的安全距离 L_m 为

$$L_m = L_{oi} + L_{io} \tag{2.31}$$

式中：L_{oi}——进入城市快速路的车辆从最外侧车道变换到内侧车道所行驶的距离；

　　　L_{io}——最内侧车道的车辆根据指示标志变换到最外侧车道所行驶的距离。

1）外侧车辆变换到最内侧车道行驶的距离 L_{oi}

从加速车道进入高速公路的部分车辆在寻找到合适的间隙后，会变换车道到最内侧车道。其过程如下所述。

想要变换车道的车辆需要等待一个可插入间隙的到来，当获得一个可插入间隙后，驾驶员需要进行判断是否插入；当判断要插入后，需要进行一定程度的加速运动，同时需要调整车头时距以便进行变换车道行动，然后是横移车道进入内侧车道。

根据以上的过程分析，可以将 L_{oi} 分解为以下各个部分进行计算。

（1）外侧车道车辆等待可插入间隙时行驶的距离 L_w。

根据车辆到达符合泊松分布，则车头时距分布就服从负指数分布。当负指数分布用于单车道交通流的车头时距时，理论上会得出大量的 $0 \sim 1s$ 的车头时距，但实际上这种情况不可能出现。因为车辆的车头到车头的间距至少为一个车长加上前车尾部至后车头部的一定间隔。为了改正这种不合理情况，可将负指数分布曲线从原点 O 沿 t 轴向右移一个最小间隔长度 τ，得到移位负指数分布曲线。

其分布函数为

$$P(h \geqslant t) = e^{-\lambda(t-\tau)} \quad (t \geqslant \tau)$$

式中：$P(h \geqslant t)$——车头时距大于或等于 t 的概率；

　　　λ——单位时间的平均到达概率（辆/s）；

　　　τ——车头时距的最小值（s）。

变换车道在车辆等到一个可接受的间隔之前，它必然拒绝了 j 个不可接受的间隔，其概率为

$$P(拒绝\,j\,个间隔) = [1 - e^{-\lambda(t-\tau)}]^j e^{-\lambda(t-\tau)}$$

拒绝间隔的平均个数为

$$\bar{n} = \sum_{j=0}^{\infty} j[1 - e^{-\lambda(t-\tau)}]^j e^{-\lambda(t-\tau)} = \frac{1 - e^{-\lambda(t-\tau)}}{e^{-\lambda(t-\tau)}}$$

而拒绝间隔的平均长度为

$$\overline{H} = \frac{\int_0^{t-\tau} t\lambda\, e^{-\lambda(t-\tau)}}{1 - e^{-\lambda(t-\tau)}} = \frac{\dfrac{\left[-e^{-\lambda t}\left(t + \dfrac{1}{\lambda} \right) \right]_0^{t-\tau}}{\lambda e^{\lambda(t-\tau)}}}{1 - e^{-\lambda(t-\tau)}}$$

$$= \frac{e^{\lambda(t-\tau)} - \lambda(t-\tau) - 1}{\lambda e^{\lambda(t-\tau)}} \cdot \frac{1}{1 - e^{-\lambda(t-\tau)}}$$

由于平均等待时间为拒绝间隔的平均个数与其平均长度的乘积，所以平均等待时间 t_w 为

$$t_w = \overline{H}\,\overline{n} = \frac{e^{\lambda(t-\tau)} - \lambda(t-\tau) - 1}{\lambda e^{\lambda(t-\tau)}} \cdot \frac{1}{1 - e^{-\lambda(t-\tau)}} \cdot \frac{1 - e^{-\lambda(t-\tau)}}{e^{-\lambda(t-\tau)}}$$

$$= \frac{1}{\lambda}\left[e^{\lambda(t-\tau)} - \lambda(t-\tau) - 1 \right] \tag{2.32}$$

根据分析研究结果，通过绘制车辆间隔的利用图，认为间隔长为 4.0s 时最易被利用，所以这里选用 4.0s 作为标准可插入间隙。

利用移位负指数分布曲线进行描述。根据移位负指数分布函数，求解出需要变换车道车辆等待一个可插入间隙的平均等待时间

$$t_w = \overline{H}\,\overline{n} = \frac{e^{\lambda(t-\tau)} - \lambda(t-\tau) - 1}{\lambda e^{\lambda(t-\tau)}} \cdot \frac{1}{1 - e^{-\lambda(t-\tau)}} \cdot \frac{1 - e^{-\lambda(t-\tau)}}{e^{-\lambda(t-\tau)}}$$

$$= \frac{1}{\lambda}\left[e^{\lambda(t-\tau)} - \lambda(t-\tau) - 1 \right] \tag{2.33}$$

式中：λ ——单位时间的平均到达概率(辆/s)；

　　　τ ——车头时距的最小值(s)。

则从匝道进入快速路的车辆等待插入间隙时行驶的距离为

$$L_w = \frac{V}{3.6} t_w \tag{2.34}$$

（2）为变换车道而调整车速和可换道间隙所行驶的距离 L_a。

驾驶员为了能够顺利地利用可接受间隙，将调整汽车的原始运行状态，其中主要是在判断出现的间隙为可插入间隙，并决定利用此间隙后，做好准备：打出变换车道的蹦灯，提示后面来车，并调整车速及车头位置，以最方便利用这个间隙并入目标车道。这个过程所行驶的路程即为调整并道所行驶的距离。

车辆在等待可接受插入间隙出现的平均等待时间内，一直在加速车道上以最低合流车速 V_h 匀速行驶。到达平均等待时间 t_w 时，高速公路车流中出现可接受插入间隙，此时，车辆已经行驶距离 $L_1 = V_h t_w$，则车辆与高速公路的可接受插入间隙的位置相对距离即为 $V_h t_w$。

而与此同时，高速公路车辆正以速度 V_f 匀速行驶，加速车道与高速公路的相对车速 $\Delta V = V_f - V_h$。加速车道车辆要等到高速公路的可接受插入间隙移动到与之并行时，才会进行插入。从可接受插入间隙的出现，一直到车辆与可接受插入间

隙并行,这一过程即为车辆调整车位的过程,该过程所需的时间即为车位调整时间,该值应为

$$t_2 = \frac{L_1}{\Delta V} = \frac{V_h t_w}{V_f - V_h} = \frac{0.76 V_f t_w}{V_f - 0.76 V_f} = 3.167 t_w \qquad (2.35)$$

则车辆等待可插入间隙与调整车速和可换道间隙所行驶的距离为

$$L_{wa} = L_w + L_a = V_h(t_w + t_2) = V_h(t_w + 3.167 t_w) = 4.167 V_h t_w = 2.407 V_f t_w \qquad (2.36)$$

(3) 驾驶员判断为可插入间隙的反应时间所行驶的距离 L_r。

L_r 是指驾驶员对从后视镜中出现的间隙进行观察,并对其确认为可插入间隙的这段时间所行驶的路程。反应时间是指驾驶员从感知信号到采取行动这一过程所需要的时间。驾驶员对可能出现的标志等一般性的注意物,其反应时间可以采用 1.5s,但是在复杂的交通环境中,随着客观情况复杂程度的增加,反应时间也将增长。实际上,总的反应时间为 0.5~4.0s。

考虑到我国城市道路上车种类型多,车辆类型差异大,驾驶员年龄分布也很分散,取反应时间 $t_r = 4.0$s,在这一反应时间内所行驶的距离为

$$L_r = \frac{V}{3.6} t_r = \frac{V}{3.6} \times 4.0 = \frac{V}{0.9} \qquad (2.37)$$

(4) 变换车道车辆横移时行驶的距离 L_c。

车辆横移一个车道所需的时间应为车道宽度/车辆横移速度,即该时间随着车道宽度的不同而变化。但根据现有的研究结论,该时间的变化幅度并不大,一般为3s 左右,所以,取为 3s 应是安全合理的。

$$L_c = \frac{V}{3.6} t_c = \frac{V}{3.6} \times 3 = \frac{V}{1.2} \qquad (2.38)$$

由上述可以得到外侧车辆变换到最内侧车道行驶的距离的表达式为

$$L_{oi} = L_{woi} + L_{aoi} + L_{roi} + L_{coi} \qquad (2.39)$$

2) 内侧车道的车辆变换到外侧车道所行驶的距离 L_{io}

(1) 内侧需驶离车辆驾驶员看见指示标志反应时间所行驶的距离 L_{nio}。

根据交通部公路科学研究院的试验,随着车辆速度的增加,判读距离有所缩短。在不同速度下对指示标志的判读试验结果如图 2.31 所示。

通过对以上试验数据的线性回归,得到 $V = 120$km/h,指示标志的判读距离为

$$Y = -1.82 \times 120 + 513.9 = 295.5 (\text{m})$$

即

$$L_{nio} = 295.5 \text{m}$$

不同速度下的指示标志反应时间所行驶的距离 L_{nio} 见表 2.59。

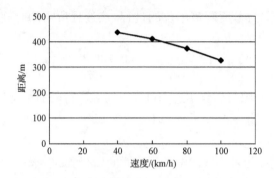

图 2.31　驾驶员辨识交通指示标志的速度-距离对应图

表 2.59　指示标志反应时间所行驶的距离 L_{rio}

计算行车速度/(km/h)	修正值 $L_{\mathrm{rl-2}}$ /m
120	300
100	325
80	375
60	410

(2) 内侧车道车辆等待外侧车道可插入间隙时行驶的距离 L_{wio}。

内侧车道车辆等待可插入间隙时行驶的距离计算方法同前,可以用如下表达式表示:

$$L_{\mathrm{wio}} = \frac{V}{3.6}t_{\mathrm{wio}} \tag{2.40}$$

(3) 驾驶员判断为可插入间隙的反应时间所行驶的距离 L_{rio}。

内侧需驶离车辆驾驶员看见指示标志反应时间所行驶的距离与前面所述的取值相同,即

$$L_{\mathrm{r}} = L_{\mathrm{rio}} = L_{\mathrm{roi}} = \frac{V}{3.6}t_{\mathrm{r}} = \frac{V}{3.6} \times 4.0 = \frac{V}{0.9} \tag{2.41}$$

(4) 为变换车道调整车速和可换道间隙所行驶的距离 L_{aio}。

L_{aio} 的计算也同前,与内侧车道车辆等待外侧车道可插入间隙时行驶的距离 L_{wio} 一起进行计算,采用如下计算表达式:

$$L_{\mathrm{wa}} = L_{\mathrm{w}} + L_{\mathrm{a}} = V_{\mathrm{h}}(t_{\mathrm{w}} + t_2) = V_{\mathrm{h}}(t_{\mathrm{w}} + 3.167t_{\mathrm{w}}) = 4.167V_{\mathrm{h}}t_{\mathrm{w}} = 2.407V_{\mathrm{f}}t_{\mathrm{w}}$$
$$\tag{2.42}$$

(5) 变换车道车辆横移时行驶的距离 L_{c} 同前。

$$L_{\mathrm{c}} = \frac{V}{3.6}t_{\mathrm{c}} = \frac{V}{3.6} \times 3 = \frac{V}{1.2} \tag{2.43}$$

(6) 在到达出口之前再次确认的安全距离 L_{s}。

L_s 指满足驶出车辆为安全顺利地驶出主线而需要通视整个出口端部直至鼻端，以认清渐变段、变速车道本身及整个楔形端的设置和交通情况，至少需要相应于主线计算行车速度的 1.25 倍停车视距，以满足判断视距的要求，见表 2.60。

表 2.60　驶出车辆再次确认安全距离

主线设计车速/(km/h)	120	100	80	60	40
确认视距/m	350～460	290～380	230～300	170～240	130～180
均值/m	405	335	265	205	155

根据上述安全距离法，可以针对不同的道路特点，确定相应的有利于安全行车的高速公路互通式立交的最小间距，见表 2.61。

表 2.61　高速公路互通式立交 L_m

设计车速/(km/h)	双向四车道 L_m/m	双向六车道 L_m/m
120	2585	5415
100	2245	4575
80	1925	3770
60	1595	2945

参 考 文 献

国家技术监督局和中华人民共和国建设部. 1995. 城市道路交通规划设计规范　GB 50220—95. 北京：中国计划出版社.

美国各州公路与交通工作者协会. 1980. 公路几何设计指南. 交通部第一公路勘察设计院，译. 北京：人民交通出版社.

日本道路协会. 1980. 日本公路技术标准的解说与运用. 王治中，张文魁，冯理堂，译. 北京：人民交通出版社.

日本道路协会. 1983. 道路构造令及其解说和运用. 东京：丸善株式会社.

日本道路协会. 1991. 日本高速公路设计要领（几何设计，休息设施）. 西安：陕西旅游出版社.

吴国雄. 1987. 关于公路"长直线"若干问题的探讨. 重庆：重庆交通学院.

张雨化. 2003. 道路勘测设计. 北京：人民交通出版社.

赵恩棠，刘晞柏. 1990. 道路交通安全. 北京：人民交通出版社.

中华人民共和国交通部. 2004. 公路工程技术标准　JTG B01—2003. 北京：人民交通出版社.

中华人民共和国交通运输部. 2006. 公路路线设计规范　JTG D20—2006. 北京：人民交通出版社.

中华人民共和国交通运输部. 2014. 公路工程技术标准　JTG B01—2014. 北京：人民交通出版社.

中华人民共和国交通运输部. 2017. 公路路线设计规范　JTG D20—2017. 北京：人民交通出版社.

中华人民共和国建设部. 1990. 城市道路设计规范　CJJ 37—90. 北京：中国建筑工业出版社.

American Association of State Highway and Transportation Officials. 1990. A Policy on Geometric Design of Highway and Streets. Washington D C.

Chung Bong-Jo, Park Jae-Beom, Kim Ju-young, et al. 2001. Limit length evaluation of tangent on freeway according to driver's physiological response. The 80th Annual Meeting Transportation Research Board, Washington D C.

David K W. 1992. NCHRP Synthesis 178: Truck Escape Ramps, A Synthesis of Highway Practice. Transportation Research Record.

Eck R W. 2001. State Practice and Experience in the Use and Location of Truck Escape Facilities. Transportation Research Record.

Institute of Transportation Engineers. 1989. Truck Escape Ramps. Washington D C.

Road and Transportation Association of Canada. 1976. Geometric Design Standards Roads and Streets.

Stanley A F. 1978. A Calculator Program to Estimate Truck Coasting Speeds for Designing Gravel Arrester Beds. Idaho Transportation Department, Boise, Idaho.

TranSafety, Inc. 1997. Truck Escape Ramps: Determining the Need and the Location.

Tye E J. 1986. Design Guide for Truck Escape Ramps, Traffic Bulletin No. 24, California Business Transportation and Housing Agency. Sacramento, California.

第 3 章　路基路面设计与施工

3.1　设计基本参数

3.1.1　路基路面工程特点

道路是线形人工建筑物,其中路基和路面是道路工程的主体部分。路基是按照道路的设计线形在地表开挖或填筑而成的岩土结构物,路面则是用各种混合料在路基顶面铺筑而成的层状结构。路面是行车的直接载体,路面的性能直接影响行车速度、运营成本、行车安全和舒适性。路基是路面的基础,稳定而持久的路基的性能是路面使用寿命和服务水平的重要保证。另外,路面结构层的存在又保护了路基,使之避免直接经受车辆荷载和环境的破坏作用。路基和路面相辅相成,共同构成道路工程的主体。

路基路面是一种线形结构物,有的公路延续数百公里,甚至上千公里,沿线地形起伏,气候、地质条件多变,再加上沿线城镇经济发展程度与交通量大小不一,这些都增加了路基路面工程的复杂性。工程技术人员必须掌握广博的知识,善于识别各种变化的环境因素,恰当地进行处理,建造出理想的路基路面工程结构。同时,现代化公路运输,不仅要求道路能全天候通行车辆,而且要求车辆能以一定的速度,安全、舒适而经济地在道路上运行,这就要求路面具有良好的使用性能,提供良好的行驶条件和服务水平。

为保证道路最大限度地满足车辆运行的要求,提高行车速度、增强安全性和舒适性、降低运输成本、延长道路使用年限,路基路面需要具有下述结构和功能方面的性能。

1. 结构性能

1) 承载能力

行驶在路面上的车辆,通过车轮把荷载传给路面,由路面传给路基,在路基路面结构内部产生应力、应变及位移。如果路基路面结构整体或某一组成部分的强度或抗变形能力不足以抵抗这些应力、应变及位移,则路面会出现断裂、波浪或车辙等病害,路基路面结构会出现沉陷,使路况恶化,服务水平下降。因此,要求路基路面结构整体及其各组成部分都具有与行车荷载相适应的承载能力。

结构承载能力包括强度与刚度两方面。路面结构应具有足够的强度以抵抗车轮荷载引起的各种应力作用,不至于发生压碎、拉断、剪切等各种破坏。路基路面整体结构或各个结构层应具有足够的刚度,使得在车轮荷载作用下不发生过量的变形,不出现车辙、沉陷或波浪等各种病害。

2) 稳定性

路基路面结构长期暴露于自然环境之中,同时承受着车辆荷载的循环作用,在各种自然因素和车辆荷载的作用下,各方面性能常发生不同程度的改变。原来处于稳定状态的地层结构,有可能由于填筑或开挖路基而引起不平衡,导致路基失稳。在软土地层上修筑高路堤,或者在岩质或土质山坡上开挖深路堑时,有可能由于软土层承载能力不足,或者由于坡体失去支撑,而出现路堤沉落或坡体坍塌破坏。沥青路面在夏季高温时会变软,并可能产生车辙和推移;冬季低温时,又可能因收缩或变脆而产生开裂。水泥混凝土路面在高温时,可能发生拱胀破坏,温度急剧变化时会因翘曲而产生破坏。砂石路面在雨季时因雨水渗入路面结构,其强度会下降,产生沉陷、车辙或波浪。因此,要求路基路面结构在行车荷载和自然因素作用下,保持工程设计所要求的几何形态和物理力学特性不发生过多改变,即路基路面结构的稳定性。

3) 耐久性

路基路面工程投资大,从规划、设计、施工至建成通车需要较长的时间,对于这样的大型工程都应有较长的使用年限。在车辆荷载的反复作用与大气水温周期性的重复作用下,路面使用性能将逐年下降,强度与刚度逐年衰变,路面材料的各项性能也可能由于老化衰变,而引起路面结构的损坏。路基的稳定性,也会在长期经受自然因素的侵袭后,逐年削弱。因此,路基路面工程应具有足够的耐久性,以满足使用寿命内各方面性能要求。

2. 功能性能

1) 行驶舒适性

车辆在路面上行驶的舒适性与路面表面的不平整程度、车辆悬挂系统的振动特性及乘客对振动的反应和接受能力三方面因素有关。从路面的角度看,影响行驶舒适性的主要因素是路面的平整度。

路面平整度可定义为路面表面诱使行驶车辆出现振动的高程变化(其纵向起伏的波长范围为 0.5~50m),它可用仪器进行量测。而乘客对振动的感受和接受能力则带有主观性,往往采用小组评分的方法进行主观评定。

路面使用初期的平整度与施工技术水平(工艺和设备)、施工质量控制、面层构造(如接缝)和材料(如粗集料粒径)等因素有关。而在使用期间,随着车辆荷载的反复作用、周围环境周期变化的影响及路面龄期的增加,路面的平整度会随各种路面病害的出现而逐渐下降[图 3.1(a)]。当平整度(行驶舒适性)下降到某一预定的限值时,路面便不能满足基本功能的要求,而需采取适当的改建措施以恢复其功能。行驶舒适性的限值标准,在很大程度上依据道路等级、交通量和资金条件等确定。

2) 行车安全性

路面在行车安全方面的功能性能包括抗滑(摩阻和漂滑)、溅水和喷雾、夜间亮度或反光性等。

车辆低速行驶(30~50km/h)时,路表面的细构造为轮胎胎面提供黏着力。高速行驶时,胎面下的路表面水来不及排除,而在胎面与路表面间形成水膜,使轮胎在水面上漂滑。因而,对于高速行驶的路表面需设置粗构造以迅速排除路表水,使胎面与路表面的细构造相接触而提供足够的抗滑能力。车辙的出现,不利于路表水的排除。在车辙达到一定深度时,会使高速行驶的车辆出现漂滑。

路表面的细构造和粗构造,可以采用不同的仪器进行测定,以摩阻系数(摆式仪摩擦系数 BPN、动态摩擦系数 DF60、滑移数 SN 或侧向力系数 SFC)和平均构造深度等指标表征。随着行驶车轮的不断磨耗作用,路表面细构造和粗构造的抗滑能力会逐渐下降[图 3.1(b)]。当抗滑能力指标下降到危及行车安全的水平时,便需采取措施以恢复其抗滑功能。

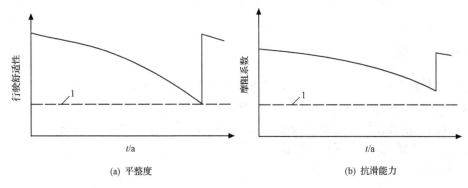

(a) 平整度　　　　　　　　　　　　　(b) 抗滑能力

图 3.1　路面功能性能随时间的变化

1. 最低可接受水平

路面表面水在高速行驶车轮的滚压下,会向两侧和后方喷溅,影响后随车辆的视线,并可能危及行车安全。路表面的粗构造或者透水性上面层可加速路表水的排除,也可相应减轻溅水和喷雾现象,从而保障行车安全。

3) 运行经济性

车辆在路上行驶的运行费用主要包括燃油、轮胎、车辆维修配件和工时等消耗。道路线形(平面、纵断面和横断面)和交通状况对车辆的运行费用有较大的影响,而路面的表面状况,如粗构造、宏构造和不平整等,也影响到车辆的运行费用。因而,车辆运行的经济性与路面的平整度有关。

4) 环境友好性

道路交通噪声是环境噪声污染的最主要来源。随着交通的增长,降低交通噪声对人们工作、生活及生理和心理健康的不利影响,成为公众日益关注的问题。交通噪声产生于以车辆发动机为主的动力系统及轮胎与路表面间的滚动接触。滚动接触噪声一方面来源于车辆驶过时轮胎前缘和后缘的空气压力差产生的涡流所引起的空气泵吸作用,另一方面则产生于轮胎胎面花纹与不规则路表面间的相互撞击。降低噪声应从汽车、轮胎和路面表面三方面着手。而在路面表面方面,影响轮胎-路表面噪声产生的主要因素为表面构造及其声阻抗(或声吸收)。

孔隙率低于 8% 的密实路表面,可高度反射噪声,其声阻抗接近于无限大,因而这种路表面的噪声生成仅取决于其表面构造。波长处于 $1\sim500mm$ 的表面构造(粗构造和宏构造)可以产生噪声,改进施工工艺和采用小粒径的集料可以降低宏构造。

对于多孔隙的路表面,噪声不仅同表面构造有关,也与其声吸收性能有关,而且后者对路表面的声学性能更为重要。多孔表面的声吸收,主要取决于多孔层的孔隙率和厚度。孔隙率应尽可能高,一般要求大于 20%,最好达到 25% 以上,以高度吸收宽频带的噪声。薄多孔层宜于吸收高频噪声,而厚多孔层则吸收低频噪声较为有效。

3.1.2 道路稳定性影响因素

路基路面裸露在大气中,其稳定性在很大程度上由当地自然条件所决定。因此,必须在深入调查公路沿线的自然条件的基础上,从总体到局部,从大区域到具体路段的自然情况,分析研究其规律及对路基路面稳定性的影响,因地制宜地采取有效的工程措施,以确保路基路面具有足够的强度和稳定性。路基路面的稳定性与下列因素有关。

1) 地理条件

公路沿线的地形、地貌和海拔高度不仅影响路线的选定,也影响到路基与路面的设计。平原、丘陵、山岭各区地势不同,路基的水温状况也不同。平原区地势平坦,排水困难,地表易积水,地下水位相应较高,因而路基需要保持一定的最小填土高度,路面结构层应选择水稳定性良好的材料,并采用一定的结构排水设施;丘陵和山岭区,地势起伏较大,路基路面排水设计至关重要,否则会导致稳定性下降,出现破坏现象,影响路基路面的稳定性。

2) 地质条件

沿线的地质条件,如岩石的种类、成因、节理、风化程度和裂隙情况,岩层走向、倾角、层理和厚度,有无夹层或遇水软化的夹层,以及有无断层或其他不良地质现象(岩溶、冰川、泥石流、地震等)都对路基路面的稳定性有一定的影响。

3) 气候条件

气候条件如气温、降水、湿度、冰冻深度、日照、蒸发量、风向、风力等都会影响公路沿线地面水和地下水的状况,并且影响到路基路面的水温情况。在一年之中,气候有季节性的变化,因此路基路面的水温状况也随之变化。气候还受地形的影响,如山顶与山脚、山南坡与山北坡气候有很大的差别,这些因素都会严重影响路基路面的稳定性。

4) 水文和水文地质条件

水文条件是指如公路沿线地表水的排泄、河流洪水位、常水位、有无地表积水和积水时期的长短、河岸的淤积情况等。水文地质条件是指如地下水位、地下水移动的规律、有无层间水、裂隙水、泉水等。所有这些地面水及地下水都影响路基路面的稳定性,如果处理不当,常会引起各种病害。

5) 土的类别

土是道路建设的最基本材料,不同的土类含有不同粒径的土颗粒,其矿物成分也各不相同。砂粒成分多的土,强度构成以内摩擦力为主,强度高,受水的影响小,但施工时不易压实。较细的砂,在渗流情况下容易流动,形成流砂。黏粒成分多的土,强度形成以黏聚力为主,其强度随密实程度的不同变化较大,并随湿度的增大而降低。粉土类土毛细现象强烈,路基路面的强度和承载力随着毛细水上升、湿度增大而下降。在负温度梯度作用下,水分通过毛细作用移动并积聚,使局部上层湿度大幅度增加,造成路面冻胀隆起,春季易于发生路基翻浆,导致路面结构层出现各种破坏。

3.1.3　公路自然区划

地球受到各种自然因素的综合作用,其表面各部分的自然条件存在明显的地域性差异。根据差异,按照一定的原则和方法将自然条件相近的区域划分为不同的自然区,进而对各自然区的特征及其发生、发展和分布规律进行研究,并按照区域从属关系建立一定的等级系统,这种地域系统的研究方法和研究结果称为自然区划。

公路作为一种人工建筑物,一经建成便成为自然环境的一部分,并将不断受到各种自然因素的影响,同时公路建设也会反作用于自然环境,引起自然条件的改变。公路是线形建筑物,一条公路将穿越不同的自然单元,因此必须适应各种自然环境。只有在建设环境条件明确的基础上,通过在设计、施工及养护中采取适合当地自然环境的技术措施,才能保障公路的应有使用寿命和正常服务水平。查明国土范围内公路建设的环境条件,进行合理分区,是公路路网规划、工程设计、施工及养护的基本依据。公路自然区划就是借助自然区划的方法,以影响公路建设的各种自然因素为依据,按照一定的原则和方法划分成的区域等级系统。公路自然区划是研究自然环境对公路建设影响的产物,同时也是公路建设适应自然环境研究的结果。

我国公路自然区划的工作开始较早,于 1958 年初步提出了全国道路气候分区方案,建立了三级区划的体系,一级区划以温度为主导因素,二级区划以湿度为依据,三级区划由各省市自行划分。1959 年和 1964 年进一步对分区方案进行了修订和完善,并为交通部采用,纳入 1966 年路面设计规范。1972 年起,进一步开展公路自然区划研究工作,1978 年交通部颁布中国公路自然区划图,在 20 世纪 70 年代研究成果的基础上,1986 年交通部颁布了《公路自然区划标准》(JTJ 003—86)(以下简称《标准》),沿用至今。标准采用三级区划,一级区划以温度为主导,适当考虑水热平衡和地理位置;二级区划也是以潮湿系数为主导,进一步划分。

3.1.4　荷载与环境因素

1. 交通荷载

路基路面结构的主要功能是为了保证汽车安全、舒适、高速、经济地运行,汽车是路基路面的主要服务对象,汽车荷载则是造成路基路面结构损坏的主要原因。因此,在路基路面的设计与施工过程中,首先应分析研究汽车的动静力特征和其对路基路面的作用与影响。

1) 车辆种类

在道路上行驶的车辆主要有客、货车两大类。客车可分为大、中、小型三类。大型客车一般指载客数为 20 以上的客车,包括铰接车和双层客车,主要用于长途客运与城市公共交通;中型客车一般指载客数为 6~20 的车辆;小型客车自身重量和满载重量都比较轻,但其车速高,一般可达 120km/h,最高可达 200km/h 以上。

货车按其本身形式及轮轴组合形式可分为整车、牵引式挂车和牵引式半挂车几类。整车的汽车发动机与货厢为一整体;牵引式挂车可拖挂两辆以上的挂车,其动力由牵引车提供;牵引式半挂车虽其牵引车与挂车也是分离的,但牵引车与挂车通过铰链相连,牵引车的后轴也担负了部分其后所挂货车的重量。货车的总趋势是向大吨位发展,特别是开展了集装箱水陆联运业务后,货车的最大吨位已达到 40~50t。

路面结构设计时,主要考虑大客车和货车对道路的影响,但在评定路面的平整度、抗滑性能等表面特征时,应考虑小客车高速行驶时的安全性和可靠性。

2) 汽车对路面的作用

汽车的重量通过车轮传递给路面,车辆轴载的大小直接关系到路面结构设计承载力与结构强度。汽车轮胎的内压强一般为 0.4~0.7MPa,由于轮胎本身刚度及轮胎与路面的接触形状和花纹等存在差异,故轮胎与地面接触压强的分布不一致,但在路面设计时,常忽略上述因素的影响,直接采用轮胎内压强作为轮胎与路面的接触压强。

　　轮胎通过胎面的花纹同路面相接触。花纹面积通常只占接触面外轮廓线所包
面积的一部分(图 3.2)。实际应用时都把投影面积当做接触面积,其形状一般近
似圆形或椭圆形。在路面设计中通常采用圆形接触面积,该圆称为轮迹当量圆,相
应的面积则称为轮迹当量圆面积,如图 3.2 所示。双圆荷载的当量圆直径 d 和单
圆荷载的当量圆直径 D,分别按式(3.1)和式(3.2)计算。

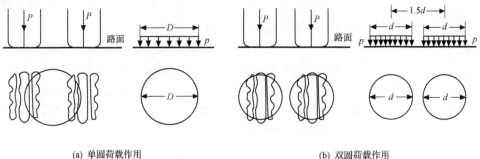

(a) 单圆荷载作用　　　　　　　　　　(b) 双圆荷载作用

图 3.2　车辆荷载图示

$$d = \sqrt{\frac{P}{\pi p}} \tag{3.1}$$

式中:d——双圆荷载的当量圆直径(m);

　　　　P——车辆轴载(N);

　　　　p——轮胎接地压强(Pa)。

$$D = \sqrt{\frac{2P}{\pi p}} \tag{3.2}$$

式中:D——单圆荷载的当量圆直径(m);

　　　　P——车辆轴载(N);

　　　　p——轮胎接地压强(Pa)。

　　我国现行路面设计规范中规定的标准轴载为 BZZ-100,即轴载 100kN、轮胎接
地压强为 700kPa,代入式(3.1)和式(3.2),可得 $d=0.213\text{m}$,$D=0.302\text{m}$。

　　3) 轴载等效换算

　　由于不同轴载对路面结构的损坏作用不同,难以直接依据各条道路的轴载谱
(是各级轴载所占的比例)来判断其对路面的影响和要求。可以按等效原则,将各
级轴载的作用次数换算成某一标准轴载的作用次数,根据标准轴载的作用次数就
可判断各条道路上交通对路面作用的繁重程度。以某一种路面结构在不同轴载作
用下达到相同的损坏程度作为换算标准,即以弯沉等效、层底弯拉应力等效的原

则,通过室内或野外的荷载重复试验,建立不同的荷载与达到损坏时的作用次数之间的关系式。由这一关系式,即可推导出不同轴载的作用次数等效换算成标准轴载作用次数的轴载换算公式。

4) 交通分析

道路上通行的车辆不仅具有不同的类型和不同的轴载,而且通行的车辆数目也是变化的。路面结构设计中,要考虑设计年限内,车辆对路面的综合累计损伤作用,必须对现有的交通量、轴载组成及增长规律进行调查和预估,并通过轴载等效换算原则换算成当量标准轴载的累计作用次数。

车辆在道路横断面上的分布,通常是在中心线附近一定范围内摆动,由于轮迹的宽度远小于车道的宽度,因而车道上的轴载作用次数既不会集中在横断面的某一固定位置,也不可能平均分配到每一点上,而是按一定的规律在车道横断面上分布,该现象称为轮迹横向分布。图 3.3 为典型的轮迹横向分布曲线。在路面设计中用横向分布系数来反映轮迹横向分布频率的影响。

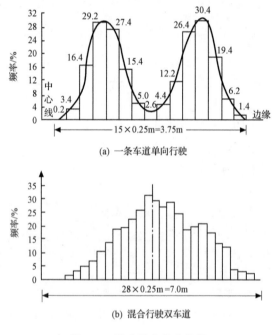

图 3.3　轮迹横向分布曲线

2. 环境因素

1) 水的影响

路基湿度状况的变化是影响路面结构强度、刚度与稳定性的重要因素之一。

路基土随湿度的变化,常产生各种不稳定状态。水分对路面结构层也有许多不利的影响。有许多因素直接影响路基湿度的变化,如图 3.4 所示。

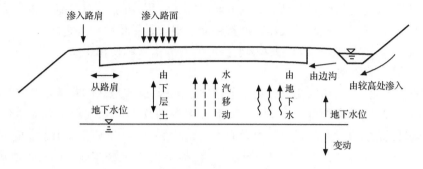

图 3.4　路基的水分来源

大气降水能浸湿透水的路面、路肩和边坡,并通过毛细润湿作用向路基部分扩张。降水还能沿着不透水路面的边缘、接缝或裂隙渗入路基。而蒸发则使水分从路基内逸出。

当路基所处的地段地势低洼,排水不良时,积滞在边沟中的水分与道路附近河塘中的水分均可通过渗透或毛细润湿作用进入路基。

地下水位较高的路段,地下水是路基湿度变化的重要因素。当地下水位受到附近地面水的影响,或者受到较高处土层内地下水的影响而产生变动时,即直接改变路基的湿度。地下水的毛细上升作用与水汽移动,也能在一定程度上影响路基的湿度。

另外,温差的变换也会引起路基内部湿度的变化。路基内各个部位之间存在温度差时,水分将以气态或液态的形式移动。

路基与路面结构的强度、刚度及稳定性在很大程度上取决于路基湿度的变化,上述诸因素对路基湿度的影响程度因地因时而不同。例如,在北方季节性冰冻地区,在冰冻开始时,路基水分向冻结线积聚形成冻胀的现象较普遍;而在南方非冰冻区,当雨季来临时,未能及时排除的地面积水和离地面很近的地下水将使路基土浸润而软化。保持路基干燥的主要方法是设置良好的地面排水设施,经常养护,保持畅通。若采用不透水的面层结构,将减少降水和蒸发的影响。路肩如果经过处置,也能防止雨水渗入。

在浸水情况下,半刚性基层材料普遍存在强度下降的现象,在行车荷载产生的动水压力作用下,半刚性基层材料还会出现 $Ca(OH)_2$ 的流失,使结合料胶结能力降低,导致材料松散,强度下降。

水损害是沥青路面受水分条件影响的主要表现形式,沥青路面中水的存在是水损害发生的必要条件。沥青路面水损害的产生主要有两方面的原因:一方面,沥青混合料空隙中的水与沥青相互作用,使沥青的黏结力降低,导致沥青混合料的强度和刚度降低;另一方面,进入沥青薄膜与矿料之间的水,破坏了沥青与矿料的黏附作用,导致沥青从矿料上剥落。两方面的综合作用,再加上车辆荷载和冻融循环的影响,沥青路面就会产生破坏。沥青路面水损害是常见路面病害之一,与之相关的早期剥落、坑槽、车辙等严重影响着路面的服务水平和使用寿命。

2) 温度的影响

我国华北、东北和西北地区为季节性冰冻地区,这些地区的路基在冬季冰冻过程中,在负温度梯度的作用下,将出现水分积聚的现象。当气温下降到0℃以下时,路基路面结构内温度将随之由上而下地逐渐下降到0℃以下。在负温区内,自由水、毛细水及弱结合水随温度的降低而冻结,减薄了土颗粒周围的自由水膜,增加了土的吸湿能力,并促使水分由高温处向低温处移动,以补充低温处失去的水分。但实际上,在温度下降到-3℃以下时,土中已冻结的水分在负温差的影响下,已不可能向温度更低处移动,因此,负温区的水分移动一般均发生在0～-3℃等温线之间。在正温度区内,由于0℃等温线附近土中的自由水和毛细水的冻结,形成了与较深层次土层间的温度坡差,使其下的水分向0℃等温线附近移动。这部分上移的水分便又成为负温区水分移动的补充来源,形成了上层路基水分的大量积聚(图 3.5)。水分积聚冻结后体积增大,使路基隆起,面层开裂,形成冻胀。

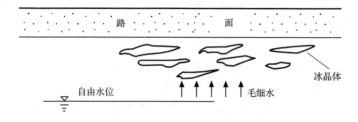

图 3.5　路基冻胀过程

春季气温上升,路基路面结构由上而下逐渐解冻。积聚在路基上层的水分溶解后,难以迅速排除,使路基上层的湿度大幅度增加,路面结构的承载力则大幅度下降。在行车的作用下,路基路面结构将产生较大的变形,严重时,路基土将以泥浆的形式从冻胀开裂后的面层裂隙中冒出,即形成所谓的翻浆现象。冻胀和翻浆现象的出现,使面结构受到严重损害,对行车有极大的影响。由图 3.6 可以明显看出路基翻浆所造成的承载力变化情况。

大气温度在一年四季出现周期性的变化,每一天的昼夜气温也出现一定幅度的周期性变化。路面直接暴露在大气之中,经受着这些变化的影响,特别是面层材料所受影响最大。路面表面的温度变化与天气的变化大致是同步的,但是由于部

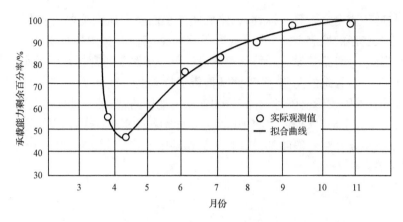

图 3.6　路基承载力随季节的变化

分太阳辐射热被路面吸收,所以在夏天烈日照射下的路面表面温度高于大气温度,如沥青面层的最高温度较当时的气温可高出 23℃左右,水泥混凝土路面也要高出 14℃左右。面层结构内不同深度处的温度也同样随着大气温度产生周期性的变化,但是变化的幅度随着深度的增加而逐渐减小。

　　水泥混凝土路面受温差的影响,将产生体积的变化,它的线温度胀缩系数约为 0.00001/℃。在一年四季中,由于温差所引起的体积变化如果受到约束,将产生很大的温度应力,有时还能超出荷载产生的应力。通常将水泥混凝土路面分成一定尺寸的小块,留有缝隙,以防止温度应力使路面遭到损坏。同时每昼夜的温差使得面板顶部与底部也产生温差,其结果将使面板在白天隆起,夜晚下凹,称为温度翘曲。翘曲变形受到约束也将导致路面板产生附加应力,这在路面设计中也必须加以考虑。

　　沥青混凝土及其他沥青混合料的强度、刚度和变形能力也随着气温的变化而产生明显的变化。在夏季高温季节,沥青混凝土有可能由于刚度降低而产生各种变形,如车辙、波浪等;在严冬季节,由于变形能力下降而产生裂缝。

3.2　路基与排水设计

3.2.1　路基设计

　　路基由路基本体和路基设施组成。路基本体是指路基断面中的填挖部分,路基设施是指为确保路基本体的稳定性而采用的必要的附属工程设施,如排水设施、防护支挡及加固设施等。路基是路面的基础,是公路的承重主体,它承受着本身土体自重和路面结构的重量,同时还承受由路面传递下来的行车荷载作用,因此,须确保路基长期稳定,防止产生病害。路基应以路床顶面回弹模量为设计指标,以路床顶面竖向压应变为验算指标,沥青路面路床顶面竖向压应变的计算值应满足沥青路面永久变形的控制要求,水泥混凝土路面路床顶面竖向压应变可不作控制。设计中常分为一般路基设计和特殊路基设计。一般路基通常指在地质水文条件良好的地区(地段)修筑的路基;特殊路基指位于特殊土(岩)地段、不良地质地段或受水、气候等自然因素影响强烈的路基,如膨胀土地区路基、黄土地区路基、盐渍土地区路基、多年冻土地区路基、岩溶地区路基、滨海路基等,特殊路基需要进行针对性设计。本书主要介绍一般路基设计相关的路基压实与压实标准、填石路基、路基稳定性评价等内容。

1. 压实标准

路堤填土需分层压实,使之具有一定的密实度。土质路堑开挖至设计标高后,需检验路基顶面工作区内天然状态土的密实度,该密实度通常低于设计要求,必要时应挖开后再分层压实,使之达到一定的密实度。分层压实的路基顶面能防止水分干湿作用引起的自然沉陷和行车荷载反复作用产生的压密变形,确保路面的使用品质和使用寿命。

车辆荷载对路基的影响自上而下逐渐减小,因此,路基的不同位置对填料和压实度的要求也不相同。我国《公路路基设计规范》(JTG D30—2015)中将路基分为路床、上路堤、下路堤,针对不同部分提出不同的压实标准和承载力要求。路床指路面底面以下某一范围内的路基部分,轻、中等及重交通的公路路床厚度为0.8m,特重、极重交通的公路路床厚度为1.2m。对于特重轴载的公路,需要通过计算路基工作区深度来确定路床厚度。路床又分为上路床和下路床,其中0~0.3m部分为上路床,0.3m至路床底面部分为下路床。将路床以下的路堤分为上路堤和下路堤,上路堤指路面底面以下0.8~1.5m(或1.2~1.9m)的部分,下路堤指上路堤以下的填方部分。表3.1和表3.2分别给出了路床填料最小承载比(CBR)要求和压实度要求,表3.3和表3.4分别给出了路堤填料最小承载比要求和压实度要求。

表 3.1　路床填料最小承载比要求

路基部位		路面底面以下深度/m	填料最小承载比/%		
			高速公路、一级公路	二级公路	三、四级公路
上路床		0~0.3	8	6	5
下路床	轻、中等及重交通	0.3~0.8	5	4	3
	特重、极重交通	0.3~1.2	5	4	—

表 3.2 路床压实度要求

路基部位		路面底面以下深度/m	路床压实度/%		
			高速公路、一级公路	二级公路	三、四级公路
上路床		0～0.3	≥96	≥95	≥94
下路床	轻、中等及重交通	0.3～0.8	≥96	≥95	≥94
	特重、极重交通	0.3～1.2	≥96	≥95	—

表 3.3 路堤填料最小承载比要求

路基部位		路面底面以下深度/m	填料最小承载比/%		
			高速公路、一级公路	二级公路	三、四级公路
上路堤	轻、中等及重交通	0.8～1.5	4	3	3
	特重、极重交通	1.2～1.9	4	3	—
下路堤	轻、中等及重交通	1.5 以下	3	2	2
	特重、极重交通	1.9 以下			

表 3.4 路堤压实度要求

路基部位		路面底面以下深度/m	路堤压实度/%		
			高速公路、一级公路	二级公路	三、四级公路
上路堤	轻、中等及重交通	0.8～1.5	≥94	≥94	≥93
	特重、极重交通	1.2～1.9	≥94	≥94	—
下路堤	轻、中等及重交通	1.5 以下	≥93	≥92	≥90
	特重、极重交通	1.9 以下			

2. 填石路堤

当填料中粒径大于 40mm 的石料含量大于 70% 时,用该填料填筑的路堤称为填石路堤。填石路堤由于填料性质的特殊性,给设计、施工、检测等都带来一系列困难。公路部门自 20 世纪 90 年代开始进行了填石路堤的试验和研究,收获很多宝贵经验。

根据饱和抗压强度,将石料分为硬质岩石、中硬岩石和软质岩石,见表 3.5。不同强度的石料,应分别采用不同的填筑层厚和压实控制标准,压实质量控制标准可采用孔隙率[式(3.3)]作为控制指标,表 3.6 为不同强度的石料对应的压实质量控制标准。

表 3.5　岩石分类表

岩石类型	单轴饱和抗压强度/MPa	代表性岩石
硬质岩石	≥60	花岗岩、闪长岩、玄武岩等岩浆岩; 硅质、铁质胶结的砾岩及砂岩、石灰岩、白云岩等沉积岩类
中硬岩石	30~60	片麻岩、石英岩、大理岩、板岩、片岩等变质岩
软质岩石	5~30	凝灰岩等喷出岩类; 泥砾岩、泥质砂岩、泥质页岩、泥砚等沉积岩类; 云母片岩或千枚岩等变质岩类

表 3.6　填石路堤压实质量控制标准

石料类型	路基部位	路面底面以下深度/m	摊铺厚度/mm	最大粒径/mm	压实干重度/(kN/m³)	孔隙率/%
硬质石料	上路堤	0.80~1.50 (1.20~1.90)	≤400	小于层厚 2/3	由试验确定	≤23
	下路堤	>1.50 (>1.90)	≤600	小于层厚 2/3	由试验确定	≤25
中硬石料	上路堤	0.80~1.50 (1.20~1.90)	≤400	小于层厚 2/3	由试验确定	≤22
	下路堤	>1.50 (>1.90)	≤500	小于层厚 2/3	由试验确定	≤24
软质石料	上路堤	0.80~1.50 (1.20~1.90)	≤300	小于层厚	由试验确定	≤20
	下路堤	>1.50 (>1.90)	≤400	小于层厚	由试验确定	≤22

注:括号中数值分别为特重、极重交通的上路堤、下路堤的深度范围。

$$\eta = \frac{e}{1+e} = 1 - \frac{\rho_d}{G} \tag{3.3}$$

式中:η——孔隙率;

　　　ρ_d——土样干密度;

　　　G——土样表观密度。

试验表明,采用单一的方法进行填石路堤的质量控制效果较差,填石路堤的施工参数(压实功率、碾压速度、压实遍数、铺筑层厚等)对压实质量的影响很大,填石路堤较为合适的质量控制方法是施工参数与压实质量检测同时控制的双控方法。在填石路堤施工前,通过试验路段的铺筑,确定合适的填筑层厚、压实工艺等施工参数,用作控制施工过程的依据。同时采用压实沉降差或孔隙率标准进行压实质量检测。压实沉降差为采用施工碾压时的重型振动压路机(建议 14t 以上)按规定碾压参数(强振、4km/h 以下速度)碾压两遍后各测点的高程差,压实沉降差平均值应不大于 5mm,标准差不大于 3mm。对于膨胀性岩石、易溶性岩石、崩解性岩石和盐化岩石,由于其后期稳定性较差,工程性质易随水汽环境及时间推移而发生变化,一般不用作路堤填料。

3. 路基稳定性评价

高边坡路堤、陡坡路堤及挖方高边坡,稳定性问题较为突出,设计中需要进行路基、边坡稳定性验算和评价。高边坡路堤、陡坡路堤及挖方高边坡没有明确的界定,一般情况下,边坡高度超过 20m 的路堤称为高边坡路堤,地面坡度大于 1∶2.5 的路堤称为陡坡路堤,超过 20m 的土质挖方边坡和超过 30m 的岩质挖方边坡称为挖方高边坡。路基边坡稳定性评价包括稳定分析方法、岩土力学参数获取方法和稳定安全系数取值三个方面。

1) 高边坡路堤与陡坡路堤

路堤稳定性分析包括堤身的稳定性、路堤和地基的整体稳定性、路堤沿斜坡地基或软弱层带滑动的稳定性等。一般情况下,黏性土路堤的堤身、路堤和地基的整体滑动面接近圆弧,对于圆弧滑动面的边坡稳定性问题常采用瑞典条分法和简化的 Bishop 法,其中简化的 Bishop 法被认为是目前相对精确,在实践中应用比较广泛的稳定性分析方法。简化的 Bishop 法中,稳定安全系数 F_s 按式(3.4)计算,计算图示如图 3.7 所示。

$$F_s = \frac{\sum K_i}{\sum (W_i + Q_i)\sin\alpha_i}$$ (3.4)

式中: W_i——第 i 土条重力;

$\quad\alpha_i$——第 i 土条底滑面的倾角;

$\quad Q_i$——第 i 土条垂直方向外力;

$\quad K_i$——系数,由土条滑弧所在位置分别按式(3.5)和式(3.6)计算。

当土条 i 滑弧位于地基中时

$$K_i = \frac{c_{di}b_i + W_{di}\tan\varphi_{di} + U(W_{ti} + Q_i)\tan\varphi_{di}}{m_{\alpha i}}$$ (3.5)

式中: W_{di}——第 i 土条地基部分的重力;

$\quad W_{ti}$——第 i 土条路堤部分的重力;

$\quad b_i$——第 i 土条宽度;

$\quad U$——地基平均固结度;

$\quad c_{di}$、φ_{di}——第 i 土条滑弧所在地基土层的黏结力和内摩擦角;

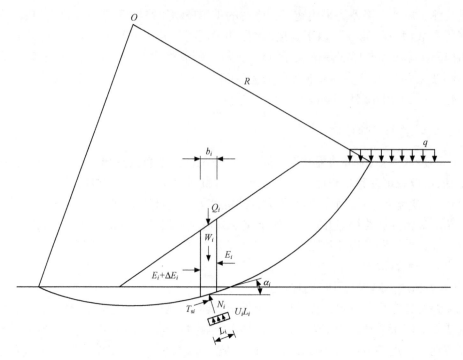

图 3.7　简化 Bishop 法计算图示

m_{ai} ——系数,由式(3.7)计算。

当土条 i 滑弧位于路堤中时

$$K_i = \frac{c_{ti}b_i + (W_{ti} + Q_i)\tan\varphi_{ti}}{m_{ai}} \tag{3.6}$$

式中:c_{ti}、φ_{ti} ——第 i 土条滑弧所在路堤土的黏结力和内摩擦角。

$$m_{ai} = \cos\alpha_i + \frac{\sin\alpha_i \tan\varphi_i}{F_s} \tag{3.7}$$

式中:φ_i ——第 i 土条滑弧所在土层的内摩擦角,滑弧位于地基中时取地基土的内摩擦角,位于路堤中时取路堤土的内摩擦角。

路堤沿斜坡地基或软弱层带的滑动一般为任意滑动面,对于任意滑动面的稳定性问题,常用的方法有 Janbu 法、Spencer 法、不平衡推力法等,我国使用最广泛的是不平衡推力法。不平衡推力法中,稳定安全系数 F_s 按式(3.8)和式(3.9)计算,计算图示如图 3.8 所示。

$$E_i = W_{Qi} - \frac{1}{F_s}(c_i l_i + W_{Qi}\cos\alpha_i \tan\varphi_i) + E_{i-1}\psi_{i-1} \tag{3.8}$$

$$\psi_{i-1} = \cos(\alpha_{i-1} - \alpha_i) - \frac{\tan\varphi_i}{F_s}\sin(\alpha_{i-1} - \alpha_i) \tag{3.9}$$

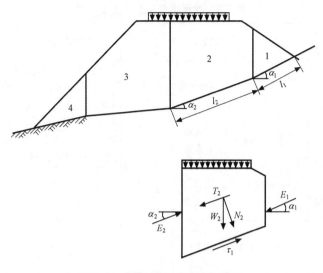

图 3.8　不平衡推力法计算图示

式中：W_{Qi}——第 i 土条的重力与外加竖向荷载之和；

　　　α_i——第 i 土条底滑面的倾角；

　　　c_i、φ_i——第 i 土条底滑面的黏结力和内摩擦角；

　　　l_i——第 i 土条滑面的长度；

　　　E_{i-1}——第 $i-1$ 土条传递给第 i 土条的下滑力。

用式(3.8)和式(3.9)逐条计算，直到第 n 条的剩余推力为零，由此确定稳定安全系数 F_s。

地基土、路堤填土和控制性层面的强度参数的准确性，直接影响着路堤稳定性分析的可靠性。路堤填土的强度参数 c、φ 应采用直剪快剪或三轴不排水剪试验获得，试验制备要求及稳定分析各阶段采用的试验方法见表 3.6。当路堤填料为粗粒土或填石料时，应采用大型三轴试验仪进行试验。地基的强度参数 c、φ 应采用直剪固结快剪或三轴固结不排水剪试验获得。对于路堤沿斜坡地基或软弱层带滑动的稳定性问题，应结合现场条件，选择控制性层面的土层进行试验，获取强度参数 c、φ，可采用直剪快剪或三轴不固结不排水剪试验方法，当可能存在地下水时，应采用饱和试件进行试验。

影响路堤稳定性的因素很多，也很复杂，无法在稳定性计算中完全考虑到，对于稳定性计算结果，应结合现场条件和工程地质类比法，进行工程判断，综合分析评价路堤的稳定性。表 3.7 给出了不同分析方法、不同地基条件对应的稳定安全系数要求。

表 3.7　路堤填土采用的强度指标

控制稳定的时期	强度计算方法	土 类	试验方法	采用的强度指标	试验起始状态	备 注
施工期	总应力法	渗透系数小于 10^{-7} cm/s	直剪快剪	c_u、φ_u	填筑含水量和填筑密度。当难以获得填筑含水量和填筑密度时，或进行初步稳定性分析时，密度采用要求达到的密度，含水量按击实曲线上要求密度对应的较大含水量	
		任何渗透系数	三轴不排水剪			
运营期	总应力法	渗透系数小于 10^{-7} cm/s	直剪固结快剪	c_{cu}、φ_{cu}	同上	用于新建路堤的稳定性分析
		任何渗透系数	三轴固结不排水剪			
		渗透系数小于 10^{-7} cm/s	直剪快剪	c_u、φ_{cu}	同上，但要预先饱和	用于新建路堤边坡的浅层稳定性分析
		任何渗透系数	三轴不排水剪			
		渗透系数小于 10^{-7} cm/s	直剪快剪	c_u、φ_u	取路堤原状土	用于已建路堤的稳定性分析
		任何渗透系数	三轴不排水剪			

　2) 挖方高边坡

　　挖方边坡稳定评价包括边坡稳定性状态的定性判断、边坡稳定性计算、边坡稳定性综合评价、边坡稳定性发展趋势分析等方面的内容。挖方边坡稳定性评价应遵循以定性分析为基础，以定量计算为重要辅助手段进行综合评价的原则。根据工程地质条件可能的破坏模式及已经出现的变形破坏迹象对边坡的稳定性状态作出判断和计算是挖方边坡稳定性评价的重要内容。边坡稳定性评价可采用工程地质类比法、图解分析法、极限平衡法和数值分析法进行。对于具有圆弧滑动面的挖方边坡可采用简化的 Bishop 法，对于折线滑动面边坡稳定性计算可采用不平衡推力法进行。

　　对于岩质边坡，岩体抗剪强度指标应根据现场原位试验确定，但岩体(特别是结构面)的现场剪切试验比较困难，试验时间较长，费用比较高。鉴于上述问题，也可采用经验方法确定。对于土质边坡，土体力学参数可采用原位剪切试验、原状土样室内剪切试验或反算分析等方法综合确定。边坡稳定性计算一般分为以下三种工况进行考虑。

（1）正常工况：边坡处于天然状态下的工况。

（2）非正常工况Ⅰ：边坡处于暴雨或连续降雨状态下的工况。

（3）非正常工况Ⅱ：边坡处于地震等荷载作用下的工况。

边坡稳定性验算时其安全系数要求依工况而有所不同，见表 3.8 和表 3.9。

表 3.8 路堑边坡稳定安全系数

公路等级	路堑边坡稳定安全系数		公路等级	路堑边坡稳定安全系数	
高速公路、一级公路	正常工况	1.20～1.30	二级及二级以下公路	正常工况	1.15～1.25
	非正常工况Ⅰ	1.10～1.20		非正常工况Ⅰ	1.05～1.15
	非正常工况Ⅱ	1.05～1.10		非正常工况Ⅱ	1.02～1.05

表 3.9 路堤边坡稳定安全系数

分析内容	计算方法	地基情况	计算采用的地基平均固结度及强度指标	稳定安全系数
路堤的堤身稳定性	简化 Bishop 法 ［式(3.4)］		按表 3.6 确定	1.35
路堤和地基的整体稳定性	简化 Bishop 法 ［式(3.4)］	地基土渗透性较差、排水条件不好	取 $U=0$，地基土采用直剪固结快剪或三轴固结不排水剪指标，路基填土按表 3.6 确定	1.20
			按实际固结度，采用直剪固结快剪或三轴固结不排水剪指标，路基填土按表 3.6 确定	1.40
		地基土渗透性较好、排水条件良好	取 $U=1$，地基土采用直剪固结快剪或三轴固结不排水剪指标，路基填土按表 3.6 确定	1.45
			取 $U=1$，地基土采用快剪指标，路基填土按表 3.6 确定	1.35
路堤沿斜坡地基或软弱层滑动的稳定性	不平衡推力法 ［式(3.8)和式(3.9)］		采用直剪快剪或三轴固结不排水剪指标，路基填土按表 3.6 确定	1.30

3.2.2 路基排水设计

路基排水的主要任务是保证路基常年处于干燥或中湿状态，确保路基路面具有足够的强度与稳定性。路基排水设计应防、排、疏相结合，并与路面排水、路基防护、地基处理及特殊路基地区（段）的其他处置措施相互协调，形成完善的排水系统。设计中应遵循总体规划、合理布局、少占农田、保护环境的原则，并与当地排灌系统相协调。对排水困难地段应高度重视，可采取降低地下水位、设置隔离层等措施，使路基处于干燥或中湿状态。为节约投资，路基排水设计时，应考虑施工场地的临时性排水设施与永久性排水设施相结合。各类排水设施在满足使用功能要求的前提下,应便于施工、检查和维修,为养护创造必要的条件。

路基排水设计包括地表排水和地下排水两部分。地表排水主要用于排除路基范围内的地表径流、地表积水、边坡雨水及公路邻近地带影响路基稳定的地表水;地下排水主要是排除流向路基的地下水或降低地下水位。

1. 路基地表排水

1) 路基地表排水的设计内容

路基地表排水设施主要由各种沟和管组成,它们分别承担一定汇水面积范围内地表水的汇集和排泄工程,共同形成完整的路基地表排水系统。路基地表排水设计主要包括如下内容:

(1) 按排水的功能要求选择沟、管的类型,布置在合适的位置上,并将各项设施组合成一个将地表水顺畅地汇集、拦截和排引至路界外的排水系统。

(2) 确定各项表面排水设施的汇水范围并计算其设计流量。

(3) 选择出水口(泄水口)的位置、间距和构造。

(4) 计算满足排泄设计流量要求的沟、管断面形状和尺寸。

(5) 分析沟渠和出水口周围地面冲刷和侵蚀的可能性,并考虑采取相应的有效防治措施。

2) 路基地表排水设计步骤

路基地表排水设计可按如下步骤进行。

(1) 设计基础资料的调查与分析。

通过查阅有关文献、实地调查,必要时进行适当的测量和试验分析,充分了解公路沿线地区的自然生态环境及社会经济状况,为路基地表排水设计提供翔实可靠的基础资料。

自然生态环境资料主要包括以下几个方面:

① 公路沿线汇水区的特性、地形、地貌、河川水系。

② 公路沿线汇水区的地质特性、土壤类型和性质。

③ 公路沿线汇水区的地表覆盖情况,植物生态分布。

④ 当地的气象资料(降雨强度、时间分布和延时、温度等)。

⑤ 公路沿线汇水区水系的水位和流量,河道冲淤情况等。

社会经济状况资料主要包括以下几个方面:

① 公路沿线汇水区内的土地利用情况。

② 公路沿线汇水区和附近地区的水土保持措施及水利设施。

③ 公路沿线汇水区和附近地区的有关防洪排水、河道整治、土地开发或城市发展规划等。

(2) 路基地表排水设施的选择与布设。

在综合考虑公路沿线自然、社会环境的基础上,结合公路排水的需求,选取合理的排水设施及组合,如沟渠、管道、涵洞、急流槽、跌水、拦水带、进(出)水口等,以拦截、汇集、拦蓄、输送或排放地表水,并进行平面和纵断面布置,形成合理的路基地表排水系统。

(3)水文分析。

依据汇水区内的气象、水文和地形地貌资料,或参考邻近既有排水构造物的有关资料,分析水文特性,估算各项排水设施需排泄的设计径流量。

(4)水力计算。

依据各项排水设施的设计径流量进行水力计算,以确定各项排水设施所需的设计断面,并检查其流速是否在最大和最小允许范围之内。

(5)排水设施结构设计。

根据水力条件和计算结构、地质和土壤情况、维护要求等,同时考虑当地材料来源问题,针对选用的各类排水设施,选取合适的材料并进行结构设计,以满足公路路基地表排水的要求。

(6)冲刷防护。

对各类排水设施的出水口进行水流冲刷检查,根据需要,考虑采取相应的冲刷防护措施。

3)地表排水设施

常用的路基地表排水设施包括边沟、截水沟、排水沟、跌水与急流槽、蒸发池、油水分离池、排水泵站、渡水槽、倒虹吸等。对于高速公路、一级公路,路基地表排水设施降雨重现期采用 15 年,其他等级公路采用 10 年。

边沟分为路堑边沟和路堤边沟,位于土路肩或护坡道外侧,用于汇集和排除路面、路肩及边坡的水。边沟紧靠路基,通常不允许其他排水沟渠的水流引入,也不能与其他人工沟渠合并使用。

截水沟根据路基填挖情况和所处位置可以分为路堤截水沟、堑顶截水沟和平台截水沟,其作用是保护边坡不受来自边坡或山坡上方的地面水冲刷。

排水沟的主要用途在于引水,将边沟、截水沟、取(弃)土场和路基附近低洼处汇集的水引至桥涵或路基范围以外的指定地点。

跌水和急流槽主要用于陡坡地段的排水。跌水是阶梯形的建筑物,水流似瀑布形式通过,有单级和多级跌水,其主要作用是减缓水流速度,消减水的能量。急流槽是具有陡峻坡度的水槽,但水流不离开槽底,其主要作用是在距离短、水面落差大的情况下进行排水。跌水和急流槽进出水口是易发生水流冲刷破坏的关键点,需作好防护加固,出水口还采取消能措施。

在气候干旱区域,当路线经过平坦地段,无法把地面水排走时,可在距路基适当距离的地方设置蒸发池,将地表水汇集、引入蒸发池,任其蒸发或下渗。蒸发池可利用沿线的取土坑或专门开挖设置。

当路基排水出口位于水质敏感区,且所排污水水质不满足要求时,可以设置油水分离池,采用沉淀法对污水进行油水分离处理,以保证受纳水体水质符合规定用途的水质标准。油水分离池的大小根据所在路段排水沟渠汇水量确定,以保证流入分离池的污水有足够的时间分离或过滤净化。

路基汇水无法自流排出时,可设置排水泵站,排水泵站包括集水池和泵房,集水池的容积根据汇水量、水泵能力和水泵工作情况确定,水泵抽出的水应排至路基范围以外。

当水流需要横跨路基,同时受到设计标高的限制时,可以采用管道或沟槽,从路基底部或上部架空跨越,前者称倒虹吸,后者为渡水槽,分别相当于涵洞和渡水桥,两者属于路基地面排水的特殊结构物,并多半是配合农田水利所需而采用。

2. 路基地下排水

1) 路基地下排水设施的设置场合

在地下水危及路基稳定(包括整体稳定和局部稳定)或者严重影响路基强度的情况下,应根据具体情况采取拦截、旁引、排除含水层的地下水,降低地下水位或者疏干坡体内地下水等措施。

(1) 路堑开挖截断了坡体内的含水层,或者山坡路堤的基底范围内有含水层出露时,可沿挖方或填方边坡坡脚设置纵向地下排水沟,将含水层的地下水拦截在路基范围以外,并排引出路堑或路堤。

(2) 填挖交界路段,接近路堑的路堤基底遇有含水层出露时,须在填挖交界处设置横向地下排水沟,以拦截含水层内地下水并排引出路界。

(3) 地下水位高而路堤填土高度又受到限制时,或者路堑开挖后路床顶部高程离地下水位很近时,可沿两侧边沟设置地下排水沟,以降低地下水位,减小路基湿度,提高其承载能力。

(4) 土质路堑边坡坡体的含水量很大(或有上层滞水)而易产生坡体滑动时,可在坡体内设置条形、分岔形或拱形边坡渗沟以疏干坡体,或设置仰斜式排水孔以降低坡体内的静水压力。

(5) 为拦截地下水或上层滞水的毛细上升阻止其进入路面结构,或者排除因负温度差作用而积聚在路基上层的自由水,可直接在路床顶部设置排水层,并在两侧配置纵向集水管。

2) 地下排水设施

常用的路基地下排水设施包括暗沟(管)、渗沟、渗井、仰斜式排水孔及检查、疏通井等。设计前应收集既有的工程地质和水文地质等有关资料,必要时应进行专门水文地质试验,作出地下水对公路影响的评价,为地下排水设计提供可靠的依据。

暗沟是设在地面以下引导水流的沟道,无渗水和汇水的功能,当路基范围内遇有泉水或集中水流时,常采用暗沟将水流排出路基范围以外。

渗沟设置在地面以下,用以汇集流向路基的地下水,并排到路基范围以外,使路基保持干燥,不致因地下水产生灾害。根据使用部位和结构形式,渗沟可以分为填石渗沟、管式渗沟、洞式渗沟等,这三种形式均由排水层(石缝、管或洞)、反滤层和封闭层组成,另外渗沟还包括边坡渗沟、支撑渗沟、无砂混凝土渗沟等形式。

渗井属于竖向的地下排水设施,当地下存在多层含水层,其影响路基的上部含水层较薄,排水量不大,且平式渗沟难以布置时,设置渗井,穿过不透水层,将路基范围内的上层地下水引入更深的含水层中去,以降低上层的地下水位或全部予以排除。

仰斜式排水孔是将小直径的排水管按一定的仰角布设在边坡体内,用以排除深层地下水的一种有效方法,它可以快速疏干地下水,提高岩土体抗剪强度,防止边坡失稳,并减少对岩土体的开挖,加快工程进度,降低造价。

检查、疏通井是为地下排水设施的疏浚、养护、维修而设置的,一般情况下,每隔一定的距离或平面转弯和纵坡变坡点处应设置检查、疏通井,检查井内应设置检查梯、井口应设井盖,兼起渗井作用的检查井,井壁还应设置反滤层。

3.2.3　路面排水设计

水常通过裂缝、接缝、面层材料空隙或外露坡面渗入路面结构内部,降低路基土和路面结构层材料的强度和抗变形能力,导致或加速剥落、坑槽、开裂、唧泥、车辙(沥青路面)或错台、断裂、接缝碎裂等病害的出现。因此,路面排水对于保证路面使用性能和使用寿命起着重要的作用。路面排水设计包括路面表面排水和路面内部排水两部分。

1. 路面表面排水

1)横坡

车行道和路肩表面设置横向坡度,车行道的横坡值随路面类型而异,见表 3.10,单向车道数大于 3 的高速公路,宜采用较大的横坡。路肩的横坡值较车行道横坡值大 1%~2%,右侧硬路肩边缘设拦水带时,其横坡宜采用 5%;或者,在邻近拦水带内缘 0.5~1.0m 宽度范围内将横坡增加到 5%或 5%以上。

表 3.10　车行道路面横坡

路面类型	横坡/%	路面类型	横坡/%
水泥混凝土、沥青混凝土	1~2	半整齐块料	2~3
其他沥青面层、整齐块料	1.5~2.5	碎石、砾石等粒料	2.5~3.5
		碎石土、砂砾土等	3~4

2) 拦水带

在路堤较高、边坡坡面未做防护而易遭受表面水冲刷,或者坡面虽已采取防护措施但仍有可能遭受冲刷时,应沿路肩外侧边缘设置拦水带(图 3.9),汇集路面表面水,而后通过间隔一定距离设置的出水口和急流槽,将表面水引到边沟。

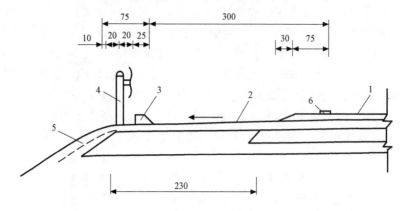

图 3.9　拦水带(单位:cm)

1.车行道; 2.硬路肩; 3.拦水带; 4.护栏; 5.草皮铺砌; 6.标线

2. 路面内部排水

渗入路面结构内部的自由水,可以通过带边缘排水的透水基层、全宽式透水基层和纵向边缘排水系统等措施予以排走。

1) 带边缘排水的透水基层排水系统

在面层下设置由开级配碎石或者沥青或者水泥处治开级配碎石组成的透水基层,并沿路面边缘设置纵向排水沟和排水管将透水基层内的自由水排引到边沟,如图 3.10 所示。

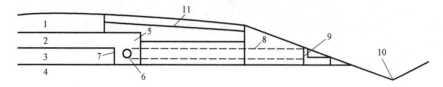

图 3.10　带边缘排水的透水基层排水系统

1.面层; 2.透水基层; 3.不透水隔离层; 4.垫层或路基; 5.边缘排水沟; 6.排水管;
7.土工织物隔离层; 8.出水管; 9.直立式端墙; 10.边沟; 11.路肩面层

2) 全宽式透水基层排水系统

在面层下设置横贯全宽的透水基层,进入透水基层内的自由水横向流出路基坡面,汇入边沟,如图 3.11 所示。

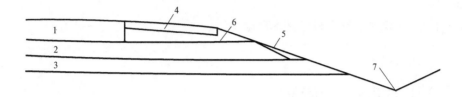

图 3.11　全宽式透水基层排水系统

1. 面层；2. 透水基层；3. 不透水隔离层；4. 路肩面层；5. 坡面防护；

6. 土工织物隔离层；7. 边沟

3) 纵向边缘排水系统

在路面边缘设置纵向排水沟和排水管或排水板，汇集渗入面层并积聚在层间空隙内的自由水，并通过横向出水管排引到路基边沟，如图 3.12 所示。

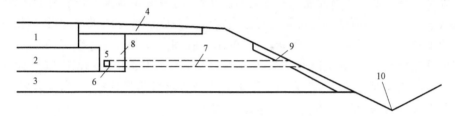

图 3.12　纵向边缘排水系统

1. 面层；2. 耐冲刷的基层；3. 底基层或垫层；4. 路肩面层；5. 排水沟；

6. 排水管；7. 出水管；8. 土工织物隔离层；9. 平头式端墙；10. 边沟

3.3　水泥混凝土路面设计

水泥混凝土路面设计，应根据道路的使用任务、性质和要求，结合当地气候、水文、土质、材料、施工技术、实践经验及环境保护要求等，通过技术经济分析，以最低的寿命周期费用提供一种合适的路面结构。该结构在设计周期内，按规定满足预期的使用要求，并同所处的自然环境相适应。

水泥混凝土路面是一种复合结构，其设计内容包括结构组合、材料组成、接缝构造、钢筋配置及排水设计等，3.3.2 小节、3.3.3 小节就结构组合和板厚设计展开介绍。

按照力学分析与经验推断在设计方法中占有地位不同，路面结构设计方法可以大致分为经验-力学法和力学-经验法。按照设计指标和参数为确定型或概率型，路面结构设计方法可分为确定型设计法和概率型设计法。我国的水泥混凝土路面结构设计方法属于概率型力学-经验法，3.3.1 小节介绍相关理论依据，包括结构可靠度分析、力学模型和温度应力分析。

3.3.1　水泥混凝土路面设计基本理论

1. 结构可靠度分析

1) 可靠度定义和分析模型

结构可靠度的定义是,在规定的时间内,在规定的条件下,结构能完成预定功能的概率。结合路面结构的特点,其可靠度定义可相应写为:在规定的设计基准期(使用期)内,在规定的交通和环境条件下,路面使用性能满足预定水平要求的概率。

路面使用性能包含结构性能和功能性能两方面,可以分别采用断裂、车辙、错台、表面弯沉等结构性指标,或者采用平整度等功能性指标,或者采用服务能力指数等综合指标来表征路面在某一时刻的使用性能,并规定基准期(使用期)末的要求水平。这样,路面结构的可靠度可分别按各类路面设计方法采用的设计标准和指标不同给予不同的定义。例如,在以控制荷载和温度应力综合作用下的疲劳断裂为设计标准时,混凝土路面结构可靠度的定义可为"荷载应力和温度应力不超出混凝土疲劳强度的概率";而在以控制服务能力下降量为设计标准时,可靠度的定义可为"路面服务能力指数的下降量低于预定(容许)最低限的概率"等。然而,按这些定义分别分析不同路面、不同设计方法和指标得到的路面结构可靠度,它们之间很难进行比较。

路面在设计使用期内要经受该期间交通荷载的累计作用。各种路面或各种设计方法和指标,都可将路面服务能力表示为达到某一预定的使用性能(结构的或功能的)最低要求之前(可以称之为路面使用性能寿命期),路面结构所能承受的交通荷载的累计作用,而交通荷载的累计作用可以转换为某一选定的标准轴载的当量累计作用次数。这样,采用不同设计方法或指标的各种路面结构,可以采用统一的可靠度定义:路面使用性能衰变到预定的最低水平时,路面结构所能承受的标准轴载作用次数 N 超过设计使用期内标准轴载累计作用次数 n 的概率(图 3.13),或者表示为

$$P_s = P(N > n) \tag{3.10}$$

采用上述定义分析路面结构的可靠度,就有可能使不同路面类型或者采用不同设计方法和指标的可靠度计算值具有了可比性,从而有利于路面结构方案的比较和选择,也有利于多指标路面结构设计方法中各设计指标间的平衡设计。

按式(3.10)所描述的可靠度定义,路面结构的极限状态方程可写成

$$Z = g(N, n) = N - n = 0 \tag{3.11}$$

式中: Z——极限状态函数;

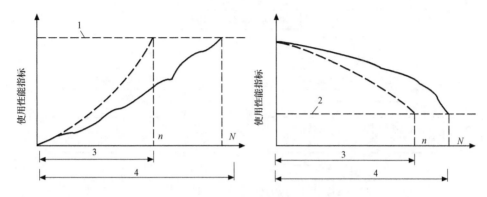

图 3.13　路面结构可靠度的定义

1. 预定最高限；2. 预定最低限；3. 设计使用期内作用次数 n；

4. 使用性能寿命期内作用次数 N

N——路面结构使用性能寿命期内标准轴载次数（以下简称使用性能寿命）预估的综合变量；

n——设计使用期内标准轴载作用次数预估的综合变量。

N 和 n 都是一系列随机变量的函数。

根据试验数据和经验,路面结构使用性能寿命预估变量 N 的概率分布可以用对数正态或者 Weibull 函数表示,交通荷载预估变量 n 的概率分布可以用对数正态函数表示。

2）极限状态函数的方差组成

路面结构极限状态函数 Z 的总方差 s_Z^2,由路面使用性能寿命 N 的预估方差 s_N^2 和交通荷载的预估方差 s_n^2 两部分组成,而 N 和 n 都是分别由一系列结构设计参数的交通参数组成的随机函数,它们的方差也就由这些参数的方差所组成。然而,反映 N 或 n 与相应参数之间关系的预估方程,除非是通过不同地区、不同条件下的大量测定和使用数据统计分析得到的,无论是理论关系式或经验关系式,它们同实际状况总存在一定的偏差,也就是存在不相符方差,这部分方差应计入 N 或 n 的方差中。各项方差的组成关系,可用如图 3.14 所示的层系表述。

各项设计参数和交通参数具有不同的变异程度,它们对使用性能寿命预估方程和交通荷载预估方程分别有不同的影响。分析它们对使用性能寿命 N 和轴载累计作用次数 n 的变异或结构可靠度的影响程度,有助于分清路面结构设计中各不确定性因素的主次,以便采取针对性的措施改进设计数据采集的可靠度或准确性,或者提高施工质量的控制和管理水平。

美国 AASHTO 设计方法对各项设计参数和交通参数的变异性影响作了分析,表 3.11 列出了各项方差组成的分析结果。

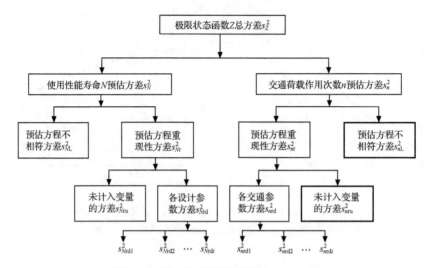

图 3.14　路面结构性能函数的方差组成

表 3.11　美国 AASHTO 设计方法中路面结构极限状态方程的方差组成分析

方差组成		沥青路面	水泥混凝土路面
使用寿命 N	设计参数	45%	42%
	未计入变量	5%	8%
	预估方程重现性	50%	50%
	预估方程不相符	32%	23%
	使用性能寿命	82%	72%
荷载作业次数 n	交通参数	14%	22%
	未计入变量	3%	4%
	预估方程重现性	17%	26%
	预估方程不相符	1%	1%
	荷载作用次数	18%	27%
极限状态方程 Z	总方差	0.2369(100%)	0.1557(100%)

　　分析表明,各设计参数的变异对极限状态函数 Z 的总方差 s_Z^2 的影响为 40% 以上,而使用性能寿命 N 的预估方差 s_N^2 占总方差 s_Z^2 的 70% 以上,也就是有 30% 左右的方差是由于寿命 N 的预估方程未计入某些影响变量及与实际不相符所引起的(各占 5% 和 20% 以上)。各交通参数方差在交通荷载预估方差 s_n^2 中占绝大部分(75% 以上),未计入变量和不相符方差仅占 16% 和 3% 以上。与使用性能寿命预估方差相比,交通荷载预估的变异性要小些,仅占总方差里的 18% 或 27%。

　　3) 目标可靠度

　　目标可靠度是所设计路面结构应具有的可靠度水平。它的选取是一个工程经济问题,需通过对不同目标可靠度水平进行寿命周期内的费用-效益分析后确定。然而,按此方法选择目标可靠度,需要收集大量使用期内路面状况和费用的数据,并且只能针对具体(个别)项目进行。因而,通常采用"校准法"来确定目标可靠度。所谓"校准法",就是对按现行规范或设计方法设计的路面进行隐含可靠度的分析。以这些隐含可靠度作为目标可靠度,则所设计的路面结构具有与原确定型设计方法相同的可靠度水平。也就是,它接纳了以往多年的工程设计和使用经验,包含了与原有设计方法相等的可接受性和经济合理性。

美国 AASHTO 分析了各州所用的设计参数的设计方法,采用 AASHTO 设计方法反算其可靠度,然后确定这些州设计结果的可靠度水平变化范围。计算分析结果见表 3.11。表中还列出了变化范围内分布频率为中间 80%(也就是低限和高限各 10% 被删除后)的部分。参照这一校准法分析结果,AASHTO 提出了目标可靠度建议值,也列于表 3.12 中。

表 3.12　美国各州混凝土路面设计的隐含可靠度和 AASHTO 的目标可靠度建议值 P

(单位:%)

道路等级		城市			乡村		
		范围	中间	建议值	范围	中间	建议值
州际公路		56~99	87~90	85~99.9 (85~97)	56~95	82~86	80~99.9 (80~95)
主干道		58~99	82.5~89	80~99 (80~95)	52~98	81~86	75~95 (75~90)
次要公路	集散道路	58~99	82~96	80~95 (75~85)	58~99	82~96	75~95 (70~80)
	地方道路			50~80 (50~75)			50~80 (50~75)

注:括号内的数值为美国力学经验法设计指南的建议值。

综合分析和考虑我国沥青路面和水泥混凝土路面设计的隐含可靠度情况及国外分析数据,我国公路工程结构可靠度设计统一标准规定了各级公路路面结构的安全等级、设计基准期、目标可靠度和相应的目标可靠指标值,见表 3.13。

表 3.13　可靠度设计指标

公路等级	高速	一级	二级	三级	四级
安全等级	一级		二级	三级	
设计基准期/a	30		20	15	10
目标可靠度/%	95	90	85	80	70
目标可靠指标	1.64	1.28	1.04	0.84	0.52

可靠度设计将材料和结构参数的变异性及交通荷载参数的变异性引入结构设计方法,其主要作用是使人们可以估计设计方法的总方差及各项设计变量的不确定性在总方差中所占的地位,并使设计结果同施工质量管理和控制水平相关联,从而可以更确切地选定路面结构的安全系数,有针对性地提出改善主要设计参数变异性的设计或施工措施。

2. 荷载和温度应力分析

1) 荷载应力分析

路面结构对于作用荷载的响应,是路面结构设计的基本依据。水泥混凝土路面是多层结构,面层板被接缝划分为有限尺寸矩形板;在进行荷载作用下的挠度和应力分析时,路面结构被模型化为弹性地基板或弹性多层体系。前者又可按地基假设的不同而再分为 Winkler 地基板、弹性半空间地基板和 Pasternak 地基板等。弹性地基板理论的研究虽已有百年历史,挠度和应力的解析解却主要局限于无限大板的情况,Winkler 地基上矩形板的解析解出现较晚。Westergaard 的板中、板边和板角应力计算公式长期以来得到路面工程领域的广泛采用,但其板边公式也仅是在十几年前才得到确定证明,而板角公式则迄今尚无严密的论证。有限单元法的出现,为弹性地基板的应力分析提供了强有力的工具,使许多复杂的边界条件问题可以得到满意的解答,因而成为各国分析荷载应力和进行混凝土路面设计的主要方法和手段。虽然弹性地基板理论在混凝土路面中得到了广泛的应用,但近年来出现了采用弹性多层体系理论的倾向,以便水泥混凝土路面和沥青路面可以采用同一种计算理论和设计参数,尽管弹性多层体系理论无法考虑混凝土板存在接缝的情况。

无论是 Winkler 地基模型还是弹性半空间地基模型都与地基的实际情况有出入,而测定这两类地基模型参数的试验条件又与理论模型中两种地基的工作状况不同。因而采用这样的参数值计算得到的理论挠度和应力值便同实测值有出入,从而需要对理论公式或测定参数值进行修正。Pasternak 地基模型可以起调节Winkler 地基内横向剪切传递的作用,使之符合地基的实际情况,但它仍存在如何试验测定以获得符合地基实际情况的模型参数的问题。

进行水泥混凝土路面应力分析时,多层路面结构需按不同的假设简化为各种力学模型,相应采用不同的计算理论。它们可以分为弹性地基板理论和弹性层状体系理论两大类。

(1) 弹性地基板理论。

这种理论把刚度大的水泥混凝土面层看做支撑于弹性地基上的小挠度弹性板。采用弹性地基板模型分析荷载应力时,对于面层板通常作如下假设:

① 板为具有弹性常数 E(弹性模量)和 μ(泊松比)的等厚弹性体。

② 作用于板上的荷载，其施压面的最小边长或直径大于板厚时，可近似地忽略竖向压缩应变和剪应变的影响，利用薄板（或称中厚板）弯曲理论进行计算分析；当施压面尺寸小于板厚时，需采用厚板理论计算，或者依据厚板理论对薄板理论的计算结果进行修正。

③ 弹性地基仅在接触面处对板作用有竖向反力，也就是地基和板之间无摩阻力。同时，在荷载作用下，板同地基的接触保持完全连续，板的挠度即为地基顶面的挠度。

水泥混凝土面层下的各结构层看做为单层的均质弹性地基。为了建立接触面处地基顶面挠度同地基反力之间的关系，对地基采用不同的力学模型。

① Winkler 地基模型——地基如同由许多紧密排列而互不关联的线性弹簧所组成，地基顶面任一点的挠度仅同作用于该点的压力成正比，而与其他点上的压力无关。此压力同挠度的比例系数 k，称作地基反应模量。这种地基模型有时也称作稠密液体地基模型。

② 弹性固体地基模型——地基看作均质的半无限连续介质。地基顶面任一点的挠度不仅同作用于该点的压力有关，也同顶面其他点上的压力有关。这种地基模型有时也称作弹性半无限体地基模型或弹性半空间体地基模型，采用弹性模量 E_0 和泊松比 μ_0 来表征其弹性性质。

③ Pasternak 地基模型——假设 Winkler 地基的弹簧单元之间存在一定程度的剪切阻尼作用，类似于弹簧顶部与由不可压缩的梁或板单元组成的剪切层相连，层内各单元间由于横向剪切而变形。此模型采用地基反应模量 k 和剪切模量 G 两项系数来表征地基的性质；当剪切模量 G 为零时，此模型即为 Winkler 地基模型；当 G 增大时，可通过增加横向联系来调整地基的反应，使之趋近于半空间地基。因而这是一种介于 Winkler 地基和弹性半空间地基之间的过渡模型。

弹性地基板在承受局部荷载作用时的挠度和应力分析，可以采用解析法或数值法（主要是有限元法）。前者可以得到较精确的显式解；而后者则为近似的数值解，但可考虑较复杂荷载状况、边界条件或材料性质。

弹性地基板理论是进行水泥混凝土路面荷载应力分析时最常用的一类理论，但它还存在不足或局限性。例如，混凝土面层下的基层、垫层和路基为一多层体系，采用单层弹性地基的模型难以使计算分析结果同实际相吻合，这就促使人们探求其他解决途径。

（2）弹性层状体系理论。

水泥混凝土路面结构也可看做一个表面承受圆形均布荷载的弹性多层体系。弹性多层体系模型的基本假设如下：

① 各层材料为均质、无质量、各向同性的线弹性体，以弹性模量 E_i 和泊松比 μ_i 表征其弹性性质。

② 除最下层外,各层在水平向均为无限大的等厚度 (h_i) 层,而最下层则为均质半无限体。

③ 上、下两层的接触面可假定是完全光滑的,即层面间无摩阻力,可以相对滑移,接触面上的竖向位移和法向应力连续;或者,上、下两层的接触面假定为完全结合,层面间的各项位移和应力完全连续。

④ 作用在路面结构表面的荷载为轴对称荷载,按轴对称模型解算各结构层的位移和应力值。

弹性多层体系理论的解算,可以采用解析法或数值法(主要是有限元法),但得到广泛应用的是解析法。

弹性多层体系理论主要应用于沥青路面的应力分析;应用于水泥混凝土路面时,具有难以考虑接缝边界条件的不足。但两种路面类型若采用同一种应力分析理论及相应的参数,将为设计者提供方便。

2) 温度应力分析

混凝土面层板的平均温度或湿度随大气而出现的日变化和年变化,使板的长度也相应地在一天内和一年内发生着伸缩变形。这些变形在受到约束时,便会在面层板内产生伸缩应力。约束伸缩变形的主要阻力是板底面与基层顶面间的层间阻力,此外还有邻板的钳制力。板平均温度或湿度降低时,层间阻力约束使面层板内产生拉应力,这种拉应力主要发生在温度或湿度日变化时。新浇筑的混凝土板未及时锯切缩缝且长度较大时,一旦遇有较大的温度或湿度骤然下降,便会在板缩短时因收缩应力过大和混凝土强度过低而产生断裂。板平均温度升高时,层间阻力和邻板的约束作用可使板内产生压应力。压应力在温度日变化和年变化时都有可能发生,但给路面带来不利影响的主要是年变化所产生的压应力。在低温时施工的混凝土面层,会由于较大的年温度变化产生较大的伸长变形,而在膨胀受阻时便产生较大的压应力,作用于板上或与板相衔接的结构物上,有时会使面层板出现因屈曲失稳而引起的拱起破坏。

温度和湿度沿面层板深度的变化,使板产生翘曲变形。这些变形受到板自重和地基反力等的约束作用时,板内便会产生翘曲应力。温度(或湿度)沿板深度呈非线性分布时,由于板截面的平面变形假设,板截面内还会产生内应力,叠加于翘曲应力内。在温度或湿度梯度大时,翘曲应力可接近或者甚至超过荷载应力。翘曲应力和荷载应力的共同作用往往是混凝土面层板产生断裂破坏的主要原因。下面分别介绍一下收缩应力、膨胀应力和屈曲稳定及翘曲应力。

(1) 收缩应力。

面层混凝土浇筑后,水泥浆体的硬化(水化)和混凝土的失水干燥,会使混凝土板体产生收缩变形。同时,由于气温的日变化,如气温下降,混凝土板也会随之产生温度收缩变形。这些收缩变形受到约束时,混凝土板内便会产生拉应力;新浇筑混凝土的早期强度不高,所产生的干燥收缩或(和)温度收缩拉应力有可能超过混凝土的早期强度,使面层板出现开裂。这种完工后出现的非荷载作用引起的开裂,有时称之为施工断板,是一种常见的混凝土板断裂损坏。

约束面层混凝土收缩变形的因素,主要有面层板底面与基层顶面间的结合阻力及邻板的钳制阻力。层间结合阻力包含三个方面:①面层收缩变形时层面间的摩阻作用;②面层部分材料渗漏入基层表面粗构造内产生的层面间的啮合作用;③上、下层材料的黏附作用。邻板钳制阻力主要通过拉杆或者由于设置不当而不能自由滑动的传力杆发生作用。

(2)膨胀应力和拱起。

混凝土面层板平均温度的日变化幅度一般在 15℃ 以内,而年变化幅度则视地区不同可达到 50～70℃,甚至 60～70℃。混凝土板浇筑硬化后的长度随着板温的增加而伸长,对混凝土面层影响大的主要是平均温度的年变化,特别是在低温时施工的混凝土面层,由于年内升温幅度大,面层板产生较大的伸长变形。在伸长受到板底面与基层顶面间的摩阻应力和(或)邻板或板端固定结构物(如桥台等)的约束作用时,板或结构物便会受到膨胀压应力。此压应力可使缝隙内嵌入坚硬杂物的横向接缝或裂缝出现混凝土碎裂损坏。由于板厚远小于板长(即杆件的细长比小),在较大的压应力作用下,面层板有时可能出现因屈曲失稳而产生拱起破坏。

(3)翘曲应力。

温度(或湿度)沿混凝土面层厚度的不均匀分布,使面层板产生翘曲变形。板顶温度高于板底温度时,面层顶面纤维的伸长变形大于底面纤维,板中部便出现向上拱起现象。而在板顶温度低于板底温度时,面层顶面纤维的收缩变形大于顶面纤维,板四端出现向上翘起。面层板的翘曲变形受到以下三个方面的约束作用:

① 板的自重,它约束板中部向上拱起或板四端向上翘起。

② 地基的反力,它约束板四端的向下位移或板中部的向下位移。

③ 相邻面层板的钳制作用,它约束板的伸长和翘曲变形。

这三方面的约束使面层板产生翘曲应力。板顶温度大于板底温度时,板底面出现拉应力,而板顶面出现压应力;当板顶温度低于板底温度时,板底面出现压应力,板顶面出现拉应力。另外,板横截面的平面变形也会产生内力。

3.3.2　水泥混凝土路面结构组合设计

水泥混凝土路面结构由面层、基层、垫层、路基(路床)、路肩结构和内部排水设施等部分组成,如图 3.15 所示。图中,左半侧为未设路面内部排水设施和采用沥青路肩的路面结构,右半侧为设置路面内部排水设施和采用水泥混凝土路肩的路面结构。

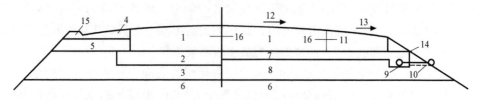

图 3.15　水泥混凝土路面结构

1.面层；2.基层；3.垫层；4.沥青路肩面层；5.路肩基层；6.路床；
7.排水基层；8.不排水垫层(或反滤层)；9.纵向集水沟；10.横向排水管；
11.混凝土路肩面层；12.路面横坡；13.路肩横坡；14.反滤织物；15.拦水带；16.拉杆

1. 面层的作用和类型

水泥混凝土面层直接承受行车荷载和环境因素(温度和湿度)的作用,应具有足够的抗弯拉强度和耐久性及良好的表面特性(耐磨、抗滑、平整、低噪声等)。

水泥混凝土面层可以按组成材料或施工方法的不同,分别采用普通混凝土、碾压混凝土、钢筋混凝土、连续配筋混凝土、钢纤维混凝土、预应力混凝土或混凝土预制块等铺筑。

2. 接缝类型和构造

为了减小由于伸缩和翘曲变形受到约束而产生的应力,并满足混凝土铺筑的要求,混凝土面层需设置各种类型的接缝。按作用的不同,接缝可分为缩缝、胀缝和施工缝三类。其设置位置和构造应满足三方面的要求：

(1) 控制由温度伸缩应力和翘曲应力所引起的开裂出现的位置。

(2) 能提供一定的荷载传递能力。

(3) 防止路表水下渗和坚硬杂物灌入缝隙内。

3. 基层的作用和类型

由于混凝土面层的刚度大,路面结构的承载能力主要由面层提供,对基层强度的要求不高。混凝土面层下的基层主要应具有足够的抗冲刷能力和一定的刚度,以防止唧泥和错台等主要病害产生。

可供选择的基层类型有以下几种：

(1) 贫混凝土(水泥用量 7%～8%)或碾压混凝土。

(2) 沥青混凝土或沥青稳定粒料(沥青用量 3%)。

(3) 水泥稳定粒料(水泥用量 3%～5%)、石灰-粉煤灰稳定粒料。

(4) 细料(小于 0.074mm)含量少(不超过 8%)的级配碎石(或砾石)。

(5) 多孔隙粒料、水泥或沥青稳定开级配碎石(孔隙率 20%左右)。

上述各类基层具有不同的抗冲刷能力、透水性和刚度。通常,混合料中结合料的黏结力越强,含量越高,其抗冲刷能力越好,刚度越大。承受交通荷载越繁重的路面,对基层抗冲刷能力和刚度的要求越高,宜选择贫混凝土或水泥用量高的水泥稳定碎石混合料作为基层,但这类刚度大的基层具有温度收缩和温度翘曲应力大的缺点;沥青混凝土或沥青稳定碎石基层具有抗冲刷能力强而刚度不大的特点;选用多孔隙粒料、水泥或沥青稳定开级配碎石作为透水性基层,可以将通过面层接缝或裂缝渗入路面结构内的水分迅速排除,从而提高路面的使用性能和使用寿命。

基层的宽度应比混凝土面层每侧至少宽出 300~650mm,以满足立模和摊铺机械施工操作的要求。路肩采用混凝土面层时,基层的宽度宜与路基相同。

基层的厚度一般在 120~230mm 选取。排水基层的厚度为 80~120mm。

4. 垫层的作用和类型

垫层的主要作用为改善路面结构的水温状况,减少路基不均匀变形对路面结构的影响。通常在下述情况下需在基层下设置垫层:

(1) 在季节性冰冻地区,为了防止或减轻路基不均匀冻胀对面层的不利影响,路面结构应达到一定的厚度(此最小厚度随当地的最大冰冻深度、路基土质和湿度状况而定),当混凝土面层和基层的厚度低于此最小厚度要求时,应在基层下设置垫层补足。

(2) 路基有不均匀沉降或不均匀变形时,可加设半刚性垫层,以缓解不均匀沉降或不均匀变形对面层的不利影响。

(3) 排水基层下面应设置反滤层或者密级配粒料基层,以防止路基中的细料向上迁移到基层内,堵塞排水基层。

(4) 水文地质条件不良的土质路堑,路床土湿度较大时,可设置排水垫层以疏干路床土。

垫层主要选用粒料(砂砾)或结合料(水泥、石灰-粉煤灰、石灰)稳定土(或粒料)。防冻垫层和排水垫层宜采用碎石、砂砾等颗粒材料,并应符合反滤要求。

垫层的宽度应按路床顶面的全宽铺筑,其厚度不小于 150mm,一般为150~250mm。

3.3.3　水泥混凝土路面板厚设计

1. 设计标准

水泥混凝土路面,由于混凝土板的刚度高、脆性大,又需设置接缝,在行车和环境因素的不断作用下出现的损坏模式常不同于柔性路面,常见的有断裂、挤碎、拱起、错台、唧泥等。我国水泥混凝土路面设计中,以混凝土面层板在行车荷载和温度梯度反复作用下产生的疲劳断裂作为混凝土路面损坏的主要模式,所采用的设计标准为,在规定的设计基准期内,在行车荷载和温度梯度综合作用下,不产生疲劳断裂作为设计标准,并以最重轴载和最大温度梯度综合作用下,不产生极限断裂作为验算标准。我国各等级公路刚性路面相应的设计安全等级、相应的设计基准期、目标可靠度和目标可靠指标见表 3.13。

　　材料性能和结构尺寸参数的变异水平等级,按施工技术、施工质量控制和管理水平分为低、中、高三级。由滑模或轨道式施工机械施工,并进行认真、严格的施工质量控制和管理的工程,可选用低变异水平等级。由滑模或轨道式施工机械施工,但施工质量控制和管理水平较弱的工程,或者采用小型机具施工,而施工质量控制和管理得到认真、严格执行的工程,可选用中、低变异水平等级。采用小型机具施工,施工质量控制和管理水平较弱的工程,可选用高变异水平等级。各变异水平等级主要设计参数的变异系数变化范围,应符合表 3.14 的规定。

表 3.14　变异水平等级对应的主要设计参数的变异系数 C_v 范围

变异水平等级	低	中	高
水泥混凝土弯拉强度	$0.05 < C_v \leqslant 0.10$	$0.10 < C_v \leqslant 0.15$	$0.15 < C_v \leqslant 0.20$
基层顶面当量回弹模量	$0.15 < C_v \leqslant 0.25$	$0.25 < C_v \leqslant 0.35$	$0.35 < C_v \leqslant 0.55$
水泥混凝土面层厚度	$0.02 < C_v \leqslant 0.04$	$0.04 < C_v \leqslant 0.06$	$0.06 < C_v \leqslant 0.08$

　　上述设计标准的极限状态表达式为

$$\gamma_r(\sigma_{pr} + \sigma_{tr}) \leqslant f_r \tag{3.12}$$

$$\gamma_r(\sigma_{p,\max} + \sigma_{t,\max}) \leqslant f_r \tag{3.13}$$

式中:γ_r——可靠度系数,依据所选目标可靠度及变异水平等级按表 3.15 确定;

　　　σ_{pr}——行车荷载疲劳应力(MPa);

　　　σ_{tr}——温度梯度疲劳应力(MPa);

　　　$\sigma_{p,\max}$——最重轴载产生的荷载应力(MPa);

　　　$\sigma_{t,\max}$——最大温度翘曲应力(MPa);

　　　f_r——水泥混凝土弯拉强度标准值(MPa),按表 3.16 确定。

表 3.15　可靠度系数

变异水平等级	目标可靠度/%			
	80	95	90	85
低	1.20～1.33	1.09～1.16	1.04～1.08	—
中	1.33～1.50	1.16～1.23	1.08～1.13	1.04～1.07
高	—	1.23～1.33	1.13～1.18	1.07～1.11

表 3.16　水泥混凝土弯拉强度标准值

交通荷载等级	极重、特重、重	中等	轻
水泥混凝土的弯拉强度标准值/MPa	≥5.0	4.5	4.0
钢纤维混凝土的弯拉强度标准值/MPa	≥6.0	5.5	5.0

2. 水泥混凝土路面板厚设计

水泥混凝土路面板厚设计应按图 3.16 所示的流程进行,主要包含如下内容。

(1) 依据所设计的公路技术等级,确定路面结构的设计安全等级及相应的设计基准期、目标可靠度和变异水平等级。进而依据施工技术、管理和质量控制的预期水平,选定路面材料性能和结构尺寸的变异水平等级,并依据所要求的目标可靠度,确定可靠度系数值。

(2) 计算设计基准期内设计车道上的标准轴载作用次数,确定设计车道的交通等级。

(3) 根据公路等级和交通等级,结合当地的土质、环境及材料供应状况,进行结构层组合设计,初拟各结构层的材料和厚度。

(4) 根据交通等级,选取水泥混凝土的最低弯拉强度标准值,进而通过试验确定水泥混凝土弯拉弹性模量。同时对选定的基层和垫层材料进行配合比设计,确定各类材料的回弹模量标准值。条件受限时,可参照使用《公路水泥混凝土路面设计规范》(JTG D40—2011)给出的经验值。

(5) 依据路基土类型和公路所在地地下水的情况,确定路床顶面的回弹模量及湿度调整系数,并计算基层顶面当量回弹模量值。

(6) 参照《公路水泥混凝土路面设计规范》(JTG D40—2011),计算荷载疲劳应力、温度疲劳应力以及最大荷载应力和最大温度应力。

(7) 检验疲劳应力之和以及最大应力之和是否满足设计标准的要求,即是否满足式(3.12)和式(3.13)。如果满足,初选厚度可作为混凝土面层的计算厚度;否则应修改面层厚度,重新计算,直到满足式(3.12)和式(3.13)为止。面层设计厚度为计算厚度按 10mm 向上取整。

(8) 在季节性冰冻地区,进行最小防冻厚度计算,不能满足要求时,增加垫层的厚度,直至满足规范要求。

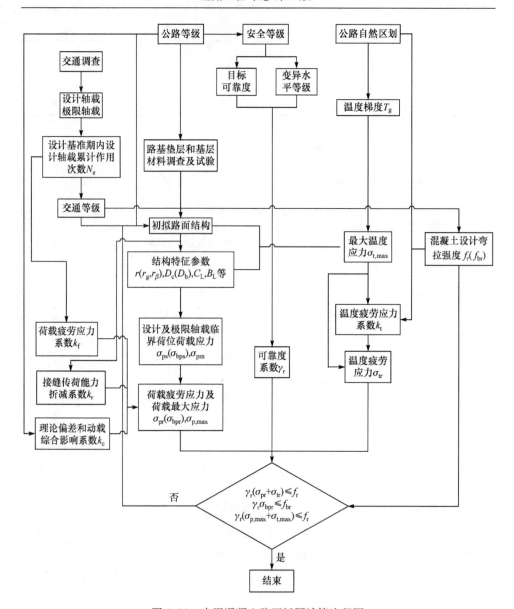

图 3.16　水泥混凝土路面板厚计算流程图

3.4　沥青路面设计

3.4.1　沥青路面设计基本理论

依据设计思想和设计指标的差异,柔性路面设计方法大致可分为力学法、经验法和力学-经验法。我国沥青路面设计采用力学法进行,以力学计算为基础进行柔性路面设计。

　　沥青路面结构是一种多层体系,由不同材料的结构层及土基组成的路面结构在荷载作用下的应力-应变关系一般呈非线性特性,且变形随应力作用的时间而变化,同时,应力卸除后常有一部分变形不能恢复。严格地说,沥青路面在力学性质上属于非线性的弹-黏-塑性体,但考虑到行驶车轮作用的瞬时性(百分之几秒),在路面结构中产生的应力较小,因此,可以将其视作线性弹性体,并应用弹性层状体系理论进行分析。

　　弹性层状体系由若干个弹性层组成,上面各层具有一定的厚度,最下一层为弹性半空间体,如图 3.17 所示。应用弹性力学的方法求解弹性层状体系的应力、变形和位移等分量时,引入如下假设:

　　(1) 结构层内材料均质且各向同性,是完全连续的弹性材料,应力-应变关系符合胡克定律。

　　(2) 路基的垂直向下深度和水平方向无限,路面各层材料厚度有限,水平方向均为无限。

　　(3) 路面结构层表面作用圆形均布荷载时,路面和土基水平方向无限远处应力、应变、位移均为零。

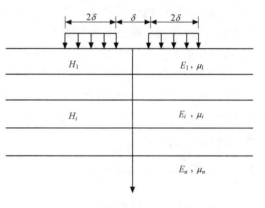

图 3.17　弹性层状体系示意图

　　(4) 层与层之间的接触面假定为完全连续或部分连续或完全滑动。完全连续是指其工作条件如同天然组成的弹性体,其界面处两层的垂直应力、剪应力、垂直位移、水平位移相等;完全滑动时,其接触面剪应力为零。

　　(5) 路面结构在承受行车荷载之前,初应力为零,不计路面自重对应力的影响。

　　我国柔性类路面设计采用双圆垂直均布荷载作用下的弹性层状体系理论,计算轮迹中间的垂直位移(弯沉)、沥青层层底拉应力和半刚性基层层底拉应力。各项计算均可借助计算机完成,国内外已有多种计算机程序可供应用。从工程应用的角度来看,目前的研究成果已基本能满足工程实际的需要。

　　上面在介绍路面设计理论时,一般假设路基路面材料为线性弹性,但这一假设并不完全符合实际情况。实际上,多数道路材料具有应力-应变的非线性特性,在小应变时可能呈现出线弹性性质,但当应变较大时非线性特性会较为明显。因此,在关于沥青路面层状体系理论中仅用单一的弹性模量表示材料的抵抗变形能力并不完善。对于道路材料的力学非线性特性,国内外均非常重视。在我国路面设计方法中就对其进行了考虑。在选用路面材料力学参数时,我国选用了回弹模量,是考虑到回弹模量从瞬时和可恢复的角度反映了路面材料的弹性性质,因而路面在荷载作用下的回弹变形就可以用弹性理论的关系式表达。对于土基的回弹模量,由于土的模量是随应力大小而变化的,土基中各点的模量也是各不相同的,因此,土基的回弹模量只是一个代表值,表征了土基抵抗变形的整体能力,而不能表示土基中各点的实际工作状态。与此类似,对于松散的碎石材料,根据基层和底基层不同层位分别建议了它们的回弹模量取值范围。国外对路面材料的非线性的考虑更为充分。例如,SHELL 设计法中土基的模量是采用动力试验测定的动态模量,因而更真实地反映了动荷载作用下土基的应力-应变状态。该法对松散材料、整体性材料的模量值也建立了与应力相关而不同的经验公式。

上面也提到,由于行驶车轮作用的瞬时性(百分之几秒),在路面结构中产生的应力较小,可将沥青路面结构视为线性弹性体。实际上,沥青混合料是一种黏弹性材料,其性质与荷载作用时间有关,应用黏弹性理论分析沥青路面结构相对更加合理一些。而对于黏弹性层状体系理论常用的方法是根据弹性-黏弹性相似的原理,应用 Laplace 变换。消除时间变量 t,采用转换变量 p,将黏弹性问题变成相关的弹性问题;再将相关的弹性问题作 Laplace 反演,变量称为时间变量 t,最终得到黏弹性解。

3.4.2　沥青路面结构组合设计

1. 沥青路面结构组成

沥青路面结构层一般可由面层、基层、底基层、垫层组成。

面层是直接承受车轮荷载反复作用和自然因素影响的结构层,一般由 1~3 层组成。其表面层可根据使用要求设置耐磨的抗滑层或密级配的沥青层,中面层、下面层可根据公路等级、沥青层厚度、气候条件等,选择适当的沥青结构层。

基层设置在面层之下,并与面层一起将车轮荷载传递到底基层、垫层、土基。基层是起主要承重作用的层次,故基层材料应具有较高的强度与稳定性。按强度原理和技术性能的不同,基层分为柔性基层和半刚性基层两大类。柔性基层是用各种粒料按嵌锁原理或密实原理构筑,半刚性基层是用无机结合料稳定地方性材料构筑。半刚性基层按稳定剂的种类分为水泥稳定类、石灰稳定类和"工业废渣"稳定类。

底基层是设置在基层之下,与基层一起共同承重的结构层。底基层所用材料的强度和稳定性可比基层略低一些。

基层、底基层视公路等级和交通量需要可设置一层或两层。

垫层是设置在底基层与土基之间的结构层,起排水、隔水、防冻、防污等作用。垫层一般设置在地下水位高、排水不良或有裂缝水等水文不良、路基经常处于潮湿状态的路段。垫层材料可采用粗砂、煤渣等粒料或无机结合料稳定材料。

2. 结构层次组合

路面是多层次结构物。作为路面结构设计的第一步,需要结合当地的具体条件和使用要求,选择各结构层次及其组成材料,按就地取材、分期修建的原则,组合成既能经受住行车荷载和自然因素的作用,又能充分发挥各结构层材料最大效能的经济合理的路基路面结构体系。

不同的路面结构组合,会产生经济上和使用性能上都不相同的效果。层次多和厚度大的路面结构,其使用效果不一定就好;有时恰恰相反,这种路面反而早出现损坏。根据实践经验和理论分析,结构层次的组合宜遵循下述几方面的原则。

1) 按交通要求选择面层等级和类型

面层直接经受行车和自然因素的作用,要求高强、耐磨和温度稳定性好,因而通常选用黏结力强的结合料和高强、耐磨的集料作为面层材料。面层应与公路等级、使用要求、交通等级相适应。

热拌沥青混凝土可用于各级公路的面层。

灌入式沥青碎石和上拌下贯式沥青碎石可用于三、四级公路的面层。

沥青表面处治和稀浆封层可用于三、四级公路的面层。

冷拌沥青混合料可用于交通量小的三、四级公路面层。

交通量越大,轴载越重,面层的等级应越高。表 3.17 给出了常用基层和底基层材料的适用交通荷载等级和层位,常用面层材料适应的交通荷载等级和层位见表 3.18。

表 3.17　基层和底基层材料的适用交通荷载等级和层位

类型	材料类型	适用交通荷载等级和层位
无机结合料稳定类	水泥稳定级配碎石或砾石、水泥粉煤灰稳定级配碎石或砾石、石灰粉煤灰稳定级配碎石或砾石	各交通荷载等级的基层和底基层
	水泥稳定未筛分碎石或砾石、石灰粉煤灰稳定未筛分碎石或砾石、石灰稳定未筛分碎石或砾石	轻交通荷载等级的基层、各交通荷载等级的底基层
	水泥稳定土、石灰稳定土、石灰粉煤灰稳定土	轻交通荷载等级的基层、各交通荷载等级的底基层
粒料类	级配碎石	重及重以下交通荷载等级的基层、各交通荷载等级的底基层
	级配碎石、未筛分碎石、天然砂砾、填隙碎石	中等和轻交通荷载等级的基层、各交通荷载等级的底基层

续表

类型	材料类型	适用交通荷载等级和层位
沥青结合料类	密级配沥青碎石、半开级配沥青碎石、开级配沥青碎石	极重、特重和重交通荷载等级的基层
	沥青贯入碎石	重及重以下交通荷载等级的基层
水泥混凝土	水泥混凝土或贫混凝土	极重、特重交通荷载等级的基层

表 3.18　面层材料的适用交通荷载等级和层位

材料类型	适用交通荷载等级和层位
连续级配沥青混合料	各交通荷载等级的表面层、中面层和下面层
沥青玛蹄脂碎石混合料	极重、特重和重交通荷载等级的表面层、对抗滑有特殊要求的表面层
厂拌热再生沥青混合料	各交通荷载等级的表面层、中面层和下面层
上拌下贯沥青碎石	中等、轻交通荷载等级的面层
沥青表面处治	中等、轻交通荷载等级的表面层

2) 按各结构层的功能选择结构层次

作为高级路面的沥青面层,宜采用双层结构。上层为磨耗层,采用中粒式或细粒式沥青混凝土(视上层厚度而定);下层为连接层,以抵抗水平力在层间产生的剪应力,可采用粗粒式或中粒式沥青混凝土,或者热拌沥青碎石。后者也可用于上层,但由于空隙较多,需考虑路面排水。

采用沥青贯入碎石作为面层时,需在其上加设沥青表面处治或沥青砂作为封层,以减少水分的渗入。

作为中级路面的各种粒料路面,宜在其上铺设砂土磨耗层和松散保护层。

基层是主要承受竖向应力的承重层。它要有足够的强度、刚度和水稳定性。常用的基层类型有无机结合料类、沥青结合料类、粒料类和再生类材料。交通繁重时,应选用强度和刚度较高的前两类基层,并采用双层式(下层称作底基层)。底基层可充分利用地方材料,选用强度和刚度较低的碎石或砾石混合料。

要使路面有足够的整体强度和良好的使用性能,还应保证路基具有一定的抗变形能力和水稳定性。否则,单纯依靠加强或增厚面层或基层,均不能收到良好的效果,同时也很不经济。稳定路基的一般措施,最主要的是加强排水和达到要求的压实度。在路基水文条件较差的潮湿路段,抗变形能力过低,应采用低剂量石灰稳定路基上层土,或者加设垫层以疏干或隔离路基上层的水系,扩散由路面传下的应力,并便于基层的修筑。在季节性冰冻地区,依据防冻的要求,路面结构应达到一定的厚度。为此,需设置垫层以满足此要求。垫层一般采用天然砂或砂砾料,或者其他隔温材料。

3）按各结构层的应力分布特性

轮载作用于路面,其应力和应变随深度的增大而递减。因此,对各层材料的强度和刚度的要求也可随深度的增大而相应降低。路面各结构层如按强度、刚度自上而下递减的方式组合,则既能充分发挥各结构层材料的能力,又能充分利用当地材料充当底基层或基层,从而降低造价。

采用上述递减规律组合路面结构层次时,还须注意相邻结构层之间的刚度不能相差过大。对半刚性基层沥青路面的结构层组合设计,基层与沥青面层的模量比宜在 1.5～3,基层与底基层的模量比不宜大于 3.0,底基层与土基模量比宜在 2.5～12.5。刚性基层沥青路面应采取措施加强沥青层与刚性基层间的结合,并提高沥青混合料的抗剪强度。

4）要顾及各结构层本身的结构特性

各结构层材料具有各自的特性,在组合时应注意相邻层次的相互影响,采取措施限制或消除所产生的不利影响。例如,在水泥(或石灰)稳定类基层上修建面层时,由于基层材料的干缩开裂,会导致面层相应地出现反射裂缝。这时,宜适当加厚面层,或者选用开级配沥青混合料作为面层下层,或者在其间加设一层由延性(弹性)较好的材料(如橡胶沥青层)组成的应力吸收层。又如,在潮湿的粉土或黏性土路基上,不宜直接铺筑碎石等粗颗粒材料基层,以防止细粒土掺杂而污染基层,或导致过大的变形而使面层加快损坏。

5）要考虑水温状况的不利影响

有许多原先使用情况尚好的泥结碎石或级配砾石面层,在加铺沥青表面处治层后反而迅速出现损坏。这种现象出现在潮湿路段上。分析其原因,主要是由于沥青面层不透气,路基和基层中因温度和湿度坡差作用自下而上移动的水分(或水汽)不能通过面层蒸发出去而凝结在邻近表层的粒料层内,使该处的湿度增大。如果粒料层的水稳性不好(含泥量多,塑性指数大),便会发软而导致损坏。因此,沥青面层下的基层要慎重选择,严格控制基层内的细料含量。在潮湿路段,应采用水稳性好并透水的基层,如沥青贯入碎石或砾石等。

对于季节性冰冻地区中湿和潮湿状态的路基,还要考虑冻胀和翻浆的危害,除满足其他设计标准要求外,路面总厚度还要满足防冻层厚度的要求。路面防冻层的最小厚度可参照《公路沥青路面设计规范》(JTG D50—2017)中所列的数值确定(表 3.19)。路面设计厚度小于表列数值时,应设防冻层。防冻层的宽度应与路基同宽,其最小厚度为 150mm。宜采用砂、砂砾、碎石等粒料类材料。

表 3.19　沥青路面结构最小防冻厚度　　　　　　（单位：mm）

路基土质	基层、底基层材料类型	对应于以下公路多年最大冻深 Z_{max} 和路基干湿类型的最小防冻厚度							
		中湿				潮湿			
		500~1000	1000~1500	1500~2000	>2000	500~1000	1000~1500	1500~2000	>2000
黏性土、细亚砂土	粒料类	400~450	450~500	500~600	600~700	450~550	550~600	600~700	700~800
	水泥或石灰稳定类、水泥混凝土	350~400	400~450	450~550	550~650	400~500	500~550	550~650	650~750
	水泥粉煤灰或石灰粉煤灰稳定类、沥青结合料类	300~350	350~400	400~500	500~550	350~450	450~500	500~550	550~700
粉性土	粒料类	450~500	500~600	600~700	700~750	500~600	600~700	700~800	800~1000
	水泥或石灰稳定类、水泥混凝土	400~450	450~500	500~600	600~700	450~550	550~650	650~700	700~900
	水泥粉煤灰或石灰粉煤灰稳定类、沥青结合料类	300~400	400~450	450~500	500~650	400~500	500~600	600~650	650~800

注：1）在《公路自然区划标准》中，对潮湿系数小于 0.5 的地区，Ⅱ、Ⅲ、Ⅳ区等干旱地区防冻厚度应比表中值减少 15%～20%。

2）对Ⅱ区砂性土路基防冻厚度应相应减少 5%～10%。

3）公路多年最大冻深大时，靠近上限取值，反之靠近下限取值。

4）基层、底基层采用不同材料类型时，按厚度较大的材料类型确定。

6）适当的层厚和层数

各类结构层，按所用材料的规格（最大颗粒的粒径）和施工工艺（摊铺、压实和整修）的要求，有一最小厚度的规定，低于此厚度就不能形成稳定而平整的结构层次，常用结构层的适宜厚度列于表 3.20 和表 3.21。

表 3.20　基层和底基层厚度要求

材料种类	集料公称最大粒径/mm	厚度/mm
密级配沥青碎石 半开级配沥青碎石 开级配沥青碎石	19.0	≥50
	26.5	≥80
	31.5	≥100
	37.5	≥120
沥青贯入碎石	—	≥40
贫混凝土	31.5	≥120
无机结合料稳定类	19.0、26.5、31.5、37.5	≥150
	53.0	≥180
级配碎石、级配砾石、 未筛分碎石、天然砂砾	26.5、31.5、37.5	≥100
	53.0	≥120
填隙碎石	37.5	≥75
	53.0	≥100
	63.0	≥120

表 3.21　不同粒径沥青混合料层厚要求

沥青混合料类型	以下集料公称最大粒径沥青混合料的层厚/mm					
	4.75	9.5	—	16.0	19.0	26.5
连续级配沥青混合料	≥15	≥25	—	≥40	≥50	≥75
沥青玛蹄脂碎石	—	≥30	≥13.2	≥50	≥60	—
开级配沥青混合料	—	≥20	≥35	≥30	—	—

　　为了便于施工,路面结构层的层数不宜过多。同时,各结构层的适宜厚度应按压实机具所能达到的效果选定。

　　3. 路面结构组合示例

　　图 3.18 列举了几种路面结构的组合。

　　遵循就地取材、分期修建和因地制宜的原则,参照上述六方面的经验和规律,并利用当地已有路面的修建和使用经验,便可拟订出若干个既满足交通要求又经济合理的结构层组合方案,供结构分析和确定要求厚度使用,并通过经济分析和评价选择最佳方案。所拟订的方案包括下述内容:

　　(1) 结构层次、各结构层的类型和初拟厚度。

　　(2) 各结构层的材料组成和技术指标要求。

　　(3) 对施工工艺和施工质量的要求。

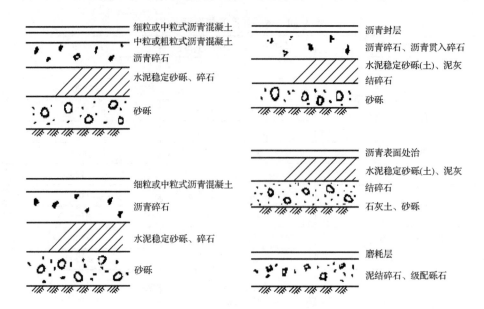

图 3.18　路面结构组合示例

3.4.3　沥青路面厚度设计方法

1. 设计标准

路面结构的设计使用年限应根据经济、交通增长以及公路在路网中的地位,考虑环境和投资条件等综合确定。各级公路的新建沥青路面结构的设计使用年限不应低于表 3.22 的要求,改建路面结构设计可根据工程实际情况选取适宜的设计使用年限。我国《公路沥青路面设计规范》(JTG D50—2017)中,引入了可靠度分析的方法,各级公路沥青路面结构的目标可靠度和目标可靠度指标见表 3.22。

表 3.22　沥青路面结构设计使用年限、目标可靠度和目标可靠度指标

公路等级	高速公路	一级公路	二级公路	三级公路	四级公路
设计使用年限/a	15	15	12	10	8
目标可靠度/%	95	90	85	80	70
目标可靠度指标 β	1.65	1.28	1.04	0.84	0.52

我国沥青路面设计采用轴重为 100kN 的单轴-双轮组轴载作为设计轴载,计算参数见表 3.23。设计中需根据路面结构设计使用年限,预估路面结构在寿命周期内承担的交通量,并计算当量设计轴载累计作用次数。根据设计使用年限内设计车道累计大型客车和货车交通量,对路面结构所承担的交通荷载进行分级,在路面设计中分类考虑,分级标准见表 3.24。

表 3.23　设计轴载的计算参数

设计轴载/kN	轮胎接地压强/MPa	单轮接地当量圆直径/mm	两轮中心距/mm
100	0.70	213	319.5

表 3.24　交通荷载分级

交通荷载等级	极重	特重	重	中等	轻
设计使用年限内设计车道累计大型客车和货车交通量/10⁶	≥20	20～9	9～5	5～1.5	<1.5

　　沥青混合料层疲劳开裂、无机结合料稳定层疲劳开裂、沥青混合料层永久变形、路基顶面竖向压应变以及季节性冻土地区的路面低温开裂等,是我国沥青路面结构设计中考虑的主要设计控制指标。

　　路面结构中沥青混合料层和无机结合料稳定层在设计使用年限内的预估疲劳寿命应高于当量设计轴载累计作用次数。沥青混合料层容许永久变形量应符合表 3.25 的规定,路基顶面竖向压应变的容许值可根据《公路沥青路面设计规范》(JTG D50—2017)中的相关方法确定。季节性冻土地区沥青面层低温开裂指数要求见表 3.26。除满足上述结构性要求外,高速公路、一级公路以及山岭重丘区二级和三级公路的路面,在交工验收时还需满足相应的抗滑性能要求,见表 3.27。

表 3.25　沥青混合料层容许永久变形量

基层类型	沥青混合料层容许永久变形量/mm	
	高速公路、一级公路	二、三级公路
无机结合料稳定类基层、水泥混凝土基层和底基层为无机结合料稳定类的沥青混合料基层	15	20
其他基层	10	15

表 3.26　低温开裂指数要求

公路等级	高速公路、一级公路	二级公路	三、四级公路
低温开裂指数 CI	≤3	≤5	≤7

表 3.27　沥青路面抗滑技术要求

年平均降雨量 /mm	交工检测指标值	
	横向力系数 SFC60	构造深度 TD/mm
>1000	≥54	≥0.55
500～1000	≥50	≥0.50
250～500	≥45	≥0.45

路面结构验算时,各设计指标应选用表 3.28 规定的竖向位置处的力学响应,并应按图 3.19 所示的计算点位置,选取 A、B、C 和 D 四点位置计算的最大力学响应量。

表 3.28　各设计指标对应的力学响应及其竖向位置

设计指标	力学响应	竖向位置
沥青混合料层层底拉应变	沿行车方向的水平拉应变	沥青混合料层层底
无机结合料稳定层层底拉应力	沿行车方向的水平拉应力	无机结合料稳定层层底
沥青混合料层永久变形量	竖向压应力	沥青混合料层各分层顶面
路基顶面竖向压应变	竖向压应变	路基顶面

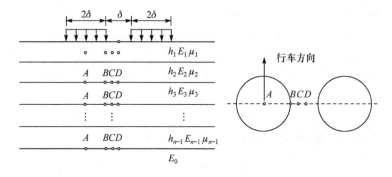

图 3.19　力学响应计算点位置示意图

2. 路面结构验算流程

路面结构应按图 3.20 所示流程进行验算,包括如下主要内容。

(1) 调查分析交通参数,确定交通荷载等级。

(2) 根据路基土类、地下水位高度确定路基干湿类型和湿度状况,确定路基顶面回弹模量及必要的路基改善措施。

(3) 根据设计要求,收集所在地区的常用路面结构组合和材料性质要求,分析影响路面结构设计的其他因素,初拟路面结构组合及厚度方案,选取设计指标。

(4) 确定各结构层模量等设计参数,按要求检验粒料材料的 CBR 值,检验无机结合料材料的无侧限抗压强度,测试沥青低温性能,考察沥青混合料的低温破坏应变、动稳定度、贯入强度和水稳定性等。

(5) 收集工程所在地区的气温资料,确定各设计指标对应的温度调整系数或等效温度。

(6) 采用多层弹性体系理论计算程序,计算各设计指标的力学响应量。

(7) 验算各个设计控制指标,不符合要求时,调整路面结构重新验算,直至符合。

（8）对通过结构验算的路面结构设计方案进行技术经济分析，选定合理的路面结构方案。

（9）计算路面结构的验收弯沉值。

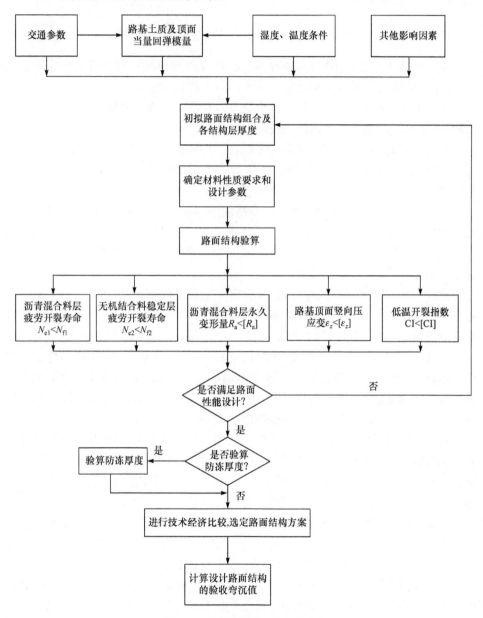

图 3.20 沥青路面结构验算流程

3.5　道路工程施工

3.5.1　材料及组成设计

1. 土

各类公路用土具有不同的工程性质,在选择路基填筑材料及修筑稳定土路面结构层时,就根据不同的土类分别采取不同的工程技术措施。

巨粒土包括漂石(块石)和卵石(小块石),有很高的强度和稳定性,用以填筑路基是良好的材料,也可用于砌筑边坡。

级配良好的砾石混合料,密实程度好,强度和稳定性均能满足要求,除了填筑路基之外,可以用于铺筑中级路面,经适当处理后,可以铺筑高级路面的基层、底基层。

砂土无塑性,透水性强,毛细水上升高度小,具有较大的内摩擦系数,强度和水稳定性均好。但砂土黏结性差,易于松散,压实困难,但是经充分压实的砂土路基,压缩变形小,稳定性好。为了加强压实和提高稳定性,可以采用振动法压实,并可掺加少量黏土,以改善级配组成。

砂性土含有一定数量的粗颗粒,又含有一定数量的细颗粒,级配适宜,强度、稳定性等都能满足要求,是理想的路基填筑材料。例如,细粒土质砂土,其粒径组成接近最佳级配,遇水不黏着,不膨胀,雨天不泥泞,晴天不扬尘,便于施工。

粉性土含有较多的粉土颗粒,干时虽有黏性,但易于破碎,浸水时容易成为流动状态,粉性土毛细作用强烈,毛细水上升高度大(可达1.5m),在季节性冰冻地区易造成冻胀、翻浆等病害。粉性土属于不良的公路用土,如必须用粉性土填筑路基,则应采取技术措施改良土质并加强排水,采取隔离水等措施。

黏性土中细颗粒含量多,土的内摩擦系数小而黏聚力大,透水性小而吸水能力强,毛细现象显著,有较大的可塑性。黏性土干燥时强度较大,施工时不易破碎,浸湿后能长期保持水分,不易挥发,因而承载能力小。对于黏性土,在适当含水量时加以充分压实和设置良好的排水设施,筑成的路基也能获得稳定。

重黏土的工程性质与黏性土相似,但其含黏土矿物成分不同时,性质有很大差别。黏土矿物主要包括蒙脱土、伊利土、高岭土。蒙脱土主要分布在东北地区,其塑性大,吸湿后膨胀强烈,干燥时收缩大,透水性极低,压缩性大,抗剪强度低。高岭土分布在南方地区,其塑性较低,有较高的抗剪强度和透水性,吸水和膨胀量较小。伊利土分布在华中和华北地区,其性质介于上述两者之间。重黏土不透水,黏聚力特强,塑性很大,干燥时很坚硬,施工时难以挖掘与破碎。

总之,土作为路基建筑材料,砂性土最优,黏性土次之,粉性土属不良材料,最易引起路基病害。重黏土,特别是蒙脱土也是不良的路基土。此外,还有一些特殊土类,如有特殊结构的土(黄土)、含有机质的土(腐殖土)及含易溶盐的土(盐渍土)等,用以填筑路基时必须采取相应的技术措施。

2. 无机结合料稳定类材料配合比设计

无机结合料稳定类材料包括石灰稳定土、水泥稳定土、水泥稳定砂砾、石灰-粉煤灰砂砾等,是路面基层、垫层的主要材料,其性能对路面结构强度和耐久性具有重要的影响,应进行合理的配合比设计,达到最佳的经济和技术效果。关于无机结合料稳定类材料的配合比设计,我国相关的规范和标准进行了规定。综合而言,无机结合料稳定类材料配合比设计按下述基本流程进行:

(1) 对于水泥稳定土和石灰稳定土分别按五种水泥剂量配制同一种土样、不同水泥剂量的混合料;而对于石灰工业废渣稳定土则制备不同比例的石灰-粉煤灰混合料,确定其各自的最佳含水量和最大干密度,确定同一龄期和同一压实度试件的抗压强度,选用强度最大的石灰、粉煤灰比例。

(2) 确定各种混合料的最佳含水量和最大干(压实)密度,至少应做 3 个不同水泥剂量混合料的击实试验,即最小剂量、中间剂量和最大剂量。而对于石灰工业废渣稳定土应根据所得的二灰比例,制备同一种土样的 4 或 5 种不同配合比的二灰土或二灰级配集料,然后确定各种二灰土或二灰级配集料的最佳含水量和最大干密度(用重型击实试验法)。

(3) 按规定压实度分别计算不同无机结合料(水泥、石灰、二灰土或二灰级配集料)剂量的试样应有的干密度。

(4) 按最佳含水量和计算得到的干密度制备试件。

(5) 试件在规定温度下保湿养生 6d,浸水 24h 后,按标准的试验规程进行无侧限抗压强度试验。

(6) 计算试验结果的平均值和偏差系数。

(7) 根据规定的强度标准,选定合适的无机结合料(水泥、石灰、二灰土或二灰级配集料)剂量,此剂量试件室内试验结果的平均抗压强度应符合规范要求。

(8) 工地实际采用的无机结合料(水泥、石灰、二灰土或二灰级配集料)剂量应比室内试验确定的剂量多 0.5%~1.0%。

(9) 综合稳定土的组成设计与上述步骤相同。

3. 沥青混合料

沥青混合料配合比设计包括目标配合比设计、生产配合比设计和生产配合比验证等三个阶段。

(1) 目标配合比设计阶段。用工程实际使用的材料,通过室内试验计算所得的矿料级配及沥青用量为目标配合比。主要用于工程制定工程材料供应计划，确定拌和机各冷料仓的供料比例、进料速度并进行试拌。

（2）生产配合比设计阶段。材料、机具进厂后，在目标配合比的基础上进行直接为生产服务的配合比设计，生产配合比设计取三个沥青用量进行马歇尔试验，分别为目标配合比的最佳沥青用量及在此基础上上下浮动 0.3％ 的沥青用量。通过室内试验和拌和机取样试验以确定生产配合比的最佳沥青用量。并根据年生产配合比调整冷料仓和热料仓的进出料比例与速度。

（3）生产配合比验证阶段。拌和机按生产配合比配料进行试拌并铺筑试验路。同时，用拌和的沥青混合料进行马歇尔试验；在试验路上钻孔取样，检验混合料的集料综合配合比和沥青用量是否在经过优选的生产配合比设计范围之内，力争接近中值。通过验证之后，最后确定施工用的标准配合比及各筛孔通过材料的允许波动范围，制定工程施工用的级配控制范围。

配合比设计的目的是决定沥青混合料的材料品种、矿料级配及沥青用量。沥青混合料目标配合比设计包括以下流程。

1）材料准备

按相关试验规程规定的取样方法，取足够数量的、具有代表性的沥青及矿料试样。按《公路沥青路面施工技术规范》（JTG F40—2017）材料质量的技术要求，试验其各项性质。当检验不合格时，不得用于试验。

2）矿质混合料的配合比组成设计

矿质混合料配合比组成设计的目的在于选配具有足够密实度和内摩阻力较高的矿质混合料。根据级配理论，计算出需要的矿质混合料的级配范围。但是，参照已有的研究成果和实践经验，通常是采用规范推荐的矿质混合料级配范围，并按现行规范规定的步骤进行设计。

（1）确定沥青混合料类型。

沥青混合料类型应根据道路等级、路面类型、所处的结构层位的因素选择。

（2）确定矿料的最大粒径。

对于沥青混合料的最大粒径 D 同路面结构层最小厚度 h 的关系，各个国家均有规定，除苏联规定矿料最大粒径分别为面层厚度的 0.6 倍与底基层厚度的 0.7 倍外，一般均规定为 0.5 倍以下。我国研究表明，随 h/D 的增大，耐疲劳性能提高，但车辙量增大；相反，h/D 减小，车辙量也减小，但耐久性降低，特别是在 $h/D \leqslant 2$ 时，疲劳耐久性急剧下降。为此，建议结构厚度 h 与最大粒径 D 的比值应控制在 $h/D \geqslant 2$。尤其是在使用国产沥青时，h/D 就更接近于 2。例如，最大粒径 D 为 35mm 的粗粒式沥青混凝土，其结构层厚度应大于 7cm；D 为 20mm 的中粒式沥青混凝土，其结构层厚度应大于 4cm；D 为 15mm 的细粒式沥青混凝土，其最小结构厚度应大于 3cm。只有控制了结构层厚度与最大粒径之比才能拌和均匀，易于达到要求的密实度和平整度,保证施工质量。

(3) 确定矿质混合料的级配范围。

根据已确定的沥青混合料类型,查阅规范推荐的矿质混合料级配范围。

(4) 矿质混合料配合比计算。

① 组成材料的原始数据测定。

根据现场取样,对粗集料、细集料和矿粉进行筛析试验。按筛析结果分别绘出各组成材料的筛分曲线,同时测出各组成材料的相对密度,以供计算物理常数之用。

② 计算组成材料的配合比。

根据各组成材料的筛析试验资料,采用图解法或试算法,计算符合要求级配范围的各组成材料用量比例。

③ 调整配合比。

计算得到的合成级配,应根据下列要求,作必要的配合比调整。

a. 通常情况下,合成级配曲线宜尽量接近设计级配中限,尤其应使0.075mm、2.36mm 和 4.75mm 筛孔的通过量尽量接近设计级配范围中限。

b. 对高速公路、一级公路、城市快速路、主干路等交通量大、轴载重的道路,宜偏向级配范围的下(粗)限;对一般道路、中小交通量或人行道路等,宜偏向级配范围的上(细)限。

c. 合成的级配曲线应接近连续或有合理的间断级配,不得有过多的犬牙交错。当经过再三调整,仍有两个以上的筛孔超过级配范围时,必须对原材料进行调整或更换原材料,重新设计。

3) 通过马歇尔试验确定沥青混合料最佳沥青用量

沥青混合料的最佳沥青用量,可以通过各种理论计算的方法求得。但是,由于实际材料性质的差异,按理论公式计算得到的最佳沥青用量仍然要通过试验方法修正。因此,理论方法只能得到一个供试验参考的数据,所以采用试验方法确定沥青最佳用量,目前最常用的方法有维姆法和马歇尔法。

《公路沥青路面施工技术规范》(JTG F40—2004)规定的确定最佳沥青用量方法,是在马歇尔法的基础上,结合我国历年研究成果和生产实践总结发展起来的方法,其确定沥青最佳用量步骤如下所述。

(1) 制备试样。

① 按确定的矿质混合料配合比计算各种矿质材料的用量。

② 根据沥青混合料矿料级配及沥青用量表推荐的沥青用量范围(或经验的沥青用量范围),估计适宜的沥青用量(或油石比)。

(2) 测定物理、力学指标。

以估计沥青用量为中值,以 0.5% 间隔上下变化沥青用量制备马歇尔试件,不少于 5 组。然后,在规定的试验温度及试验时间内,用马歇尔仪测定稳定度和流值,同时计算空隙率、饱和度及矿料间隙率。

(3) 马歇尔试验结果分析。

① 绘制沥青用量与物理力学指标关系图,以沥青用量为横坐标,以视密度、空隙率、饱和度、稳定度、流值为纵坐标。将试验结果绘制成沥青与各项指标的关系曲线。

② 求取相应于稳定度最大值的沥青用量 a_1,相应于密度最大的沥青用量 a_2,以及相应于规定空隙率范围中值的沥青用量 a_3,求取三者平均值作为最佳沥青用量的初始值 OAC_1,即

$$OAC_1 = \frac{a_1 + a_2 + a_3}{3}$$

③ 求出各项指标符合沥青混合料技术标准表的沥青用量共同范围 $OAC_{min} \sim OAC_{max}$,其中值为 OAC_2,即

$$OAC_2 = \frac{OAC_{min} + OAC_{max}}{2}$$

④ 根据 OAC_1 和 OAC_2 综合确定沥青最佳用量(OAC),按最佳沥青用量的初始值 OAC_1,求取相应的各项指标值,检查其是否符合沥青混合料技术标准表规定的马歇尔设计配合比技术标准。同时检验混合料的矿料间隙率 VMA 是否符合要求,如能符合时,由 OAC_1 及 OAC_2 综合决定最佳沥青用量 OAC;如不能符合,应调整级配,重新进行配合比设计和马歇尔试验,直到各项指标均能符合要求为止。

⑤ 根据气候条件和交通特性调整最佳沥青用量。由 OAC_1 和 OAC_2,综合决定最佳沥青用量 OAC 时,还应根据实践经验和道路等级、气候条件考虑所属情况进行调整。

a. 对热区道路及车辆交通渠化的高速公路、一级公路、城市快速路、主干路,预计有可能造成较大车辙的情况时,可以在中限值 OAC_2 与下限值 OAC_{min} 范围内决定,但一般不宜小于中限值 OAC_2 的 0.5%。

b. 对寒区道路以及一般道路,最佳沥青用量可以在中限值 OAC_2 与上限值 OAC_{max} 范围内决定,但一般不宜大于中限值 OAC_2 的 0.3%。

4) 水稳定性检验

按最佳沥青用量 OAC 制作马歇尔试件进行浸水马歇尔试验(或真空饱水马歇尔试验),检验其残留稳定度是否合格。如当最佳沥青用量 OAC 与两个初始值 OAC_1、OAC_2 相差甚大时,宜将 OAC 与 OAC_1 或 OAC_2 分别制作试件,进行残留稳定度试验。我国现行规范规定,Ⅰ型沥青混凝土残留稳定度不低于 75%,Ⅱ型沥青混凝土残留稳定度不低于 70%。如不符合要求,应重新进行配合比设计,或者采用掺加抗剥落剂方法来提高水稳定性。

5）抗车辙能力检验

按最佳沥青用量 OAC 制作车辙试验试件,按《公路工程沥青及沥青混合料试验规程》(JTG E20—2011) T0719 方法,在 60℃条件下用车辙试验检验其动稳定度。如当最佳沥青用量 OAC 与两个初始值 OAC_1、OAC_2 相差甚大时,用最佳沥青用量 OAC 与两个初始值 OAC_1 或 OAC_2 分别制作试件进行车辙试验。我国现行《公路沥青路面施工技术规范》(JTG F40—2004)规定,用于上、下面层的沥青混凝土,在 60℃时车辙试验的动稳定度:对高速公路、城市快速路,不小于 800 次/mm;对一级公路及城市主干路,宜不小于 600 次/mm。

4. 水泥混凝土

普通水泥混凝土的配合比设计方法有经验公式法和正交试验法,前者适用于一般路面工程或较小规模的工程,后者适用于重大工程或大规模工程。

1）经验公式法

经验公式法适用于对普通混凝土配合比设计,包括水泥、水、细集料、粗集料四组分的混凝土配合比设计,加有外加剂的混凝土配合比设计,以及加有粉煤灰掺合料的混凝土配合比设计。

(1) 四组分混凝土的配合比设计步骤。

① 计算"初步配合比"。

② 提出"基准配合比"。

③ 确定"实验室配合比"。

④ 换算"工地配合比"。

(2) 掺外加剂混凝土配合比设计步骤。

① 确定试配强度和水灰比。

② 计算掺外加剂混凝土的单位用水量。

③ 计算掺外加剂混凝土的单位水泥用量。

④ 计算单位粗、细集料用量。

⑤ 试拌调整。

(3) 加有掺合料的混凝土配合比设计。

① 配合比设计原则。

掺粉煤灰混凝土配合比设计,是以未掺粉煤灰的基准混凝土的配合比为基础,按等稠度、等强度等级的原则,用超量取代法进行调整。

所谓"等稠度"和"等强度等级",是指配制成的粉煤灰混凝土具有与基准混凝土拌和物相同的稠度和硬化后指定龄期相等的强度等级。所谓"超量取代法"是指粉煤灰总掺量中,一部分取代等体积的水泥,超量部分粉煤灰取代等体积的砂。

② 配合比设计步骤。

a. 计算基准混凝土配合比。

b. 选定粉煤灰掺量和超量系数。

c. 计算粉煤灰取代水泥用量、超量部分质量和总掺量。

d. 计算粉煤灰混凝土的单位水泥用量。

e. 计算粉煤灰混凝土的单位用砂量。

f. 计算粉煤灰混凝土各种材料用量。

g. 试拌调整提出实验室配合比。

2) 正交试验法

正交试验法是一种科学地安排与分析多因素试验的方法,该法利用数理统计学观点,应用正交性原理,从大量的试验中挑选适量的具有代表性、典型的试验点,根据正交表合理安排试验。通过正交试验法可以科学地解决以下两个矛盾:①全面试验的试验次数与实际可行的试验次数之间的矛盾;②实际所做的少量试验与要求全面掌握内在规律之间的矛盾。

影响混凝土组成中的材料因素较多,确定这些影响因素的先后次序和大小,最好的办法是进行正交试验。正交试验先要确定试验因素和试验水平。其中,试验因素为制约混凝土弯拉强度和稠度的主要材料参数,对于普通混凝土,可选用水量、水泥用量、石子填充体积 3 个因素;掺粉煤灰的混凝土可选用水量、基准胶材总量、粉煤灰掺量、粗集料填充体积 4 个因素。试验水平即试验因素量的大小,取决于试验工作量和要求精度,一般先通过分析预估出一个水平,再以等间距增减,构成几个水平。混凝土正交组成设计时,一般可选用 3 个水平。

试验因素和试验水平确定后,按正交设计法选取材料因素、水平组合,用 L9 (3^4)正交表安排试验方案。对正交试验结果进行直观及回归分析,定量回归分析的考察指标有:弯拉强度或抗压强度及工作性等。根据直观分析并依据所建立的混凝土单位用水量及弯拉强度推定经验公式,综合考虑拌和物的工作性,确定满足设计要求的用水量、水泥用量、粉煤灰掺量及石子填充体积。

由正交试验确定的用水量、水泥用量、粉煤灰掺量及石子填充体积,再利用绝对体积法计算 $1m^3$ 混凝土中各种组成材料,包括粗集料、细集料的用量,得出初步配合比。如果混凝土中有外加剂,再按普通混凝土掺加外加剂的设计方法计算外加剂的用量。

3.5.2　路基压实

土是三相体,土粒为骨架,土颗粒之间的孔隙被水和空气所占据。压实的目的是使土颗粒重新组合,彼此挤紧,孔隙缩小,形成密实整体;使土的单位质量提高,从而使得强度(承载力)增加,稳定性提高;使土的塑性变形、渗透系数、毛细水作用及隔温性能均有明显改善。因此,路基的压实是路基施工过程中的一个关键工序,也是提高路基强度与稳定性的根本技术措施之一,还是保证公路施工质量的最经济而有效的基本手段。从某种意义上说,没有压实合格的路基,也就没有合格的公路。

1. 压实的作用

土质路基的压实过程,其本质上是土体在压力作用下克服土颗粒间的内聚力和摩擦力,使原有结构受到破坏,固体颗粒重新排列,大颗粒之间的间隙被小颗粒所填充,变成密实状态后达到新的平衡。在施工作业中表现为土体的体积被压缩,而达到一定程度后,这个过程不再持续。这是因为在颗粒重新排列后,土中气体被挤出由快变缓,最终趋于结束,这时,作用于土体的压力只能引起弹性变形;而压力过大时,则可能使土体产生剪切破坏,影响土体强度。

土体压实的作用表现在以下几个方面。

1)大大增加土的强度

土的强度也可用形变模量表示。由于大多数土没有明显的弹性极限,其应力-应变曲线不是直线形状,因此,将土的应力与应变的比值称为形变模量,而不是弹性模量。干密度越大,土的强度越高;含水量对土的强度影响也很大,含水量越高,土的强度越低。

2)明显减小土的塑性变形

路基压实不足,在行车荷载作用下,在路面上会发生辙槽、沉陷等变形,而且密实度(指单位体积内固体颗粒排列紧密的程度,通常用干密度表示,排列得越紧密,单位体积内固体颗粒就越多)越小,所产生的辙槽等变形就越大。可以用简单的计算来说明压实不足的土基在行车作用下产生辙槽的程度。

假定某土基原干密度为 $1.5\mathrm{g/cm^3}$,在行车作用下上部 20cm 厚的土层平均干密度达到 $1.55\mathrm{g/cm^3}$,由于干密度增加了 $0.05\mathrm{g/cm^3}$,20cm 厚的土层要产生 0.64cm 的压缩变形。观测表明,压实不足的干燥的土路堤,在旱季不会产生太大沉陷;但到了雨季,水分浸入路堤后,在行车荷载作用下就可能产生大的沉陷。因此,压实使土基的塑性变形明显减小。

3)降低土的透水性,减小毛细水上升高度

土体经过压实后,土粒之间的孔隙减少。其密度越大,内部的孔隙率就越少,由于外界水分进入土体的通道被堵塞,阻力增加,因此降低了土的渗透性,减小了毛细水上升高度,同时提高了土体的抗冻性。

2. 影响压实效果的主要因素

影响压实效果的因素是多方面的,有内因也有外因,以下介绍与施工作业有关的主要因素。

1) 土的含水量

任何有黏结力的土,在不同的湿度下,用同样的压实功能来挤压,将获得不同的密实度和不同的强度。压实开始时,原状土相对湿度低,土颗粒之间的内摩阻力大,因而,外力难于克服,故压实的干密度小,表现出土的强度高,密度低;当相对湿度缓慢增加时,水分在土粒间起润滑作用,压实的结果是,使被压材料(土粒)得以重新调整其排列位置,达到较紧密的程度,表现出密度增大。但与此同时,由于水的作用,内摩阻力有所减小,因而强度继续下降。当含水量继续增加,超过最优值时,水的润滑作用已经足够,水分过多,使起润滑作用以外的多余水分进入土粒孔隙中,反而促使土粒分离而不易得到良好的压实效果,从而降低了土的干密度。又由于土粒间距增大,内摩阻力与黏结力减小,使土的强度也随之减小。这就是说,在一定压实功能的作用下,含水量的变化会导致土的干密度随之变化,在某一含水量(最佳含水量)下,干密度达到最大值(最大干密度)。各种土的最佳含水量大小不同,一般地,土在天然状态下的含水量值接近于最佳含水量。因此,在施工作业中,新卸的填土应当立即推平压实。

2) 土的性质

不同土质的压实性能差别较大,一般来说,非黏性土的压实效果较好,而且最佳含水量较小、最大干密度较大,在静力作用下,压缩性较小,在动力作用下,特别是在振动作用下很容易被压实。黏质土、粉质土等分散性土的压实效果较差,主要是由于这些细分散性的土颗粒的比表面积大、黏聚力大、土粒表面水膜需水量大,最佳含水量偏高,而最大干密度反而偏小。

3) 压实功能

压实功能是由碾压(或锤击)的次数及其单位压力 P(或荷重)所决定的。若在一定限度内增加压实功,则可降低含水量数值,提高最佳密实度的数值。土在不同压实功能作用下的压实性质,是决定压实工作量和选择机具、选择施工方法的依据。事实上,对任何一种土,当密实度超过某一限值时,欲继续提高它的密实度,降低含水量值,往往需要增加很大的压实功能,甚至过分加大压实功能,不仅密实度增加幅度小,还往往因所加荷载超过土的抗力,即土受压部位承受压力超过土的极限强度,而导致土体破坏。因此,对路基填土的压实,在工艺方法上要注意不使压实功能太大。

4) 碾压时的温度

在路基碾压过程中,温度升高可使被压土中的水黏滞度降低,从而在土粒间起到润滑作用,易于压实;但气温过高时,又会由于水分蒸发太快而不利于压实。温度低于 0℃时,因部分水结冰,而产生的阻力更大,起润滑作用的水更少,因而也得不到理想的压实效果。

5）压实层的厚度

土层受压时,土体能够均匀变形的深度(即有效压实深度),近似地等于两倍的压模直径或两倍的压模与土接触表面的最小横向尺寸,超过这个范围,土受到的压力急剧变小,并逐渐趋于零,可认为此时土的密实度没有变化。

由此可知,土所受的外力作用,随深度增加而逐渐减弱,当超过一定范围时,土的密实度将与未碾压时相同,这个有效的压实深度(产生均匀变化的深度)与土质、含水量、压实机械的构造特征等因素有关,所以正确控制碾压铺层厚度,对于提高压实机械生产率和填筑路基质量十分重要。

6）地基或下承层强度

在填筑路堤时,若地基没有足够的强度,路堤的第一层难以达到较高的压实度,即使采用重型压路机或增加碾压遍数,也只能是事倍功半,甚至使碾压土层起"弹簧"。因此,对于地基或下承层强度不足的情况,填筑路堤时通常采取以下措施处理:

(1) 填筑路堤之前,应先碾压地基。

(2) 地基有软弱层,则应用砂砾(碎石)层处理地基。

(3) 路堑处路槽的碾压,先应铲除 30～40cm 原状土层并碾压地基后,再分层填筑压实。

7）碾压机具和方法

压实机具和方法对压实的影响反映在以下几个方面:

(1) 压实机具不同,压力传递的有效深度也不同。一般来讲,夯击式机具的压力传递最深,振动式次之,碾压式最浅。根据这一特性即可确定各种机具的最佳压实度。

(2) 压实机具的质量较小时,碾压遍数越多(即时间越长),土的密实度越高,但密实度的增长速度则随碾压遍数的增加而减小。并且密实度的增长有一个限度,达到这个限度后,继续以原来的施压机具对土体增加压实遍数则只能引起弹性变形,而不能进一步提高密实度。压实机具较重时,土的密实度随碾压遍数的增加而迅速增加,但超过某一极限后,土的变形即急剧增加而达到破坏,急剧过重甚至超过土的强度极限时,将立即引起土体破坏。

(3) 碾压速度越高,压实效果越差。应力作用速度越高,变形量越小,土的黏性越大,影响就越明显。因此,为了提高压实效果,必须正确规定碾压的行驶速度。

3.5.3　沥青路面压实

满足结构要求的沥青路面的耐用性能受两个主要指标的影响,即设计的混合料和压实。在这两个指标中,缺少任一个都不能保障路面耐用性能。如果不充分压实,甚至最优设计的混合料,都会降低路面的使用性能。然而,经过良好地压实能有效地改善一种不标准的混合料的性能。正是由于这个原因,压实被认为是影响沥青路面耐用性能最重要的因素之一。

压实过程是减少沥青混合料中空隙含量的过程,此过程为固体颗粒在一种黏弹性介质中的填实和定位,以形成一种更密实和有效的颗粒排列形式。在理论上,此过程发生在施工状况中,而不是交通条件下。

1. 影响压实的因素

影响沥青路面压实的因素主要有以下几个方面。

1) 材料性能

(1) 集料性能的影响。

为了达到理想的压实度,粗集料和细集料的一些性质是非常重要的,如颗粒形状、棱角、吸水率和表面构造。级配混合料的最大集料尺寸、粗集料比例、砂用量、矿粉用量和类型等对沥青混合料的压实度都有直接影响。

(2) 沥青性能的影响。

沥青黏度影响沥青混合料劲度,并与混合料的可压实性有关。当压实沥青混合料时,高黏度往往会牵制颗粒移动;如果黏度太低,压实时集料颗粒容易移动。

(3) 混合料的性能。

当沥青混合料中沥青用量较低时,易形成干涩、粗糙的混合料,这种混合料往往难于压实。当沥青用量太大时,可形成过度润滑混合料,使混合料在压路机作用下,形成不稳定而且易开裂的混合料。

2) 温度影响

温度对沥青混合料的压实具有显著和决定性的影响,相同种类的沥青混合料,高温比低温时更容易压实。黏度大的沥青混合料的压实温度一般要高于黏度小的沥青混合料才能使混合料得到良好的压实。沥青混合料的压实需要根据沥青的性能,以其黏度处于某一状态时的温度作为其压实温度。

3) 施工对压实的影响

(1) 环境。

影响压实的环境因素包括:①大气温度;②风速;③太阳晒热;④混合料的初始温度;⑤基层的初始温度;⑥面层的初始温度。因此,压实时,整个路表面随时间的温度变化是很重要的,基层温度、摊铺温度、大气温度和表面温度是影响冷却速率的四个最重要的因素。

(2) 面层厚度。

一般而言,面层越厚,混合料冷却速度越慢,在温度下降到停止碾压以前用于压实的有效时间也就越长;面层越薄,热损耗越快,这就大大减小了压实的有效时间。

（3）路基承载力。

通常情况下，路基承载力越高，面层越密实。

2．沥青路面压实技术

1）碾压流程及一般原则

（1）压实程序。

压实流程分为初压、复压和终压三道工序。初压的目的是整平和稳定混合料，同时为复压创造有利条件，是压实的基础，因此要注意压实的平整性；复压的目的是使混合料密实、稳定、成型，混合料的密实程度取决于这道工序，因此，必须合理地选择压路机类型和调整压路机的振频、振幅；终压的目的是消除轮迹，最后形成平整压实面，因此，这道工序不宜用重型压路机在高温下完成。

（2）压路机的碾压方向。

碾压时应将驱动轮面向摊铺机。碾压路线及碾压方向不应突然改变而导致混合料产生推移。压路机的启动、停止必须减速缓慢进行。

（3）压路机的错轮。

无论何时压路机都应从外侧低处向路中碾压。二轮压路机向前碾压第一遍后，不应在碾压作业段前端错轮，应原路退回碾压第二遍，在碾压作业段的后端进行错轮，然后再碾压下一个强压带，相邻碾压带应重叠 15cm 左右。压完全幅即为两遍。压路机应在完全退出碾压作业段后停止振动并缓缓错轮，以免错轮过急造成沥青混合料的推移和挤起混合料。

（4）边部的压实。

为了防止压路机碰撞路缘石，压路机不能靠近碾压，应与路缘石间留 10～15cm 的宽度，用振动夯板进行夯实。振动夯板应紧随摊铺机趁高温进行夯实，待压路机复压完后，还需要用振动夯板消除压路机留下的轮痕。

（5）碾压过程中注意的问题。

① 碾压作业段的起、终点应有标识，最好插旗表示，以避免出现漏压现象。

② 在碾压过程中，为了不使混合料温度下降过快，下一个碾压带就要向摊铺机靠近一些，使折回处不在同一横断面上，而是呈阶梯形地随摊铺机向前行进。

③ 在碾压过程中，压路机有沥青混合料粘轮或被带起现象时，可向碾压轮洒少量水或加洗衣粉，严禁洒柴油；轮胎压路机可不洒水，或在连续碾压一段时间待轮胎已发热后停下洒洗衣粉水。为保持碾轮的温度，轮胎压路机应在热的混合料上连续碾压。低温施工时可使用环形物围住轮胎来阻挡冷空气的直接侵袭。

④ 碾压后的路面在冷却前，任何车辆机械不得在路面上停放（包括加油、加水的压路机）。并防止矿料、杂物、油料等落在新铺的路面上，路面冷却至 50℃后才能开放交通。

⑤ 对于新建或维修养护道路路面,需要尽快开放交通情况下,可以采用"喷雾水"、"喷雾水加风吹干"的强制冷却工艺,使沥青路面的温度尽快降低到允许开放交通的 50℃ 以下。试验表明,上述强制冷却工艺可以将开放交通所需时间减少 2/3～3/4。

2) 振动压路机振频和振幅的选择

为了获得最佳的碾压效果,在复压时要选择调频、调幅振动压路机,因此合理地选择压路机的振频和振幅是非常必要的。

振频主要影响沥青面层的表面压实质量。在压实层厚度和碾压速度确定后,就要选择压路机的振频,使得冲击间距比压实层厚度要小一些,以避免表面产生短的波纹,由此可以确定最低的振频要求。根据瑞典斯德哥尔摩市道路局研究的成果,沥青路面的碾压振频在 33～50Hz 进行选择,能够得到良好的压实效果。

振幅主要影响沥青面层的压实深度。当碾压层较薄时,宜选用高振频、低振幅;而碾压层较厚时,则可在满足最低振频的要求下,选取较高的振幅,以获得较高的压实度。

3) 横向接缝处的碾压

横向接缝碾压时,先用双轮钢筒式压路机横向静压。压路机位于已压实的混合料层上,伸入新铺层的宽度为 15cm,然后每压一遍向新铺混合料移动 15～20cm,直到 3/4 轮宽在新铺层上为止;再用振动压路机低频、低幅振动横向骑缝碾压两遍,最后与相邻的新铺层共同作为一个碾压作业段进行碾压。需要特别重视的是,横向接缝处的碾压也要掌握温度的影响,高温或低温时的过度碾压都会使新铺层出现裂纹。

3. 提高沥青路面压实度的措施和方法

由于混合料具有热塑性,在高温下沥青结合料起到润滑作用,易于压实,随着温度的降低,压实作业除了克服集料间的内摩擦力外,还要克服黏滞阻力,因此混合料的温度特性决定了混合料的碾压温度、碾压开始时间及碾压距离等参数。而且对于不同的沥青混合料类型,为了有效地提高压实效率,其压实机具的选择原则也不相同。

1) 确定碾压温度

由于不同的沥青具有不同的黏性特性,因此为了使沥青路面更好地压实,应首先通过试验确定沥青的黏度-温度曲线,然后以 $(280\pm30)\,mm^2/s$ 时温度为压实温度。

2) 不同压实方法的效率

压实过程中,理想的情况是粒料只向下位移,但水平位移不可避免,而这种水平位移代表混合料的位移,应使它降低到最小,以免发生裂缝或压实不足;为了避免水平位移,所用的压路机不必施加过大的压力,以免使混合料产生超过限额的应力。

对于硬性沥青混合料,振动压路机能有效克服内摩擦力,振动压路机的振动轮把额外的能量传给混合料。对于硬性混合料来说,它带来的优点是十分明显的,而对软性混合料,通常最好采用低振幅(不大于 0.4mm)。为了保证沥青混合料压实的稳定性,在振动压路机工作之前,最好用静力压路机稳压,对不同混合料来说,振动压路机的频率对压实效果的影响也较明显,用于沥青混合料碾压的压路机频率范围通常为 40~50Hz。

3.5.4 环境条件对水泥混凝土路面施工的影响

1. 特殊气候条件下施工

水泥混凝土路面施工质量受环境因素影响较大,在高温、低温、雨季和刮风天施工时,应根据各自的气候特点,采取相关措施,以确保施工质量。

1) 高温季节施工

夏季高温时,混凝土拌和物的坍落度损失较大。拌和物过干过硬会影响振捣密实,且易造成麻面、拉裂现象,当现场温度超过 30℃时,应选择在早晨、傍晚或夜间施工,尽可能避免中午施工。否则,应采取设遮阳篷遮盖,抽取地下冷水拌和,加缓凝剂、保湿剂或适当加大外加剂剂量等技术措施。同时,进行合理施工组织,减少因施工调度延误、材料短缺、机械故障等因素对摊铺工作的影响。施工中应随时观测气温,水泥、拌和用水、拌和物及路面的温度和混凝土水化热,确保拌和物的温度不超过 35℃。

2) 低温季节施工

冬季低温施工时,应采用早强型水泥、高强度等级的水泥或不掺粉煤灰等措施,并随时测量气温,水泥、拌和物及路面温度。最低气温达 -3℃时,应采用路面保温覆盖措施;最低气温达 -10℃时,应采用保温覆盖和加防冻剂措施。对于钢筋混凝土路面和桥面混凝土,不宜使用氯盐类和(亚)硝酸盐类防冻剂;确需使用时,应同时使用阻锈剂。

搅拌机出料温度不得低于 10℃,摊铺混凝土温度不得低于 5℃。养生期间,应始终保持混凝土面层板温度在 5~10℃。保温覆盖养生应先洒养生剂,加盖塑料薄膜保湿,再盖保温材料保温。保温养生不得少于 21d。

3) 雨期施工

雨期施工时,应准备足够的防雨篷或塑料薄膜,以便在下雨时遮盖刚铺好的路面。当降雨影响路表面质量时应停止施工。被降雨轻微冲刷,但平整度和细观抗滑构造能够满足要求的路面,其宏观抗滑构造应通过硬刻槽恢复;被降雨严重冲刷而严重劣化平整度的路面,应尽早铲除、重铺。

4）刮风天施工

在日照较强、空气干燥的春秋多风季节或山区、沿海经常刮风地区,应采取及时喷养生剂、用塑料薄膜覆盖及采用保证平整度的机械抹面等措施防止摊铺后的路面因水分过快蒸发而发生塑性收缩开裂。

2. 防止早期裂缝

混凝土板浇筑完后几十分钟至几天内产生的裂缝,称为早期裂缝。早期裂缝的出现,主要是由于水分蒸发及温度降低过快,以及混凝土本身的水化反应,造成混凝土较大的收缩,而早期混凝土的强度比较低,因而产生裂缝。

如果施工不当,或者在气候恶劣、温差较大、风速较大的施工地区,早期裂缝出现的概率是比较高的,必须在施工过程中采取相应措施加以预防。

（1）对施工的原材料应严格挑选。尽量减少单位水泥用量,并使用发热量和收缩性小的水泥,不使用水化热高的水泥（70℃以上）。水泥安定性不合格也容易造成混凝土的表面干裂和疏松,因此对每批水泥都应尽可能进行强度、安定性试验。集料的含泥量大容易造成混凝土内部缺陷,影响混凝土的强度和均匀性,因而容易断裂。因此,应选择含泥量小、干净的集料,必要时进行冲洗。

（2）减少混凝土的单位用水量,可以通过在拌和物中加缓凝剂、保塑剂或加大缓凝、减水剂用量及改善集料级配来实现。

（3）一般宜在30℃以下的气温条件下浇筑混凝土,夏季气温高于30℃时,宜避开中午时间,选择在早晨、傍晚或夜间施工。

（4）高温时对拌和物采取下列降温措施:对砂石料堆加盖遮阳篷;抽用地下冷水或冰水拌和;使用长时间在太阳下暴晒的干燥集料时,应充分洒水润湿;在每日气温最高和日照最强烈的时候应遮阳施工;并加快各施工环节的衔接,尽量缩短各环节所耗时间。

（5）基层顶面在混凝土摊铺前要充分洒水润湿。

（6）可在基层表面加铺塑料薄膜以减弱基层顶面的摩擦力。

（7）控制好硬切缝的时间,不能过迟。为防止硬切缝时出现早期裂缝,可采用跳跃式切缝方法,即先每隔一两条缝切一条,然后再切余下的缩缝。也可通过压缝的方法进行控制。高温施工时应比常温施工时适当提前切缝时间。

（8）混凝土表面修整过程中,要避免日光直射,防止混凝土温度上升过快、过多或表面干燥。

（9）混凝土成型后应及时养生,养生应保证混凝土表面受到全面覆盖,并始终潮湿。采用覆盖洒水养生时,高温季节要加强洒水,确保混凝土表面保持足够的湿度,严禁出现表面发白的现象。

　　(10) 在刮风天气施工时,要加快施工速度,加强养生措施。使用养生剂养生时应加大喷洒剂量,必要时加盖塑料薄膜或湿草袋。当风力达到 5 级以上时,必须停止施工。

参 考 文 献

邓学钧. 2005. 路基路面工程. 2 版. 北京:人民交通出版社.

耿大定,陈传康,杨吾扬,等. 1978. 论中国公路自然区划. 地理学报,33(1):49−62.

郝培文. 2001. 沥青路面施工与维修技术. 北京:人民交通出版社.

交通部第二公路勘察设计院. 2001. 公路设计手册——路基. 2 版. 北京:人民交通出版社.

梁军林. 2004. 水泥混凝土路面断裂破坏机理及应用研究[博士学位论文]. 西安:长安大学.

沙爱民. 1998. 半刚性路面材料结构与性能. 北京:人民交通出版社.

沙庆林. 1998. 高等级公路半刚性基层沥青路面. 北京:人民交通出版社.

王秉纲,郑木莲. 2004. 水泥混凝土路面设计与施工. 北京:人民交通出版社.

王书斌,杜群乐. 2004. 公路路基施工要点与质量控制. 北京:人民交通出版社.

姚祖康. 1994. 道路路面和路基工程. 上海:同济大学出版社.

姚祖康. 2002. 公路排水设计手册. 北京:人民交通出版社.

姚祖康. 2003. 水泥混凝土路面设计理论和方法. 北京:人民交通出版社.

姚祖康. 2006. 公路设计手册——路面. 3 版. 北京:人民交通出版社.

殷岳川. 2000. 公路沥青路面施工. 北京:人民交通出版社.

中华人民共和国交通部. 1986. 公路自然区划标准　JTJ 003—86. 北京:人民交通出版社.

中华人民共和国交通部. 2000. 公路路面基层施工技术规范　JTJ 034—2000. 北京:人民交通出版社.

中华人民共和国交通部. 2003. 公路水泥混凝土路面施工技术规范　JTG F30—2003. 北京:人民交通出版社.

中华人民共和国交通部. 2006. 公路路基施工技术规范　JTG F10—2006. 北京:人民交通出版社.

中华人民共和国交通运输部. 2011. 公路水泥混凝土路面设计规范　JTG D40—2011. 北京:人民交通出版社.

中华人民共和国交通运输部. 2011. 公路工程沥青及沥青混合料试验规程　JTG E20—2011. 北京:人民交通出版社.

中华人民共和国交通运输部. 2017. 公路沥青路面施工技术规范　JTG F40—2017. 北京:人民交通出版社.

中华人民共和国交通运输部. 2015. 公路路基设计规范　JTG D30—2015. 北京:人民交通出版社.

中华人民共和国交通运输部. 2017. 公路沥青路面设计规范　JTG D50—2017. 北京:人民交通出版社.

资建民. 2002. 路基路面工程. 广州:华南理工大学出版社.

第4章　道路景观与多功能路面

4.1　道路景观设计理论

4.1.1　道路景观的涵义

道路景观是一门综合学科,是在学科交叉点上形成的新的学科增长点。道路景观涉及交通工程学、心理学、生态学、经济学及美学等方方面面的知识,本章着重讨论与道路设施紧密相关的问题。

景观生态学的创始人 Troll 将景观定义为一组以类似方式重复出现的、相互作用的生态系统所组成的异质性陆地区域。现在其一般定义为:景观是指由地貌和各种作用,尤其是人为作用形成的,具有特定的结构功能和动态特征的宏观系统。在认识上人们通过视觉、感觉对景观产生印象、生理及心理反应,景观形成的综合效应是"舒适性"。不同的建设(建筑)类型对景观的要求或研究有所侧重,道路景观侧重在道路上以一定速度运动时,视野中的道路及视线所及的空间四维景象。道路景观是道路使用者的视觉所能看到的各种自然景观与道路、交通要素的综合体,是道路三维空间加上时间和人的视觉、心理感受等形成的综合环境效应,即道路使用者在乘坐交通工具运动过程中对道路及道路环境的印象。如道路使用者的运动速度为零,视野中看到的则是道路与环境的三维空间形象。前者是动态的,后者是静态的。道路景观也包含路域以外人的视觉中对道路及其环境配合的宏观印象。对于公路景观,在人本原则下应更多地关注自然,关注生态。

人们对高等级道路景观可能会有各种各样的理解和认识,大部分人对它的解释在于"感觉"、"美的印象",强调"景物"、"空间环境"等。随着全球环境问题的日益严重,越来越多的人开始用生态的眼光关注生存环境。人们对道路景观的认识和理解也随之拓展,不应把它仅作为视觉欣赏的景物,而是各种作用下形成的具有一定功能和特征的大系统。同时,它也体现了文化与自然的交流。

道路景观同风景园林景观有所区别,后者是一个动态三维空间景观,具有韵律感和美感。道路把不同的景点结成了连续的景观序列,使人产生一种累积的强化效果,同时道路本身又成为景观的视线走廊。景观设计人员必须具有哲学、美学、社会学、心理学、行为学、地理学、生态学、汽车理论等丰富的理论知识,以及风景规划、道路设计、建筑设计、文学等多方面的专业知识,从形式美感、空间美感、时空美感和意境创造中去进行道路景观设计。

道路在不同的发展阶段,有不同的功能需求(图 4.1)。随着时代的发展,社会的进步,人们对公路的需求从运人载物转变到保证安全条件下的出行,而目前正向追求满足设施与自然和谐情况下的乘车舒适方向发展。正是这一功能需求的改变,道路景观设计才日益被重视起来。随着全球环境问题的日益严重,越来越多的人开始用生态的眼光关注生活的环境,在这种生态意识影响下,人们对景观内涵的认识和理解也应随之扩展,不应再把它当做仅供人们欣赏的视觉关照对象和毫无生机的地表空间景物,而应认为它是由地貌过程和各种作用(尤其是人为作用)而形成的具有特定生态结构功能和动态特征的宏观系统。它体现了人对环境的影响及环境对人的约束,是一种文化与自然的交流。在此背景下,界定道路景观设计理论的涵义为:道路景观设计理论是在可视范围内,研究道路景观规律并应用于工程实践,如何保持与自然更好的协调,如何更好地为用路者服务,以减少交通事故、增加司乘人员舒适性的理论。

图 4.1 道路发展阶段与功能需求

景观设计所涉及的理论、专业领域及各部分的层次结构如图 4.2 所示。

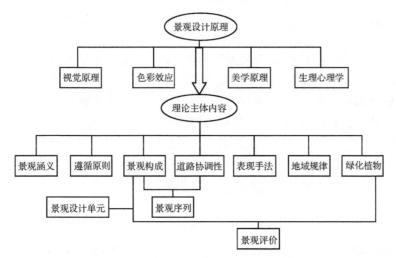

图 4.2 景观设计理论的层次结构图

4.1.2　道路景观的设计原则

我国地域辽阔,各地差异很大,景观在不同地域呈现出不同的特征。在进行高等级公路的线形、沿线构造的造型设计时,避免割断生态环境空间或视觉景观空间的错误做法,要与当地风土人情、历史文化相协调,展现出当地的文化内涵与韵味。道路的景观设计必须考虑保持长期的自然经济效益,尽量避免破坏自然环境和原有风景,保护各种动植物和名胜古迹。必要时可修改道路设计和施工方案以保全原有风景。在保护原有风景的同时,作为现代化的高等级公路,它的设计要符合时代发展的需要,要体现时代主旋律。公路沿途景观要具有时代感、速度感,要使高等级公路活跃起来,明亮起来,成为现代化的时空走廊。因此,道路景观设计原则应该包括以下几方面。

1. 功能性原则

道路首先是供车辆行驶的,进行道路景观设计,始终要把功能性原则放在首位。要充分考虑道路的特点,以满足道路的交通功能和服务功能为首要宗旨。

2. 自然优先原则

以生态学理论为依据,尊重自然、正视自然、保护自然、恢复自然。自然景观资源包括原始自然保留地、历史文化遗迹、植被、湖泊等,它们对保持区域基本的生态过程和生命维持系统及保存生物多样性具有重要意义,一旦遭到破坏,将难以恢复。进行道路景观规划,必须考虑自然景观资源。

3. 可持续原则

景观的可持续性是指人-景观关系的协调性在时间上的扩展,这种协调性应建立在满足人类的基本需要和维系景观生态整合性之上,人类的基本需要包括粮食、水、健康、房屋和能源,景观生态整合性包括生产力、生物多样性、土壤和水源。因此,在可持续发展的大背景下,高等级公路景观设计也要遵循可持续的原则,把道路景观这个由多个生态系统组成的具有一定结构和功能的整体,进行多层次设计,使整个道路系统的结构、格局和比例与本区域的自然特征和经济发展相适应,谋求生态、社会、经济三大效益的协调统一与同步发展。

4. 地域性原则

高等级公路少则几十公里,多则几千公里,故穿越的地区较多,不同地区的自然景观有不同的结构、格局和生态特征,因此修建高等级公路要统筹规划,分段设计,因地制宜,景观协调,注重特色,尽可能保持特殊地区尤其穿越少数民族地区时,要突出少数民族文化特色。每个城市都有深厚的文化底蕴和现代崭新的时代特征,城市道路也应在道路景观设计中突出地域特色。图 4.3 为我国云南某地公路的具有少数民族风格的隧道入口景观,较好地适应了地形环境,又充分反映了地域特色。

图 4.3　某公路隧道入口的景观设计

5. 综合性原则

道路景观规划是一项综合性研究工作,其综合性包括以下两方面含义:其一,景观规划设计的分析不是单独某一学科能解决的,也不是某一专业人员能完全理解景观内在的复杂关系并作出明智规划决策的。道路景观规划设计需要多学科的专业队伍协同合作,这些人员包括道路工作者、景观规划者、景观建筑师、园艺师、地质工作者、生态学者等。其二,要兼顾生态效益、经济效益和社会效益的协调统一;要在分析自然条件的基础上,同时考虑社会经济条件。只有这样才能客观地进行公路景观规划设计,增强规划设计的科学性和实用性。

4.1.3　道路景观发展概略

1. 国外道路景观发展

国外的道路交通行业,对道路沿线生态环境与道路的景观绿化非常重视,已由以往的普通绿化发展到目前的生态公路或景观生态绿化。它强调公路绿化应综合考虑生态功能、景观美化功能、同周边环境协调功能、交通附属设施功能等多方面的完美结合,使公路建设与大自然融为一体。国外城市道路景观的设计,更是处处体现人性化。美国、加拿大等国家在公路建设中十分重视人与自然的和谐与统一,如碰到生态环境中的湿地问题,经常采取占用多少面积的湿地,就在附近补偿相等或大于所占面积的湿地,使湿地的生态功能少受或不受影响。在公路绿化美化方面,美国除要求公路建设部门重视外,还鼓励全社会的参与,各个方面共同努力来实现高速公路生态环境的保护与建设。在北美,修建高速公路一般不大填大挖,不破坏自然景色。

日本专门成立了全国 SF 绿化法协会来研究和指导公路绿化。在 20 世纪 50 年代,日本学者仓田益二郎首次提出"绿化工程"的学科术语。在几十年日本国土从荒废到绿化的历史过程中,绿化工程的理论和技术体系得到了不断的发展并日趋成熟,在实施工程的实践中逐步产生了诸如喷附绿化、袋筋绿化、岩盘绿化及防灾绿化等许多针对不同类型坡面的绿化工程技术。近年来,日本公路的绿化工程经常是结合公路边坡坡面的综合治理工作同时进行。对于坡顶高、坡度陡的边坡,通常是采用工程防护与植物防护相结合的方法,达到了坡面治理、保护公路、减少水土流失和美化环境、改造景观等综合目的。

欧洲在生态公路建设方面的工作已开展多年。法国在 20 世纪 90 年代中期,就注意到公路建设与生态保护的关系,在修建高速公路的时候,同时创建生物栖息场所来保护动物。瑞士在修建高速公路时实施了防止动物移动离群、建设替代栖息地的措施。德国在公路设计与建设中,只要碰到敏感的生态环境问题,设计人员从线形规划阶段就采取避让的原则,同时注意公路景观与周围环境的结合。

2. 我国道路景观发展

国内公路景观设计的萌芽最早出现在 20 世纪 60 年代,1964 年,方左英先生对风景区道路景观进行了探讨。20 世纪 80 年代到 90 年代,是公路景观的起步阶段。1983 年,我国交通部制定公路标准化美化标准,要求道路畅通、整洁、绿化、美化,道路景物交叉协调,构成流畅、安全、舒适、优美的道路环境。这一阶段有学者提出,公路景观的基本理论大体包括三个方面:一是动视觉特性的应用,二是公路线形自身的协调,三是公路线形与环境的协调。进入 21 世纪,随着公路基础设施建设的快速推进,公路景观进入了初步发展阶段,在多学科的交叉点上,开始形成一个新的学科——"公路景观学"。除了公路线形、景观绿化单元、附属设施外,人们开始关注公路建设对生态的影响,提出公路景观要与环境协调发展,一些用于园林艺术的表现手法和研究方法被引入公路景观设计。张阳的专著《公路景观学》、魏中华的博士学位论文《公路景观设计理论研究》等研究成果,初步建立了我国公路景观理论基本框架,但系统的理论与方法及对一些专题的研究尚在进一步发展中。

4.1.4　道路景观研究的基础

1. 心理学理论

心理学的范围很广。道路景观是景观美学范畴,但它的建设又是为大众所使用的,因此社会心理学和审美心理学与道路景观研究有更为紧密的联系。以此寻找设计灵感,探讨如何引起景观使用者的感情共鸣。

社会心理学是研究个体和群体的社会心理现象的心理学分支。个体社会心理现象指受他人和群体制约的个人的思想、感情和行为,如人际知觉、社会促进等。群体社会心理现象指群体本身特有的心理特征,如群体凝聚力、社会心理气氛等。社会心理学则着重于研究群体中的个体、群体、人与人、人与群体的关系,研究直接社会情境对个人的影响及个人对这个情境的解释的作用。

例如,地域文化是一种社会心理现象。地域文化心理是从世代相沿的社会风俗中,经过长期的潜移默化积淀在民族性格中的深层因素。主要表现为民族情感、思维、行为、习惯方面的共同意识,具有在各种波澜曲折中获得稳定传承的机制。人人都要受到风俗习惯的塑造,同时又无不体现着地方文化氛围与特定的审美认同,是民族性格和文化精神在社会生活中最具体生动的体现。景观设计的区域性即是地域文化不同的社会心理表征。

审美心理反映了人的高级精神需求和人的高度认识能力,是一种最具个体性、感知性、情感性、创造性和自养性的健全心理。审美心理活动不仅是获得愉悦和舒适的情感活动,也是发现美、创造美的认识活动,同时还是有着美丑的价值判断的意志活动。因此,审美心理的活动过程也是审美的认识过程、情感过程、意志过程的统一体现。在审美心理过程中,情感过程溶解了认识过程和意志过程,这就是现代人们常说的理性沉淀于感性。因此,从道路景观设计心理角度来讲,它以感性形式表现理性内容,追求以情达理;从使用者鉴赏心理角度来讲,则通过感动而后领悟,先通情然后悟理。设计人员若能有效把握道路使用者的心理,则能设计出亲切宜人的环境氛围,从而为道路使用者提供心理的愉悦。

审美心理过程大致可分为三个阶段,即审美期待、审美展开、审美弥散。其中,审美期待,实质上是处于"临美心理"状态。审美展开也就是审美实现阶段,既是审美期待的实现,又决定着审美弥散的效果和质量。审美弥散是指当具体的审美对象鉴赏完成之后,审美心理得到某种满足而产生的对审美经验的积聚和沉淀,对审美情境的探索和玩味,对审美理想的充实和提升。审美期待、审美展开、审美弥散是审美心理过程三个即相互联系又相对独立的阶段,其所包含的各种心理形式也只具有相对的意义,实际上是三者共同构成了审美心理的综合、动态、复杂的完整过程。根据审美过程的这一特点,可以结合道路线形的特点,控制审美节奏,创造出扣人心弦的景观序列。例如,注重景观的起承转合,积极调动审美意识,创造审美条件与对象,安排柳暗花明的惊喜,设计意犹未尽的结束,营造感情氛围,从而设计出高质量的道路景观。

2. 美学理论

道路线形景观的观赏者多处于运动状态,在这一状态下景观主体(人)对景观客体(道路与沿线景物景色)的认识只能是整体概貌与轮廓特征。道路景观给人的印象应力求轮廓清晰、醒目、错落有致、色彩协调、风格统一。道路景观所表现的线条、形体、色彩、材质等,在时间、空间上的排列组合应该给人以美的感觉。

1) 多样与统一

多样与统一是形式美的基本规律,是各种艺术门类共同遵循的形式法则。只有多样变化,没有整齐统一,就会显得纷繁散乱;如果只有整齐统一,没有多样变化,就会显得呆板单调。多样与统一包括两种基本类型:一种是各种对立因素之间的统一,另一种是各种非对立因素相互联系的统一。无论是对立还是调和,都要有变化,在变化中体现出统一的美。多样与统一体现出事物内在的和谐关系,使艺术形式既具有本质上的整体性,又表现出鲜明的独特性。要达到色彩的统一需要正确选择主要色彩,正确应用色彩对比也能产生好的统一效果,成功的例子中总是一种色彩占主导地位,而对比的色彩或材料仅仅用来加重和点缀而已。另一种表情的协调是表现使用的目的,使特殊的功能需要与建筑外观达到统一。

2) 比例与尺度

比例是指事物的整体与局部、局部与局部之间的数量关系。一切事物都是在一定尺度内得到适宜的比例。形式要素之间的匀称和比例,是人类在实践活动中通过对自然事物的总结抽象出来的。古埃及的金字塔已经有了严格的比例关系,胡夫金字塔的周长除以二倍塔高等于 3.1416,与圆周率巧合。古希腊的毕达哥拉斯学派提出了黄金分割率,他们发现了这一比例的美学价值。古希腊的帕提农神庙是应用黄金分割率最典型的代表作品,神庙从外形到东南西北各立面、柱式、门窗、三角额墙全部按黄金分割来造型。尺度使人们产生寓于物体尺寸中的美感。要体现尺度这一特性就需要把某个单位引到设计中去,使之产生尺度,这种引入单位的作用就像一个可见的尺子,它的尺寸使人们很容易辨别出来。人本身的尺度是衡量其他物体比例美感的因素。在建筑中,人的活动与建筑之间有着密切联系,如台阶大小与栏杆高低都和人有关,大于或小于习惯尺寸就会感觉别扭,它们与人之间应有恰当的尺寸关系,这样人也成为度量建筑的真正尺度了。尺度的实质是反映人与建筑之间关系的一种性质。建筑物的存在应让人们去喜欢它,当建筑物与人在身体与内在感情上建立某种紧密与间接的关系时,这种建筑就会更加适用与更加美观。

3）均衡

均衡是人们通过对日常生活的观察,形成的与重力有联系的审美观念。在视觉艺术中,均衡中心两边的视觉趣味中心分量相当,则会给人以美的感觉。最简单的一类均衡是对称,对称轴两旁是完全一样的。对称具有高度的稳定性,古典建筑经常采用对称形式,使人感到庄严稳重,具有强烈的纪念性。另一种均衡形式是不对称均衡。不对称均衡的均衡中心应视作一定强调,使人一眼就能发现均衡,否则就会招致散漫和混乱。不对称均衡应满足杠杆平衡原理,即一个远离均衡中心的小物体可以用靠近均衡中心的大物体加以平衡。

4）对比与和谐

对比是强化视觉刺激的有效手段,其特征是使质与量差异很大的两个要素在一定条件下共处于一个完整的统一体中,形成相辅相成的呼应关系,以突出被表现事物的本质特征。和谐是指事物各组成部分之间处于矛盾统一中,相互协调的一种状态。和谐能使人在柔和宁静的心境中获得审美享受。

5）节奏与韵律

节奏是一种有规律的周期性变化的运动方式。在视觉艺术中,节奏主要通过线条的流动、色块的形体、光影明暗等因素反复重叠来体现。诗词中要有韵律,音乐中要求节奏,在原来的希腊文都是一个字即 rhythmos,西方文字也都差不多是同一个字。它的原意是指艺术作品中的可比成分连续不断交替出现而产生的美感。它是多样与统一这个原则的引申部分,除诗词和音乐之外,已广泛用在建筑、雕塑和园林等造型艺术方面。韵律是任何物体的诸元素成系统重复的一种属性。有些"韵律感"是可见的,在公路景观中如两个树种交替使用的行道树;有些是不可见的,在可比成分比较多,互相交替并不十分规则的情况下,其中的韵律感像一组管弦合奏的交响乐那样难以捉摸,在大面积绿化的立交区、服务区等处是可能出现的,这其中复杂的韵律感是十分含蓄的。

上述形式美的一般原则是人们长期对美学研究的成就,是美学评价的基本原则。它对工程构筑、对道路的景观设计及桥梁建筑形式的美学评价均有十分重要的意义。但前后二者之间存在一定差异。道路景观是线形的动态环境,有明确的方向性与运动速度问题,同时这些原则需要用现代交通条件下的特点去研究应用。

3. 景观生态学理论

景观生态学是研究在一个相当大的区域内,由许多不同生态系统所组成的景观整体的空间结构、相互作用、协调功能及动态变化的一门生态学新分支。景观在自然等级系统中是比生态系统高一级的层次。景观生态学以整个景观为研究对象,强调空间异质性的维持与发展,大区域生物种群的保护与管理,环境资源的经营管理,以及人类对景观及其组分的影响。景观生态学的研究焦点是在较大的空间和较长的时间中生态系统的空间格局和生态过程。

在景观尺度上,每一独立的景观单元可看做一个宽广的斑块、狭窄的廊道或背景基质。景观单元在大小、形状、数目、类型和结构方面又是反复变化的,决定这些空间分布的是景观结构。在斑块、廊道和基质中的物质、能量和物种的分布方面具有异质性。生态对象在景观单元间连续运动或流动,决定这些流动或景观单元间相互作用的是景观功能。在景观结构单元中,物质流、能流和物种流方面表现出景观功能的不同,这为多种学科对景观的理解提供了共同语言和框架。景观生态学对公路更具现实意义,因为公路是一条大尺度的线性景观廊道,同时把它放到周围广阔的背景基质中,运用廊道的思想考虑能量、物质、信息的交换,对生态保护有积极意义。

高等级公路沿线,特别是中央隔离带,景观斑块较小,环境条件恶劣,养分能量容易丧失,需要人为投入的同时,选取管理粗放的植物种类有利于生态的恢复。

公路的修建实际上是对自然生态系统的人为破坏,要使破坏的生态系统重新达到平衡并发挥作用,就要应用生态恢复学相关理论。形成生态系统退化的直接原因是人类的活动,如公路的修建使沿线生态破坏,同时部分退化来自自然灾害,或两者叠加。由于社会经济文化的需要,往往会对退化的生态系统制定不同水平的恢复目标,主要包括生态系统地表基地稳定性、恢复一定的植被覆盖率和土壤肥力、实现生物群落的恢复,提高自我维持能力、减少或控制环境污染、增加视觉享受等。

需要注意的是,生态恢复往往并不能达到所要求的完全理想状态,恢复了生态系统的功能即是一个成功的恢复。自我设计理论和人为设计理论是唯一从生态恢复学中产生的理论。自我设计理论是完全依靠自然恢复的极端,在高速公路景观设计中,需要通过景观设计达到生态景观恢复的目的,也就是通过人为设计帮助生态的恢复,可以弥补自然的不足,也可大大缩短恢复的周期,实现可持续发展。

公路本身就是一种大尺度景观,当我们追求生态恢复的同时,往往忽略了这一点。这种人工构筑物一定范围里创造了一种人工生态系统,需要人为地维持这个生态系统的各项功能正常发挥。

4.1.5　道路景观理论的前沿问题

在道路景观设计的内容和要求规范化的同时,由于计算机技术的发展,设计手段也日趋数字化,动态连续透视图、全景透视图、三维模型得到广泛应用。在一些国家的公路设计中,动态连续透视图、全景透视图往往作为公路路线布设和几何设计是否适当的重要检验方法。

与世界其他地区道路景观的发展相比,我国这一领域在设计理念、方法上尚有不少差距或差别,公路的修建对环境的冲击在一些地区还相当大。通过对当前景观设计和建设情况的分析,我国在道路景观设计理论、方法和建设方面存在以下特点:

第一,我国高等级公路目前仍处于量的供需矛盾突出的阶段,人们对高等级公路优美的环境与较高的视觉质量的要求与满足方便快捷的出行功能要求相比还不是那么迫切。而且,就目前我国所处的经济发展阶段而言,还没有达到在经济建设与自然生态环境建设发生矛盾时,以牺牲一定的经济效益来避免或减小对自然的破坏的阶段。

第二,在我国高等级跨区域公路的建设中,景观规划设计师只是在所有建设项目完成后,才象征性地参与进来,而所能进行的工作,仅仅停留在有限的所谓绿化美化工作层面上,见缝插绿,没有从公路与自然的和谐及生态角度考虑公路景观设计。这说明整体的社会环境对景观需求还处于较为初级的阶段,亟待进一步提升。

第三,由于现代景观学科在我国刚刚兴起,人们对环境、人文意识与需求处于初步觉醒与建立阶段,我国景观学本身目前仍处在有待健全完善发展的阶段。对公路景观,尤其是对在我国出现只有 20 年左右的高速公路来说,道路景观的研究、探讨还处在较为滞后的阶段,因而导致了在高等级公路景观价值的认识、景观优劣的评价、景观规划理论与方法、景观建设目标等方面落后局面的暴露显现。

第四,城市道路景观设计存在着各专业各自为政而造成城市道路景观缺乏整体性和连续性的现象。道路工程师注重道路结构的合理和安全,城市规划师关心道路两侧的建筑容量和控制,建筑师关注建筑单体的造型。即使景观理论,也存在着概念和研究对象上的差异,景观规划与营建侧重视觉和感知方面的研究,景观地理学侧重空间结构和历史演化的研究,景观生态学侧重功能和环境上的研究。各专业学科间的分离导致了城市道路景观设计没有一个整体和全面的设计理论,道路空间缺乏尺度感、层次感,单纯追求景观视觉形象而缺乏文脉意识和人本意识,城市道路缺乏区域和地方特色等。在实践中,往往存在片面强调景观的视觉形象而忽视其精神和文化内涵,或者是将文化意义的传达理解为文化小品的简单堆砌等现象。这些问题的产生有着历史、观念、立法、管理等深层次的原因。

4.2　公　路　景　观

公路景观设计理论有着丰富的内容(表 4.1),它是以视觉原理、色彩学、美学等学科为基础的,主体包括公路线形、公路景观的表现手法、景观地域分异规律、公路景观构成、公路景观序列和公路景观评价等内容,其中待研究的可以量化的指标有多个,除了公路合理的线形外,其他基本的还有顺直路段(所谓顺直路段指直线路段和平曲线半径大于某临界值的大半径平曲线路段)单一景观最佳长度、路侧结构物距路边的合理距离、立交桥空间尺度,对于路用绿化植物,如中央分隔带,植物的高度、冠径、间距等都需要进一步量化。本节主要介绍公路线形协调问题和主要公路景观设施。

表 4.1　公路景观理论框架的内容

基础	公路景观设计原理(视觉原理、色彩学、美学、生理心理学等)
主体	公路景观的涵义,公路景观设计的原则,公路景观构成,公路线形协调,公路与周边环境的协调,公路景观表现手法,景观地域分异规律,公路景观序列,公路绿化植物的品种选择和栽植方式,公路景观设计单元,公路景观评价
指标提取	顺直路段单一景观最佳长度,路侧结构物距路边合理距离,立交桥空间尺度,路用植物高度、冠径、间距

4.2.1　公路线形协调

公路路线的线形,由于地形、地物、地质等自然条件的限制,在平面上是由直线段、缓和曲线段和圆曲线段构成的,在总体上是由直线、平曲线和竖曲线构成的,因此它是一条空间曲线,像一条连绵不断的缎带铺在大地上,人们如果从空中或者从很远的山顶上看去,一幅"山舞银蛇,原驰蜡象"的图景就呈现在眼前。而达到这种效果,就必须首先处理好两个协调问题,即公路与环境的协调问题及公路线形自身的协调问题(图 4.4),在高等级公路设计中显得更为重要。

图 4.4　公路线形协调内容

1. 公路与环境的协调

线形与地形配合是公路与环境协调的主要内容。线形与地形配合首先取决于合适的技术标准,从总体上看,公路路线线形的要求是随着公路等级的升高而升高的,一般来讲,公路等级越高则几何线形越流畅越美观,而地形特征是影响选择设计速度的主要因素。公路建设要尽可能减少人工痕迹,在所处环境中不但不刺目,不支配环境,而且要与周围环境融为一体,与周边的生物共生。公路要有合适的视觉比例,如视野中公路所占比例过大,也必然显得生硬单调。与地形不协调的路线极难形成优美的景观,因此公路与环境协调最重要的工作是抓住地形特征,避免对地形的任意分割,使路线与地形有机地结合起来。

　　图 4.5 为道路线形与环境相互协调的设计图例,图 4.6 为道路线形与环境相互协调性差、人工痕迹过重的道路设计图例。

图 4.5　道路线形与环境相互协调

图 4.6　人工痕迹过重的道路设计图例

　　公路与环境协调还包括充分利用当地的风景资源,对这些资源,要有效利用景观的表现手法,使其成为路边富有吸引力的景观,对司乘人员具有良好的视觉效果,克服行车的单调性,丰富旅行生活。一条与地形配合良好的路线,必然成为风景的一部分,不但可以使用路者有舒适感,而且可以令路域以外的人们对公路在宏观上有良好的印象。

　　公路与自然环境有良好的配合,应该充分利用地形特点,尽可能减少对自然的破坏。如在山区,高等级公路线形以曲线为主的设计手法,配合地形与地区特点,这样公路与周围风景更易融为一体,如生硬地切割地形,自然景观受到破坏,公路与环境就会显得格格不入,自然环境也变得满目疮痍。土石方工程是路基的基本形式,因此路基边坡景观工程无论对其本身防护还是对改善外观都是很重要的。从施工角度看,文明的施工可减少对环境的破坏。土石方工程留下许多施工痕迹,有必要适当处理和修饰,以恢复其自然外观。例如,弃土堆的修整,挖方边坡的防护、绿化等均应重视,其基本的修饰方式就是良好的景观工程。为了便于绿化,边坡坡面不宜修成平整光滑面,而应有一定的粗糙面,这样种植草木时容易固定。对于石质边坡,应广泛采用新技术,充分利用光面爆破、石质边坡绿化等技术,并使种植草木与周围环境相协调。高等级公路的线形应以曲线为主体,与其沿线周边环境发生联系,进行景观设计时应从以下两方面考虑。

第一,规划布置阶段。首要的是处理好线形与地形之间的关系。事实证明,完全的沿溪线、山脊线或越岭线都很难达到良好的景观效果。若高速公路所经地区山水相隔,既有九曲回肠,又有流水潺潺,既有山重水复,又有柳暗花明,那么给人的印象富有动感及强烈的变迁,增加驾驶员和乘客的好奇心和兴奋感,增加旅途愉快。其次,要正确处理高等级公路与城镇之间的关系。根据公路选线"近城不进城"的原则,应遵循三种模式:一是路线"绕城而过",适用于小城市或城镇;二是路线与功能相近的环线合并过境,适用于大城市;三是采用连接线将高等级公路与城市道路系统连接在一起。这几种过境方式应视具体情况而定,以保证公路景观效果。最后,要正确处理好路线与沿线风景区、林区、名胜古迹等之间的关系,尽量避免破坏已有的旅游设施,同时路线的布设应有利于旅游景点功能的发挥和资源的开发与利用。

第二,线形设计阶段。平面线形设计,首先要注意线形本身平纵面的空间组合,构筑良好的立体线形,以满足视线诱导要求;其次应尽量避免线形是孤立存在的或生硬地割断自然景观和视觉空间。例如,弯曲河道两侧线形一定是以曲线为主体的线形,否则会使路线与环境之间发生严重冲突。纵断面设计中,路线应尽可能接近原地面自然坡度,减少人工痕迹,避免过多地破坏环境和景观,不得已时应采取植草植树等措施进行弥补。例如,在高填方弯道外侧植树不但能够增进行车安全感,而且能补偿高边坡的人工痕迹,改善景观。在高挖方段绿化不仅能保证视觉上色彩的连续性,同时能增进道路的美感。横断面设计,侧重在边坡的处理,力图使边坡造型和现有景观相适应,借助于边坡的形态、植树和草皮,使由于挖方和填方对自然景观的破坏得到弥补。另外,边坡坡度值也是影响其景观效应的因素,过陡的边坡使高速公路不具备安全感,过缓、过矮的边坡又不能呈现高速公路景观的独立性。

2. 公路线形自身元素协调

高等级公路行车速度高,线形应当充分协调,考虑平、纵、横线形的平衡,保持线形设计的一致性。实际道路的线形,是平、纵、横组合起来所组成的立体线形,驾驶员开车看到的是真实的三维立体线形。平面线形好,纵断面线形也好,不等于空间线形好。因此应注意平、纵、横的线形组合设计。组合设计空间立体线形,实际上始自选线、定线。在选线时,注意到组合设计问题,将为设计阶段的线形组合设计带来有利条件。

路线是道路工程中极为重要的内容,线形协调在第 2 章中已经有了较为详细的介绍,这里对如何构成协调、优美、诱导用路者视线的线形,提升道路的景观效果,在线形组合方面提出以下原则。

1) 平曲线与竖曲线配合

平曲线与竖曲线配合是指把平曲线与竖曲线一一对应,平曲线的中点与竖曲线的变坡点重合在同一点。而且平曲线要比竖曲线长。线形这样组合可以在视觉上产生诱导驾驶员的效果,而且平顺。如果平曲线与竖曲线错开,竖曲线顶点又是平曲线起点,驾驶员的视线受挡,不能预知路线走向。竖曲线的底点,又是平曲线的变曲点。在视觉上,道路呈现扭曲,而且该处排水困难,甚至成为引发交通事故的祸首。

2) 平曲线和竖曲线大小保持均衡

平曲线和竖曲线重合,其中一方长而缓,应当避免另一方短而急。不可形成在一个平曲线内多次变坡,包括几个竖曲线;或在一个竖曲线内多次转弯,包括几个平曲线。这样的组合,小的一方看上去失去了存在的意义,失去视觉平衡。根据经验,在平曲线半径小于 1000m 的情况下,竖曲线的半径一般为平曲线半径的 10~20 倍,即可取得均衡效果。

3) 线形组合应构成适宜的合成纵坡

道路纵坡与横坡构成的合成坡度应当适宜。较大的坡度利于路面排水,但在积雪覆冰地区,行车有危险,对北方的山区高等级公路,这种情况可能比较严重。如果坡度过小,则不利于排水,汽车溅水,阻碍车辆的高速运行。在陡坡路段设以小半径平曲线,易构成较大合成坡度。为行车安全起见,应选择合适的不大的合成坡度。

另外,在保证视距的同时,对驾驶员一次能看见的公路长度应当加以限制,驾驶员在任何一点所看到的平面线形上方向的变化不应超过 2 个,纵断面线形上坡度变化不应超过 3 个,不要在驾驶员前面出现连绵不断的公路,而应使他看到公路消失在风景之中。

4.2.2 公路景观设施

公路景观设计单元涉及公路的各部分具体实物的设计,包括众多的构造物,具体有中央分隔带、边坡、立交区、收费站、服务区、桥梁和隧道等,而目前的设计方法也从绘图纸逐渐过渡到动态的三维立体设计。高等级公路应将构造物视为平衡道路对自然景观的影响,同时力求使构造物尤其是大型构造物成为高等级公路上的人工景点。

互通式立交是重要的交通设施,同时也是造就独具个性的景点的关键节点。功能统一、形式各异、绿化合理的立交,给人以气势宏伟、耳目一新的感觉。修建一座立交桥,力争创建成一个景点,是公路立交景观设计的要求。

　　沿线桥梁等跨线跨河构造物,应强调桥型的新颖别致,并能与地形相协调。在地形特征及桥型特征不很明显的地段,应在桥梁的栏杆甚至两岸桥头建筑小品上做工作,增加视觉诱导功能,改善景观。

　　沿线过山隧道,是高速公路上景观显得比较单一的路段,隧道引人之处是其出入口,造型别致大方但不失自然美的洞门会引人入胜,洞内照明及装饰也是关键。

　　沿线休息服务设施的景观效果首先是体现在其自身的建筑造型及色彩设计,造型独特、个性鲜明的休息服务设施能带给长途旅行中的人们一阵惊喜和好奇;其次是强调休息设施的选址,一般认为长时间的休息场所宜分布在林区边缘、风景名胜、历史古迹、建筑艺术遗址附近,这样不仅能将建设独特的候车亭通过小道与凉亭等连成一体,而且可根据地势高低修建一些上下坡道、阶梯,形成山地休闲型场地,供疲劳的乘客休闲娱乐,闲庭信步,有效地塑造高速公路的建筑艺术形象,增进景观效果。

　　公路景观设计者在工程实践中需要进行设计的景观内容如图 4.7 所示。

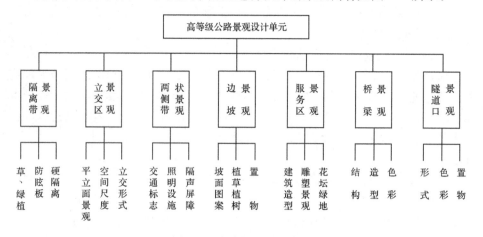

图 4.7　公路景观设计单元

1. 分隔带景观

　　高等级公路中央常有分隔带,中央分隔带是高等级公路路面主要附属设施之一,起着分隔交通、诱导视线、防止眩光并改善景观等多种功能。驾驶员长时间行驶在公路上,精力、视线高度集中在路面上,极易产生疲劳,中央分隔带可种植草坪、低矮花灌木和整型针叶树球,并通过不同路段的树种变换和植物颜色形态的变化,吸引司乘人员的注意力,调节驾驶员视觉,减轻驾驶员精神疲劳,提高行车安全;中央分隔带种植合适的植物,可有效防止眩光,提高夜间行车安全。因此,美化绿化好中央分隔带,对于美化路容、保护环境、改善行车条件、提高行车安全等都起着极为重要的作用。

中央分隔带的宽度对它的环境保护功能影响很大。宽度不到 4m 的中央分隔带只能用草本植物绿化,对于 4m 的中央分隔带,用乔木或树木绿化,可以起到一定的防眩功能和吸收噪声的功能。在 4m 的中央分隔带内,如果设置护栏、灯杆、双向防撞护栏,中央分隔带地基就必须很结实,这样就会影响绿化带中植物的生长,增加养护费用,而且景观也不会很好。因此,对于较窄的中央分隔带,倾向于不进行绿化,而是连续设置护栏、遮光板。

美国学者认为,如果要利用绿化作为中央分隔带防眩设施和隔声设施,真正将两个方向的车流分隔开,既能减轻交通气浪,又能增加防眩效果,中央分隔带宽度必须大于 12.2m。联邦德国的汉斯·洛伦茨博士认为,如果综合考虑护栏遮光板的造价、国土资源、环境、视觉影响和绿化的难易程度,6m 的中央分隔带宽度较合适。如果中央分隔带较宽,内侧防护栏可以不再设置。有些地方的预留车道也可以加入到中央分隔带进行绿化,形成优美的道路景观。但对于我国紧张的用地情况,宽达 6m 的分隔带可实施性不强。

中央分隔带位于双向车道的中央,污染极其严重,土壤极浅而瘠薄,无充足水分,地温、气温变化较大,植物的生长环境恶劣,故对植物种类要求也就十分苛刻。中央分隔带的绿化植物材料的选择除考虑遮光防眩、引导视线并改善景观的功能外,还要求植物的抗逆性强,不需要频繁的修剪。由于中央分隔带位于公路的中央,绿化施工养护时影响道路上车辆的正常行驶。八达岭高速公路原有的绿色中央分隔带更换为防眩板,其目的之一是为了避免绿化水车占用车道,给日益拥堵的该路段"让路"。

高等级公路中央分隔带的景观绿化给无机的道路增添上有机的自然色彩,是形成环境舒适的重要因素。一般说来,公路中央分隔带的设计要注意以下几点:

(1) 防眩对内侧车道的小型车最重要,根据视觉原理,只要灌木超过视线高(树高要从驾驶员驾驶车辆座位的平均高度考虑,小车 1.5m 以上,卡车 2.0m 以上),并且植株间距满足一定要求时,即具有一定的防眩效果,当然防眩要求高时则需专门设计。科学的景观绿化时要根据视觉特性,使绿化的美学要求与交通功能取得一致。

(2) 进行栽植设计,要考虑公路周边条件和土质特性、栽植后的维修管理等来决定栽植形式和树种等方面。

(3) 从中央分隔带植树的引导视线功能看,在直线平坡地带,树木应种在中央分隔带的中线上。当平曲线半径小时,为了保证视距,应将植物中线定在靠近曲线内侧车道的路缘带。

(4) 为了防止眩光,引导视线,在小半径的凹形竖曲线部分,应栽植适当高度的树木。

(5) 中央分隔带植树,还应考虑选择那些对废气排放有抵抗能力而且容易修剪、下枝生长慢的树种。

图 4.8 为广西水任—南宁公路部分路段中央分隔带。

图 4.8　广西水任—南宁公路部分路段中央分隔带

2. 立交区景观

立交桥是一座由硬质材料构成的工程实体,它与周围的自然景物和广阔的空间构成一个人性化的物质环境,立交区是高速公路对外的窗口,也是公路的标志性景观,它的建成必然会对周边自然景观产生影响,同样,自然景观会对立交的规划、设计及建成后整体景观发挥作用。景观设计在立交的设计过程中占有非常重要的地位,它的成败直接影响到公路景观的总体,立交区是高等级公路景观设计中一个必不可少的部分。

公路建成后应与周边环境相协调,不应破坏自然环境和自然景观,并尽可能延续原来的生态系统,力求美化自然,恢复自然,使立交与自然景观有机地结合在一起,浑然一体,最大限度地达到与原有地形地貌的统一。立交区的景观要和沿线道路及其他立交区统一起来考虑设计,还要结合地理位置、人文风俗等来考虑。但是,由于立交的功能是为了保证车辆进出高等级公路如高速公路,或者高速公路不同方向的转换,如果过分迁就地形,会引起设计标准的降低,从而降低立交桥上行驶车辆的舒适感和安全感,使立交的交通功能降低,这显然与立交的设计原则相悖。如何协调两者之间的矛盾,就需要通过景观设计来实现。尽量保护那些有价值的景观及其各组成部分,通过各种措施尽可能消除或减少对景观的破坏,并力求使之成为自然景观的一部分。

1) 立交位置的选取

立交位置的选取是互通式立交桥建设的一项基础性工作,正确地选取立交的位置,对于整个立交区的景观形成具有重要作用。选择立交的位置,需要了解立交区域内许多自然条件,包括立交区域内的地形情况、岩石和水土的分布和气候条件及区域内的植被情况,通过对这些方面的了解,以解决与周围环境的协调问题,确定立交景观设计的总体思路。

2) 立交造型的选定

立交的造型是由其交通功能决定的,由相交道路的等级及交通量确定立交的等级和性质,再依据立交的等级和性质,结合具体的地形、地物选择立交的形式并确定各种技术指标。这样选型结果能分清主次,尤其是将枢纽性质立交与服务性质立交严格区分,使各种立交各尽所能,最大限度地发挥其作用。

立交的造型以空间为主体,以互通式立交为例,由于其具有空间开敞、规模宏大等特点,人们出入某一点时往往很难一览全貌,这时只有当视点升高到一定程度时,才能领略到其整体形象,因此互通式立交主要是通过各种平面线形的平、纵面组合来表达整体形象的,匝道作为立交的最基本单元,立交的平、纵面设计思路均是通过其具体形式反映出来的。在匝道的平面设计中,应尽量避开受保护的景观空间,避免割断生态景观空间或视觉景观空间的做法。《公路路线设计规范》(JTG D20—2017)对匝道的平面设计在这方面也提出了要求:互通式立交的景观应与匝道线形布设相配合,并与环境相协调。在匝道的纵面设计过程中,由于其自身功能的特殊性,经常会遇到一段很短的空间距离需要克服几米的高差,这势必会破坏立交范围内原有的地形地貌,这时就需要通过对匝道上不同区段的构造物采用不同的立面造型,以达到丰富立交景观的目的,从而使立交在整体造型上具有美观、大方的特点,并对周围景观起到优化的作用。

3) 立交坡面的设计

立交坡面的景观设计是一个必不可少的部分,它使立交的造型具有优美、实用的特点。立交坡面设计的主要途径是通过坡面修饰来实现的。坡面修饰就是对匝道所包围着的区域进行横断面设计时,根据匝道填土高度的不同,路基横坡度采用不同的数值,越低越缓,一般在路肩一定范围内做成圆形等规则形状,这样将使匝道的横断面在整体上具有柔和的自然形态,起到修饰和美化的作用。坡面修饰一般在环形匝道及三角区域内进行,而作为坡面修饰设计思路在设计文件中的具体反映即为等高线图。等高线要尽可能与原有的地面相协调,一方面要靠匝道的填土调整地形和排水的关系;另一方面还要核对匝道的横断面在坡面修饰时,所引起的地面等高线变化。等高线不一定是规则的,可以考虑利用现有的地面,以营造出自然的景观。

4) 立交区的景观绿化

立交区的景观绿化是立交景观的重要组成部分,它同时起到宏观景观和微观景观的作用。我国的立交绿化景观设计有一个明显的发展过程,从最初的模仿到现在真正意义上的设计,从完全图案式的布置到自然与图案的结合。以自然为主、部分地结合功能方面的要求,少量地运用规则式的布局,这一变化深刻地反映出民族性审美情趣与自然一致性的特点。

立交区景观设计中以植物造景为主,突出每个立交不同的景观特性。通过植物造景,使景观的造型与自然景观相融合,以其生态性为主,在大小不同、形状各异的绿地中,利用不同植物材料的镶嵌组合,形成一个个层次丰富、景色各异的花园绿岛,以增强立交和道路的识别特征,既丰富道路景观,又避免千篇一律。

立交区的绿化对路基边坡有稳定作用,此外它们对现有的景观还能起到补充作用,采用大色块的草坪为基础绿化,给人以视线开畅、绿化大气魄的效果。中心绿地注意构图的整体性,用大手笔的整型树和低矮花灌木做成一定图案。力求图案美观大方、简洁有序、自然疏朗,使人印象深刻。小块绿地以疏林草地的形式群植一些标志性植物,使层次富于变化,反映当地自然风光的独有韵味。

在匝道两侧绿地的入口处,适当种植一些低矮的树丛、树球或三五株小乔木以增强标志性和导向性。弯道外侧种植高大的乔灌木作为行道树,以诱导行车方向,并使司乘人员有一种心理安全感。弯道内侧绿化为保证视线通畅,则种植低矮的花灌木。驶出匝道作引导栽植,使可见区变窄,间接示意驾驶员减速。

这些绿化仅能起到宏观景观作用,作为互通式立交的绿化,还可以搞一些集中的景观绿化,如在立交的匝道所包围着的区域内可适当栽植观赏性花卉,形成地方特色的景观效应,在立交桥上的人们通过车窗,欣赏到这些花草树木,无疑是一种赏心悦目的享受。

3. 边坡景观设计

公路边坡景观是公路景观的重要组成部分,是展示公路地域文化和公路视觉形象的重要物质载体,所以边坡景观设计应在深入挖掘当地历史文化的基础上,突出体现公路的地域特色,增强边坡的个性和特色。通过边坡的景观设计,使公路成为展现地域文化的景观廊道。

由于公路路面是色彩单一的硬质景观形象,长时间刺激会使观赏者感觉单调乏味,对驾驶员有一定的负面影响,因此边坡景观设计应尽可能选择形态美、色彩美、风韵美、季相美的植物,通过这些植物色彩、大小、姿态的艺术搭配,以连续与间隔的变化形成植物景观的节奏与韵律,创造出柔美的边坡景观形象。

公路边坡既考虑工程稳定为本的要求,又要做到完善的环境保护,使边坡绿化与路域形成和谐自然的生态景观,让公路完全建设在已有的自然环境中,与自然环境融为一体。

公路边坡的防护与植被的防护是相辅相成的,边坡防护离开工程措施,稳定问题就无从谈起,但单纯依靠工程措施,又难以解决边坡水土流失、景观效果欠佳的问题。只有在充分科学地分析边坡地质构造特点的基础上提出工程与植物相结合的措施才是唯一的解决途径。

在边坡防护设计中,要做到"固脚强腰"、"刚柔相济",即既确保防护安全稳定,又加强绿色覆盖、环境保护处理,绿色防护中又注意应用"草木结合"的方法强化绿色稳定,这样有利于趋向自然。"固脚强腰"是设计中通过地质和水文调查,针对不同的地质条件采取不同措施。对地质较差地段采取下部砌筑矮装饰挡土墙或用片石铺砌抗滑设施等,达到"固脚"的目的;中部采用拱形、网格形、条带形骨架或边坡分级错台、加铺格笼或生态植被网,便于绿化同时达到"强腰"的目的。"刚柔相济"是根据不同地质条件采取骨架支撑或土工织物覆盖实施全面绿化。"草木结合"是指道路绿化布局中注意防止单一植草观念,道路绿化布局依据生态学原理考虑不同地势、不同地质土质条件、不同的小气候因素等,选择不同的物种,乔、灌、草、花结合,尽力做到回归自然、恢复生态。

边坡防护植物的选择应遵循"适地适树"、"生物多样"的原则。尽量避免采用单一的草种进行绿化,应大力提倡草灌结合的立体防护措施,同时在草种的配合比上以乡土草种为主,多种草种进行配比混播,在满足边坡防护的前提下,结合考虑景观效果。

边坡绿化植物材料的选择原则如下:

(1) 以本地乡土植物材料筛选为主,植物材料繁殖方便、适应性强。

(2) 选择材料以草本植物为主,藤本、灌木为辅,种源材料多样性以便因地制宜配置不同组合的方式。

(3) 筛选、评价材料以抗旱耐瘠性为主要指标,性状、生长特性为次要指标,方可确保中选材料的适用性。

(4) 选择以种子繁殖的种类为主,无性繁殖种类为辅,以便现阶段进行机械化施工,减少手工操作。

4. 服务区景观

服务区一般作为高速公路配套设施,设置在公路两侧。高速公路采用全立交、全封闭、严格控制出入,行车速度快、行车时间长,行车驾驶员与乘客容易产生疲劳,易发生交通事故,道路主线沿线需按一定的服务半径要求布置服务区,为驾驶员和旅客提供休息、餐饮、汽车维修、住宿、加油等多种服务,解决长途运行车辆和旅客的途中需求,并可消除驾驶员的疲劳,减少交通事故发生的可能。

高速公路服务区选址的服务半径尚无统一规定,但一般认为,合理的服务半径为 30~60km,规模较大的服务区相距更远些,但最大不超过 100km。其位置选择与路线长度及区域自然条件有关,规划服务区应位于主线沿线风景较优美的地段,同时要求有较好的基础设施配套条件如供水、配电、通信等。

服务区规划设计应考虑旅客对休息场所、卫生间、加油设施、休闲广场等中心设施的方便使用及管理的效率性,创造气氛优雅的休息环境。平面设计应充分考虑引用高速公路的线性特征,停车场、休闲广场、综合服务楼、加油站等依次安排在与道路平行的轴线上,人车流线清晰简便而不交叉。服务区由综合服务楼(内设饮食店、休息厅、小型超市、客房等)、公共厕所、加油站、维修用房、休闲广场、大型停车场及配套附属用房等功能区组成,服务区功能组织应充分考虑过境旅客及驾驶员的使用要求。

服务区建筑设计应充分体现高速公路"安全、高速"的特点,注意创造能展现高速公路运动感和速度感及建筑的象征性,并与周围环境相协调,体现地方文脉特征。注重体现服务区设计的"丰富性与多功能性",充分利用自然景观,结合现有地形,突出休闲区环境设计,为旅客创造良好的休息空间。

服务区的园林绿化带主要是供旅客散步、休息和观赏景物之用,园地和绿化带的设置也可以起到美化服务区环境、减少粉尘污染等作用。

服务区园林规划涉及保护景观、美化环境、防止污染等内容,应能够充分发挥服务设施的作用。园林上起作用的原存树木、树林和岩石等要尽量保存,有时以这些保存物为主体,确定建筑物、车道和停车场等位置,能在自然景观中有一种协调感。

服务区园林规划的原则应考虑人员能充分利用草坪休息或饮食等,并充分考虑排水;从停车场到小卖部和厕所的途中,要考虑利用园地引导使用者;原有树木中的保留景观,应不影响视线和交通流;停车场与其他建筑物有高差时,在设置台阶的同时,还应考虑无障碍通行;原则上服务区,植树以外部分分别用草皮、植物覆盖,绿化覆盖率应较高;园地应配置在停车场、餐厅附近;外围园地的设计应使整个休息设施与外部景观协调,园地的宽度根据环境灵活处理;园地应能适应遮蔽、绿阴、引导和景观改善等各种要求,由树木和草坪组成的园地应既简单又有观赏性。

服务区绿化有三大功能:首先是景观美化功能,增进道路和沿线设施的协调,提高舒适性,使整个区域风景更美丽;其次是交通功能,引导视线、遮光、确保交通安全;再次是环境保护功能,提供开放空间,减少由道路交通造成的危害,改善区域环境。营造绿化带一般都要综合考虑这些功能。近年来,随着对环境关注度的提高,对减轻道路交通产生的噪声、净化大气、协调微气候等由于植被带来的环保功能的期望值和评价越来越高。环境绿化带所要求具备的功能可分为物理效果及心理感觉效果,其中减轻交通公害的效果主要包括降低噪声和净化大气效果。以减轻汽车公害为目的的绿化带应沿主线布置于服务区,绿化缓冲带宽度一般为 10~20m。从美化环境、降低噪声、防止污染等作用看,绿化带在服务设施中起着不容忽略的作用。

4.3　城市道路景观

道路是城市的血脉,作为城市形态空间的重要组成部分,既是交通运输的通道,又是人们户外活动的重要场所。城市道路是一个复杂的系统,其景观是道路设施、自然地理条件、城市个性和历史等多方面因素综合作用的结果。在城市道路空间中,可观的文化表象多体现在道路命名、出入口形式、沿街建筑、绿地景观、街头小品、文化古迹、夜景照明等道路相关设施方面。而不可观的一些隐性的文化特征,如民俗风情、礼仪交往、服饰及饮食文化等也蕴含了一定的文化个性。

现在一方面城市化飞速发展和人民生活水平不断提高,另一方面道路空间环境质量急剧恶化,如何既能满足人民大众的需求,又能保护环境并可持续发展,还能展现城市形象和发展水平,对城市道路景观的设计提出了新的课题,要求城市道路相关设施的建设不仅要求高质量,更要求高品位。

4.3.1　城市道路景观分类

城市道路可以分为实体景观和虚体景观。实体景观主要是实态要素,包括地形、水体、道路、植被、人工构造物等内容;虚体景观主要是意象、文化、意义等内容。在城市道路的具体组成中,两种形态包含的各自特定的元素如图 4.9 所示。

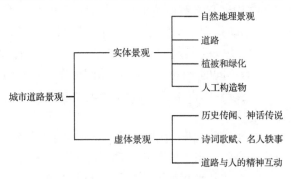

图 4.9　城市道路景观的组成

4.3.2　城市道路景观设计原则

城市道路景观具有实、虚两种形态,虚体景观以实体景观为依托,实体景观体现、反映虚体景观。本节穿插介绍虚体景观,对实体景观进行重点介绍。

1. 自然地理要素

我国城市用地有平原、丘陵、山地等形式。平原地区地形对道路影响不大,各景点、建筑与道路之间是平面位置关系,人的视线除了从高层眺望以外,主要是在道路上所具有的各种视觉条件,因此城市主要通过街道来组织景观。而在丘陵、山地等复杂地形条件下,城市道路在高矮多个层次上,人的视野大大开阔,不仅仅局限于道路空间中的景观,而与道路空间之外的城市景观或自然景观发生联系,这时的景观设计要考虑全景规划,使城市道路与建筑群和城市景观布局有机地结合起来。城市的地形地貌影响路网的结构布局,也影响人们观察城市的视点及视觉感受,道路作为城市的骨架就应该与地形地势融合,形成与之相应的视觉特征。

水体是最富有生气的元素之一,在道路景观组织中占有重要位置。水在城市的表现形式有自然水体和人工水体两种。自然水体一般水面较大,在设计时临水的道路景观应为人们提供更多的近水亲水条件,尽可能保持自然水体的特有风貌。而人工水体包括各种喷泉、叠水、瀑布等,其水流和水声具有渲染气氛、活跃情趣的作用。城市道路旁的江、河、湖、海等大小水体,除改善城市气候,提供城市部分生活用水外,还是城市中极宝贵的风景资源。城市道路景观设计时借助水体的主要手法是将重点放在道路的行人视线组织上,并注意保护原有河岸特殊的自然景观,结合水体建设滨江道、沿湖线、临海路等道路,使水域形成借景的典范。

2. 路网和路线

城市道路网是城市范围内由不同功能、等级、区位的道路,以一定的密度和适当的形式组成的网络结构。道路网是城市的骨架,联系着城市的不同组成部分,使得工作、休憩和居住等功能得到正常发挥,使城市充满活力。道路网的形成受到城市自然地理环境、城市历史文化、经济发展等多种因素的影响。从宏观的角度来看,道路网把城市划分为不同的空间,合理的道路网形态从景观角度及城市视觉要素来看,均有利于组成连续空间以丰富人们的视觉观感,创造新奇景色,从而避免景色的类同或毫无特色。

城市道路空间取决于道路线形,道路空间由路侧的建筑界定。因此,线形和建筑是其最重要的组成部分。城市道路的平面和纵断面线形直接影响行车者的行驶感受、路人的视觉印象,并在某种程度上决定了道路周边的各种景物的组织方式,可以说是城市道路景观形态的主骨架。其设计要注重安全性、行驶功能的满足及与城市地形和整体特征的协调。建筑起到了围合道路空间的作用,其平面和空间组合方式不同,道路空间的形态就产生差异。理想的道路景观空间就像一首乐章,有起转扬落;平平淡淡、毫无变化的空间是乏味的,这种道路空间设计是不完美的。

好的道路景观形成应从建筑与道路的协调开始。第一,与道路性质相协调,不同性质的街道上建筑应具有不同特征。在现代交通条件下,道路两侧景物相对于人的移动速度很快,要保持机动车与路边建筑之间足够的空间距离,否则会有压抑感;而以步行者的视觉特性为主的道路,要求道路空间相对封闭,这样才有利于抓住行人的注意力。第二,注意地方风格的突出,避免因建筑环境的类同而导致道路景观失去特色。第三,建筑布置要注意进退,高低起落,营造生动的空间气氛。第四,建筑的色彩也是道路景观中的重要因素,一条道路的建筑色彩应力求统一协调,烘托出道路的气氛。

3. 城市道路空间

按照不同的依据和标准,城市道路可以有不同的分类。按照道路在城市路网中的地位、交通功能,以设计速度和规划交通量可分为城市快速路、主干路、次干路和支路四类;按道路功能分,可分为交通性道路和生活性道路;按道路活动主体分,可分为车行道路、人车混行道路和人行道。

以上三种分类是分别从道路的类型、功能和使用主体来进行分类的,在考虑城市道路的景观设计时,单独考虑某一方面就显得过于简单,应对道路进行重新分类。将三方面综合起来,参照以往经验,考虑符合人们的感受,将城市道路分为四个景观类型,每种景观形态必须与道路类型和功能协调。

1) 快速路

快速路一般是城市标志性道路,如北京、天津等城市的环路,一定程度上代表城市形象,格调较高。由于路段较长且路幅较宽,道路两侧经常具有完整的绿化;为保障安全、快速,有非常醒目的交通标识系统;由于用路者主要在车中,路侧建筑物一般较简洁,强调轮廓线和节奏感,偶尔一些大型雕塑或标志物的出现将起到丰富景观的作用。这种道路上,可以通过道路空间的设计来体现变化与差异,如利用两侧自然风景、建筑、绿化来加强视觉效果,创造出借景、对景等手法以产生步移景换的趣味;通过建筑物或树木的高度与道路宽度比例的变化创造不同的空间感受。

2) 以交通功能为主的人车混行道路

这类道路通常路幅较宽,是一种典型的城市开放空间。其交通特点要求设置减速标志和减速设施,隔离设施也有所增加;点缀小品设施为使用者提供方便,造型上应与整体环境协调;相同设施体现系统化、标准化。对于道路空间,可采用局部放大的方法,引入城市广场、绿地使街道空间丰富多彩;由于人车共用,人行道设计所占的比重相应增加,更应表现出人文关怀。建筑形式的设计需要考虑车、人的双重尺度。对于行车,强调建筑物外轮廓线阴影效果和色彩的可识别性;而对于自行车和行人,由于人与建筑的交流频繁发生,建筑物底层立面的质感、细部处理要给予精心的设计。

3) 以生活功能为主的人车混行道路

这类道路以居住、商业或行政功能为主,景观形态应强调多样性与复杂性,景观的可观赏性更强。由于以城市生活为主,道路空间形式的设计首先要满足活动内容的需要,并根据道路功能特点,考虑空间的变化,如沿街附属空间的导入、弯曲、转折。另外广告设计不宜过大,不能影响原有建筑的体量与立面风格,小品设置要强调色彩、体量及易亲近性等。

4）商业步行街

城市中商业步行街这类街道多是有传统历史的,其设施设计也应充分体现文脉传承精神。路面设计首先要根据交通功能的需求,对路面材料、结构、形式加以选择,提供有一定强度、耐磨、防滑的路面,同时也要注重视觉的感受。路面色彩的运用要注意色调、浓淡、韵味等因素,路面材料与质感对使用者在心理上有影响,平整的沥青路面使人感到顺畅,石板路看上去古老而亲切。质感也要注意场地的尺度,大面积的可粗糙些,小面积的则要精致些。步行街地面铺装要平坦,当地面有高差变化时,应有明显的标志,如采用醒目的颜色;铺装材料材质的选择、色彩的设计能够强化商业街的景观形象。步行道的设施设置要考虑多种使用需求,如停车场、电话亭、自动提款机、垃圾桶、导游图、座凳等,这些设施的设计应遵循使用方便、造型别致、尺度亲切、布局合理、无障碍使用的原则。

4. 人工构造物

城市道路系统中有众多的人工构造物,主要包括立交桥、高架桥、人行天桥、过街地道、交通标志、隔离墩、路灯等,设计这些构造物,交通功能是第一位的。但在可能的情况下应充分考虑到对道路景观的影响,对某些设施考虑利用绿化等手段加以遮蔽。售货亭、电话亭、花坛、座椅、雕塑、喷水池及围墙等均属道路小品的范畴,它们除了实用功能之外,可以打破道路乏味的气氛,使之更富有生活气息,成为引人注目的"城市家具"。由于道路性质的不同,使用者对道路环境的要求也不同。交通性道路中小品尺度要大,因为考虑到机动车的高速行驶,司乘人员对动视觉条件下的景观才可能留下印象,数量可相对少些,造型要简洁。相反,生活性和商业性道路等人流多的环境中,行人行进速度较低,有机会仔细欣赏细致的道侧建筑小品,可以借鉴园林设计的小品。所以,应根据不同的交通条件和道路性质,正确选择道路小品的内容、形式和尺度,以创造出具有时代感的作品。小品的设计,题材可以来自城市的历史、文化、典故、事件等,能够起到强化空间环境文化内涵、渲染城市的人文色彩的作用,使人们在购物、观景的过程中接受传统文化的熏陶。小品的尺度要与人接近,使人感到亲切、熟悉。

5. 城市道路绿化

生态防护是植物的特有功能,是绿色植物对人类社会最基础、最重要的功能,是其社会效益的充分体现,绿化被称作城市的"绿肺",而绿化在四季变化中也为城市环境赋予不同的容貌和性格。各种乔木、灌木、藤本、花卉、草坪及其他地被植物经过配置而形成的综合形态,可以起到围合、遮挡、导向、划分、连接等作用,这比人工的景观设施更富有意味,其作用和设计原则也比人工设施更加丰富。它除有维护生态平衡、保护环境,为居民提供休息、娱乐场所等作用外,还为人们带来自然意识和生机,是美化环境、创造丰富而又和谐优美景观的重要手段。

道路绿化要符合道路使用者的视觉特性,注意植物栽植间距、体量与速度的关系。由于现代交通条件下车速的提高使得环境尺度扩大,进而带来道路与周围环境产生新的比例关系。例如,当汽车高速行驶时,路边景物一晃而过,连续而且不清楚,只有尺度较大的物体才能看清,而离路较远的景物却可以看清。

在有条件的地方,道路绿化要求植物的多层配置,各种植物的搭配要符合植物间伴生的生态习性,乔木、灌木、草坪、花卉的结合,形成多层次的道路绿化景观和稳定和谐的道路绿化生态系统。花灌木、花卉及草坪绿化形成效果快,而行道树和垂直绿化的藤本植物要达到成阴及片绿的效果则慢,绿化时可先满足视觉效果。可以采用遮荫式、遮挡式、阻隔式等手法,采用密林式、疏林式、地被式及行道树式等栽植形式,创造植物群落的整体美。注意植物色彩的搭配、树形的美观、季相变化及树木的尺度,与其他的景观元素相协调,遵循统一、调和、均衡、韵律等原则。通过植物配置的层次美、季相美,达到最佳的降温遮荫、净化空气、滞尘减噪、防风防火、防灾抗震、美化环境等其他硬质材料无法发挥的作用,为行人及城市居民创造安全的城市生活空间。

每个城市都有深厚的文化内涵和崭新的时代特征,我国古人常把植物拟人化,用诗词歌赋对各种植物歌功颂德。各城市有市花市树,是当地文化的缩影或代表。各区域分布的特有树种,也能代表本区域的文化特点。例如,南京的雪松、广州的木棉和榕树、海南的椰树等都带有浓郁的地方特色,这种特色使当地居民感到亲切,外地来客也特别新奇和喜爱。道路是进出城市的要道,在一定程度上体现了城市的文化风貌和时代特色。在人行道绿化设计上,绿化不但要起到美化环境的功能,而且还要起到体现城市的历史文化、展现城市未来发展的作用,使各种绿地、景观相互交融,互为借景。

4.4　旅游公路景观

随着社会与经济的发展,旅游业正成为世界上最大、增长最快的产业之一,世界旅游组织预测,我国将在 2020 年成为世界上最大的旅游目的地国。旅游公路的建设无论对国家、社会还是个人都有重要的意义。旅游公路服务各种车辆和驾乘人员的同时,也拉动了地方物资需求,增加了就业机会,成为地方特产和文化的销售与宣传窗口,为所在区域创造了经济效益和社会效益。对于旅游这一新型环保的产业发展,公路交通起着必不可少的辅助作用。公路交通具有灵活、快速、方便、直达的优越性,旅游人数不断增加,公路交通的运输需求也在不断增大和提高,这对公路交通和旅游的发展提出了更高的要求,旅游公路的作用和地位日益凸现,旅游公路景观也引起了关注。

4.4.1　旅游公路的作用

1. 旅游公路是体现交通运输服务型行业的窗口

旅游业为典型和成熟的服务产业,旅游公路正是交通运输业与旅游业交集所在,旅游公路可以宣传地域特点,展示当地文化特色,旅游公路服务设施的使用者大多为国内外的游客,旅游区不但要靠优美的自然风光吸引人,当地的民族特色和人文氛围更能给游客留下深刻的印象。所以作好旅游公路的规划和建设不仅能促进旅游业的发展,同时也是体现交通运输向现代服务产业转型的窗口,具有明显的宣传和示范效应。

2. 旅游资源的开发有赖于旅游公路的完善

公路对于旅游资源的开发起着举足轻重的作用,有些地方自然风景虽然十分优美,但由于交通不便,偏处一隅,不为人所知,更谈不上有大批旅游者前来观光了。由于没有顺畅的道路,一些自然资源和人文资源都十分丰富的地方得不到应有的发展,尤其是我国西部地区潜在、待开发的旅游资源更是不胜枚举,而这些旅游资源开发的制约瓶颈往往都是公路交通不顺畅,因此发展包括旅游公路在内的各类交通运输,将有力地促进新的旅游资源的开发。

3. 旅游公路是旅游资源的重要组成内容或成为新的旅游资源

旅游公路的审美价值其实也是一种重要的旅游资源,当人们乘车或驱车行驶在一个风景优美的景区内时,旅游公路优美流畅的线形、自然和谐的公路构造设施、清晰独特的各种交通和旅游信息标志无不与周围的景观融为一体,成为游客眼中一道靓丽的风景线,这时路与景达到了高度的统一,公路的旅游价值得到充分的体现。同时,一些非景区公路由于环境优美、审美价值突出而可能成为新的旅游资源甚至重点景区。

4.4.2　旅游公路的发展

旅游业首先在工业发达的欧、美、日等国家或地区兴起和迅速发展,对旅游公路的研究也早已在这些国家展开。国外旅游公路已经经历了一个较长的发展过程,有关旅游公路的各种法规、标准和要求已相当完备,这与国外发达成熟的旅游市场是分不开的。

美国是世界第一大旅游国,旅游已经融入美国普通民众的日常生活中。尽管美国没有统一的旅游公路的提法,但是与之相似的名词有 Park Way、Scenic Byways、Scenic Highway 等。1991 年,美国联邦政府在联邦公路管理局下设立了国家风景小路计划(National Scenic Byways Program,NSBP)组织,有目的地在全国遴选出在考古、文化、历史、自然、娱乐和景观价值方面有代表性的公路和小道对其进行资助、宣传,使其成为有旅游价值的公路(小道),目前已经建立了涵盖 44 个州 126 条风景公路或风景小道的国家风景小路体系。相应地,各州交通运输部均建有完善独立的风景小路计划(Scenic Byways Program)或风景公路计划(Scenic Highway Program)组织负责各州风景公路(小路)的申报、管理、宣传等工作。可见,在美国,人们更多地把旅游(风景)公路作为一种旅游资源来对待,而不仅仅是一种交通廊道。

1984 年,澳大利亚公路工作者着手研究旅游公路,第一,他们对旅游区的原有公路进行了评估,指出旅游公路的交通环境质量对旅游业发展的重要性,认为要提高公路的服务质量,必须制定适用于旅游公路管理的交通规则;第二,对旅游公路的建设资金来源进行了调查研究;第三,对旅游公路周围环境进行了广泛调查,调查内容包括地形地貌、土壤水文、排水系统、生物种群、土地利用、考古、文物保护等,并制定了相应的保护措施和规章制度;第四,对旅游公路沿线的设施布设进行了研究。

我国地域广袤,历史悠久,拥有众多独特迷人的自然、人文旅游资源。改革开放以来,旅游业已经成为发展最为迅速的产业之一,在国民经济中的比重越来越高,旅游业已经成为部分地区的支柱产业。

近几年,全国大部分省区开始建设旅游公路,旅游公路建设已经成为地方基础设施建设最为活跃的市场,各种各样的旅游公路不断被规划和实施,根据公路科学研究院的相关研究,归纳起来看主要旅游公路类型有以下几种。

(1)红色旅游公路。红色旅游公路是最具中国特色的旅游公路类型,属于人文旅游资源类公路的一种,此类公路一般依托革命圣地、纪念地、遗址等爱国主义教育基地而建,经国家公布的 30 条红色旅游精品线和 100 个经典景区均属于上述旅游资源的范围。

(2)生态旅游公路。生态旅游公路是目前国内种类最多的一种旅游公路类型,大多依托自然旅游资源而建,这些自然旅游资源包括风景名胜区、自然保护区、森林公园等。例如,湖北省第一条生态旅游公路——神农架(木鱼坪)至兴山(昭君桥)公路、河南伏牛山生态旅游公路、新疆喀纳斯生态旅游公路等即属于此类型。

(3)专题旅游公路。该类型旅游公路多依托某一区域特有的旅游资源,利用旅游公路对其进行跨行政区的资源整合,形成独具特色的专题旅游路线,如河北省长城旅游公路和山西省的沿黄扶贫旅游公路等。

4.4.3　旅游公路的特点

1. 安全性与舒适性

尽管安全始终是使用者对公路的最基本要求,但相较于普通公路,旅游公路对安全性的要求更高、更突出。尤其是在目前国内以旅游团为主要出行方式的条件下,旅游团队最主要的交通工具是旅游大客车或中巴车,加之多数景区处于山区等地貌复杂地区,公路技术等级较低,稍不注意就会酿成群死、群伤的恶性交通事故。如果涉及境外旅游团,还会带来较恶劣的国际影响,所以旅游公路的安全性要求更加突出。

与普通公路相比,旅游公路更注重舒适性,旅游者的出行目的不仅仅满足于景区。对于旅游者来说,旅游是一种文化需要,是超越了对衣、食、住、行等基本生活条件的需求之后的一种享受需求,主观上讲,没有任何一个旅游者希望在颠簸、泥泞的道路上出行(出于探险目的的旅游除外),都希望所途经的道路是舒适的,能把旅途也当成一种享受的过程。由此可见,基于游客享受需求的旅游公路应该满足舒适性的要求。

2. 生态性与游览性

旅游公路大多位于生态条件相对较好的地区,公路两侧多为风景区、自然保护区等生态环境敏感区域,生态环境保护要求高。从旅游角度说,旅游公路首先是生态环保公路。

旅游公路区别于普通公路的根本在于其"审美"要求,即在满足交通廊道基本功能的前提下,应尽可能满足旅游者沿途的审美要求,所以旅游公路应具有明显的游览性。无论是景区内连接各景点的公路还是通往旅游景区的公路往往都是处于风景、风情特色浓郁的地区,旅游者在豪华的旅游客车或私人汽车中就可以欣赏公路沿途的美景,使旅游的愉悦性从景点(区)内延伸到旅途中。

3. 季节性和区域性

旅游资源尤其是自然性旅游资源受季节影响比较明显,形成了旅游的淡、旺季交替的规律。一年之中乃至一天之内,公路旅游客运随着季节和时节的推移而发生明显的、有规律的变化,具有较强的季节性。例如,北方地区夏季游客多于冬季游客,南方地区冬季游客多于夏季游客;节假日游客多于平时游客。这种游客的季节性变化直接决定了旅游公路的季节性特点。

不同区域由于自然环境和人文影响的不同,带来了旅游公路的不同特点(个性),掌握好这种宏观区域性对于塑造个性化旅游公路是十分重要的。同时大部分旅游公路所构成的旅游线路是根据旅游者的流向、流量、流时和流程等因素,集中分布于旅游客源地和目的(景区)地之间,以及旅游目的地内各旅游集散、居留、餐饮、游览、购物、娱乐等场所之间,也具有明显的微观区域性。

4.4.4 旅游公路的服务设施

国内对旅游服务设施的研究起步较晚,基本上是随着我国高速公路的迅猛发展和旅游公路建设的蓬勃发展才开始进行研究的,近几年才开始对旅游服务设施加以关注。由于对服务设施的设计研究需要有较长时间的交通量等基础资料的积累,目前国内的研究还多是借鉴国外的研究成果,结合一些公路的实际情况作了初步的改进,并且多停留在理论层面上,实际指导工程实践的研究成果还很少。服务设施作为旅游公路上重要的交通工程设施,对其进行合理的设计和配置,不但可以极大地提升公路服务质量和服务水平,还可以有效地保障交通安全。

随着川九公路、思小路等几条旅游公路的成功建成通车,通过旅游公路服务设施的修建来提升旅游品位和提高服务质量已经形成了共识。作为旅游公路的外延,休息区、观景台成为设计的重要着眼点。考虑游客观景、拍照的需要,在局部地段设置观景台,如在旁边有水系的公路路侧设置观景台,游人举目远眺,水面清澈,景色秀丽,让人心旷神怡。可以作短暂停留和休息,避免了游客在路面停留对交通安全的影响。

4.4.5 旅游公路的规划设计要点

1. 规划应具有系统性

首先,旅游公路的规划应充分考虑与相关旅游资源规划的配合。

其次,配合地区发展战略、区域路网等不同层面、等级和专题内容的规划,发挥不同规划的功能,并使其协调统一。

再次,具体的规划应考虑路网配合,干线与支线相结合,尽量形成环线,避免游客走回头路,提高旅游效率。

2. 合理确定建设标准及设计指标

普通公路的建设标准选择是依据预测的高峰小时交通量,而旅游公路的建设标准选择必须同时考虑其自身的特点,除预测交通量外,还应考虑交通流的季节性、景区所能承受的环境破坏程度及弥补措施、交通高峰期有无完善的分流路网等相关因素,避免过高标准建设造成对环境的过度破坏和非高峰期交通资源的浪费。

设计指标宜灵活,尽量与地形地貌相结合,减少对环境的破坏;平、纵、横综合设计要考虑旅游公路与周围附属设施、景物构成的交通视觉空间,将足够的视觉空间深度及曲径通幽效果有机地结合起来,既确保行车安全,又保证景观丰富多彩。

3. 重视环境保护和安保工程设计

旅游资源是旅游公路存在的基础,旅游公路设计时应把对旅游资源和环境的保护放在首要位置,应该把"不破坏就是最大保护"的理念贯穿于旅游公路设计的全过程,首先应该树立保护的意识,大多数旅游资源是不可再生的,不能因为公路建设而造成对旅游资源的破坏,对于沿线的一草一木都应以一种"敬畏"的态度来对待。其次是在保护的基础上对沿线的景观资源进行合理利用,形成独具特色的公路景观资源。

安全性是旅游公路重要的属性之一,对于大部分旅游公路尤其是山区旅游公路而言,由于受保护景观资源等因素限制,不可能采用较高的技术指标,这对行车安全是不利的,为弥补技术指标过低而带来的可能的交通安全隐患,应加强对旅游公路的安保工程设计工作,如防护措施、交通标志、标线的设置等,同时应注意安保措施与整体环境的协调问题。还要加强交通管理,采取符合实际情况的交通管理措施,达到安全、顺畅、高效的目的。

4. 生态、景观与文化相融合,突出景区特色

景区特色是旅游公路设计的灵感源泉,能与景区特色完美结合的公路设计作品必将成为吸引游客的亮点。为此,公路设计应尽可能地贯彻"灵活设计和创作设计"的理念,把拟设计的公路工程看做所处景区或环境的有机组成部分,尽可能创造性地采取技术措施弱化公路工程的人工痕迹,使公路融入到环境中。并充分挖掘景区特有的地域特色,提炼地域文化精华,将其恰当地体现在设计中,充分营造富有地域特色的公路景观。

不同地区有各自独特的地形地貌特征及社会环境特征等,加以地方特有的审美观念、文化传统和民风民俗,每条旅游公路景观都应该有独特的景观风格和个性特征,以突出景区特色。

5. 绿化设计应突出协调统一原则,不可盲目添绿

大部分旅游公路处于自然、原始、人工气息弱的环境之中,绿化设计应遵循"协调统一"的原则,不可盲目绿化,见缝插绿的做法不可取,不适宜的绿化可能会对环境景观造成破坏。景观绿化应注重多做"减法",即公路绿化追求与周围环境的协调,尽量减少人工痕迹浓厚的绿化栽植方式,不应为绿化而绿化,尤其应避免行道树式的植物栽植方式,绿化重点宜放在已开挖边坡的植被恢复上。

6. 提供尽可能完善的配套服务设施及旅游信息

目前国内旅游业与国外发达国家旅游业的差距很大程度上体现在服务方面,旅游公路也是如此,国外发达国家在旅游公路的信息指示、提供方面无微不至、精细入微,处处体现了"以人为本"的原则,今后国内旅游公路设计也应该加强对相关配套交通信息、旅游信息、天气信息等信息设计,同时为满足旅游者尽可能方便地

欣赏公路沿途美景的需要,旅游公路应尽可能考虑设置一些观景台、休息区,最大限度地满足游人休息、观景的需要。

4.5 多功能路面设计

随着交通基础设施的持续、快速建设,我国的道路历程快速增长。道路建设的快速发展促进了交通事业和经济建设的发展,但是交通事故、环境污染、噪声污染、热岛效应等危害也随之发生并扩大。如何在道路快速建设的同时确保道路被安全而有效地使用、如何减少道路建设对人类生存环境产生的不良影响,已经成为道路工作者关注的重点问题,也是交通安全、环境保护和可持续发展理念对道路建设提出的新要求。

多功能路面是指在具备交通通行基本功能的前提下,兼有交通诱导功能、环保功能、安全保障功能、道路景观等其他附加功能的道路路面形式。近几年来,随着道路工程对新材料、新技术、新工艺的研究和开发,具有不同功能的多功能道路路面被开发出来并应用于道路工程建设中,在提高交通安全、降低环境污染、提高道路使用性能、美化道路景观等方面取得了良好的效果。多功能路面是一个新的道路路面建设思路和方法,不同多功能路面具有不同的作用原理,所使用的材料、设计方法和施工工艺也不相同,使用场所和使用效果也各不相同。在材料性能、施工工艺等方面具有更严格、特殊的要求。

在有些文献中有环保路面、景观铺装等不同的称呼,本书所介绍的多功能路面是这些路面形式的总称。与道路景观科学一样,多功能路面具有技术先进复杂、专业领域涵盖广、专业学科交叉多等特点,其内容涉及材料科学、道路工程学、交通工程学、心理学、声学、光学、气候学等不同学科的知识,是一个正在进行深入研究和开发的领域。因此,多功能路面设计和建设并没有一个系统的、完整的理论和方法,必须根据各种路面的具体特点进行有针对性的设计和施工建设。

本节在总结国内外多功能路面的研究和应用现状的基础上,着重对低噪声路面、彩色路面、反光路面、防滑路面、防结冰路面和温度抑制类路面等六种多功能路面的作用原理、工艺类型及使用特点进行阐述,为开发研究和应用环保型、景观型多功能路面提供基本理论和方法,以推进道路交通建设的可持续发展,促进以人为本、保护环境的道路交通建设。

4.5.1 低噪声大空隙排(透)水沥青路面

1. 交通噪声和低噪声路面

汽车行驶时的噪声主要来自于汽车驱动器噪声、轮胎/路面噪声、车辆-空气摩擦噪声。汽车行驶速度越高,交通噪声越大。轮胎/路面噪声的产生有两个原因,即轮胎与路面间压缩空气产生的噪声和轮胎与路面凹凸不平处碰撞产生的噪声。以试验车为例,试验车以 100km/h 速度行驶时产生的轮胎/路面噪声可达 90dB 以上,在全部交通噪声中占有较大的比例。

通过改进路面结构降低交通噪声有以下三个途径:

(1)调整路面的构造深度(粗糙度)。在路面表面做出细小的沟槽或凹凸可以散发轮胎和路面间的声波和压力波,从而降低轮胎/路面噪声。例如,水泥混凝土路面表面进行纹理构造的刻画,不仅具有提高路面抗滑性能的作用,也可以达到降低交通噪声的目的。

(2)多空隙路面。多空隙路面结构可以抑制轮胎和路面间空气的压缩和膨胀,起到降低噪声的目的。同时,多空隙材料具有吸声效果,可以吸收部分由其他途径产生的交通噪声,使交通噪声总体水平下降。

(3)弹性路面。弹性路面可以吸收车辆行走时的冲击力、轮胎本身产生的振动声。例如,掺入废旧橡胶粉末的橡胶沥青混凝土路面具有较好的噪声降低功能。

当前,上述几种噪声降低措施组合使用的低噪声路面也在开发中,噪声降低水平最大可达 12dB。

2. 低噪声大空隙排(透)水沥青路面的工作原理

低噪声大空隙排(透)水沥青路面(以下简称低噪声路面)是低噪声路面的主要形式之一,该种路面以大空隙沥青混凝土铺筑,具有低噪声和排水性好的特点。该种沥青混凝土路面具有较大的空隙率,可以减少轮胎/路面噪声,还可以吸收外来噪声,降低交通噪声总体水平。同时,该种路面通过改变道路断面结构形式,铺装为排水或透水路面,改善路面雨天的使用性能,提高道路交通安全水平。

低噪声路面与普通路面的结构特点和降噪机理如图 4.10 和图 4.11 所示。

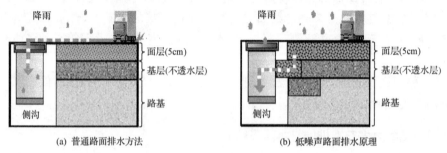

(a) 普通路面排水方法　　　　(b) 低噪声路面排水原理

图 4.10　低噪声路面结构特点

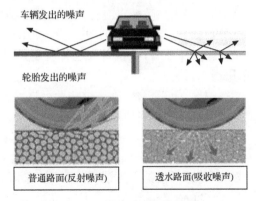

图 4.11　低噪声路面降噪机理

3. 低噪声路面的设计和施工工艺

该种低噪声路面通常使用的是由高黏性改性沥青、硬质集料、适当掺加纤维等材料配合而成的大空隙沥青混凝土,低噪声路面基本配合比示例见表 4.2。与普通沥青混凝土相比,粗集料所占比例明显偏高,达到 80% 左右,细集料用量偏低。普通沥青混凝土和低噪声沥青混凝土的级配示例如图 4.12 所示。

表 4.2　普通沥青混凝土与大空隙沥青混凝土配合比

混凝土种类	普通沥青混凝土	大空隙沥青混凝土
粗集料约占比例/%	55	80
细集料约占比例/%	34	10
沥青及填充料约占比例/%	11	10
空隙率/%	≈4	≈20

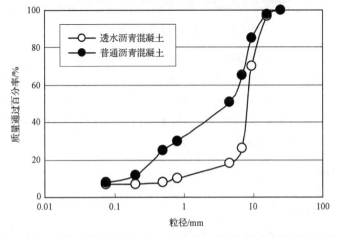

图 4.12　普通沥青混凝土与大空隙透水沥青混凝土集料级配的比较

建设排水低噪声路面时,将大空隙沥青混合料作为路面结构的一部分,取代普通沥青混合料面层,由于其透水性,其下要有防止水分下渗的封层或密实的沥青混凝土面层。而修建透水低噪声路面时,是将封层或排水层设置在底基层或防冻层之上,其以上各层均采用透水材料。

为保证沥青路面的空隙率,施工机械、施工方法及沥青混合料的温度管理非常重要。尤其应确保施工碾压不要将集料压碎。

4. 低噪声路面的特点

兼具排(透)水功能和低噪声功能的沥青混凝土路面,透水系数一般达10^{-2}cm/s以上,空隙率一般为 15%～25%,摩擦系数(BPN)一般达 0.60 以上。新铺筑的低噪声路面一般可比普通沥青混凝土路面降低噪声 3dB。低噪声排(透)水路面的使用效果如图 4.13 所示。一方面,低噪声路面具有较高的摩擦系数,可有效防止水滑现象,并减少光反射,从而提高道路交通安全性;另一方面,该种路面可以通过减少交通噪声、防止溅水和调节路面局部温度等方面改善道路交通环境。

图 4.13　透水沥青混凝土路面效果图

但是,由于其路面面层是多空隙结构,使用较长时间后会被砂土、淤泥等杂物堵塞,导致路面逐渐失去排水和降噪的功能。此时,可以使用恢复透水机能的专用车辆通过清洗恢复其原有的功能。目前,也有研究表明,通过采用表面为细粒式多空隙混合料、下层为粗粒式多空隙沥青混合料的双层结构延长低噪声大空隙排(透)水沥青路面的使用寿命,取得了良好的效果。

4.5.2　彩色路面

1. 彩色路面基本原理

长期以来,我国城市道路和公路路面一直都是非"黑"即"白"(传统的沥青混凝土路面和水泥混凝土路面颜色),随着世界各国道路建设里程的增长,考虑环境影响的高视认性景观铺装技术得到重视,彩色路面就是其中的重点之一。彩色路面是通过采取一定的材料、工艺措施,将路面表面改变为不同颜色的路面铺筑形式。

2. 彩色路面的工艺类型

彩色路面的生产工艺较复杂,材料和配合比设计也有多种形式,应根据具体情况确定实施方案。以下几种方法为比较成熟的彩色路面铺装方法。

1)彩色混合料工艺

彩色混合料工艺是将颜料混入沥青混合料或使用有色集料使沥青混合料着色的铺装工艺。使用脱色结合料(石油树脂)和彩色人工集料可以生产出彩色沥青混凝土。也可以使用脱色结合料(石油树脂)、普通集料,以红色氧化铁粉末代替石粉生产出红色沥青混凝土,如果用氧化铜粉末代替石粉则可以生产出暗绿色沥青混凝土。除此之外,还有其他的生产方法,其色彩可以通过调整材料的配合比得到改正。

2)半柔性彩色路面

生产普通开级配大空隙沥青混合料,铺筑后向路面空隙中灌注彩色水泥浆或其他彩色黏结剂浆体,浆体固化后形成彩色路面。图 4.14 为半柔性彩色路面。

3)彩色喷涂类路面

在沥青或水泥混凝土路面喷涂彩色路面封层。封层技术是提高路面防水性能、提高路面抗滑性能的道路预防性养护措施之一,要求彩色喷涂层具有很好的抗滑性能和抗磨耗耐久性。图 4.15 为喷涂式彩色路面。

图 4.14 半柔性彩色路面　　　　　　图 4.15 喷涂式彩色路面

4)特殊结合料彩色路面

国外近几年开发了以树脂、高分子聚乙烯材料为主要成分的结合料作为路面材料的结合料,通过向结合料中添加各种颜料、使用彩色集料等,可以铺装成不同颜色的彩色路面。

3. 彩色路面的特点

彩色路面是景观铺装的主要形式,其用途主要是改善路面的色彩,美化道路交通环境。同时,在道路交叉点、公共汽车专用道等处使用,可明显区分道路功能,提高交通效率;在隧道等特殊地点使用,对提高道路交通安全水平具有独特作用。另外,通过制定配套的交通管理措施,彩色路面可以发挥更大的交通功能作用。

彩色路面的施工前期准备时间较长,彩色集料来源有限,结合料的成本也较高。某些情况下,彩色路面的色彩会随使用时间的延长产生脱色、色彩改变等问题,影响彩色路面的景观效果。因此,采用彩色路面铺装技术应从经济、技术、环境等多方面因素考虑,选择最优的技术方案。

4.5.3 反光路面

在夜间的公路和城市道路的某些地段,如转弯、上下坡等处,由于没有路灯或路灯照度不足,驾驶员不能有效、准确地分辨道路状况和道路边界的位置,易发生交通事故。在这些部位铺筑反光路面可以取得良好的效果。

1. 反光路面基本原理

与彩色路面出发点相似,反光路面也是通过改变路面的视觉效果来实现其功能的。它是指通过采取某些措施,使路面具有发光的性质,或者使路面在灯光照射下将光线反射回驾驶员的眼睛,使其可以容易地辨别路况和路面边界,从而提高驾驶的安全性和舒适性。

2. 反光路面的工艺类型

目前铺装发光路面的方法如下:
(1) 在沥青混凝土中使用蓄光(磷光)、荧光材料的方法。
(2) 使用发光二极管的方法。
(3) 使用反射光材料的方法。
在上述方法中,得到推广的、造价相对低廉的方法为使用反射光材料的方法。该类反光路面沥青混合料分为混合式和压入式两类。混合式反光路面是在路面沥青混合料内掺入光反射率大的集料而形成,配合比设计与普通沥青混凝土基本相同。当施工刚完成时并不具有反光功能,必须开放交通、经过一定的磨耗,使包裹在反光集料的沥青膜磨掉后才能具有反光功能。压入式反光路面是在沥青混凝土路面摊铺过程中,当沥青混合料摊铺完毕,进行初压后,在路面上撒布反光集料,然后进行路面的压实作业,将反光集料压入路面内部而形成。通常的反光集料为经过特殊处理的碎玻璃集料,也有人工集料或天然硅石等种类。

3. 反光路面的特点

反光路面多用于隧道内部,可提高隧道内车辆行驶安全水平;也常用于道路的交叉点、路肩部、桥面上,有利于夜间交通安全。但反光技术指标和应用范围应合理控制,以免对人眼产生消极影响。

4.5.4 防滑路面

1. 防滑路面基本原理

在道路路面的某些部位,需要特别提高其抗滑性能,以提高道路交通的安全性。因此,比普通路面具有更高抗滑性能的路面类型被开发出来。其原理主要是通过改变路面特征来实现。

2. 防滑路面的工艺类型

抗滑路面一般可以通过以下几种主要方式实现:

(1) 采用高抗滑性能的沥青混合料为面层材料,比较通用的是采用大空隙沥青混合料作为路面面层。该种方法简便易行,长期性能好,其设计和施工方法与低噪声排(透)水沥青混凝土路面相同。

(2) 使用树脂类高黏结性材料将硬质集料黏结到路面上,以提高抗滑性能。该种方法不宜大规模应用,只宜局部采用,耐久性效果也差,路面结构如图 4.16 所示。

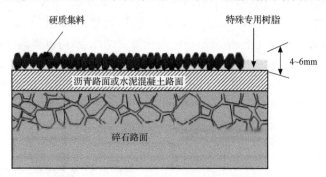

图 4.16 使用特殊专用树脂的防滑路面形式

(3) 对路面实施刻槽等处理工艺,加大路面的构造深度,从而提高路面的抗滑性能。该种方法在水泥混凝土路面上较常采用。

(4) 采用喷涂、封层技术,在沥青混凝土路面上做一个新的表面层。该表面层可以混合硬质细集料,用于提高路面的抗滑性能。微表处、碎石封层等技术均可达到提高路面抗滑性能的效果。

　3. 防滑路面的特点

当路面抗滑性能不能满足规范要求时,通过采取上述技术措施,可提高道路路面抗滑水平;抗滑路面用于陡坡路、急弯路、桥梁引道等部位,可达到局部位置对路面抗滑性能的高要求。但抗滑指标应合理规定,以免摩擦力过大加剧轮胎磨损和耗油速度。

4.5.5　防结冰路面

　1. 防结冰路面基本原理

冬季降雪和融化后,在低温作用下路面上水膜会冻结成冰,导致抗滑性能急剧下降,给道路交通安全造成极大隐患。在铺筑路面过程中,通过采用特殊材料或采取特殊施工工艺,可以使路面具备一定的防止路面结冰的功能,称之为防结冰路面。

　2. 防结冰路面的工艺类型

防结冰路面工艺有多种类型,主要分为化学方法和物理方法两大类。

　1) 化学方法

化学方法是将具有降低冰点作用的化学物质(通常为盐类)掺入沥青混凝土中,靠化学作用降低路表水冻结温度,从而在一定程度上减少路表水的结冰率。国外已有许多产品得以应用。例如,日本前田株式会社开发的冻结抑制剂(mafilon)为粉末状材料,密度为 $2.25 \sim 2.35 \mathrm{g/cm^3}$,主要含氧化硅、氯化钠、氧化镁、氧化钙等化学成分。该材料混入沥青混凝土,依靠材料的溶出降低结冰点,可以降低冰点 $3 \sim 5 ℃$。

如图 4.17 所示,使用冻结抑制剂后,沥青混凝土的动稳定度、磨耗量和残留稳定度的变化都不大,即沥青混凝土的路用性能基本没有变化,能够满足规范的要求,但却具有明显的防止路面结冰的作用。然而,氯盐对道路及其附属设施产生的"盐害"后果也不能忽视,需用量合理并综合考虑。

　2) 物理方法

物理方法种类较多,包括采用融雪设施、刻槽和添加橡胶类弹性材料等施工工艺。

采用融雪设施是指在某些特殊地区,利用地下水的热能,或者利用电加热方法提高路面的温度,融化地表降雪,阻止路面结冰,提高道路安全水平。

沟槽施工方法是先将路面划出宽 $6 \sim 12 \mathrm{mm}$、深 $6 \sim 12 \mathrm{mm}$、间隔 $25 \sim 60 \mathrm{mm}$ 的

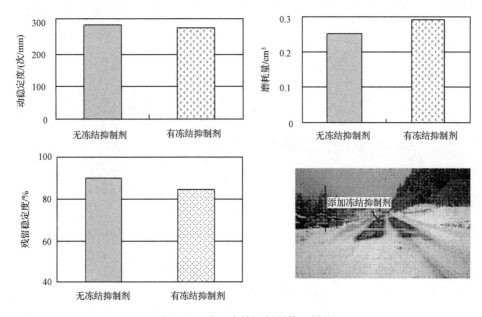

图 4.17　路面冻结抑制剂使用效果

沟槽,然后向槽中注入弹性树脂的防冻结沥青混凝土路面施工方法。由于弹性树脂材料弹性较大,在车轮荷载作用下发生较大的变形,与周围的沥青混凝土形成一定的变形差,使得路面冰层出现破损而不能形成结冰。

　　将类似橡胶颗粒、具有一定弹性的颗粒状物质,作为添加材料混入沥青混凝土中,使混凝土整体或局部具有不同的弹性也是防止路面冻结的一种物理方法。在车辆荷载作用下,路表面变形程度不同,使具有较低抗变形能力的路表冰层发生破碎,并从路表面剥离,从而达到清除路表结冰层的目的。20 世纪 60 年代,瑞典开发的"鲁比特(音译)"施工方法,就是将破碎的旧轮胎用急冷法制成橡胶颗粒后混入沥青混凝土路面中,其原理如图 4.18 所示。

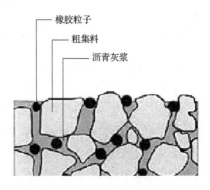

图 4.18　防冻结路面示意图

　　利用废橡胶颗粒生产的弹性沥青混凝土的防结冰效果如图 4.19 所示。该图表示在沥青混凝土中掺入不同数量(为集料体积比)的废汽车门窗封条橡胶颗粒,在混凝土路面上冻结 5mm 的冰层,然后让车轮通行 500 次后测试冰面裂缝率和冰层剥落率。图中,冰面裂缝率指单位面积的路面冰层上出现的裂缝的总长度,冰层剥落率指单位面积的路面冰层上出现冰层剥落的总面积。可以看出,随着废橡胶颗粒用量的增加,冰层出现裂缝和剥落的数量也增加,具有明显的防结冰效果。

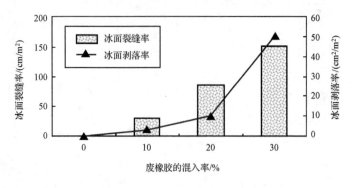

图 4.19　防冻结路面使用效果

3. 防结冰路面的特点

防结冰路面是一种新型多功能路面,可以使路面减少或不产生结冰,从而大大提高冬季道路交通安全。在城市道路中,采用电缆融雪技术的防结冰路面较多,在人行道、步行街、商店区等地方具有广泛的用途。利用地下热融雪的技术只有某些特殊地区才有可能实现。一般的公路上,没有电力和热能,在此情况下,化学和物理的防结冰路面具有很好的适用性。在公路上铺筑防结冰路面,不需要特别的维护措施,也不需要电力和其他能源,完全靠路面自身特性防止路面结冰,经济性和技术性均较好。

防结冰路面技术较复杂,需要特殊材料,造价也高于普通路面。同时,路面的使用寿命、防结冰效果等需要进一步进行研究和改进。

4.5.6　温度抑制类路面

1. 温度抑制类路面基本原理

近年来,由于道路铺筑导致热量的吸收储存,加剧了热岛效应。而车辙是由于其高温稳定性能差、在行车荷载作用下出现的病害,也是当前我国沥青混凝土路面病害的主要形式。车辙使路面表面的功能严重下降,影响车辆的安全、快速通行。温度抑制类路面技术是指采取一定的技术措施,使路面内部在高温作用下也只有较小的温度变化,使沥青混凝土整体温度下降,从而抑制车辙的发生。

2. 温度抑制类路面的工艺类型

温度抑制类路面技术可分为遮热类喷涂和保水性铺装两大类。

1) 遮热类喷涂技术

遮热类喷涂技术是指在混凝土路面喷涂一种具有反热功能的涂层,该层材料

具有良好的耐磨耗性能和抗滑性能,还具
有反射红外线但不反射可见光的特点。
其使路面吸热能力下降,从而使路面温度
下降 10~15℃,可有效防止路面车辙的发
生。同时通过调整涂料的颜色可以改变
路面的色彩,也是景观铺装的一种形式。
遮热类喷涂使用常用沥青或其他液体喷
涂设备,施工工艺比较简单。某遮热类路
面的构造如图 4.20 所示。

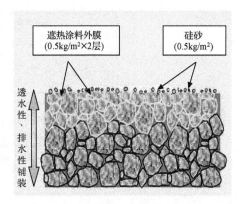

图 4.20　某遮热类喷涂路面原理图

　　某遮热喷涂材料对红外线和可见光
的反射效果如图 4.21 所示,该遮热材料
与普通沥青混凝土对可见光的反射率基

本相同,但普通沥青混凝土对红外线的反射率不到 10%,而该遮热材料对红外线
的反射率可达到 90%,吸收率仅为 10% 左右。

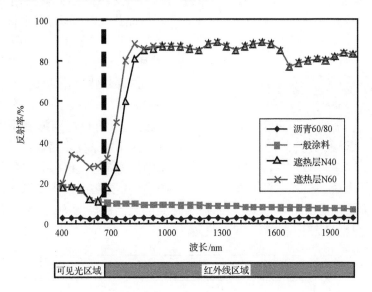

图 4.21　某遮热喷涂材料和沥青混凝土的光反射率测试结果

　　某遮热铺装试验路的试验结果如图 4.22 所示。试验路的试验结果证明,普通
沥青混凝土路面与遮热铺装路面的温度差最大可达 9.5~12.8℃。该遮热材料可
大幅度降低沥青混凝土内部温度,从而提高路面的抗流动性能,减少车辙、拥包、泛
油等病害,同时,如果该遮热材料应用于低噪声排(透)水路面,还可以提高低噪声
排(透)水路面的飞散抵抗性,提高路面的使用寿命。

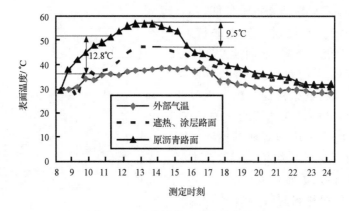

图 4.22 遮热铺装试验路遮热效果

2) 保水性铺装技术

保水性铺装技术是温度抑制类路面技术的另一类,它是指将具有高保水能力的材料,添加固化剂后制成浆体注入开级配沥青混合料中,浆体固化后形成路面。

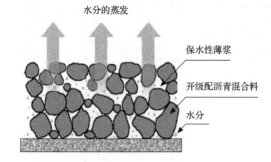

图 4.23 保水性铺装原理图

如图 4.23 所示,保水材料吸收和储存水分,一方面,当路面温度升高时,所保留的水分由于具有很高的比热,可以抑制路面温度的快速上升;另一方面,路面温度上升,水分蒸发带走部分热量,也可起到抑制路面温度上升的作用。某保水路面试验路温度测试结果如图 4.24 所示。经过 3d 的观测,空气温度最高为 25℃,普通沥青混凝土路面最高温度为 40~45℃,而保水路面的最高温度为 30~35℃,使用保水路面,路面温度最大下降 15℃,效果明显。

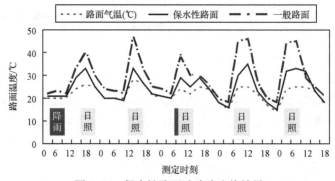

图 4.24 保水性路面试验路遮热效果

3. 温度抑制类路面的特点

温度抑制类路面具有提高路面性能和景观效果的双重功能。其主要用于公共汽车站、道路交叉口等车辆频繁启动、容易发生车辙的部位和公园、人行道等路面温度会对使用者产生严重影响的部位,还用来治理和预防沥青路面车辙及临时翻新路面等。

4.5.7　其他类型的多功能路面

除以上六种路面之外,还有多种多功能路面技术开始在国内外得以应用。

降解汽车尾气型路面。汽车尾气的主要成分是氮氧化物(NO_x),它是造成烟化学烟雾和酸雨的主要原因之一。汽车尾气排出后首先与道路表面接触,因此,选择路面材料作为汽车尾气光催化降解物质的载体,在浓度梯度的作用下,NO_x 很容易扩散到催化剂表面,在空气中 O_2 和光的综合作用下,催化降解物质的高活性可直接实现对 NO_x 的光催化氧化。经过催化氧化的 NO_x 形成低蒸气压的硝酸,可在降水的过程中除去,从而显著降低空气中的酸性物质,有效地实现了空气净化。

压电式路面。压电式路面是将压电材料铺设于路面结构中,利用其压电效应将道路上的交通荷载产生的机械能部分转化为电能,并用储存装置存储起来,从而加以利用的路面形式。其产生的电能既可以供居民用电又能回送到路面结构,对路面进行加热,实现融冰雪的功效。压电式路面的开发符合道路可持续、智能化、低碳化的发展趋势,其研究在交通工程领域具有广阔的前景。

荧光路面。把发光的素材散布在路面材料中,从而增加驾驶员的夜间行驶识别效果,还可协调景观。根据所用素材的不同分为以下几类:一类是荧光材料,在铺面材料中加入树脂凝固后形成直径约 5mm 的粒状材料,它吸收紫外线能量而发光;另一类是玻璃晶体材料,利用它的反射特性来提高夜间的识别性;再一类是发光二极管,利用半导体中电流相互冲突所产生的能量来发光。

磁性路面。通过把磁粉混入沥青混合料中并按一定形状铺设,可为手持特殊感应手杖的盲人进行导向,在一定程度上提高特殊路段盲人通行的便利性。

总之,通过新技术、新材料的开发研究,可以使道路路面的使用功能得到改进和提高,在充分满足道路交通基本功能的前提下,更好地为道路使用者服务,为解决人类面临的资源、环境等问题服务。

上面对于多功能路面用途的分类并不是绝对的,如低噪声路面不仅具有降噪功能,也具有排水、提高交通安全水平等功能,也可以通过与其他技术结合铺筑为彩色路面等,使之具有更广泛的用途,实现功能多样化、最大化。另外,多功能路面也同时存在利、弊两面。路面设计应综合考虑其基本使用要求、对交通和环境的影响及驾驶员的心理,多功能路面应从不同用途和角度来满足这些要求。然而,新技术的应用总会产生造价等问题,应在推广应用多功能路面过程中,积极探讨造价低、功能优的多功能路面设计和铺筑方法,以建设造价低廉的高性能多功能路面。

由于多功能路面是一个新兴的路面建设方法,尚无系统的设计方法和成熟的施工工艺,在路面的耐久性、使用寿命、维修改造等方面尚存在诸多问题需要进一步深入研究。

4.6　道路景观评价

道路景观环境是一个综合景观体系,由道路本身形成的景观及道路沿线的自然景观和人文景观所组成。对道路景观环境进行评价就是为道路建设项目政策制定、规划和设计提供科学的参考,可以使道路建设项目对环境的影响和破坏降到最小,使道路在建成之后不仅质量优良、行车通畅,而且风景优美,尽可能与道路周围自然环境融合协调,让人感到安全、亲切、舒适、雅致和心情舒畅。对道路景观进行评价,主要通过美学、环境和功能等方面对景观进行评价。评价首先要分析道路景观的要素,即对指标的影响因素进行分析,以便确定评价指标,使指标体系能更全面地反映道路景观的各个方面。通过对影响因素的分析,可以确定道路景观的评价指标。

由于道路性质的不同,导致公路景观和城市道路景观的构成要素差异较大,而风景区道路景观处于二者之间,更偏重于公路,本节在对道路景观要素进行分析时,将道路景观分为公路和城市道路两种景观要素讨论。

4.6.1　道路景观要素分析

1. 公路景观要素分析

公路景观包括自然景观和人文景观两部分。自然景观是指天然形成的地形、地貌和地物,如平原、山区、草原、森林、大海、沼泽地等景物,还有动物、植物、水体、天象时令等景物。人文景观是指人类为满足物质、精神和文化生活的需要,用自己的智慧和双手创造的各种建筑物、交通设施、城镇、村落、庙宇等社会文化艺术景物。公路景观包括了公路自身及沿线一定区域内的所有视觉信息。

公路景观构成与要素分析主要是对公路自身及附属的工程构造物进行分析,这是公路景观的主要构成部分,是对用路者视觉影响最大的景观因素。它包括:公路线形、立交区、边坡、中央分隔带、沿线构造物、服务区、收费站等景观。

一条公路不仅要能安全、快速地运人载物,而且要有赏心悦目的外观和优美的环境,使人们在交通过程中感到舒服、惬意。如果没有安全感,就不能认为在美学上是满意的,因为美学涉及人类的全部感觉和感情。公路线形的设计必须考虑汽车行驶的运动学、动力学要求,以保证交通安全;另外,公路线形的美学要求也是要考虑的重要因素。研究数据表明,在公路线形的美学设计与行车安全之间存在着微妙的关系。如果在公路线形设计中没有充分考虑美学要求,过于单调而使驾驶员精神不集中甚至打瞌睡,或者使驾驶员心理上感到危险、害怕而紧张起来,那么,不管公路本身多么好,都无法保障交通安全。因此,一条真正安全的公路,不仅要有高标准的几何构成和完备的安全设施,而且还要有优美的景观和良好的视觉连续性,使驾驶员有良好的安全感,道路线形要有很好的一致性。关于直线路段的合理数值,现行规范对最长直线和最短直线都有相应的规定或者建议值。对于曲线路段,规范也规定了最小和极限半径值。值得指出的是,这些建议值基本是保证车辆安全状况的推荐值,对舒适的状态考虑还不够,即如果考虑美学意义的道路线形指标,则需要进一步研究,近年来也有不少文献对这些指标提出了修正。

对于其他部分,如公路立交区、边坡等景观影响因素,前述章节已经有所提及,这里不再赘述。

2. 城市道路景观要素分析

城市道路景观是城市景观的重要组成部分,直接形成城市的面貌、道路空间的性格、市民的生存交往环境,成为城市居民审美观赏和生活体验的日常性视觉审美客体,乃至成为城市文化的组成部分。因此,城市道路景观要素也就不单单指道路本身的景观景物,它还包含着更大范围的外延扩展部分。

城市道路景观是由静态的自然景观、人工景观和动态的交通及人类活动所构成的,它们共同作用,体现出城市的面貌和特点。其中自然景观是当地的地形地貌,山峦水体,气候气象,这些都是城市的特色,是城市道路景观分析评价的大背景。城市道路景观的设计应当与地形、地势相融合,丰富城市面貌。有条件的城市可以结合山体、水体建设道路景观,保持自然的特色,展示城市景观,使人们更亲近自然。另外还可以利用云雾雨雪、日出日落、四时季相等气候、时令的自然景观要素设计城市道路景观。与自然景观相比,人工景观及城市内动态的交通状态、人类活动的景象是城市道路景观构成的重要方面,是分析的重点。

构成城市景观的各种景观元素都与城市道路网有必然的联系。城市道路网与城市布局及城市美的形成关系密切,路网是城市的骨架与动脉,科学合理的路网是形成城市美的基础。城市道路网美学评价的要点主要包括:道路的特征、道路的方向性、道路的连续性、道路网中路线的韵律和节奏。另外,道路因素中道路线形、道路铺装等也对城市美有重要影响。

建筑与道路景观的协调程度是衡量一条道路景观质量高低的重要标准。对不同道路的性质,有不同的视觉要求。建筑与道路协调问题也就有不同的着重点。

例如,城市快速路和主干道,车速高,要以机动交通的驾驶员及乘客的视觉特性为主,所以道路宽度较大,建筑尺度也相应较大。而部分次干道和支路车速较低,如居住区道路、各地的步行街等是属于生活性的道路,以低速交通方式为主,空间较为封闭,则主要考虑步行者的视觉特性,因而,建筑尺度减小,并应注重细部设计。道路的线形对建筑的布置也有一定的制约作用。直线形道路两侧的建筑应有规律的布置,有助于形成富有韵律与节奏感的景观效果;而带有平曲线的路段,其沿线的建筑要充分利用曲线线形的特点,在平面与空间变换上与道路线形相协调。建筑要与道路性质、历史环境相协调,并注意突出地方风格,这样才能创造出特色各异的道路景观。通过不同的建筑布置方法来衬托道路景观的个性氛围,如建筑布置的进退、高低、轮廓线的变化、色彩的统一等方法。

交叉口与街道广场是道路汇集的地方,可能是重要的交通中转点,它是城市道路连接点,又有可能是商业集中点,或是一个城市的政治文化中心,因此形成了不同的交叉形式和不同用途的广场,它们应有强有力的物质形式和一定的空间形状,使用路者获得对其深刻的印象。街头小品包括了花坛及绿化带护栏、街头雕塑、花墙与栅栏、喷水池、各种服务亭、电话亭、座椅等。街头小品可以打破街道沉闷乏味的环境,而使之更富有生活气息,成为吸引人们的地方。交通性的道路、生活性道路等要根据道路性质正确选择它的内容、形式、尺度,以创造具有时代气息的好作品。

城市道路立交桥和高架路是适应现代化城市交通的构造物,是城市的新景象,同时也给环境和景观带来一定的影响。二者是道路使用者在行驶过程中看到的道路上主要的垂直景观,立交及其附近的环境很大程度上是一种人造环境,在城市立交周围有建筑物为背景,如果要形成优美的景观,其周围建筑群的体量、尺度、风格等都要与立交相协调。高架路、高架桥等高架结构应注意构造物的上、下部配合,使之具有安定感,使用路者与路外人在宏观印象中感觉高架结构是安全的、稳定的。同时,还应改善构造物的压迫感,保证高架路下的净空、采光条件,减少高架路下的行人及周围环境中的居民的压迫感。

城市景观要素还包括街道绿化、交通设施等。街道绿化是为了美化街道环境,同时盛夏能让步行者遮荫。街道绿化包括人行道绿化、分车带绿化、基础绿带、防护绿带及广场、街头休息绿化等形式。道路交通设施主要指各种交通标志(如信号灯、指示路牌等)、隔离设施、诱导设施、行人过街设施(如过街天桥、过街地道)、路灯照明设施等。

除了城市道路景观构成要素的静态因素,道路上来来往往的车流、人流、形形色色的人的活动给城市带来了无限的生机,也是城市道路景观中运动着的、随时变化的重要景观构成要素。交通系统管理策略和措施的运用可通过交叉口进口拓宽、渠化、设置单向交通、公共交通专用道、自行车专用道、行人专用道等手段来实现,这些设施用不同地面标线或者颜色加以区分,与城市动态车辆加以组合,从而形成城市一道靓丽的流动景观。

4.6.2　景观指标评价体系

道路景观指标体系是评价的基础,道路景观评价指标体系应包括:描述和表现道路景观系统发展状况的各个方面,如质量、水平、结构、功能等各类指标;描述和表现任何时刻发展的变化趋势,景观视觉环境阈值;描述和表现出道路景观系统各个方面的协调程度,如生态系统稳定性等。

道路景观评价是一种系统性的分析工作,道路景观设计合理与否、是否能与环境有机协调,解决这些问题的关键在于认识道路景观系统的准确性、研究思路的正确性、选择道路景观评价指标的合理性及相应评价方法的科学性。道路景观评价指标体系能够帮助使用者明确道路景观评价的关键问题,并刻画道路景观系统的整体状态与发展趋势。

道路景观评价指标体系应具有一定的结构,指标体系是一个多属性、多层次、多变化的评价体系,不是一组指标的单独出现,也不是一组指标的简单叠加,而是多方面评价指标有机结合的综合体。

但无论对于哪一种评价来说,根据道路景观评价要求构建的指标体系,既应是景观分析的准则,也应是综合评价的尺度。评价指标的选取是评价过程中极为重要的一个环节,是对道路景观系统进行评价的必要前提,不同的评价指标体系可能会导致不同的评价结果。因此,选取的指标科学合理与否至关重要。

4.6.3　评价方法

道路景观评价方法有多种,这里列出其中的几种,相关方法的详细计算步骤这里从略,可以参考相关的文献。

1. 环境景观敏感度评价方法

道路环境景观敏感度用来衡量道路周围环境的景观被人们注意到的程度,是景观易见性、清晰性和醒目程度等方面的综合反映,与环境景观本身的空间位置、与道路的相对位置关系、物理属性等有着密切关系。道路使用者不同,对道路的环境景观的注意视线则不同,因而对环境景观的注意程度就不一样。对不同的道路,研究的侧重点也有所不同。从用路者的角度出发分析,这个指标实质是个综合敏感度,影响道路的环境景观敏感度的因素很多:道路使用者视线方向,景观距离用路者的长度,道路周围环境景观出现的概率,景观的醒目程度等。

2. 道路与景观协调度评价方法

道路与景观环境协调度是一种定性和定量相结合的方法,用来判断道路与景观环境协调发展状况。这种方法可以用完全协调到不协调等几种不同的描述来界定二者的协调程度。协调度综合评价值可以根据道路自身协调、道路与景观的协调、景观与环境的协调等分项计算,再根据各自权重,便可以得到综合评价值。根据界定的协调程度,可以粗略评价道路与景观的协调度。

3. 道路景观综合评价指数法

道路景观由多种要素组成,是以群体的方式出现的,各自具有明显特征和可比性。因此,道路景观评价是对群体景观的评价,属于多属性、多因子评价,综合评价方法适合研究多因子评价体系结构的问题。

4. 模糊综合评价法

对道路景观的评价,会涉及多个因素或者多个指标,这些因素具有不确定性。可以把不确定的因素分成两类:一类具有随机性,另一类具有模糊性。前者可用概率统计学加以研究,后者则可用模糊数学的理论去解决。也有学者用基于 AHP 的多级模糊综合评价方法,这种方法集成了模糊评价与层次分析法的双重优点,以模糊理论为基础,将道路景观评价中一些边界不清、不易定量的因素定量化。在具体评价中,各定性评价指标的量化,采用专家打分法,而在建立评价指标权重集时,采用层次分析法,这样可以更加科学合理地体现指标重要性程度及指标之间的差异性程度。

5. 三维仿真评价法

应用计算机技术进行道路景观评价,是利用信息技术、GSI、RS、GPS 和数字摄影测量等技术形成三维的可视化道路景观,可以给人一种身临其境的感觉,真正做到所见即所得,可以通过计算机模拟的道路景观评价设计结果是否满足用路者的视觉和心理要求。三维仿真方法也常用来评价规划、设计方案的可行性。利用驾驶模拟舱技术进行景观评价的试验如图 4.25 所示。

图 4.25　利用驾驶模拟舱进行道路景观评价试验

6. 主成分分析法

主成分分析也称主分量分析,旨在利用降维的思想,把多指标转化为少数几个综合指标。

在实证问题研究中,为了全面、系统地分析问题,考虑众多影响因素。因为每个因素都在不同程度上反映了所研究问题的某些信息,并且指标之间彼此有一定的相关性,因而所得的统计数据反映的信息在一定程度上有重叠。在用统计方法研究多变量问题时,变量太多会增加计算量和增加分析问题的复杂性,而在进行定量分析的过程中,希望涉及的变量较少,得到的信息量较多。这一方法通过降低维数,把问题简化,便于评价。

道路景观评价方法有很多,以上列举的几种方法各有优缺点,操作时可以根据具体评价的对象,选取相应的评价方法。

4.7　典型案例

4.7.1　美国哥伦比亚河谷公路

哥伦比亚河谷公路位于 Troutdale 和 The Dalles 之间,长 121km,建成于 1922 年 6 月,是美国西北地区第一条铺筑路面的公路,当时被认为是工程史上的一大奇迹。哥伦比亚河谷公路既满足了景观需求,同时也促进了位于太平洋和 Cascade 山脉东部地区的哥伦比亚河走廊区域的经济发展。哥伦比亚河谷公路因其技术上的成就,对北美大陆复杂多变地形的适应及对不同景观的保护而被认为是当时最伟大的工程设施。

道路修建前,这里的出行条件很差,只有土路可以通行,当时人们需要一条高质量的公路出行。基于这里的自然条件,在修建之初,这条道路便被定为风景道路。设计者提出了具有挑战性的指标,即路面宽至少 7.3m(24ft),坡度不能大于 5%,平曲线半径不能小于 30.5m(100ft)。同时,道路路线要做到对环境最小的破坏,并且沿途能够看到大多数风景。最终公路建设者实现了这一目标。修筑这条道路融合了许多当时只有在欧洲道路才有的技术,比如数公里长的无砂浆砌筑的挡墙(由意大利石匠修筑),还有带拱形洞的卵石护墙。建设者在实心岩体中打了 5 个隧道让乘客可以看到壮丽的风景。另外,独创的设计便是修筑石砌瞭望台,并装上椅子供游客休息。该工程大量地使用了当时的新型建筑材料——钢筋混凝土来修筑这条道路上的桥梁和跨线桥,很多结构现在仍在使用。

事实证明,哥伦比亚河谷公路不仅是工程奇迹和风景旅游点,它更是极大地带动了沿线地方的经济增长。向游客出售鲑鱼和鸡肉餐的餐厅建起来,汽车销售点和补胎、加油等服务站也迅速建起。很快,停车场、汽车露营地、位于 Hood 河的哥伦比亚河谷宾馆都建起来,使得游客可以选择各种各样的过夜方式。沿线市镇零售商店也多起来。森林覆盖的山坡上、河边和路边都出现避暑山庄。

20 世纪 80 年代,环境意识的提高使得人们开始注意保护峡谷环境,这带动了哥伦比亚河谷国家自然风景区的建造。联邦政府启动立法来保护、管理这条具有历史意义的公路,为此共同设立了哥伦比亚河谷委员会。同时,人文历史保护运动的开展促使国家公园管理局对这条历史性公路进行了勘测,并作了详细记录。1983 年,俄勒冈州运输厅成功地将哥伦比亚河谷公路留存下来的路段申报为国家级注册历史古迹。在俄勒冈州历史保护社团努力下,成立了哥伦比亚河谷公路咨询委员会来指导公路的重建和修缮。这条公路位于国家自然风景区,任何影响历史、环境资源的工程都是不允许的,但是这条公路已经成为历史资源的一部分,它的重建得到支持。

当前,该公路进行了重新的维修和建设,俄勒冈州运输厅成功地在高架桥上重修了石护栏,重铸、重装精致的水泥拱,并为此公路设计了适当的标识。另外,还对护栏作了专门设计。护栏是用经过"新"碰撞试验过的钢背木护栏来代替钢护栏,钢背木护栏由木头和钢材支撑的两根横梁构成,且尽量模仿 1915 年时的护栏设计,那时的护栏现在已完全不存在了。"新"护栏经过了 80km/h 速度的碰撞试验,联邦公路管理局批准了这种护栏并推广在全国使用。俄勒冈州运输厅的文件资料表明,原来 1915 年的护栏设计在 20 世纪二三十年代被美国联邦公路管理局和几个州采用,作为类似乡村环境"标准"护栏。俄勒冈州运输厅公路管理部门正在制定一个修缮和使用这条公路的长期总体规划。志愿者、俄勒冈州公园和娱乐部门合作重建了志愿者机构,作为一个解说服务中心。现在,每年有数百万游客沿着这条路的某些路段驾驶、远足、骑自行车旅行。

恢复这条历史性的哥伦比亚河谷公路最显著的一个特点就是要恢复 1922 年公路竣工时的原貌。这和修缮建筑物、恢复其原貌所采用的历史保护程序相类似。当前俄勒冈州运输厅号召尽量完全恢复从 Troutdale 到 The Dalles 之间的 119km 道路,让它成为一条景观道路,同时成为一条远足者或骑自行车者的小道。

有些地段在原址上修复经济上不可行,就修筑了具有代表性的小路或自车行道。在一些地方比如现在已关闭的 Mosier 隧道,由于太窄不能供现代车辆双向行驶,原先被碎石填充的隧道经过修复恢复其原貌,但只允许自行车和行人使用。只要是条件允许的地方,就要按照 20 世纪 20 年代的线形来弥补其"已经消失的路段",并且"新"路段要按照当前标准来设计,以便行动不便的残疾人也可以使用。

在整个改善/修复工程过程中,俄勒冈州运输厅工作人员都特别认识到哥伦比亚河峡谷美学特征。其中一个例子就是对连续岩石碎落路段的改善方式,包括 Tanner 溪到 Eagle 溪的一段。因为此段不可能采用俄勒冈州交通厅规定的标准钢柱支撑的金属防护网,于是决定稍微改变一下线形,使岩石正面远离路缘。这样路侧空间就足够容纳落下来的石头。因为这条历史性的哥伦比亚河谷公路全程都在国家注册的历史遗址保护范围里,公路也位于划定的国家自然风景区,这条"新"公路和尚存公路的横断面是一致的。在 Tanner 溪地区,计划好的改善工程包括拆除和重新安置现存的高架公用输电线和电线杆,此外还要移走一些树木,以重新开放峡谷中的一些历史性景观。

俄勒冈州运输厅对改善哥伦比亚河谷公路的设计和施工所取得的经验有可能在全美得到广泛推广。特别是适用于许多已经或正在计划改建成"风景道路"的低交通量的乡村公路。这些公路都始建于哥伦比亚公路时代,因而都有相似的几何线形问题。现在那些曾经使用老公路的交通流都流向了与之平行的更现代的高速公路。改进和修复这些老路,使其恢复到刚建时期的外观也是有可能的。

经联邦公路管理局批准、通过 80km/h(50mi/h)碰撞试验的双梁钢背木护栏成为替换当前使用钢护栏的又一选择,特别是对那些使用木护栏可以增添美观的路线。俄勒冈州运输厅修筑和养护这种"非传统"道路的经验对其他相似的保护历史性道路的州同样适用,比如使用木护栏和岩石护墙的经验。

4.7.2　云南思小高速公路

云南思(茅)—小(勐养)高速公路(以下简称思小高速公路)是国家西部大开发建设的 8 条通道之一,是兰州—成都—昆明—磨憨公路在云南境内的重要路段,是我国规划建设的与东盟国家沟通的昆明至泰国曼谷国际大通道的重要组成部分,也是云南省规划建设的"三纵、三横、九大出口"的高速公路网的建设项目之一,其国际、国内的政治经济意义十分重大。

这条高速路还是我国第一条经过热带雨林的生态高速路。全线有 37.21km 路段须从小勐养自然保护区边缘穿过,其中有 18km 要经过自然保护区的试验区。该高速公路全长 97.7km,按照山岭区四车道高速公路标准建设,概算总投资近40 亿元。包括超过 300 座桥,30 座(单洞)隧道,8 座互通、半通式立交,近 300 座涵洞。

本项目的建设者充分借鉴、吸收了典型示范工程技术要求的精髓,结合项目自身特点,通过严格的施工管理,打造出了一条体现新理念精神的"国门生态路",受到党和国家领导人及各界人士的广泛关注和赞誉。本节简单介绍该路的建设经验。

1. 公路注重生态环境保护措施

思小高速公路共提出过 4 个方案,最后确定的方案基本上沿 213 老国道布线,虽然里程比另外三条长,但原 213 线两侧已基本上被开发利用,且穿过西双版纳国家级自然保护区的 37.21km 正线是保护区的边缘次生带,其中 18km 是自然保护区的试验区,对自然生态环境尤其是国家级自然保护区的干扰最小。沿线增设了野生动物活动的通道,避免了公路建设对野生动物生存环境的影响。全线共计对亚洲象、绿孔雀等动物预留通道 16 处,并对通道内环境进行了绿色装饰。

施工过程中对沿线植被,尤其是古树进行了保护与利用。严格控制桥梁下部、隧道仰坡及路基边线附近树木等植被的砍伐(图 4.26)。同时,也注意到对自然地形、地貌的保护与利用。例如,野象谷隧道入口前"两山夹一洼"的地形,路基开挖将左侧的山坡挖断,在右侧留下一个棱角分明的"残余"物,以往的做法是将其推平,建设者反其道而行,对其进行圆弧化处理,保留不影响视觉美的橡胶树,树下种上灌木和草,这样就和隧道周围的原始植被融为一体。

图 4.26　在丛林中树起的桥梁墩柱

对于边坡防护,首先确定适合热带雨林地区边坡的合适坡度;其次在绿化模式中按照"因地制宜、因路制宜"的原则,采用灌草混栽、乔灌混栽和乔灌草复合等模式进行绿化设计。绿化以乡土材料为主,结合沿线生态恢复课题研究成果,从当地二百五十多种亚热带植物中优选四十余种作为绿化植物,并制定了高矮搭配、错落有致的绿化配比方案。

对取弃土场的设置,由指挥部、施工、监理、设计单位、地方环保部门共同确认,并由施工单位上报环保方案,得到批准后才能予以实施,在改河路段,充分利用废弃的河段作为弃土场,有效地防止水土流失和环境污染,通过核算挖、补平衡减少占地,共利用挖方 580 万 m^3。另外,全线 52 处桥梁梁板预制场,有 48 处设置在正线路基上,有的甚至设置在隧道内,节省施工占地 10 万 m^2。

值得一提的是,该工程首次在云南引入"生态型声屏障",屏体的主体采用砌块材料,表面使用麻面材料装饰,增加噪声的漫反射,立柱与植物种植槽相结合,可以栽植花草,屏障墙脚设置花池栽植攀缘植物等,达到形式与功能的高度统一,并与周围古朴、自然的环境相协调。

2. 以人为本、提高公路使用安全水平及舒适度

挖方路段、填平路段及路基外侧地势平坦路段不设护栏,服务区、景观区用绿化带隔离,桥梁用混凝土或波形梁护栏,同时桥梁端部的护栏进行外展式处理,减少安全隐患。公路排水系统率先采用明、暗沟结合的排水方式,暗沟段的盖板上覆土种植绿化植被,平敞路段的视线中没有排水沟的"沟坎错觉",车辆抛锚或冲出路基,也不会因沟坎下跌而造成重大人员伤亡。

思小高速公路从思茅到西双版纳基本上一路下行,地形下降大,在大渡岗一带形成较为集中的雨雾区,对行车安全极为不利。指挥部专门开展了高速公路雾区安全技术研究,摸清当地的雨雾规律,针对"雨雾全年多发,又多集中在上午"的特点,专门设置防雾警示装置,通过中央监控,根据当天的雨雾情况进行"适时动态指示",既做到安全保通,又避免不必要的浪费。

充分利用路侧空余场地及取弃土场设置形式多样的休息、观景区,最大限度地提升道路服务水平并达到"变废为宝"的目的。例如,野象谷停车观景区就是充分利用隧道弃渣场地进行改造,填埋过程中通过恢复治理,经过后期规划设计,设置了傣家竹楼、观景亭和休息场地。图 4.27 是利用弃土场修建的临时停车区。

图 4.27　利用弃土场修建的临时停车区

3. 个性化景观塑造

为突出体现项目沿线鲜明的"傣族文化"和"热带风光"。建设者在乡土植物材料和民族建筑精华的吸收借鉴方面作出了有益探索,如通过课题研究,从二百五十多种本地植物中选择了四十多种作为绿化植物,这个过程本身就是一种文化选择。又如收费站的建筑,除思茅起点站充满了现代建筑意识外,其余的各站建筑,基本上从傣式建筑形态演变过来。在百花山隧道的出入口,设置了傣式建筑上部的平

面雕刻,让人一见这些建筑就明白,梦寐以求的西双版纳就在眼前了。

沿线的所有隧道出入口,不仅没有雷同,而且通过"借景"达到"入景"的效果。有的出入口不加任何修饰,极自然地和上、左、右的植物融为一体;有的稍加修饰,以森林的某种抽象构图弥补周边环境的不足;野象谷隧道的入口,则装饰为傣族公主的冠冕。

各种个性化的标志、标牌随着与众不同的自然景观变得格外亲切。例如,指示牌上的文字不再是严肃的公文式语言,而配以略带夸张的简单笔画,使图片和文字形成一种出自内心的关切,让人在接受告示之后有暖暖的春意在心头泛起。

4. 加强施工管理

为实现将思小高速公路建设成为"生态旅游高速公路"的目标,指挥部制定了一系列的规范、措施,从最细微的部分强化管理。

建立健全各项规章制度,明确责任。在思小高速公路建设管理办法中制定了环保管理体系,把环保责任进行层层分解落实,指挥部分年度与施工、监理单位签订环保责任书。在工程建设过程中,指挥部把环保工作放在与工程质量、安全生产同等重要的位置来对待。同时,根据合同文件的规定,在每期计量支付时,扣留1%作为环保保证金,工程竣工后,必须通过环保竣工验收,方予以退还,促使施工单位注重环保要求。

各项组织机构健全、人员落实到位,突出以人为本的环保理念。从指挥部到施工、监理单位均成立了环保工作领导小组,设置了专门的环保工作部门,监理单位配置了环保专业监理工程师,负责施工过程中的环保工作,使环保工作责任明确、人员落实。加强动态设计,随时发现问题解决问题。针对施工过程中出现的问题,对原设计方案进行修改、完善,如已成为本路最为闪亮之处的"野象谷观景停车区"就是在施工过程中对隧道口的一处弃土场地进行临时功能变更而形成的。

参 考 文 献

陈兆君.2007.公路环境景观设计理念探讨及模糊综合评价方法研究[硕士学位论文].长沙:长沙理工大学.

冯先德.2007.旅游区公路选线及景观设计[硕士学位论文].长沙:中南大学.

梁诚玉.2005.吉林省公路边坡生物防护及景观设计[硕士学位论文].西安:长安大学.

林瑛.2006.高速公路环境设计中景观与生态、文化的整合研究初探.江南大学学报,5(1):124—128.

潘海.1998.论高速公路景观设计.重庆交通学院学报,17(3):48—53.

森永教夫.2006.日本铺装技术答疑.深圳海川工程科技有限公司,译.北京:人民交通出版社.

上官甦.2006.石灰岩山区高速公路景观评价指标体系的构建.公路交通科技,(2):80—83.

沈延峰.2007.城市道路景观设计需要关注的几个问题.中国建设信息,(4):52,53.

王昊. 2006. 城市道路景观形态研究[硕士学位论文]. 南京:东南大学.

王军锋. 2005. 道路景观评价指标体系研究[硕士学位论文]. 西安:长安大学.

王肇飞. 2007. 山区旅游公路服务设施设计研究[硕士学位论文]. 长春:吉林大学.

尹吉光. 2003. 高速公路绿化初探——大保高速公路绿化研究[硕士学位论文]. 北京:北京林业
大学.

第5章　道路工程病害及防治方法

道路工程是庞大的土木工程,其使用耐久性受到材料类型、材料质量、施工质量和养护水平等诸多因素的影响,同时受到使用环境、气候、车辆荷载等使用条件的严重影响,因此道路在使用过程中发生病害是不可避免的。当道路建成后经过多年的使用,路面逐渐出现劣化,路面性能和使用状况出现下降,这时通过日常养护、小修和中修,路面性能和使用品质得到一定的恢复,还能继续满足交通通行的要求。当路面持续使用达到设计年限时,其物理和力学性能均达到极限状态,路面出现各种重要病害和劣化,严重影响路面的正常安全使用。这时,日常养护、小修和中修将不能满足道路的使用要求,必须对道路路面进行大修改造。

上述过程是道路构造物正常的使用变化,如果能满足上述要求,则表明路面达到了设计要求。但是有些情况下,路面还未达到设计使用年限就出现大规模的病害,导致路面性能严重下降,不得不提前进行道路的大修和改造,从而造成巨大的经济损失。道路的早期破坏是当前我国道路工程领域面临的重大问题,许多道路建成后不久就出现大规模的病害,严重影响路面的安全使用,在远未达到设计使用寿命的情况下不得不提前进行大修改造,从而造成巨大的经济损失,产生不良的社会影响,使道路设施不能发挥应有的社会和经济效益。

道路病害具有不同的表现形式,其发生原因又各不相同。若要降低道路病害发生率,提高道路的使用寿命,必须对道路病害发生的原因进行分析,在解析病害发生机理、明确影响因素的基础上,采取有针对性的预防和处置措施,才能从根本上解决道路病害多发问题。本章主要针对正常施工、正常使用情况下的道路路基和路面(沥青路面和水泥混凝土路面)出现的病害,从病害调查方法、病害分类、病害预防措施和病害处置措施等方面进行介绍。

5.1　道路病害的调查方法

5.1.1　道路病害调查的重要性

道路病害调查是进行道路状况使用质量评价的最基础的工作之一,是进行道路养护维修和大修改造决策的最主要依据。在进行道路日常养护维修、使用状况评价、大修改造等工作中,首先要进行路况调查,通过对道路设施全面的病害调查,得到道路使用状况,据此并根据我国相关标准规范的规定,确定道路的养护维修方法。所以,道路病害调查数据的准确与否直接影响道路的养护和维修决策,对道路的使用状况及道路的使用效益产生重要的影响。

道路病害调查还是进行道路工程领域科学研究的重要手段。道路工程设施处于自然环境条件下,经受日晒、风吹、雨淋、冰冻、荷载等综合因素的作用,其劣化和破坏过程非常复杂,在室内任何先进的、全面的试验都无法再现道路设施实际情况。因此,通过对实际道路的情况进行调查,通过现场测试、取样分析、现场样品的室内试验分析等手段,可以对道路设施实际劣化过程和特点进行准确的分析,从而更准确地掌握道路设施病害产生规律,采取更有效的病害防治措施。

病害调查工作应该以我国相关标准和规范为依据,以实事求是为准则。调查工作应避免以偏概全的做法,必须进行实地测量、调查。调查数据应全面,记录应准确无误,应避免对数据进行不科学的“修饰”、“处理”,更不能弄虚作假。全面、真实的道路病害调查数据是非常宝贵的技术资料,在道路设计和施工、道路病害预测、道路病害防治等领域具有非常广泛的使用价值。因此,科学、认真地搞好道路病害调查具有重要的意义。

5.1.2　道路工程病害产生原因调查和分析方法

道路病害的产生具有多方面的影响因素,既具有内因,即道路工程材料、结构等方面的原因,又具有外因,即使用环境、交通荷载等方面的原因。道路工程病害调查的目的是通过采取不同的调查手段和方法,对病害类型、病害特征及病害产生原因进行准确的了解,进而指明减少道路病害应采取的技术措施、处治病害应选取的技术方案。

道路病害调查不同于路面使用状况评价中的调查,后者主要目的是对道路使用状况进行等级评价,不涉及道路病害的实质。道路病害调查重点是查明道路病害产生的原因。因此,采取的措施多与试验分析相结合,通过宏观、微观的调查,通过现场调查、试验及室内辅助试验,对道路病害进行全面、深入的分析。

道路工程病害调查是针对某条出现病害的道路,通过验证法、排除法等方法,对出现的病害进行准确的分类,并查明病害产生的原因。一般来讲,道路工程病害调查包括:典型地点选择、资料调查、现场调查、室内试验分析、病害分析和判定等基本过程。

1. 典型地点选择

道路建设年代不同、使用条件不同、自然环境条件不同,道路病害产生的类型和原因也不相同。道路工程是一个线形构造物,其所处的地理位置、环境条件时刻都在产生变化。道路出现病害后如果进行全面的调查,其结果最具有准确性。但是如果比较系统地取样分析不仅数量多,而且对道路的破坏也大,对交通通行的影响也大。

因此,应根据过去已有调查和研究资料,在典型病害研究结果基础上,结合目标道路多年监测评定结果、道路病害产生特点等,筛选出具有典型特征的多处病害地点,然后进行现场调查。取样地点和数量根据实际病害产生情况而定,重点在已经产生病害并且具有代表性的区段。

2. 资料调查

应对被调查路段的详细资料进行收集,包括道路建设年代、道路结构、施工方法和工艺、维修历史、交通量数据、交通量组成、历年道路路面性能检测数据(平整度、摩擦系数、破损率等)、历年道路弯沉检测数据等,这些数据在判定病害产生原因时具有重要作用。

3. 现场调查

现场调查分为宏观调查和微观调查两部分。

1) 宏观调查

从宏观上对道路病害进行分析和把握,包括病害类型、病害范围、病害严重程度、地段周围环境、病害所处位置(直线段、转弯处、引桥等)等,从而对病害产生的可能原因有一个初步判定。调查方法包括踏勘、拍照、录像、测量、记录等工作,应预先绘制各种调查表格备用。

宏观调查是进行微观调查的基础,通过宏观调查确定微观调查的地点,因而,宏观调查应做到调查范围广、考虑全面。应做好记录,保留音像等基本资料,并进行统计、归类等工作。

2) 微观调查

从微观和技术角度出发详细调查病害产生原因,即对特定的病害地段,进行现场试验或取样试验,进行详细的物理、力学分析。针对不同病害,应预先制定调查内容、取样内容、取样方法、取样数量等方案。不同病害产生原因不同,调查内容也不相同,特别是取样方法和方式也不相同,必须根据实际情况决定。不同病害的调查内容见表 5.1 和表 5.2。

4. 室内试验分析

结合现场调查,进行必要的室内试验验证,以判定病害产生原因。根据不同的路面类型,可能的室内试验包括以下几方面。

(1) 沥青混凝土类。沥青混凝土密度试验、沥青混凝土沥青含量试验、沥青混凝土集料级配试验、老化程度试验、车辙试验、疲劳试验、抗低温性能试验、抗剥落试验、抗水损坏性能试验等。

（2）水泥混凝土类。钻芯取样的力学（抗压、抗折、劈裂）强度试验、抗冻融性能试验、碳化深度试验、氯离子含量试验、集料矿物成分分析试验、微观构造分析试验等。

（3）基层类试验。密度试验、强度试验、力学性能试验、干缩性能试验等。

（4）力学分析。结合道路实际结构，当实际道路交通荷载情况与现行设计方法有较大差别时，可按不同的力学模型进行必要的力学分析。

沥青混凝土路面、水泥混凝土路面不同病害类型的调查取样和试验内容见表 5.1 和表 5.2。

表 5.1　沥青混凝土路面病害调查方法

序号	病害类型	现场调查重点	现场取样内容	室内试验内容	备注资料收集
1	纵、横向裂缝	病害地段位置；地段周围环境；路面情况；病害严重程度（宽度、长度）；其他伴随病害	路面混凝土；ϕ10cm 圆柱状试样；基层材料样品；照片；录像	小梁疲劳试验；沥青含量试验；沥青老化程度试验；抗低温性能试验；抗水损坏性能试验；基层密度试验；基层材料强度试验	道路建设年代、道路结构、施工方法和工艺、维修历史、交通量数据、交通量组成、历年道路路面性能检测数据
2	网裂、龟裂	病害地段位置；地段周围环境；路面情况；开挖检验；病害严重程度；其他伴随病害	ϕ10cm 圆柱状试样；路面混凝土；基层材料样品；照片；录像	沥青混凝土密度试验；沥青含量试验；沥青老化程度试验；沥青混凝土集料级配；抗水损坏性能试验（抗剥离试验）；基层密度试验；基层材料强度试验；路基、基层抗冻性能试验	
3	车辙	病害地段位置；地段周围环境；路面情况；开挖检验；病害严重程度；其他伴随病害	断面开挖；断面取样；车辙试验试样取样；ϕ10cm 圆柱状试样；照片；录像	沥青混凝土密度试验；沥青混凝土沥青含量试验；沥青混凝土集料级配试验；车辙试验；基层材料密度试验；基层材料强度试验	
4	坑槽、松散	病害地段位置；地段周围环境；路面情况；开挖检验；病害严重程度；其他伴随病害	ϕ10cm 圆柱状试样；路面混凝土；基层材料样品；照片；录像	沥青混凝土密度试验；沥青含量试验；沥青老化程度试验；沥青混凝土集料级配试验；抗水损坏性能试验（抗剥离试验）；基层密度试验；基层材料强度试验	

序号	病害类型	现场调查重点	现场取样内容	室内试验内容	备注资料收集
5	泛油、拥包、推移、波浪	病害地段位置； 地段周围环境； 路面情况； 开挖检验； 病害严重程度； 其他伴随病害	φ10cm 圆柱状试样； 路面混凝土； 照片； 录像	沥青混凝土密度试验； 沥青含量试验； 沥青老化程度试验； 沥青混凝土集料级配试验； 抗剪切试验	
6	沉陷	病害地段位置； 地段周围环境； 路面情况； 开挖检验； 病害严重程度； 其他伴随病害	开挖检验； φ10cm 圆柱状试样； 照片； 录像	基层密度试验； 基层材料强度试验	
7	水损坏	病害地段位置； 地段周围环境； 路面情况； 开挖检验； 病害严重程度； 其他伴随病害	开挖检验； φ10cm 圆柱状试样； 现场透水试验	抗水损坏性能试验(抗剥离试验)； 路面透水系数试验	
8	其他	现场踏勘检查	照片； 录像； 分析、归类	视情况而定	

表 5.2　水泥混凝土路面病害调查内容和方法

病害分类	病害类型	调查中应记录的信息	病害分级	病害代号	计量单位
断裂类	破碎	按实际裂缝位置、长度和走向画出裂缝图，注明是否松动、沉陷、唧泥等，必要时注明裂缝宽度	轻	PS1	块
			中	PS2	
			重	PS3	
	裂缝		轻	LF1	
			中	LF2	
			重	LF3	
	断角		轻	DJ1	
			重	DJ3	
	补块		轻	BK1	
			重	BK3	

续表

病害分类	病害类型	调查中应记录的信息	病害分级	病害代号	计量单位
变形类	脱空唧泥	记录是否松动,是否唧泥		JN	块
	错台	记录错台高差	轻	CT1	
			重	CT2	
			重	CT3	
	拱起	记录拱起高度,每处拱起接缝两侧 2 块板均记为病害板块		GQ	
	胀起	记录胀起的程度	轻	ZQ1	
			重	ZQ2	
	沉陷	记录沉陷的程度	轻	CX1	
			重	CX2	
接缝类	接缝剥落	画出接缝剥落出现的位置,记录剥落处长、宽、深	轻	BL1	块
			重	BL3	
	纵缝张开	标出纵缝张开的部位及张开的数值,中线纵缝张开记 1 块板,每侧路肩纵缝张开记 0.5 块板	轻	ZK1	
			重	ZK3	
	接缝填缝料损坏	标出接缝填缝料损坏的部位		TL	
表面类及路肩	露骨	画出损坏范围,必要时记录损坏面积大小	轻	LG1	块
			重	LG3	
	表层裂纹	画出表层裂纹出现的部位、范围		BL	
	层状剥落	画出层状剥落出现的部位、范围		CB	
	坑洞	画出坑洞出现的部位,记录坑洞的面积和深度		KD	
	路肩损坏	记录路肩类型及混凝土路肩中的裂缝、破碎等情况	轻		
			重		

5. 病害分析和判定

通过对现场调查情况和历史资料进行分析,并结合室内试验验证,对道路病害地段产生病害的原因进行排除或确认,进而对产生病害的原因和机理进行分析,为采取科学合理的处治和养护维修措施提供科学依据。

5.2　道路工程病害的分类及预防

道路工程病害是一个非常大的概念,涉及诸多研究领域,也与诸多影响因素有关。本书主要对典型道路工程中的路基病害、路面病害的相关问题进行介绍。

5.2.1　路基典型病害、成因及防治

路基是道路的重要组成部分,是道路的承重主体,它与路面共同承担车辆荷载作用。路基的强度和稳定性直接影响道路的使用品质。因此,必须保证道路路基处于良好的工作状态。

1. 道路路基边坡病害

道路路基边坡分为路堑边坡和路堤边坡,根据边坡的材料又分为土质边坡和岩质边坡。

1) 土质边坡

路堤边坡大多数为土质边坡,是由各种土质材料、碎石材料等填筑而成的。路堤边坡的稳定性受土质、边坡坡度、作用荷载、自然条件、外来侵蚀等多种因素的影响,必须针对具体情况、通过边坡稳定性分析选择因地制宜的填筑材料、选择合理的边坡坡度。对于易受洪水等外来因素侵蚀的部位应进行重点的边坡防护。土质边坡在雨水的冲刷侵蚀下会出现边坡失稳现象,位于河边、湖边的路堤边坡会因河水、湖水的升降而产生稳定性问题。因此,对于土质边坡,应针对具体问题进行具体分析,保证路堤边坡稳定性符合道路使用的要求。

土质路堑边坡与土质路堤边坡具有相似性,其稳定性与土质、开挖边坡坡度等因素有关。同时,由于边坡的开挖使原状土质结构发生改变,其稳定性分析应考虑更多的因素。当边坡的开挖阻断地下水时,应采取相应的处理措施。要做好路堑边坡的边沟排水,使边坡处于外来水的影响范围之外。

图 5.1 为路堑开挖边坡在雨水作用下发生坍塌的破坏情况。图 5.2 为高、陡路堑边坡在正常使用条件下的边坡坍塌情况。图 5.3 为陡坡地带高路堤发生的挡墙坍塌情况。上述三种情况中,第一种情况是边坡由于雨水的冲刷造成坍塌,后两种破坏则主要是由于边坡稳定性不足。

还有一些特殊情况,即土质边坡在水、温度条件改变时出现失稳问题。图 5.4 为青藏公路某路段由于路堤边坡冻土融化产生的边坡坍塌病害。因此,在此类特殊地区修筑边坡时,必须采取针对性的预防措施,如隔温、保温等辅助措施。

图 5.1　土质边坡坍塌

图 5.2　土质高路堑边坡坍塌

图 5.3　高路堤边坡(挡墙)坍塌

图 5.4　冻土路堤边坡的融化坍塌病害

此外,在山区陡坡地形、软弱地基、高填方路堤等拓宽路段较容易产生边坡病害。这主要表现为拓宽路基沿新老路基结合面产生滑移沉降,严重时发生整体性坍塌。当拓宽路基沿结合面滑移量较小时,新旧路基结合面会产生错台,引起新旧路基结合部位的路面开裂,这样雨水由裂缝进入,结合面强度逐渐降低,给路基稳定性留下更大的隐患;当滑移量较大,甚至整体坍塌时,造成拓宽路面整体性破坏,甚至使原有路基相继出现失稳,致使原有路面也产生结构损坏和使用功能的下降。

2) 岩质边坡

岩质边坡的滑落与崩塌等病害是在重力作用下发生的,它的形成除取决于一定的地质、地貌条件外,还与气候因素密切相关。边坡在复杂的地质应力作用下形成,又在诸多影响因素的作用下变化发展,所有边坡都将处在不同方式、不同规模、不同程度的变形过程中。由于变形的不断发展可促使边坡破坏,而风化作用可使边坡表层剥落,卸荷作用可使坡体张裂,暴雨可使边坡表面岩屑碎块流动。边坡的变形和破坏,是边坡形成发展的必然现象。

　　另外,人类从事各类岩体工程活动,改变了岩体的地质环境,促使部分地质灾害的形成。此种病害主要发生在改扩建后的沿溪线和高路堑地段。改扩建时对沿线地质水文情况调查、勘探不充分;对于较难开挖的岩石边坡,路基边坡未达到设计边坡等,都可能导致出现松散、坡度不符合要求、雨水冲蚀、坍塌等病害。

　　岩石边坡的破坏形式大致分为以下几种类型:

　　崩塌。边坡上部的岩块在重力作用下,突然以高速脱离母岩而翻滚坠落的急剧变形破坏的现象。这种破坏是边坡表层岩体丧失稳定性的结果。

　　倾倒。在边坡内部存在一倾角很陡的结构面,将边坡岩体切割成许多相互平行的块体,而邻近坡面的陡立块体缓慢地向坡外弯曲倒塌的破坏形式。

　　滑坡。边坡岩体在重力作用下,沿一定的软弱面或软弱带整体下滑的现象。它是边坡变形破坏形式较为常见的一种,是边坡破坏的主要形式。

图 5.5　岩质路堑边坡破坏形式

　　图 5.5 为典型的岩质路堑边坡破坏形式。

　　若增加岩质边坡的稳定性,必须提高岩体的抗滑能力,增加岩体的强度,减少主动岩体的重量,增加被动岩体重量,从而减少滑体的下滑力。岩质滑坡的治理方法主要有以下几种。

　　(1) 减少下滑力、增大抗滑力的方法。

　　削坡减载法。对滑坡体上部削坡,从而减少接触面上的下滑力,增强边坡的稳定性。

　　减重压脚法。对滑坡体滑动部位削坡,并将削坡岩堆积在滑坡体抗滑部位,从而增大抗滑力和减小下滑力。

　　(2) 增大边坡岩体强度的方法。

　　疏干排水法。将滑坡体内及附近的地下水疏干,以便降低水压,提高岩体的内摩擦角和内聚力。

　　注浆法。用浆液注入边坡岩体的裂隙中,以提高岩体的完整性并使地下水没有活动的通道,从而提高边坡的稳定性。

　　爆破破坏滑面法。以松动爆破法破坏滑动面,加大滑面的粗糙度,增大滑动面的内摩擦角,增大滑动面上的抗滑阻力。

（3）人工加固法。

抗滑桩加固法。以桩体和桩周围的岩体相互作用，将滑体的下滑力由桩体传递到滑面以下的稳定岩体。

锚索加固法。对锚索施加预应力，增大滑面上的正压力，使滑面附近的岩体形成压密带，增大滑面的抗剪强度。

挡墙法。在滑体下部修筑挡墙，以增大滑体的抗滑力。

2. 边沟及排水设施病害

道路边沟、排水沟、截水沟、渗井、渗沟、排水井等容易出现淤塞、排水不畅、坡度不合适等问题，沟渠或排水井口出现破损等。

高等级公路的优越性，首先从路面上反映出来。这体现在路面能够满足车辆高速状态下的安全性和舒适性。但是，高级路面必须依托在高质量的路基之上，也就是说，路基是路面的根基。这就要求路基经常保持干燥状态，具有足够的强度和稳定性，才能保证路面的承载能力，使路面不产生变形和破坏。在影响路基强度，造成路面破坏的诸因素中无不与路基地下水和地面水的存在有关，在很多情况下，地下水是路基变形、路基病害产生的重要原因。因此，在修筑高等级公路时，必须十分重视路基排水。

排除路基地下水的方法宜用拦截、汇集、隔离和导流等形式，在某些情况下还需降低地下水位。对于需要排除路基地下水的路段，必须充分掌握地形、地貌、水文地质条件和有关的陆地水文与气象情况，弄清地下水的埋藏深度，分布规律，补给来源，地下水位变化，流向和流量。针对不同情况采用不同的排水形式，设置相应的排水结构物。

（1）利用天然砂砾排除路基地下水。

在砂砾料丰富的地区，可以就地取材，在路基上全铺厚度不少于 20cm 的透水性和水稳定性都较好的天然砂砾，可以隔离毛细水和排除地下水。砂砾层既可以作为路面结构层的一部分，也可以改善路基的工作状态，具有切断毛细水、疏干路基水分，以及提高路基强度和防止翻浆的作用。

（2）盲沟排除地下水。

盲沟排除地下水宜用于浅层裂隙水路段，地下水流向与路基走向大体一致的挖方路基。在旱季时，这些路段往往呈干燥状态。雨季中，由于降水大量渗入而形成足以破坏路基强度的裂隙水。如果在路床上适当布置盲沟，可将流量不太丰富的裂隙水汇集和排除到路基外。

（3）暗沟排水。

暗沟的作用主要是把路基范围内的泉水和较集中的裂隙水排到路基范围以外去，使其不在路基中扩散危害路基。

（4）渗沟排水。

渗沟排水宜用于地下水位较浅，又能很好地解决出口位置的挖方路基。渗沟的作用是吸收、汇集和排除地下水，达到降低地下水位，拦截流向路基的地下水，从而保证路基经常处于干燥状态的目的。渗沟底宽是以满足排除地下水最大流量为原则的。

（5）深边沟排水。

深边沟的作用是汇集和排除路基范围的路基地下水及流向路基的小量地面水。深度为 1.2～2.0m 不宜与其他沟渠合并使用。对于地下水位接近或高于路基设计标高的路段，地面坡度大于 5°以上的地形或者路线与含水断层相遇的路基，都可以考虑加深边沟加以排除。

3. 支挡结构物损坏

支挡结构物主要指挡土墙及护坡等结构物。挡土墙是用来支撑路基填土或山坡土（岩）体，防止填土或土（岩）体变形失稳的一种构造物。在路基工程中，挡土墙可用以稳定路堤和路堑边坡，减少土石方工程量和占地面积，防止流水冲刷路基，并经常用于整治塌方、滑坡等路基病害。另外，在桥梁工程中常常应用挡土墙维护边坡的稳定性。

挡土墙的应用很广，当路基遇到下列情况时应考虑修建挡土墙：

① 路基位于陡坡地段。

② 岩石风化的路堑边坡地段。

③ 为避免大量挖方及降低边坡高度的路堑地段。

④ 可能发生滑坡、塌方的不良地质地段。

⑤ 高填方地段。

⑥ 水流冲刷严重或长期受水浸泡的沿河路基地段。

⑦ 为节约用地，减少拆迁或少占农田地段。

⑧ 为保护重要建筑物、生态环境或其他特殊需要的地段。

支挡结构物病害主要有挡墙墙面开裂、墙体整体滑移、倾覆等。一旦墙底受水浸泡、冲刷，或墙体本身处于潜在滑坡体内，或挡墙所受土压力过大，或墙背回填土不实、选料不合格、回填土不经过分层洒水夯实，以及填料的内摩擦角小于设计填料的内摩擦角等，都可能导致挡土墙稳定性不足，容易出现设施损坏，以及裂缝、倾斜、鼓肚、下沉、坍塌、泄水孔堵塞等问题。

支挡结构物病害会导致道路大规模损坏，影响甚至中断交通，因此是道路结构物严重病害之一。支挡结构物应严格按照我国有关规范进行设计、施工，使用过程中应制订完善的监测、评价和预测方案，及时发现支挡结构物使用中出现的问题，并对其发展趋势进行预测。对道路支挡结构物出现的病害要早发现、早处治，避免发生大规模支挡结构物的坍塌破坏。

4. 路基冻胀翻浆

道路路面冻胀主要是冬季在路基土中沿着温度的降低方向生成了冰晶体形状的霜柱,使路面产生隆起的一种现象。

路面冻胀,是由于路基冻胀作用造成的路面破坏,主要由于路面产生了路基冻胀变形,如果路面受到均匀的路基冻胀,则冻胀本身不会引起多大的危害。但由于路基土的密实度和含水量的不同,以及其他原因引起的冻胀,使得路基冻胀常常是不均匀。在不均匀冻胀力的作用下,路面遭受破坏的可能性是最大的。由于路基的不均匀冻胀,使得路面产生裂缝,如果是水泥混凝土路面,还会产生错台。通常在路面中央冻胀变形量最大,因而在道路中线上出现较大裂缝的情况较多。

春融季节,道路从路面开始由上部向下部开始融化,路基上部的冻土首先融化,这部分路基土处于饱和状态。但下部冻土尚未融化,仍处于冻结状态,上部融化的水分很难向下渗透,使路基土含水量增加、密实度减小、承载能力明显降低。当大量的重载车通过时,沥青混凝土面层或者水泥混凝土板下表面的拉应力增大,土基表面的垂直变形也要增加,当超过其极限值时,在轮迹处产生网状裂缝,随之路面下沉,遭到破坏。同时,路基土含水量增高,形成稀泥状态,在行车荷载的反复作用下,从路面的边缘和裂缝中挤出,形成翻浆。

路基的冻胀翻浆除受温度变化情况影响外,主要与路基土的土质类型有关。土的冻胀主要受土中<0.075mm 细颗粒土的影响,当土中细颗粒含量<5% 时,土属于冻胀不敏感性土;当细颗粒含量达到 5%～15% 时,土为弱敏感土;当细颗粒土含量>15% 时,土变成冻胀敏感性土。粉性土具有较发达的毛细作用,冬季会发生较强的聚冰作用,因此不适合于修建路基。当路基土为粉性土时,可采取换土措施。在有效冻结深度范围(一般为当地最大冻深的 0.6～0.7 倍)内填筑冻胀不敏感或弱敏感的土,达到防治冻害的目的。或者采取隔水层方法,将毛细水上升路径隔断,减少冬季的冻结聚冰作用,从而减小冻胀翻浆。

设置保温层也是防止道路路基冻胀翻浆的技术措施之一,近年来得到了实际应用。该种方法是在道路基层或垫层部位设置一保温层,使冬季道路冻结深度下降,从而达到减小冻胀翻浆的目的。保温层材料一般采用导热系数小的材料,如EPS、PU 板等。利用废发泡塑料的低导热性,将废发泡塑料集料铺筑在基层上,可以有效降低道路的冻结深度。图 5.6 为由废发泡塑料经处理生产的轻质集料,图 5.7 为利用废发泡塑料集料修建路基保温层的情况。图 5.8 为保温层的防冻结效果,其中,断面 A 为普通道路断面,分为沥青混凝土面层 5cm,级配碎石基层10cm 和路基;断面 B 为沥青混凝土面层 5cm,级配碎石基层 10cm,全厚式废发泡塑料集料基层 10cm 和路基;断面 C 为沥青混凝土面层 5cm,级配碎石基层 10cm,

40％废发泡塑料集料与 60％路基土的混合料基层 30cm 和路基。

图 5.6　废发泡塑料集料

图 5.7　废发泡塑料集料保温层施工

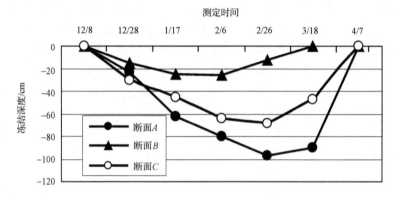

图 5.8　保温层的防冻结效果

5. 路基沉陷

　　路基表面产生较大的竖向位移,引起地基下沉或向两侧挤出,形成不均匀沉陷。其形成原因是由于路基填料选择和填筑顺序不当、填筑方法不合理等,如填料中混入种植土、腐殖土或泥沼等劣质土,或土中含有大块土或冻土等。填筑的石料规格不一、性质不匀、空隙大,在汛期可能产生明显的局部下沉;填筑时未在全宽范围内分层填筑,填筑厚度不符合规定,填料质量不符合要求,水稳定性差;原路边坡没有去除植被、树根,未作台阶处理;不同性质的填料混填,因不同土类的可压缩性和抗水性差异,形成不均匀沉降;路基填料含水量控制不严,又无大型整平和碾压设备,使压实达不到要求;施工过程中未注意排水,遇雨天时严重积水并浸入路基内部,形成水囊,晴天施工时也未排除积水,就继续填筑,以致造成隐患;施工单位责任心不强,自检控制不到位等。上述因素都可能引起路基出现不均匀沉陷。

6. 不良地质和水文条件造成的路基破坏

道路通过不良地质水文地区,可出现不同形式的病害。例如,原地面比较软弱(如泥沼地段等),若填筑前未经换土或软基处理,易形成压缩下沉或挤压位移;地形条件复杂,当路堤穿过沟谷时,沟谷中心填土较深,两端逐渐变浅,由于填土高度不同而产生不均匀下沉;降雨量过大、洪水、冰冻或温差过大等,都可能使高填方路堤产生不均匀变形或下沉,导致路基大规模破坏;永冻土地区修筑道路时,由于局部环境的改变使路基出现不均匀融化,造成路基出现不均匀变形等。这些路基产生的病害最后都反映到路面上,使路面出现各种病害,严重影响行车安全和舒适性。

图 5.9 为由于洪水冲刷引起的道路路基坍塌病害。

图 5.9　洪水引发的路基坍塌破坏

图 5.10 为青藏公路某段由于冻土路基不均匀融化引起的路面病害。该类病害为纵向裂缝和沉陷,病害形式表现在路面上,其根源在路基上,是由于路基不均

图 5.10　路基不均匀融化引起的路面病害

匀沉陷引起的,是一种典型的水文条件变化导致的路基病害。

7. 特殊地质条件路基病害

1) 膨胀土

膨胀土是在自然地质条件下形成的一种具有显著胀缩变形特性的多裂隙地质体,其黏粒成分主要由亲水性的蒙脱石、伊利石和高岭土组成。膨胀土易引起以下病害的产生。

(1) 裂缝。道路路面较为普遍的病害,而膨胀土路基常因土体失水收缩而形成反射裂缝,缝宽一般为 1~3cm。

(2) 搓板。黑色柔性路面最常见的病害之一,除了因沥青面层材料及行驶车辆推挤作用等因素影响外,对于膨胀土地区道路,由于路幅内路基含水率不均匀变化而引起的不均匀收缩,使路面产生幅度很大的横向波浪变形,造成车辆行驶时产生剧烈颠簸振动,同时又进一步加剧路面搓板的形成。

(3) 路基下沉。雨水或地面径流沿裂缝下渗,使膨胀土路基受水浸膨胀软化后,发生崩解或强度衰减,在车载作用下基床翻浆冒泥,路基下沉,并促使混凝土路面板块错台、断裂。

(4) 剥落或滑坡。填土路基的膨胀土边坡坡面,最易受大气风化和雨水侵蚀作用的影响。在干旱少雨季节蒸发剧烈,坡面剥落,雨季坡面易冲蚀,当雨量集中时还会形成局部泥流,甚至产生破坏性的滑坡。

膨胀土路基病害可以从以下方面进行防治。

(1) 保湿防渗。由于膨胀土路基具有显著吸水膨胀和失水收缩两种变形特性,因此,首先应考虑尽可能对路基边坡和路肩土体采取保湿防渗措施,防止土体干缩湿胀、表层风化、抗剪强度衰减等。

(2) 路基两侧增设隔水墙。相对于膨胀土路基和边坡而言,路基面层封闭性较好,雨水不易渗透侵入路基而产生膨胀,雨水多沿路基两侧路肩或边坡侵入路基,因此,在路基两侧增设隔水墙十分必要。

(3) 加固路基挡墙。工程实践表明,膨胀土地区挡土墙的破坏模式通常在墙体上部被剪断,这是由膨胀土路基挡土墙受力特点决定的。一方面挡土墙要承受一般土压力作用,另一方面还承受土体膨胀压力作用,其作用范围一般在墙体中、上部,即墙背填土含水率变化范围内(沿墙高约 2.0m),膨胀力最大值约占库仑主动土压力的 15% 左右。因此,膨胀土地区在设计路基挡土墙时,应考虑膨胀力的作用。

2) 湿陷性黄土

湿陷性黄土路基破坏的主要形式可归纳为以下几种:路基沉陷、路基陷穴、边坡滑坍及高填方路基破坏等。

（1）路基沉陷破坏。

路基沉陷主要是由于黄土路基的压缩变形大、垂直节理发育、排水不畅等原因造成的。

对于高填方路基，黄土基底本身的压缩变形大，强度不够，施工时又未充分预压，或采取换填措施，一旦有水侵入，就导致路基的湿陷。

由于黄土垂直节理比较发育，且植被少，土质疏松，只要有水的作用，就容易引起水土流失，造成路基沉陷，尤其是大暴雨，极易使黄土层或路基形成沟穴、坑洞，甚至掏空路基，危及安全。

由于路基边坡坡面剥落、坡体崩塌，阻塞边沟排水，导致路线横向和纵向排水不畅，如果不及时养护清理，就会因滞水下渗而引起路基局部被掏空，导致路基沉陷。

黄土路基湿陷具有很大的隐蔽性，在路基底部，时隐时现，如果探源不仔细，很难发觉，危害大。

由于线路的纵坡和弯道内侧的合成坡度较大，因此在陡坡变坡处和台阶型边坡的内缘均易发生湿陷。

（2）路基陷穴破坏。

黄土陷穴分布具有一定的规律性。从地貌看，在黄土塬的边缘、河谷阶地的边缘、冲沟两岸及河床中都常有陷穴分布。这是由于阶地边缘、河谷两侧多为坡积的松散黄土，易被冲蚀，因而离阶地斜坡和沟谷斜坡越近，越容易形成陷穴。

（3）边坡滑坍破坏。

边坡主要破坏形式有：边坡表面冲刷、边坡坍滑、边坡失稳，如图 5.11 和图 5.12 所示。

图 5.11　边坡表面冲刷破坏　　　　　　图 5.12　边坡坍滑破坏

当边坡顶面两侧未设置排水设施及坡面缺少必要的防护措施时，雨水沿坡面漫流，加剧了坡面冲刷，轻则坡面冲沟纵横（图 5.11），重则坡脚水土流失、边坡坍滑(图 5.12),乃至路基失稳破坏。边坡产生破坏的原因,除了与水有关外,还与路基填筑质量不佳、压实度未达到设计标准、边坡设计不合理,以及边坡断面形式和坡度不能有效保证其稳定性等因素有关。

(4) 高填方路基破坏。

在黄土的嵝岘或冲沟之上,公路往往形成高填方路基,黄土桥和坝式路基是公路跨越沟谷的主要方式。对于湿陷性黄土,高填方路基在地面水的冲刷和地下水的侵蚀下,易于形成高填方路基的破坏。主要方式有以下几种。

① 地面水的溶蚀和潜蚀。由于高填方路堤主要修筑在嵝岘及冲沟上,通常也位于路线的凹形竖曲线上,所以,冲刷很容易导致高填方路基的破坏。例如,雨水从两岸斜坡和路面两端流向堤面形成积水,这部分水主要通过路堤下渗和蒸发才能排除。雨水在排除过程中,溶解了沉积在土颗粒表面的易溶盐、中溶盐及胶结物,破坏了土颗粒间的联结薄膜,使土的抗剪强度显著下降;当渗流速度较大时出现潜蚀和洞穴,路堤沉降增加,裂缝扩大,甚至造成滑塌破坏等。

② 洪水的破坏。黄土地区气候干燥,植被覆盖差,暴雨时地面径流量大,水土流失严重。高填方路基位于嵝岘和沟口处,沟内汇水面积大,暴雨时涵洞不能及时排洪,导致高填方路基上游大量积水,浸泡路基边坡,冲蚀冲沟土层,造成湿陷成穴,特别是在路基填土与原状土的结合处常常会出现穿孔现象,并贯通整个坝体底部。由于洪水携带泥沙在表层沉积,暗穴进口不易发现,洪水多次侵蚀、冲刷,暗穴内部逐渐扩大,导致路基整体沉陷而破坏。

③ 地下水对路基的水平溶蚀、潜蚀及冻融作用等,也会造成路基破坏。

3) 盐渍土路基病害处治

在我国西北内陆地区,广泛分布着一种含盐量超过一定数量的特殊土,称之为盐渍土。盐渍土作为一种特殊路基填料,具有诸多的特殊性。例如,硫酸盐在结晶时会结合一定数量的水分子,体积增大,脱水时体积又缩小,这个过程的反复作用,就会破坏土体结构,导致产生盐胀、冻胀、翻浆等病害,从而降低路面稳定性。

盐渍土引起的路基病害类型包括以下几种。

溶蚀。盐渍土中 $NaCl$、Na_2SO_4 等盐类的腐蚀作用能使混凝土构造物、金属物等道路设施产生麻面和疏松等损坏。在潮湿或多雨的季节,地表的部分易溶盐由于降雨或其他水分的溶解随水下渗,转入下层,形成路基的淋溶、溶蚀现象,造成路面的坎坷不平,无路拱,雨季打滑,易形成车辙,这些路基病害的形成对行车的舒适性、安全性将产生很大的影响。

盐胀。盐胀病害主要是针对硫酸盐类的盐渍土而言的,由于盐渍土所处的特殊的外部环境决定了硫酸盐盐胀作用的强烈性,盐渍土中的易溶盐在一年中随着气温、降水、蒸发和水文条件的变化而发生周期性的聚集与淋溶现象,在冬季,路基土内的盐胀可使路基面不平、鼓胀、开裂,路基边坡及路肩表层在昼夜温度变化所引起的盐胀反复作用下,变得疏松、多孔、易遭风蚀。

翻浆。盐渍土地区既具有一般公路翻浆的共性,又有自身的特点。在干燥状态时,盐类呈晶体状,地基土有较高的强度,但盐类浸水易溶解,呈液态后土的强度降低,压缩性增大。含盐量越高,土的液、塑限越低,则可在较小的含水量时达到液性状态,抗剪强度降低到近于零。同时,氯化盐土有明显的保湿性,从而使土壤长期处于潮湿、饱和状态,易产生"液化"现象。

针对盐渍土路基特点,盐渍土路基病害可以采取以下的防治措施:

在原土路基上打入间距较密的砂砾桩,将原土地基挤密,防止土体因盐胀而产生松散和垮塌,而且砂砾桩还可以起到增加路基对上部荷载承载力的作用。

采用地质上的处理方法对土壤进行化学改造,使其盐分在化学作用下改变成无害盐或降低其浓度。

对有可能遭受洪水冲淹的低洼地区,经常处于潮湿或积水状态的强盐渍土、超盐渍土或盐沼地带,以及大范围的硫酸盐盐渍土地带,设计路线时应尽可能绕避;不能绕避时,应考虑以最短的距离通过。

在中、弱盐渍土地区或小面积局部分布的盐渍土地带,一般可以不考虑完全绕,但路线尽可能在地势较高、含盐量小、地下水位较低、盐渍土分布最窄、地表水排泄容易的地段以路堤通过。

通过盐渍土地段的路线,应尽可能靠近渗水材料(渗水性土)的产地,以利于施工和养护,并可以节省工程费用。

4) 多年冻土地区路基破坏

在我国的西北、东北和青藏高原地区,寒冷季节日平均气温在 0℃ 以下,甚至最低气温达到 −50℃。在这样的气温条件下,地表层土处于多年冻结状态,即为多年冻土地区。多年冻土地区由于所处地区环境和局部气候不同,有的为连续型多年冻土,有的为岛状多年冻土。冻土结构包括表层季节融冻层、下部多年冻土层等。因此,多年冻土地区具有更加复杂的地质和水温条件,而且具有多变性和不稳定性。

多年冻土地区道路路基破坏原因之一是道路结构在地基土发生融化和冻结过程中随之发生变化,导致路基稳定性下降而破坏,如道路边坡的融化塌陷等。

原因之二是道路结构的修建破坏了这一地区的气候和环境平衡,气候及路基水温状况会发生不可预测的变化,从而引起路基的各种病害产生。多年冻土地区路基病害最主要的形式是路基的融沉,即多年冻土冰层在施工及运营过程中各种人为因素影响下产生局部融化,上覆道路结构层在自重和荷载作用下产生沉陷,造成路基严重变形。

此外,道路路基不均匀冻胀也是多年冻土地区道路产生病害的主要原因。

对于多年冻土区道路建设技术,我国已经进行了五十多年的探讨和实践,一些特有技术得到开发和应用。综合来讲,多年冻土地区道路路基建设以保护和维持冻土原始冻结状态为原则,采取的措施包括以下几方面。

(1) 遮光技术。在一些易产生融化的路段设置遮光板,使道路结构及其周边土基不能或较少吸收太阳能热量,从而防止道路结构或其地基的融化,防止融沉的发生。

(2) 设置隔温层。在路面与基层或基层与路基之间设置隔温层,使较高的路面温度不能向下部冻结的路基处去,防止其融化沉陷。隔温层材料包括泡沫塑料板、碎石层等。图 5.13 为青藏公路修建的道路隔温层试验路。

(a) 泡沫塑料板隔温层　　　　　　　　　　　　(b) 石块隔温层

图 5.13　青藏公路路基隔温层试验路

多年冻土地区道路修建技术还是一个正在研究的课题,如何从保护环境、可持续发展观点出发,开发出多年冻土地区道路修建新技术,保持路面的良好使用性能,是道路工程工作者需要深入研究和解决的问题。

5.2.2　沥青混凝土路面病害

1. 沥青路面病害的分类

沥青路面病害可分为结构性病害和功能性病害两大类。从病害的产生时间上分为早期破坏和使用末期破坏,从成因上有时又分为荷载性破坏和非荷载性破坏。不同的破坏形式和破坏时间其原因也不同。

结构性破损是由于道路基础层承载力降低,出现各种形状的、规模较大的纵横向裂缝、裂纹、龟裂、块裂,路面出现大规模沉陷、车辙等。纵横裂缝可能是由于路基稳定性受到破坏所致,而龟裂和块裂是由于施工中压实度不够及路基下沉产生的小网格式、大网格式的网状裂缝。可见,道路结构功能破损的根本原因主要在于路基承载力不足而下沉、路基水稳定性不够、基层材料质量不佳、施工工艺不规范等,在交通荷载的反复作用下产生道路病害。结构性破损是道路比较严重的病害,表现在道路承载能力已经不能适应道路交通的要求,必须进行必要的大规模改造才能根治。

功能性破损指道路具有满足使用要求的承载力,但在材料、环境、荷载等条件的影响下,道路路面出现的影响路面正常使用功能的破损,主要包括路面出现的细微裂缝、车辙、泛油、波浪、推移、搓板、磨光、松散、坑槽等病害。功能性破损虽然道路承载能力没有出现问题,可以基本满足交通通行需要,但是这些破损将导致路面使用性能下降,严重影响车辆的行驶速度、行驶安全性和行驶舒适性,增加车辆的磨损,使运输成本上升。因此,功能性破损也是严重影响道路交通的病害,必须引起足够的重视。

任何病害都有一个发展的过程,不同时期病害的表现形式和程度也不同。应加强道路的检查和监测频率,发现问题及时予以处治和维修,初期病害得到合理的治理就会延缓病害的发展速度,使之不至于发展成为更严重的病害。功能性破损通常是由于使用材料不当、使用条件恶劣、施工方法不当、养护方法不当、使用时间超过合理寿命等原因引起的。

沥青路面病害具有多种类型,按不同的分类方法可以有不同的病害类型。同时,许多病害并不是独立产生的,各种病害之间具有一定的联系和因果关系。所以对病害进行准确的分类比较困难。虽然如此,但为了便于病害调查和统计,我国相关技术规范都对沥青混凝土路面病害进行了分类。参照这些分类方法,本书将沥青路面病害按其形状分为裂缝类、松散类、变形类及其他类等四大类,每类病害包含的具体病害内容见表 5.3。

表 5.3　沥青路面病害分类

病害分类	沥青路面破损方式
裂缝类	龟裂、网裂、不规则裂缝、纵向裂缝、横向裂缝
松散类	坑槽(含啃边)、松散(含脱皮、麻面)
变形类	沉陷、车辙、波浪(搓板)、拥包、桥头和涵顶跳车
其他类	泛油、磨光、老化、冻胀、翻浆、露骨、修补损坏

2. 沥青路面病害的定义

路面病害类型不同,其判断标准也不相同。根据有关规范的规定,沥青路面病害的定义或判断标准如下所述。

(1)坑槽。路面破坏成坑洼的深度大于 2cm、面积在 0.04m² 以上。如小面积坑槽较多又相距很近(20cm 以内),应合在一起丈量。

(2)松散。路面结合料失去黏结力,集料松动,面积在 0.1m² 以上。

(3)拥包。路面局部隆起,高度在 1.5cm 以上。

(4)翻浆。路面、路基湿软,出现弹簧、破裂、冒泥现象。

(5) 沉陷。路面、路基有竖向变形、路面下凹,深度在 3cm 以上。

(6) 脱皮。路面面层层状脱落,面积在 0.1m² 以上。

(7) 啃边。路面边缘破碎脱落,宽度在 10cm 以上,数量按单侧长度累加乘以平均宽度。

(8) 泛油。高温季节沥青被挤出,表面形成薄油层,行车出现轮迹。

(9) 车辙。路面上沿行车轮迹产生纵向带状凹槽,深度在 1.5cm 以上,数量按实有长度乘以变形部分的平均宽度。沥青路面车辙,如属路面推移产生的,则其变形部分包括凹陷和凸出的两部分;如属磨耗产生的,则其变形部分包括凹陷部分。

(10) 龟裂。裂缝在 3mm 以上,且多数缝距在 10cm 以内,面积在 1m² 以上的块状不规则裂缝。

(11) 网裂。裂缝在 1mm 以上或缝距在 40cm 以下,面积在 1m² 以上的网状裂缝。

(12) 波浪与搓板。路面纵向产生连续起伏,有似搓板状峰谷高差大于 1.5cm 的变形。

3. 沥青路面病害成因及危害

1) 裂缝

沥青路面裂缝是公路上最常见的病害,其诱发原因也多种多样,本身既是一种典型的道路病害,又是其他病害的主要诱发因素。路面裂缝分为横向裂缝、纵向裂缝和不规则裂缝。路面裂缝根据公路等级的不同产生比例也不同,公路的等级越高,其在公路病害中占的比例越高;公路使用年限越长,其在公路病害中占的比例越高。大部分裂缝为沥青路面最早出现的病害。为此,在公路养护中,对路面裂缝处置的问题如不加以重视,分析其产生的原因和研究相应的养护技术措施,就会使其逐步扩大,发展成松散、坑槽等更加严重的病害,严重影响公路的服务水平和车辆的安全行驶。

(1) 裂缝基本类型。

从路面裂缝外观形状划分,路面裂缝分为横向裂缝、纵向裂缝和不规则裂缝。

① 横向裂缝。与道路中线近于垂直的裂缝,通常是因低温收缩或者半刚性基层收缩造成的。横向裂缝可分为荷载性裂缝和非荷载性裂缝两大类。荷载性裂缝是由于路面设计不当和施工质量低劣,或由于车辆严重超载,致使沥青面层或半刚性基层内产生的拉应力超过其疲劳强度而产生裂缝;非荷载性裂缝是横向裂缝的主要形式,它包括沥青面层低温收缩性裂缝和基层反射性裂缝。

图 5.14 为典型沥青路面横向裂缝。

② 纵向裂缝。与道路中线大致平行的裂缝,如图 5.15 所示。纵向裂缝多产生于半填半挖路基处,主要是由于路基压实度不均匀、路基的不均匀沉降造成的;

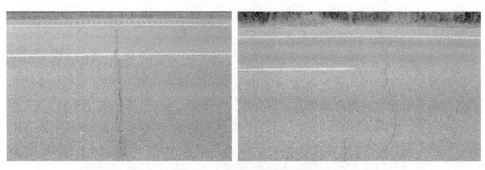

图 5.14　沥青路面横向裂缝

图 5.15　典型沥青路面纵向裂缝

也可能是沥青面层分幅摊铺时,两幅接茬未处理好,在行车载荷重复作用下形成的。

　　③ 不规则裂缝包括龟裂和网裂,是相互交错的疲劳裂缝,通常是由于路面结构强度不足,沿轮迹带出现单条或多条平行纵缝,逐渐在纵向裂缝间出现横向或斜向连接裂缝形成的。当沥青黏结力差,沥青用量偏少,或所用的矿料过湿、铺撒不匀时,还会产生路面松散。网裂、龟裂后不及时养护,还易造成路面坑槽和剥落的出现,如图 5.16 所示。

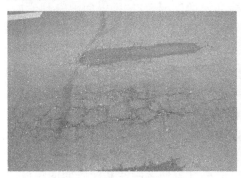

图 5.16　典型不规则路面裂缝

图 5.16 为典型不规则路面裂缝病害。从裂缝形成机理划分,路面裂缝可分为温度裂缝、反射裂缝和疲劳裂缝等。

① 低温裂缝。当温度骤然下降的时候,应力很难松弛,由于温度下降产生的应力增加超过了应力松弛的速度,在沥青混凝土内出现了剩余应力,当这种剩余应力超过沥青混合料的极限拉伸强度时,便产生开裂。同时,由于温度下降,沥青混凝土路表面产生温度梯度,但由于路面不能发生翘曲,所以在表面出现了拉应力,底面出现压应力,这与应力松弛叠加,就会在表面产生更大的拉应力,使之产生裂缝。温度升降反复作用的温度应力使沥青混合料的极限拉伸应变变小,又加上沥青老化使沥青劲度提高,故温度裂缝呈逐年发展扩大、数量逐年增多的趋势。

② 反射裂缝。由于面层下部的拉应力超过了沥青混凝土的极限强度所致,偏荷载作用下的主拉应力和温度变化下的收缩应力是反射裂缝形成的根本原因。由于基层开裂,使其失去了抵抗拉应力的作用,就在开裂位置将拉应力传递给面层,形成面层在裂缝处的应力集中,极易产生反射裂缝。

在我国,路面基层普遍采用的是半刚性基层材料,半刚性基层有较高的强度、较大的刚度和较好的水稳定性。但是,半刚性基层容易发生开裂,并逐步向面层扩展,形成反射裂缝。当沥青面层较薄时,沥青路面裂缝中有相当部分是反射裂缝,现场取芯表明,达 50% 以上。

根据形成的不同原因,可将反射裂缝分为两大类:荷载型反射裂缝和非荷载型反射裂缝。

荷载型反射裂缝是指半刚性基层在车轮荷载作用下,半刚性材料基层底部产生的拉应力超过半刚性材料的抗拉强度很快开裂。在行车荷载的反复作用下,底部的裂缝会逐步扩展到上部,并使沥青面层发生开裂破坏。

由于车轮荷载产生的裂缝反映到面层上,往往不是单独的、稀疏的或较有规则的裂缝,而是稠密的、有时是相互联系的裂缝,甚至是网状的裂缝。疲劳破坏严重时也会扩展至全幅面层。路面结构层强度不足,满足不了交通量迅速增长和汽车载重量明显增大的需要,在轮迹带上沥青路面便产生网裂,伴随纵向裂缝和变形。轮迹带上沥青路面的回弹弯沉值明显大于其他面积上的回弹弯沉值,路面属于疲劳性破坏。

裂缝的形成与半刚性材料的抗拉强度和重复荷载的大小、重复荷载的频率和持续时间、面层和基层的厚度、基层和土基的弹性模量等因素有关。研究表明,重复荷载与材料极限抗拉强度之比(相对荷载)越大、重复荷载频率越高、荷载持续时间越长,结构越容易产生疲劳开裂。因而在路面结构中表现为超限车辆的荷载较大、行车速度较低,当超限车辆在交通量中占有的比重增大时,疲劳开裂破坏就越严重。实践证明,增加面层或半刚性基层的厚度可使半刚性基层底面的拉应力迅速减小,从而减小疲劳破坏的数量。

非荷载型反射裂缝是由于半刚性材料温度收缩、干燥收缩、材料的初始缺陷和路基的不均匀沉降等原因引起的反射裂缝。半刚性材料是由固相、液相和气相组成的。由于它们具有不同的热胀冷缩性,且其中组成固相的不同矿物、结晶和非结晶体也具有相异的热胀冷缩特性,在温度变化的过程中,它们的热学性质会发生相互作用,在其外观上表现出体积的收缩。在体积收缩的同时,就会在基层内部产生较大的温度应力,从而使基层开裂。

干燥收缩裂缝即半刚性材料受到环境因素如风吹、日晒等的影响,水分蒸发,引起的毛细管张力作用、吸附水及分子间力作用、矿物晶体或凝胶体的层间水作用及碳化脱水作用而引发的宏观体积变化。这包括水分减少产生体积收缩、颗粒表面水膜变薄引起的颗粒间距变小导致体积进一步缩小、矿物胶体和凝胶体夹层间水蒸发会使晶格间距减小而引起体积收缩,以及半刚性材料中 $Ca(OH)_2$ 和 CO_2 反应生成 $CaCO_3$ 的过程中析出水分而引起的体积收缩。

在铺筑沥青面层前,如半刚性基层上没有覆盖层保护而遭受暴晒,半刚性基层产生干燥收缩裂缝的可能性大大增加。

温度收缩和干燥收缩过程中,基层表面的混合料水分损失先于内部,同时基层顶面直接受温差变化的作用,而基层底面受底基层保护作用,因此形成自上而下的温度梯度和温度变化梯度。因此,无论干燥收缩还是温度收缩,所引起的裂缝都是从基层顶面开始的。干燥收缩裂缝产生时往往很细,随着水分继续减少,裂缝会增宽到 3mm 以上。干燥收缩裂缝主要是横向的,但也有纵向及不规则的块状。在铺筑沥青面层前产生干燥收缩裂缝,在铺筑沥青面层后,基层中的水分还会进一步减少,直到含水量达到平衡,同时产生收缩。但在铺筑沥青面层,特别是较厚的沥青面层后,基层的水分减少相当缓慢,由此产生的干缩应力比暴露的基层要小得多,同时会产生明显的应力松弛现象。

温度裂缝主要是横向裂缝,也有大块状裂缝和纵向裂缝。横向裂缝有贯穿单幅的也有贯穿双幅的。通常从路面边缘开始,向路中心扩展并逐渐变窄。温度型反射裂缝与材料的类型和组成、含水量的大小、压实密度、面层与基层厚度等因素有关。研究表明,连续均匀的级配集料,碾压时最佳含水量越小、压实密度越大的结构层,产生的裂缝较少。水泥稳定类比石灰稳定类要好,稳定粒料类比稳定土类要好。

(2) 影响沥青路面裂缝的因素。

沥青路面开裂的原因和裂缝的形式是多种多样的,其影响因素也多种多样。综合而言,影响沥青路面裂缝轻重程度的主要因素有以下几个方面:

沥青和沥青混合料的性质(如油源,沥青的感温性、劲度、针入度、延度、感时性、老化性、蜡含量等)。

路面的几何尺寸(如路面宽度、摩擦系数、路面厚度、施工裂缝等)。

沥青混合料的组成(如沥青的用量、矿料组成级配、集料品种、剥落率、矿料细度等)。

基层材料的性质、气候的性质(特别是冬季气温急剧变化)、施工质量及交通量和车辆类型等。例如,施工时基层碾压不实,或新旧接缝处理不当而形成裂缝;面层以下含水率逐年积聚,在最不利季节,引起路面强度降低而产生裂缝;混合料质量差,碾压温度不当,引起的碾压裂缝;混合料摊铺时间过长;由于基层温度、湿度的变化,结构发生胀缩而产生裂缝;交通量、行车荷载过大加速结构疲劳而产生疲劳裂缝等。

(3) 沥青混合料低温抗裂性能的测试方法。

作为路面材料的沥青混合料,其抗裂性能对路面裂缝病害具有重要影响。沥青混合料的抗裂性能可以通过下述试验测定:

间接拉伸试验;

直接拉伸试验;

蠕变试验(包括弯曲蠕变试验、劈裂蠕变试验、直接拉伸蠕变试验);

弯曲破坏试验;

应力松弛试验;

收缩试验;

受限试件的温度应力试验;

切口小梁弯曲试验(J 积分试验);

C^* 积分试验。

(4) 路面裂缝的危害。

沥青路面出现各种裂缝后,降低了路面的防水性能,雨水或雪水通过裂缝进入沥青混合料内部,可以产生以下几种破坏形式:

① 水分进入沥青混合料,在行车荷载作用下形成动水压力,使沥青混合料的沥青与集料黏结面遭受破坏,导致沥青出现剥落,沥青混合料出现松散,直至路面出现坑槽等重大病害。

② 水分进入路面后将面层材料拱起,出现"驴脊背"现象;水分继续沿裂缝灌入路面内部,存于沥青路面面层和基层之间,将沥青粒料和水泥基层粒料磨成浆状物挤出,即通常所说的唧泥病害;随着时间的推移,将导致严重的龟裂病害的产生,出现路表面开裂性坑槽。

③ 水分继续深入基层和路基内部,冬季可引起冻胀破坏,春融季节出现翻浆病害。含水量的增加使基层和路基强度下降,在交通荷载作用下,道路出现沉陷、坑洼、翻浆等病害。

由裂缝引起的上述病害多与水分的存在有关,可以称之为"水损坏"。可以看出,裂缝的一个主要危害是诱发各种病害的发生或扩大。因此,对路面裂缝病害应予以足够的重视,出现裂缝后应尽快予以处治。

2) 车辙

车辙是沥青路面又一种主要病害形式。据相关专家研究统计,在沥青路面的维修养护中,约有 80% 是因为车辙变形。与开裂、水损坏相比,车辙的危害性最大,严重影响路面的使用性能,直接威胁交通安全。同时,车辙损坏的维修最为困难,因为车辙不仅发生在表面,也经常危及中、下面层,这就是世界各国在防治沥青路面的损坏中,历来把车辙放在首要位置的原因。图 5.17 为典型的车辙病害。

图 5.17　沥青路面车辙

车辙的实质是沥青路面在与时间有关的荷载因素和环境因素共同作用下产生竖直方向永久变形的积累。其表现形式是路面在车辆轮迹处产生凹陷,并逐渐形成两条纵向的带状凹槽,而且较严重的车辙两侧通常会伴有隆起变形现象。

(1) 路面车辙的基本类型。

路面车辙是由车辆荷载反复作用而形成的。车辙的产生具有多种原因,既有沥青混合料的塑性流动,也有路基与基层的竖向不均匀变形,还包括一定程度的路面材料压密作用和材料磨耗。根据路面车辙的形成原因,一般将车辙分为以下四种基本类型。

① 磨耗型车辙。此种车辙主要是由于沥青路面结构顶层材料在车轮的物理磨耗和自然环境因素的作用下不断损失造成的,尤其是车辆使用了防滑链或埋钉轮胎后,这种情况就更易发生。磨耗型车辙在我国并不常见。

② 结构性车辙。它是由路面结构在交通荷载的反复作用下产生永久变形形成的,这种变形主要是由于路基变形传递到面层。这类车辙主要由路基和基层变形传递至面层而产生,通常会伴有裂缝出现,车辙形状较宽,两侧没有隆起现象,车道横断面呈浅盆状的"U"字形。

③ 压密型车辙。它是在行车荷载的重复作用下,由于路面材料产生压密变形而形成的。这可能是由于铺筑过程中压实不好引起的,也可能是由于混合料级配

设计不当引起的。这种车辙只在轮迹处下凹,两侧没有隆起,并且在开放交通初期发展较快,待路面达到极限的残余空隙率后便趋于稳定。保证路面施工时的压实度,可以有效防止压密型车辙的出现。

④ 流动型车辙。也称失稳型车辙,此种车辙是目前高速公路上车辙的主要类型。通常认为,流动型车辙在高温状态下来源于沥青混合料的侧向流动变形。高温状态下,经过车辆荷载的反复作用,路面结构内部产生的剪切应力超过沥青混合料的抗剪强度,致使塑性流动变形不断累积形成车辙。因此,流动型车辙主要取决于沥青混合料的高温稳定性。这种车辙在车轮荷载的中心位置处产生下凹变形,沥青混合料在荷载挤压下"流向"两侧并向上隆起,在弯道处还明显向外推挤,它尤其容易发生在上坡路段、交叉口附近,即车速慢、轮接地产生横向应力大的地方。流动型车辙是车辙研究的重点,也是最不易控制和预防的车辙。

(2) 沥青路面车辙的影响因素。

车辙的产生受内因和外因的综合影响,内因包括沥青混合料和路面结构设计,外因包括施工、交通、气候条件。

① 沥青混合料。

提高沥青混合料的抗车辙能力是防止车辙产生最有效的途径,可以通过对沥青、集料、矿粉和级配进行合理的、科学的设计,减少沥青路面车辙的发生。

沥青:

a. 车辙与沥青的黏度、针入度直接相关,沥青的黏度越高,沥青混合料的抗车辙能力越强;沥青的针入度越大,黏聚力越小,抗车辙能力越差,所以施工时应选用低针入度、高软化点、低含蜡量的高黏度沥青。如果用改性沥青,北美岩沥青作为改性剂,抗车辙性较好。

b. 车辙与沥青的用量有关。沥青在沥青混合料中以两种形式存在,一种为结构沥青,另一种为自由沥青。当沥青混合料中自由沥青过多时,过多的自由沥青就起润滑作用,它将大幅度降低矿料的内摩擦角,降低混合料的强度。

c. 沥青的感温性、黏附性是沥青与车辙有关的重要指标。感温性是指沥青黏度随温度变化而变化的程度,用针入度指数 PI 来表示,PI 越大,沥青的感温性越小,高温时沥青的黏聚力越大,抗车辙能力越强;沥青与矿料的黏附性不好,将直接降低沥青与矿料的黏结力,降低混合料抗车辙的能力。

集料:

沥青混合料的内摩擦角是由于集料与集料之间的嵌挤作用产生的。因此,集料颗粒形状接近立方体,多棱角、破碎等可产生较大的内摩擦角。集料表面纹理的构造深度和集料种类,对混合料的内摩擦角也有显著影响。表面粗糙、构造深度大的集料具有较大的内摩擦角。在集料中掺杂破碎砾石对抵抗车辙是不利的,因其缺乏棱角而易变形。酸性骨料容易降低混合料的水稳定性和高温稳定性。所以施工时应选用表面粗糙、嵌挤作用好、与沥青黏结性能强的碱性集料。

矿粉:

为提高混合料的高温稳定性,必须使矿粉达到足够的数量,可减少游离沥青。矿粉有很大的比表面积,通过化学作用可吸附大量沥青分子,使其结成沥青膜,便于其包裹矿料形成强度。在混合料中加入矿粉的目的,一是为了满足混合料压实度的要求,使混合料在压实过程中更易于压实;另一个目的是为了满足空隙率的要求。但是,矿粉的加入会减小集料的内摩擦角,从而导致混合料的嵌挤力降低,高温稳定性下降,其抗车辙能力也会随之减弱。所以,矿粉的选择和利用必须经过严格的试验验证才能使用。

级配:

a. 使用连续型密级配矿质混合料与沥青组成的沥青混合料时,由于粗集料较少不能形成骨架,虽然较密实、具有较高的黏聚力,但内摩擦角较小;使用连续型开级配沥青混合料时,则由于粗集料较多,能够形成骨架,具有较高的嵌挤力,但细集料较少,不能充分填充粗集料的空隙而具有较低的黏聚力;使用间断型密级配矿质混合料,则由于有较多粗集料形成骨架,又有较多细集料充分填充粗集料的空隙,不仅具有较好的嵌挤力,又有较高的黏聚力,这种结构对抗车辙变形十分有利,如 SMA。

b. 孔隙率对车辙的影响比较大。当混合料孔隙率过高时,提高密实度可增加集料间的接触压力,从而提高混合料的抗车辙能力,相应的沥青和矿粉的用量也相应增加,从而削弱其抗车辙能力;当孔隙率过小,小于某临界值后,继续减小孔隙,使得混合料内部没有足够的孔隙来吸收材料的流动部分,必然造成混合料的外部变形,形成车辙。

② 基层施工质量差。

因基层的厚度不足或因基层材料施工、养生不当导致基层整体强度不足,使得路表变形过大而形成辙槽和推移。沥青面层高温稳定性差,由于沥青混合料是一种弹塑性材料,如沥青、矿料的选材不当或混合料组成不当均会导致沥青混合料的高温稳定性差、抗塑性变形能力低,在车辆的反复碾压下路表变形过大,并使得面层混合料产生横向流动而形成辙槽和推移。

③ 气候条件。

由于沥青混合料是弹塑性材料,沥青路面是黑色路面,吸收热量能力集中,所以在气温较高时,路面在行车载荷反复作用下极易产生车辙。

④ 施工因素。

在施工过程中,对面层、基层和路基材料压实度不足,将导致道路使用过程中的持续压密,从而产生严重车辙。因此,加强碾压,避免片面追求平整度而放松压实度,保证压实度,把空隙率控制在规范要求范围内,是避免压实度不足而引起车辙的有效途径。

⑤ 超载因素。

超载造成车辙已是当前路面出现严重车辙的突出原因,唯一的办法就是所有相关主管部门加强治理力度以减少超载现象发生,降低对路面的破坏程度。

表 5.4 为不同因素对车辙病害的影响。

表 5.4　车辙病害影响因素

影响因素		因素变化	车辙的变化
矿质集料	级配	间断-连续	减小(不包括专门设计级配的情况)
	表面纹理	光滑-粗糙	减小
	形状	圆滑-角砺	减小
	尺寸	最大粒径增加	减小
沥青结合料	劲度	增加	减小
	黏度	增加	减小
	用量	增加	增加
沥青混合料	孔隙率	增加(不宜<3%)	增加
	矿料间隙率	增加(不宜<10%)	增加
施工水平	压实度	增加	减小
荷载状况	大小	增加	增加
	作用次数	增加	增加
环境条件	温度	增加	增加
	湿度	增加	增加(若混合料水敏感性强)

(3) 车辙对沥青路面的破坏。

① 路表的永久变形直接影响路面的平整度,从而降低了道路的服务水平。

② 车辙处沥青混合料厚度减薄,削弱了面层及路面结构的整体强度,缩短了路面的使用寿命。

③ 由于路表车辙处雨天排水不畅,降低了路面抗滑能力,甚至因积水而导致车辆漂滑和冰滑,影响行车的安全。

④ 由于车辙处的凹陷,会使超车或更换车道时方向失控,从而影响了车辆的操作稳定性,导致交通事故的发生。

由此可见,沥青路面的车辙对车辆行驶时的安全性和舒适性及道路的通行能力等都产生了重要影响,甚至是道路交通事故的重要诱发因素,也是道路发生水损坏、强度破坏的诱因。

3) 沥青混合料水损坏

水损害是一个广义的概念,它包括在水分存在下沥青混合料出现的松散、剥落等病害,包括基层和路基在水分侵入下出现的承载力下降、稳定性下降等病害,还包括预计洪水作用下产生的路基、路面塌陷等病害。水损坏是我国高速公路沥青路面最严重的早期损坏原因之一。据有关调查统计,我国从南方到北方,都出现过由于水损害引起的高速公路大面积早期破坏。出现的时间,有的竣工通车后不足一年或两年,时间短的只有几个月。直接和间接经济损失巨大,同时也造成了不良的社会影响。

沥青混合料水损坏是道路水损坏的形式之一,其破坏特征如下:沥青表层泛油并伴有严重的推移变形和车辙变形,沥青中、下面层潮湿,并出现油-石分离、松散,多发生在重车交通量较大的车行道上。这里主要对沥青混合料水损坏作介绍。

(1) 沥青混合料水损坏的表现形式。

沥青混合料水损坏破坏主要表现为:路面出现麻面、剥离、掉粒、松散、坑槽等。

(2) 水损坏发生的原因。

沥青路面的水损坏破坏是指沥青路面在存在水分的条件下,经受交通荷载和温度胀缩的反复作用,一方面水分逐步侵入到沥青与集料的界面上,易引起沥青和石料界面黏附性降低;另一方面由于水分的浸泡或动水压力等的作用,沥青膜逐渐从集料表面剥离,并导致集料之间的黏结力损失而产生的路面破坏过程。

高速公路沥青路面发生水损坏的直接原因如下:水分通过空隙(或其他途径)进入沥青路面结构层内,并侵入矿质集料内,由于表面张力(和其他化学力)的作用,使沥青与石料间的联结被削弱或完全剥离,汽车轮胎对路面的挤压搓揉作用及与路面间的真空吸附作用加速了剥离的进程,致使路面很快损坏。

高速公路沥青路面发生水损坏的间接原因包括以下几方面。

① 采用碳酸盐或碱性岩石与酸性表面活性物质的沥青黏结时,会发生化学吸附过程,这种表面活性物质能在沥青与矿料的接触面上形成新的化合物,这些化合物不溶于水,所以矿料表面上形成的沥青层具有较高的抗水损坏能力。但是,当沥青与酸性岩石黏结时,不会形成化学吸附化合物,故其间的黏结强度较低,遇水易剥离;造成混合料的离析、分散,在行车荷载和动水压力的反复作用下容易发生路面破坏。

② 沥青混合料设计空隙率过大或沥青路面施工过分强调平整度,牺牲密实度,致使路面碾压不足,空隙率过大,或因为沥青路面摊铺时混合料离析,造成局部空隙率过大而出现透水。

研究表明,空隙率和渗透性之间并不是直线关系。当混合料的空隙率小于4%时,混合料几乎不透水。而当混合料的空隙率大于某一临界值时(15%),混合料也很少出现水损坏的现象,因为此时水在混合料中接近自由流动,持水的时间不长。而在这两个临界空隙率之间的沥青混合料最有可能出现水损坏。

为了验证空隙率临界值,曾有研究对三个空隙率水平(4%、8%、30%)的沥青混合料在控制水饱和度的条件下,经 20 次循环后,进行水敏感性试验(浸水回弹模量/干燥回弹模量)。其结果指出,不透水的一组试件(空隙率 4%),没有发生水损坏;开级配完全透水的一组试件(空隙率 30%),水损坏的程度极轻;而空隙率处于中间值的一组试件(空隙率 8%),则出现了相当严重的水损坏。因此,增加持水性指标来评价沥青混合料的设计空隙率和水敏感性应该是比较合理的。

③ 现有评价试验和方法不能准确评价沥青混合料的抗水损坏性能。道路工程建设中经常出现这种情况,浸水试验(残余强度)合格的沥青混合料,摊铺后很短时间内出现水损坏破坏;用现有的评价(试验)方法评价沥青混合料剥落措施(抗剥落剂、消石灰处理等)的作用效果,其试验检测结果非常乐观,但高速公路通车第二年雨季即出现大面积破坏,这就使得人们对现有的试验和评价方法产生疑问。

目前常用于沥青混合料水敏感性、抗剥落或裹覆能力方面的试验和评价方法包括以下几方面。

a. 水煮法。

将裹覆好的集料颗粒放入沸水中煮一段时间,取出后,观察集料颗粒表面沥青膜的存留量,来评价沥青与集料间的联结力或沥青对集料的裹覆能力。类似的方法还有水浸法、动力水浸法等。

b. 残余强度法。

取两组试件,一组进行常规的强度试验(抗压、抗拉强度、模量、马歇尔稳定度等),另一组浸水后(控制水饱和度和循环次数)进行强度试验(残余强度),计算两组试件强度的比值,作为评价沥青混合料水稳定性的指标。不同国家、不同的道路等级对该比值有不同的合格标准,一般为 85%~70%。我国《公路沥青路面设计规范》(JTG D50—2017)规定,普通沥青混凝土残留稳定度比不低于 75%、劈裂残余强度比不低于 70%,改性沥青混凝土残留稳定度比和劈裂残余强度比分别不低于 80% 和 75%。

上面两类试验方法存在的一个共同的问题是,试验条件不能与路面实际使用条件和使用性能建立联系,不能有效预测沥青路面出现水损坏,进而指导材料设计加以预防。因此,从路面实际使用条件和使用性能指标出发,探讨水损坏发生机理,进而设计能够充分反映沥青混合料水损坏情况的试验方法和评价标准,是一个值得深入研究的课题。

④ 重载、大交通量,特别是超载车的作用。观察沥青路面水损坏破坏发生的区域可以发现,沥青路面水损害破坏均发生在高速公路重车方向车行道上。调查发现,同一方向车行道严重破坏,而超车道完好如初。显然沥青路面水损坏破坏与车轮荷载的作用有关(轮载和交通量)。汽车轮胎对路面的挤压搓揉作用及轮胎与路面间的真空吸附作用加速了沥青膜从集料颗粒表面剥离的进程,并使自由沥青迁移到路表面,引起路表面泛油和推移变形。车轮荷载与沥青路面水损坏破坏

的定量关系还有待于进一步的研究,如轴载的影响、交通量的影响等。

(3) 影响沥青混合料水稳定性的因素。

影响沥青路面水稳定性的主要因素包括以下几个方面:

① 沥青混合料的性质(包括集料的性质、沥青的性质、混合料的类型、集料的粒径及面层压实度等)。

② 施工的影响(施工中片面追求平整度和担心构造深度不够而使压实受到影响)。

③ 混合料离析和不均匀的影响(拌和过程中的不均匀,材料自身的不均匀,运输过程中集料的离析和温度降低,摊铺过程中的离析,压实不均匀等)。

④ 路面排水的影响。

⑤ 材料选择的影响(如容易造成剥落的集料品种是 SiO_2 含量高的酸性石料等)。

(4) 评价沥青混合料水稳定性的方法。

目前,直接和间接评价沥青混合料的试验方法包括以下几种:

① 浸水马歇尔试验。

② 真空饱水马歇尔试验。

③ 浸水劈裂试验。

④ 真空饱水劈裂试验。

⑤ 冻融劈裂试验。

⑥ 浸水车辙试验。

⑦ 其他。

4) 其他类型病害

(1) 波浪。

波浪指沥青混凝土路面表面有规律的纵向起伏。路面的波浪损坏可能由于材料组成设计差、施工质量差,以及路面面层材料抗剪强度不足以抵抗车轮水平力的作用等原因所致。波浪会对行车舒适性、安全性、经济性和外观产生不良影响,应采取综合措施进行预防和处治。图 5.18 为严重的路面波浪型病害。

(2) 沉陷。

路表面出现的局部沉陷是一种表面现象,一般病因都在基层、土基。

① 含水量和空隙比较大的软基,或含有有机物质的黏性土层,施工时处理不当或未作处理,会造成沉陷。

② 填方路基位于稻田、水网区,地下水位较高,施工时处理不当,造成路基持续下沉,或填料中含有淤泥,大块石填料无法压实,高填方路堤分层的压实度不够,短期内难以稳定,出现土基的不均匀下沉等,也会造成沉陷。

③ 挖方路基土体潮湿,地下水发达或本身土质不佳,施工时未作处理,也会造

图 5.18　波浪病害

成沉陷。

　　④ 基层水稳定性差,级配不好,密实度低,强度不够,会形成沉陷。

　　⑤ 桥、涵台背填土不实,出现不均匀沉降。台背填土在施工中压实机械难于靠近造成台背填土部分压实度不够,涵洞的洞底、洞侧,渗水、透水带走松土引起涵底、涵侧变形,路基与台背处的沉降缝施工或养护不善,雨水渗入,导致路基沉陷。桥头跳车也主要是由于这个原因造成的。

　　⑥ 特殊地质地带,如冻土地区、湿陷性黄土地区等,由于局部环境和结构的破坏导致路基在使用过程中出现沉陷变形。

　　沉陷是严重的道路病害,严重影响道路的使用功能和安全性,必须采取综合措施予以解决。

　　(3) 泛油。

　　混合料中的沥青向上迁移到路表面,形成一层有光泽的沥青膜。沥青含量过多、混合料中空隙过少、沥青的高温稳定性差、油石比不当等是泛油产生的主要原因。图 5.19 为沥青路面典型泛油病害。

图 5.19　沥青路面泛油病害

① 混合料组成设计不当。

因混合料中沥青用量过多或空隙率过小,在车辆荷载反复碾压下,多余沥青由下部泛到路表形成泛油病害。混合料级配及拌和控制不严等造成沥青混合料细料含量过多,则沥青用量相对较多也易泛油。在沥青面层施工前往往需在基层顶面喷洒黏层油或做沥青封层(特别是在基层完工与沥青面层施工间隔较长的情况下),由于施工工艺掌握不好,黏层油用量不当或喷洒不均匀等,也可导致面层局部泛油。

② 施工质量较差。

施工时对混合料控制不严,个别部位用油量偏大;因摊铺时混合料产生离析,局部细料过分集中;集料中石料偏酸性,与沥青黏结力较差等,都易造成泛油病害。

③ 水损坏。

由于雨水渗入使下层沥青与石料剥离,在动水作用下,沥青膜剥落、上浮引起表层泛油。

(4) 松散剥落、麻面、脱皮。

路面材料(集料和沥青)逐渐从路面剥离并散失。松散剥落主要是由于混合料中沥青偏少,沥青与集料间黏结差,或者由于沥青老化而变硬。在下列情况下,路面易发生松散剥落、麻面、脱皮病害。

① 路面排水不畅。表面排水或结构层内部排水不合适,会提供引起剥落所需要的水和湿气,如果有过多的水或湿气出现在路面结构中,沥青混凝土路面就会产生早期剥落。

② 压实度不够。

③ 集料表面有灰尘。集料表面裹覆的灰尘和黏土能阻止沥青与集料密切接触,并提供一个水通过的通道,沥青裹覆在粉尘上,而不与集料表面接触,在有水的情况下,很细的黏粒会使沥青乳化并产生剥落。

④ 半开级配沥青混合料。

⑤ 集料烘干不够。集料与沥青拌和之前,集料的残留含水量大会增加剥落的潜能。

⑥ 软质和易碎集料。如果沥青混凝土中使用了软质和易碎集料,在碾压和之后的重车交通作用下,集料会被压碎,级配细化,结果暴露一些没有沥青的集料表面,而该表面容易吸收水,并在混合料中开始出现剥落现象。

⑦ 集料表面质地光滑、不够粗糙。

⑧ 沥青混合料的设计、生产、摊铺质量不够合理。

图 5.20 为沥青路面典型松散剥落、麻面、脱皮病害。

图 5.20　沥青路面典型病害(剥落、麻面、脱皮)

(5) 坑槽。

面层的网裂、龟裂、小面积的松散、沉陷及人为造成的面层损坏、修补损坏等，未及时进行科学的养护，在行车荷载和雨水等自然因素作用下就会逐渐形成坑槽。水损坏也是坑槽病害的主要诱因。水损坏是降水(或雪融化成水)透入路面结构层后，含在结构层中，在车辆荷载作用下，使路面产生破坏的现象，它是沥青路面早期破坏最常见的现象之一。其形成过程可归纳如下：在开始阶段，水侵入沥青与集料的界面，以水膜或水汽的形式存在，由于表面张力的作用，影响沥青与集料的黏附性。在反复载荷作用下，轮胎对路面的挤压搓揉作用及路面间的真空吸附作用加速了沥青膜与集料的剥离，渐渐地，沥青路面表面层开始出现麻面、松散、掉粒并产生坑洞，最后形成坑槽。

(6) 冻胀和翻浆。

由于低温冰冻作用，积聚的水冻结后体积增大，使路基隆起而造成面层开裂，即冻胀现象。春暖化冻时，路面和路基结构由上而下逐渐解冻，而积聚在路基上层的水分先融解，水分难以迅速地排出，造成路基上层的湿度增加，路面结构的承载力便大大降低。若是在交通繁重的地区，经重车反复作用，路基路面结构会产生较大的变形，严重时，路基以泥浆的形式从胀裂的路面缝隙中冒出，形成翻浆。

并不是在季节性冰冻地区所有的道路都会产生冻胀与翻浆。一般来说，冻胀翻浆现象与以下条件有关：

① 土质条件。粉砂土和极细砂是易于造成冻胀和翻浆现象的一种土类，又称作冻胀土。

② 水文条件。在地面排水困难或地下水位较高的路段上，易发生冻胀翻浆现象。

③ 气候条件。多雨的秋天，使冻前路基湿度较大；温和与寒冷反复交替的冬天，路基冻结缓慢，加剧了冻胀。聚热的晚春或春融期降雨，上层融解的过量水分来不及排出路基。

④ 行车条件。春融期间，在承载力已大大降低的路段上，通行过多、过重的车辆，极易产生翻浆。

⑤ 养护条件。不及时养护,如表面积水,沿裂隙浸湿路面和土基上层,会造成表面翻浆。

(7) 磨光。

路面的磨耗,特别是寒冷地区的磨耗是道路工程领域长期未能妥善解决的难题。路面的磨光是由于沥青混合料中所采用的集料耐磨耗性能不足,在车轮的反复作用下造成集料棱角被磨成圆滑状或平滑状而导致的。路面磨光后使路面抗滑能力下降,而路面抗滑能力下降将直接影响道路交通安全,因此必须予以足够重视。抗滑表层的抗滑能力取决于骨料的微观构造(取决于石料本身)、宏观构造(取决于矿料级配、颗粒形状及棱角大小和施工方法),通过采用耐磨集料、改善配合比等方法可以减少路面的磨光程度。

4. 沥青路面常见病害的诊断

(1) 面层。

从表面直接就可以分析、判断。例如,麻面、微裂、磨光、脱皮、泛油等多属于面层原因。这些病害通过肉眼观察就可以分辨出来。在实际调查中,可以进行人工调查,并且采取拍照、记录等办法,对调查结果进行归类分析,进而判断病害形成原因。

(2) 基层或底基层。

在面层未揭开之前常用钻芯取样、测弯沉来分析判断。例如,钻芯取样观察判断松散、基层含石灰量少、厚度不够、强度低、表面一层硬壳下面松散、无石灰等。或根据弯沉大小及变化值可以分析判断出具体路段、车道的承载力及其病害,这种方法对整路段的宏观诊断很重要。

在小范围内,如面层龟裂、网裂、唧浆、拥包、松散、车辙、沉陷等病因要挖开面层来判断。面层挖开后,基层结构强度低劣、水稳定性差等都可直观判断,但有些病症直观很难判定。例如,基层厚度不够、基层表面呈光亮的硬壳,特别是表观质量较好,但结构松软的基层,目前还没有先进的仪器设备能对道路病害进行有效的探测。在实践中采用较为直观的用钢钎头敲击基层,听敲击声来判断基层好坏的方法。实音、钢音为基层结构良好,基层无问题;浊音为结构松散、无强度;铜鼓音为表面几厘米结构好、强度高,但几厘米以下的基层松散、强度低。

(3) 土基。

根据病害段位置、病害特征,再观察周围的地形、地貌、水系、水源、植被,填方还是挖方路堤,桥涵或其他结构物,施工填土情况等,根据这些情况综合判断土基的病害类型,再通过钻探路基填土的土质或挖方岩层结构,结合测定路基土压实度等手段,来判断、分析病因所在。

5. 沥青路面病害的预防

1) 沥青路面裂缝的预防

沥青混凝土路面裂缝产生的原因很多,故其防治也是一个综合治理的问题,只有在设计、选材、施工、维护等多方面充分考虑,才能有效地预防沥青混凝土路面裂缝病害的产生。

(1) 确定合理的路面厚度。

沥青路面必须根据其道路等级、交通量、自然地质情况、道路基层情况和施工季节等综合因素计算确定合理的路面厚度。目前国际上通用的结论是需要将沥青面层增加至 15~25cm,通过增加沥青面层厚度可以减少面层的温度变化,并降低加铺层的拉应力,防止基层反射裂缝的产生。同时可以增加路面结构的弯曲刚度,降低接缝处的弯沉差,减少加铺层的剪切应力,能够延长其疲劳断裂寿命。但单纯依靠增加加铺层厚度的方法有可能会受到路面标高的限制,同时必将大幅度增加路面造价,而且在夏季高温时沥青混合料高温蠕变易产生车辙。

(2) 确定半刚性材料的合理组成。

进行半刚性材料的合理组成设计,如调整结合料用量与比例,增加粗集料含量并严格设计级配,以尽可能地减小其温缩和干缩系数,增加半刚性基层材料的抗裂性能,但是不能从根本上消除半刚性材料的开裂而导致的路面反射裂缝。

(3) 加铺路面防裂层和下封层。

在面层与基层之间增加优质级配碎石作为上基层,而半刚性材料作为下卧层。这种上柔下刚式的"组合基层"在很大程度上能够防止和减少半刚性基层反射裂缝,同时级配碎石基层还能充当具有排水功能的基层。必要时可在半刚性基层顶或沥青之间设置各种土工合成材料,可以提高沥青混合料的抗拉强度与抗变形能力。

下封层可以阻止雨水下渗破坏基层,并可有效阻止水分向基层及其以下侵渗。对于高等级半刚性基层沥青路面,尽量考虑设置下封层,下封层可采用拌和法或层铺法施工的单层式沥青表面处治,也可采用乳化沥青稀浆封层(黏层油)等。

下封层为软夹层,在减少温度引起的反射裂缝中可起到重要作用,但在降低荷载应力方面作用不大,甚至可能有不良影响,而刚(劲)度与沥青加铺层材料相近的硬夹层,则对降低荷载产生的反射裂缝最为有效,但在减少温度引起的反射裂缝方面不如软夹层有效。

(4) 基层预切缝。

基层预切缝方法是在铺筑沥青面层前,将半刚性基层按一定间距设置预切缝,且设法让这种裂缝仅保留在基层本身而不反射到面层。

(5) 选择合理的面层材料,提高沥青混凝土均匀性。

在满足沥青路面表层抗滑和抗辙槽要求的前提下,尽量采用空隙率小的沥青混合料类型,可以防止雨水通过沥青面层空隙向路面结构内大量浸渗而造成破坏。同时面层沥青应选用刚度大、温度敏感性低的沥青或改性沥青,采用具有良好级配的集料,减少沥青面层自身的温湿效应,并增强对基层可能形成反射裂缝的预防。

碾压不充分,会使沥青混凝土面层压实后剩余空隙率偏大,导致雨水入渗。对现场压实后的剩余空隙率进行跟踪检测,掌握其波动变化情况,以直接有效地控制这一指标。

半刚性基层和沥青面层施工季节宜在春、秋两季,既可减少早期裂缝,同时还可降低温缩裂缝产生的概率。

(6) 设置中央分隔带和路肩的防、排水设施。

降落或汇流到中央分隔带或路肩上的雨水,会下渗进入分隔带或路肩部分的土体中,并会沿路面边缘侧向渗入路面结构内部,甚至会渗透侵入路基内,而影响到车行道路基路面的稳定。雨水侵渗进入路面结构内而不能及时予以排除,是造成或加速沥青路面结构破坏的重要原因之一,所以要保证沥青路面各结构层尤其是沥青面层的品质,处理好沥青路面渗水情况,做到防、排结合。

2) 沥青路面车辙的预防

前面已经介绍了车辙的成因及危害,车辙问题已逐渐成为世界各国道路工作者最为关注的道路病害问题。对此,众多研究者进行了深入的探讨和研究,提出了许多种有效预防车辙的方法,下面进行介绍。

(1) 沥青改性。

沥青改性是一种提高沥青混凝土性能的常用和有效的方法。根据使用的材料不同,可以分为有机改性和无机改性。这包括添加各种有机添加物的有机物改性、添加矿物粉末的无机改性、添加天然沥青的混合改性,还包括特殊工艺生产的特殊沥青等类型。

① 掺加改性剂。

常见的沥青改性剂有很多,如苯乙烯-丁二烯嵌段共聚物(SBS)、丁苯橡胶(SBR)、聚乙烯(PE)、EVA 等,最近 PR PLASTS 抗车辙剂逐渐在沥青路面中得到使用。不同改性剂对沥青混合料抗车辙性能(动稳定度)的作用见表 5.5。

表 5.5　使用不同改性剂的沥青混凝土的动稳定度

试件材料	普通沥青混合料	使用 SBS 改性沥青混合料	使用 SBR 改性沥青混合料	使用 PE 改性沥青混合料	使用抗车辙剂改性沥青混合料
动稳定度/(次/mm)	1324	3407	2640	4066	5050
增长率/%	0	157.3	99.4	207.1	281.4

通过表 5.5 中的试验数据可以发现,掺有四种不同改性剂的沥青混合料的动稳定度相对于普通沥青混合料都有很明显的提高,其动稳定度可以提高 100% 以上。添加 PR PLASTS 抗车辙剂的沥青混合料的动稳定度甚至可以提高近 3 倍。因此,在沥青中添加改性剂可以减少沥青路面高温下的变形,提高路面的抗车辙能力。

② 掺加矿物填料和废橡胶粉。

目前,常见的矿物填料有很多种,如纤维、硫磺、废胶粉、硅粉等。一些地方也使用钢渣微粉作为填料来提高沥青路面的相关性能。

a. 纤维。纤维提高沥青混合料的高温性能主要体现在增大沥青黏度方面。在沥青中,纤维以一种三维分散相形式存在并形成网格,对沥青流动产生内摩阻力,即黏度增加。由于纤维的增黏因子与温度无关,而沥青的黏度随温度升高而急剧降低,纤维的加入可以减少黏度的降低,从而提高沥青混合料的高温抗变形能力。

b. 废胶粉。废胶粉在沥青混合料中主要起填充作用,这主要取决于其本身具有良好的弹性。在外力作用下,废胶粉颗粒变形和体积变小,填充于空隙中使混合料的空隙率下降,抵抗外力的能力增强,而受压变形的废胶粉颗粒内部产生反弹力,这相当于沥青混合料试样成为一个能量较小的预应力试样,其抵抗外力的能力出现一定程度的提高。

c. 钢渣微粉。钢渣微粉中的 $Ca(OH)_2$ 与沥青中的酸性成分反应,在沥青和钢渣微粉之间形成较强的化学黏结力,使集料与沥青的黏附性增强。因此,用钢渣微粉部分或全部替代矿粉可以提高沥青混合料的高温抗变形能力。

d. 硅粉。硅粉对沥青的改性过程是一个物理过程,没有发生化学变化。同时,硅粉颗粒粒径较小,比表面积较大,能够吸附沥青中的部分油分,提高沥青的黏性,增加沥青和矿料之间的黏结力,从而可以提高沥青混合料的高温抗变形能力。

不同矿物添加剂对沥青混合料抗车辙性能(动稳定度)的作用见表 5.6。

表 5.6　使用不同矿物添加剂的沥青混凝土的动稳定度

填料类型	普通沥青混合料	普通沥青混合料+纤维	普通沥青混合料+废胶粉	普通沥青混合料+钢渣微粉	普通沥青混合料+硅粉
动稳定度/(次/mm)	1324	2826	2896	2195	2443
增长率/%	0	113.4	118.7	65.8	84.5

掺有四种不同填料的沥青混合料的动稳定度相对于普通沥青混合料有明显的提高,添加纤维和废胶粉的沥青混合料的动稳定度可以提高 110% 左右,好于添加钢渣微粉和硅粉的作用效果。因此,添加矿物填料也可以减少沥青路面的变形,提高路面的抗车辙能力。

③ 掺加天然沥青。

天然沥青一般包括岩沥青、湖沥青及海底沥青等。一般来讲,天然沥青需要与普通石油沥青混合后使用。由于天然沥青的形成原因、性能等各不相同,掺入普通沥青后,混合沥青的性能也发生不同的变化,对沥青混凝土抗车辙性能的改善效果也不相同。

特立尼达湖沥青(TLA)和岩沥青对沥青混凝土抗车辙性能的影响见表 5.7。添加 TLA 天然沥青和岩沥青的沥青混合料的动稳定度相对于普通沥青混合料有明显的提高,提高近 2 倍。这说明使用添加天然沥青的沥青混合料的沥青路面的变形减小,抗车辙能力提高。

表 5.7　添加天然沥青的沥青混合料的动稳定度

沥青混合料类型	普通沥青混合料	添加 TLA 沥青混合料	添加岩沥青混合料
动稳定度/(次/mm)	1324	5099	3746
增长率/%	0	285.1	182.9

(2) 调整矿料级配。

我国沥青路面使用的常见材料有密级配沥青混凝土混合料(AC)和沥青玛蹄脂碎石混合料(SMA)。近几年来,随着对道路功能进一步的提升,多碎石混凝土面层(SAC)、开级配抗滑磨耗层(OGFC)及大粒径沥青混合料(LSAM)等也越来越广泛地应用在沥青路面中。

混合料的抗变形能力主要取决于矿料之间的骨架-嵌挤作用。用动稳定度来评价不同矿料级配组成的抗车辙效果,结果见表 5.8。三种类型的沥青混合料的动稳定度相对于普通沥青混凝土有明显的提高,SMA 和 OGFC 相比于普通沥青混凝土的动稳定度提高了 110%～160%。这说明调整矿料级配也可以减少变形,提高路面的抗车辙能力。

表 5.8　不同矿料级配类型的沥青混合料的动稳定度

矿料级配类型	AC-16	SMA-16	SAC-16	OGFC-16
动稳定度/(次/mm)	1324	3415	2346	2816
增长率/%	0	157.9	77.2	112.7

(3) 使用土工材料。

除了使用改性沥青、调整矿料级配外,使用土工材料提高沥青路面的抗车辙能力在道路工程中应用越来越广泛。常见的土工材料有土工格栅、土工布等,它可以使用在基层和面层之间,也可使用在相邻面层之间与路面成为一体,由土工材料本身低变形等特性来实现抵抗车辙变形的能力。

土工格栅具有较高的抗拉强度、较低的延伸性、较好的吸附性和较好的抵抗变形的能力。同时,沥青混凝土集料穿过土工格栅结构,形成一个复合的力学嵌锁体系,限制区域内集料的运动,从而减小路面的变形达到抵抗车辙的效果。

土工布具有耐高温性、吸附性好和均匀性好等特性。同时,当荷载作用在路面传递到土工布上时,由于土工布的抗变形性和均匀性等特性可以将荷载均匀地分布开,使得传递到下层的荷载减小,从而减小变形,提高沥青路面抗车辙能力。在施工中,土工布要进行预应力处理,在荷载作用过程中也可以抵消一部分荷载,使传递到下层的荷载减小,从而减小变形以提高沥青路面的抗车辙能力。

表5.9为在两层沥青混凝土之间加铺了土工合成材料的双层车辙(动稳定度)试验结果。夹有土工格栅、土工布的双层路面的动稳定度相比于普通试件都有显著的提高,说明添加土工材料也可以在一定程度上减小路面的变形,提高路面抵抗车辙的能力。从提高车辙能力的效果上来看,添加土工布的抗车辙效果要好于土工格栅,动稳定度可提高50%~90%。

表5.9 使用不同土工合成材料的路面动稳定度

试件材料	普通试件	土工格栅(大)	土工格栅(小)	聚酯玻纤布	聚酯浸胶布
动稳定度/(次/mm)	932	997	1086	1429	1772
增长率/%	0	7.0	16.5	53.3	90.1

(4) 再生沥青混合料。

再生沥青混合料是由新集料、新沥青与旧料、再生剂等按照一定的比例配合设计而成的。在旧沥青混合料中,沥青由于老化使得其软化点提高、针入度减小、与集料的黏结力也减小。而对于一般的沥青而言,软化点越高、针入度越小,其抗车辙能力越强。表5.10为新沥青混合料和再生沥青混合料动稳定度对比表,可以看出再生沥青混合料具有较高的动稳定度,即较好的抗车辙能力。

但是,由于与集料的黏结力减小,使得水稳定性、低温性能等有明显的下降。因此并不能单独依靠使用再生沥青混凝土作为提高路面抗车辙能力的方法。实际中,可以结合具体道路和沥青混凝土情况,通过合理的设计,依靠再生混凝土的这一性能特点在一定程度上提高路面的抗车辙能力。

表5.10 新沥青混合料和再生沥青混合料动稳定度对比表

材料名称	新沥青混合料	新+旧沥青混合料	新+旧沥青混合料+再生剂
动稳定度/(次/mm)	1324	2113	3258
增长率/%	0	59.6	146.1

(5) 改善沥青加工工艺。

① 泡沫沥青。在热沥青中加入一定量的冷水(通常为沥青质量的1%~2%),

冷水遇到热的沥青时,沥青体积发生膨胀,产生大量的泡沫。在发泡的过程中,沥青的黏度暂时降低,与集料更好地裹覆在一起。通过裹覆细集料形成高黏度的沥青胶浆,并在压实作用下与粗集料黏结形成较高的强度,增加了混合料的黏聚性,提高了沥青混合料的抗变形能力。

② 重交沥青。重交沥青是由原油经常减压蒸馏或残余物经氧化及调和而制得的,或由溶剂脱沥青工艺及调和方法而制得的。其极易溶于有机溶剂,本身具有较好的流动性、热稳定性、持久的黏附性、弹塑性及抗水性。其与集料形成的沥青混合料具有较好的高温稳定性和抗变形能力,因此重交沥青混合料能够产生抵抗车辙的效果。

(6) 遮热型路面。

国外一些国家开始尝试采用在路面上铺撒一层特殊涂料来减少路面车辙的产生。常见的有防红外线涂料等,防红外线涂料内含有微粒子和热反射性颜料,对红外线有强烈的反射作用,可以在相同条件下抑制路面内部温度上升,使沥青路面的工作环境得到改善,减少路面车辙现象的产生。这种防红外线材料在军事领域也有广泛的用途。

综上所述,沥青路面车辙预防方法归纳见表 5.11。

表 5.11　沥青路面车辙的影响因素和预防对策

	影响因素	防治措施
材料	沥青的黏度偏小,黏结力差	采用高质量高黏度的重交通道路沥青; 采用比通常情况针入度较小的沥青; 在中、下面层采用针入度更小的沥青; 采用改性沥青
	集料棱角性差,缺乏嵌挤能力	采用坚硬粗糙,形状接近立方体,洁净的粗集料; 采用棱角性好的粗集料和细集料; 大力推广应用机制砂; 在可能发生车辙的路段,控制天然砂用量不超过 10%; 改善集料加工工艺,减小针片状颗粒含量; 控制破碎碎石破裂面比例
配合比设计	集料嵌挤能力差,集料悬浮易变形	选择合理的矿料级配,提高集料的嵌挤能力; 采用 SMA 结构,长大上坡路段中面层也采用 SMA 结构
	配合比设计不合理	统一配合比设计体积指标的测定和计算方法; 鼓励采用 GTM 方法、Supperpave 方法设计混合料,但必须按马歇尔方法进行检验; 采用 S 型嵌挤密实型级配; 具有合理的 VMA,在满足要求的基础上控制不要太大

续表

	影响因素	防治措施
	沥青用量偏多,沥青膜偏厚	适当增加设计空隙率至 5%~6%,但施工必须压回到标准情况; 加大 GTM 方法、Supperpave 方法成型压力,增加马歇尔击实次数; 在夏季炎热、重载交通路段减少沥青用量 0.3%~0.5%; 适当增加矿粉用量,增大粉胶比,通常不小于 1; 掺加消石灰,增强沥青与集料的黏附性
	动稳定度要求不符合实际情况	按照实际路面温度、荷载压强进行车辙试验,提高动稳定度要求
施工	路面空隙率大	加强压实,提高压实度要求,控制残余空隙率不小于 3%,不大于 7%; 提高路面的密水性,防止渗水使层间的界面条件改变为滑动状态
	碾压未达到稳定状态	采用重型轮胎压路机反复揉搓碾压
	施工污染严重,沥青层整体性不好	减小材料、道路污染,喷洒黏层油
	压实过程中使用柴油,洒水过多	不使用柴油,不洒水
	矿料级配和沥青用量不均匀	从各个途径减小施工变异性
设计	纵坡过大,过长	在高热地区,尽可能减小纵坡,控制坡长; 尽可能避免设置长大纵坡路段,改为隧道、桥梁
结构	沥青层与基层的界面条件不能保证连续,成为滑动状态	做好封层,洒好透层油; 合理地选择路面结构形式和沥青层的厚度
	基层排水性能不良	改善基层的排水性能
交通和环境	重载交通,车况差	综合治理超限超载车辆; 合理控制重载车行走时间,严禁高温时段有重载车通行; 强化高速公路的低速限制与管理力度,车速不得低于 50km/h; 轮胎洒水降温
	高温季节连续高温通行重载车是造成车辙的最直接原因	加强管理,高温时段封闭重载交通; 分时段收取不同过路费,鼓励夜间通行重载车; 开辟高温时段不渠化通行的重载车避让公路; 在高温时段给路面洒水降温

3)沥青路面水损坏的预防

从沥青混凝土路面的水损坏机理中可以看到,沥青混凝土路面水损坏主要因为水分介入到沥青和集料的界面,改变了沥青和集料的黏结力,导致了沥青膜从集料表面剥离,从而造成水损坏。因此,预防沥青混凝土路面的水损坏关键在于:

①防止或减少水分进入沥青混合料内部,使得水分不侵入到沥青和集料的界面中;②提高沥青与集料的黏附性,提高集料间的黏结力。

为解决好以上两个方面的问题,应该从道路设计、施工及养护管理等诸多方面,采取切实可行的技术措施,达到预防沥青混凝土路面水损坏的目的。

(1) 完善沥青混凝土路面排水系统。

① 路表排水设计。

路表排水设计是沥青混凝土路面排水系统的重要组成部分。路表不能及时排水,既容易引发交通事故,又容易造成路表积水,进而影响路基的强度和稳定,导致路面的早期水损坏。路表排水设计可以从以下三个方面进行完善:

a. 在保证高速公路所需表面抗滑功能的前提下,提高沥青混凝土表面层的密水性能。

b. 在所有的填方路段(除超高外侧)设置路肩沟,并根据路线纵坡大小,通过水力计算,结合结构物、地形状态及其他排水设施等情况,设置急流槽,将路表雨水迅速集中排至排水沟中。

c. 在超高路段的中央分隔带内设置纵向排水沟,并根据路线纵坡大小,通过水力计算,结合结构物、地形状态等情况,间隔一定距离设置集水井和横向排水管,使得超高段的路表雨水经纵向排水沟,过集水井和横向排水管直接排出路基。

② 路面内排水设计。

由于结构层空隙率偏大且不均匀,雨水容易渗入沥青混凝土路面的结构层中,从而导致各种水损坏。因此,必须完善路面内排水设计。可以从以下五个方面考虑:

a. 中面层和底基层均采用密实型沥青混凝土。

b. 在水泥稳定碎石基层上,设置"透层＋封层"的防水结构层。

c. 除超高外侧外,在路肩部位的路面边缘均设置碎石盲沟。

d. 土质切方路段,在边沟下设置排水盲沟;在石质切方路段,在路床上设置10cm 厚的级配碎石隔水层。

e. 为防止边沟雨水倒灌进入路面结构层,加深边沟。

③ 中央分隔带排水设计。

a. 对于中央分隔带设置波形钢护栏的路段,全段设置带 PVC 管的碎石盲沟,并根据纵坡大小和超高、结构物、地形状态等情况,间隔一定距离设置集水井和横向排水管,将渗水排出路面结构层和路基。

b. 对于中央分隔带设置混凝土护栏的路段,采用封闭措施,只在超高纵向排水沟的边部设置带软式透水管的盲沟,小型集水井与横向排水管的布置与设置波形钢护栏的路段相同。

c. 预制块水沟接头多,漏水严重,为减少超高纵向水沟漏水,在超高段采取现浇的施工工艺,且每隔 10m 设置一道宽 1cm 的伸缩缝,缝内填塞沥青麻絮。

(2) 完善沥青混凝土路面的结构设计,加强沥青混凝土路面的层间技术处理。

现有的沥青混凝土路面一般采用 3 层设计,不同层次之间的沥青混合料配合比一般不同,因此在沥青混凝土结构层之间容易产生空隙,导致层间的结合强度不够,进而进一步影响沥青混凝土路面结构的整体强度,降低了抗水侵害的能力。目前比较成功的层间处理技术有以下两种。

① 铺设透层。

透层主要是适用于无机结合料基层表面的有机结合料渗透层,它的作用是在于改善和提高无机结合料基层表面的水密性,同时在一定程度上起到与有机结合料面层(路面底面层)过渡结合的作用。它既可填充基层表面的空隙,又可确保基层材料的强度和稳定性。

② 铺设防水层。

防水层是设在有机结合料层与基层间的、有一定厚度的隔水层。它与透层油在一起,在基层和面层间形成抵御水损坏的保护层。其主要作用是防止水分进入结构层从而导致路面整体破坏。

(3) 完善沥青混合料的配合比设计。

由于空隙率是影响沥青混凝土路面水损坏的主要原因之一,因此必须采取一定的、有效的措施降低沥青混凝土路面的空隙率。大量的实践经验和大量的试验数据表明,沥青混凝土路面的空隙率与沥青混合料的不同级配、沥青的用量及拌和温度存在着一定的关系。因此,可以从完善沥青混合料的配合比设计方面来降低空隙率,使其达到最佳值。

(4) 提高压实标准。

沥青混凝土的压实度对其物理力学性质有着至关重要的影响。我国《公路沥青路面施工技术规范》(JTG F40—2004) 中对沥青混合料的压实标准建立于 20 世纪 80 年代。近年来,我国高速公路施工所用的压路机类型、吨位和技术性能都发生了显著变化,客观上具备了提高压实标准的条件。为了尽可能提高沥青混凝土面层的压实度,进而降低空隙率,必须提高沥青面层的压实标准。部分沥青混凝土路面的压实施工经验表明,沥青混凝土路面的表面层压实度大于 98%、中面层或底面层的压实度大于 97% 时,可以使沥青混凝土路面的空隙率降低,确保水分不进入路面结构层而导致水损坏。

(5) 加强原材料质量和施工质量控制。

选用合适的沥青材料,控制好沥青的软化点、延伸度和针入度三大指标;集料要严格控制好其耐磨值、强度和级配,同时也要注意集料与沥青的黏附性及黏结力。对于黏附性能不好的酸性集料可以采用掺入抗剥落剂的技术措施进行处理。

施工质量的控制要求为:沥青混凝土拌和厂必须整齐规范;原材料的选用必

须符合规范要求且均匀和合理;应进行精确的路面压实度试验,路面压实度要达到规定的要求。应改进沥青混合料的拌和工艺、运输工艺、摊铺工艺和路面的压实工艺,减少沥青混合料的离析,避免拌和温度和摊铺温度出现不均匀情况。应改善路面层间黏结力,增强层间的抗水能力。

（6）采用新型路面防水材料。

无论是何种沥青混合料,必然有一定的空隙率存在,必会遭受一定的水损坏。在沥青面层表面涂上防水材料,形成一种不透水的薄膜封层,能使因降雨而进入沥青混凝土结构层中的水分大为减少甚至根除,从而基本消除沥青面层产生水损坏的外因,延长路面使用寿命,减少养护费用。

（7）加强交通运输管理。

重车特别是超重车大量通行于高速公路,是造成高速公路路面早期损坏的主要原因。因此,必须按照《中华人民共和国公路法》及交通部《超限运输车辆行驶公路管理规定》的要求,采取高速公路入口严格检查的办法,通过强制卸载等手段,加强对超限运输车辆在高速公路行驶的管理,减少对高速公路的额外损坏。

（8）加强沥青混凝土路面的养护。

由于高温的影响,沥青混凝土路面容易在重车的作用下产生高温辙槽和网裂,并容易在雨天下雨后产生积水。同时,积水在毛细作用及车辆的轮压作用下,通过网裂进入路面结构层,进而产生水损坏。因此,要加强沥青混凝土路面的养护,采用快速、高效的预养护和养护技术,对路面上出现的裂缝等病害进行及时维修,使路面的防水功能增强,提高路面的抗水损坏能力。

4）沥青路面冻胀翻浆病害的预防

在寒冷地区,路基土所产生的冻胀引起道路的冻害,造成道路破损,影响车辆的通行,降低道路的使用寿命。而在春融期,由于路基土中冰晶体的溶解,又成为土基或垫层承载力降低的原因。对沥青路面,春融期间在荷载的作用下产生的翻浆现象,将会使道路出现严重病害。

防治冻胀与翻浆的工程措施包括以下几方面。

（1）做好路基排水。

良好的路基排水可防止地面水或地下水侵入路基,使土基保持干燥,减少冻结过程中水分积聚的来源。路基范围内的地面水、地下水都应通过顺畅的途径引离路基,以防水分停滞浸湿路基。可采用管渗沟和截水渗沟来排走路基范围内的水分。

（2）提高路基填土高度。

这是一种简便易行、效果显著且比较经济的常用措施,同时也是保证路基路面强度和稳定性,减薄路面,降低造价的重要途径。提高路基填土高度,增大了路基边缘至地下水或地面水水位间的距离,从而减小了冻结过程中水分向路基上部迁移的数量,使冻胀减弱,使翻浆的程度和可能性变小。

(3)设置隔离层。

隔离层设在路基中一定深度处,其目的在于防止水分进入路基上部,从而保持土基干燥,起到防治冻胀与翻浆的作用。

(4)换土。

采用水稳定性好、冰冻稳定性好、强度高的粗颗粒土换填路基上部性能较差的路基土,可以提高土基的强度和稳定性。

(5)注意路槽排水。

在冻胀与翻浆严重地段,应注意做好路槽排水,通常采用砂垫层和横向盲沟等措施。

① 铺设砂垫层。用砂垫层汇集春融期从路基化冻土层中析出的全部多余水量,再利用暗管或路肩盲沟等排水设施将垫层中汇集的水排出去。

② 加设横向盲沟。道路纵坡大于 3% 的坡腰翻浆路段,当中级路面基层采用透水性材料时,为了及时排出水流和春融期土基化冻时的多余水分,可在路槽下设置横向盲沟。

(6)加强路面结构。

在冻胀与翻浆地段,常使用整体性好的石灰土、二灰土、水泥稳定砂砾等半刚性结构层,以加强路面结构。

(7)加设防冻层。

在中、重季节冻结区和多年冻土区的高级、次高级路面,在有可能冻胀的路段,为防止不均匀冻胀,按强度计算的路面总厚度小于设计抗冻厚度时,应采用冰冻稳定性良好的材料加设防冻层补足。

(8)铺设隔温层。

在重冻区,有条件时也可采用铺设高效隔温层的方法,减小土基冻结深度,以防治冻胀和翻浆。隔温层采用导热性能差的材料,铺在土基内、土基顶面或路面结构层内。现在多采用泡沫塑料、苯乙烯海绵塑料混凝土、含有多孔填充料的轻混凝土等高效隔温材料。

设置隔温层相关情况参见 5.2.1 小节。

5)其他沥青混凝土路面病害的预防

上述裂缝、车辙、水损坏和冻胀翻浆病害是沥青路面产生的主要病害类型,同时也是其他病害产生的直接或间接的诱因,搞好上述病害的预防不仅可以减少上述病害产生的可能性,而且可以大大减少其他病害的发生概率。

还有一些病害的产生可能还有其他方面的原因,如磨光与集料的抗磨耗性能不良有关,波浪与路基或基层的承载力不足或不均匀沉陷有关,而剥落、推移、泛油等病害都与混合料的配合比设计、施工质量有关。对于这些病害,可以根据

前述其产生机理,通过必要的试验和调查研究,采取适当的预防措施。在此不再
赘述。

5.2.3　水泥混凝土路面病害

1. 病害类型及分级

水泥混凝土路面是道路主要的路面结构形式,其病害产生的原因、病害形式也
各不相同。水泥混凝土路面病害通常被划分为以下几种。

断裂类病害包括纵向、横向和角隅等断裂裂缝。

竖向位移类病害包括路面板的沉陷和胀起。

接缝类病害包括填缝料损坏、接缝张开、唧泥、板地脱空、错台、接缝碎裂、
拱起。

表层类病害包括磨损、露骨、纹裂、网裂、起皮、坑洞、冻融裂纹、早期塑裂、碱-
集料反应网裂。

水泥混凝土路面类型和分级标准见表 5.12。

表 5.12　水泥混凝土路面损坏分类、分级

损坏类型	损坏特征	分级标准		计量单位
纵向、横向、斜向裂缝	面板断裂成 2 块	轻	缝隙宽小于 3mm 的细裂缝	m 和块
		中	边缘有中等或严重碎裂,高度小于 13mm 错台的裂缝,缝宽小于 25mm 的裂缝	
		重	13mm 以上错台或缝宽大于 25mm 的裂缝	
破碎板或交叉裂缝	面板破裂分为 3 块以上	轻	板被裂分成为 3 或 4 块	m 和块
		重	板被裂分成为 5 块以上,或被中等裂缝分成 3 块以上	
板角断裂	裂缝垂直通底,并从角隅到断裂两端的距离小于或等于板边长的一半	轻	缝隙宽小于 3mm 的细裂缝	m 和块
		中	边缘有中等或严重碎裂,高度小于 13mm 错台的裂缝,缝宽小于 25mm 的裂缝	
		重	13mm 以上错台或缝宽大于 25mm 的裂缝	
错台	接缝或裂缝两边出现高差	轻	错台量 6~12mm	处
		重	错台量>12mm	
唧泥	荷载通过时板发生弯沉,接缝或裂缝附近有污染或沉积着基层材料	不分等级		条

损坏类型	损坏特征		分级标准	计量单位
边角剥落	邻近接缝 60cm 内,或板角 15cm 内,混凝土开裂或成碎块	轻	剥落发生在边角附近 8cm 之内	处
		中	剥落范围大于 8cm,碎块松动,但不影响行车安全或不易损害轮胎	
		重	影响行车安全或极易损害轮胎	
接缝材料破损	填缝料剥落、挤出、老化和缝内无填缝料	轻	约 1/3 缝长出现损坏,水和杂物易渗入或进入	条
		重	2/3 缝长出现损坏,水和杂物可以自由进入,需立即更换填缝料	
坑洞	面板表面出现直径为 2.5 ~ 10cm、深为 1.2~5cm 的坑洞		不分等级	块
修补损坏	面板损坏修补后,重新又损坏	轻	修补功能尚好,四周有轻微剥落	块
		中	四周严重剥落且内部有裂缝	
		重	四周严重剥落,修补已损坏,需重新修补	
拱起	横缝两侧的板体产生明显抬高		不分等级	处
表面裂纹与层状剥落	路面表层有网状浅而细的裂纹或层状剥落	轻	面积小于或等于 20%板块面积	块
		重	面积大于 20%板块面积	

2. 水泥混凝土路面病害成因及诊断

1) 裂缝

(1) 表面裂缝。

它主要是由混凝土混合料的早期过快失水干缩和碳化收缩引起的。它与多种因素有关,主要有以下几点:①水泥的品质及用量。水泥的安定性不良,用量过大,板块容易产生龟裂和收缩裂缝。②板块的切缝时间和切缝深度。板块切缝过早会出现啃边,切缝过迟则产生收缩裂缝,切缝过浅,会在其他部位出现断板。③混凝土的碳化收缩也会引起混凝土表面龟裂。当混凝土的水泥用量较低、水灰比较大时,空气中的 CO_2 易渗透到混凝土内,与其中的碱性物质发生化学反应后生成碳酸盐和水,混凝土的碳化反应在空气相对湿度为 30%~50%的情况下最激烈。碳化引起的收缩仅限于混凝土路面的表层,只产生混凝土的表面裂缝。

表面龟裂或者表面裂缝,会给水泥混凝土路面的表面耐磨性带来不利影响。严重的表面裂缝,会使混凝土路面较快出现裸露砂石现象,如果不及时处理,将会降低水泥混凝土路面的表面抗滑能力和行车舒适性。

（2）贯通裂缝。

① 横向和斜向裂缝。

产生横向和斜向贯通裂缝的原因有以下几点：a. 水泥混凝土的粗集料品质不良、水灰比不当或配合比不合理，使路面在使用初期产生干缩裂缝，引起横向或斜向开裂。b. 接缝施工不良。例如，天气突变引起施工缝制作不当，缩缝切割不及时或切割深度不足，传力杆或拉力杆施工不良等因素。c. 横向接缝距离太大或横向错开及相邻板横向裂缝延长和荷载的重复作用。

② 纵向裂缝。

产生纵向裂缝的原因可归结为以下两个方面：a. 基础的原因。基础不均匀支承或支承力不足及路基冻胀沉陷，在荷载的重复作用及超载与偏载作用下，使混凝土板产生纵向开裂。b. 旧路改建拓宽路基时，由于路基处理不当，压实度不够，造成新老路基的密实度不同，从而使新路基出现沉降，混凝土板下沿纵向出现脱空。在车轮荷载作用下，使混凝土板发生纵向断裂。

③ 交叉裂缝和破碎板（网裂）。

产生交叉裂缝的主要原因有以下几点：a. 水泥混凝土强度不足，在轮载和温度作用下会出现交叉裂缝。b. 路基和基层的强度与水稳性差，施工时接缝灌缝不能满足要求，一旦受到水的侵入，将会发生不均匀沉陷，在车轮荷载作用下，混凝土板块出现交叉裂缝。c. 水泥的水化反应和碱-集料反应。d. 路基或基层的冻胀与翻浆，引起基础不均匀支承，使路面板开裂，发展成为破碎板。

④ 对角开裂和角隅开裂。

这种破坏的形成主要是由于板下面的局部沉降引起的。横断面处小的角隅开裂和出现在纵向接缝处的开裂是因为在浇筑混凝土时振捣不密实，或者是因为横向接缝未能正确形成引起的。

2）断板破坏

温度应力与荷载应力超过混凝土的抗弯拉强度时，水泥混凝土路面板就会发生断裂并发展为断板。断板可分为早期开裂断板和使用期开裂断板。

（1）早期开裂断板。

早期开裂断板产生的原因包括以下几方面。

原材料不合格：①水泥稳定性差，强度不足；②集料（砂、碎石等）含泥量及有机质含量超标。

基层标高失控和不平整：①基层标高失控，造成路面厚度不一致，难以承受拉应力而开裂；②基层不平整会大大增加其与混凝土界面的摩阻力，易在路面薄弱处开裂；③松散材料处理基层标高失控或不平整时，上层混凝土拌和物的水分或砂浆会下渗或被基层吸收，使下部混凝土变得疏松，强度下降；④基层过于干燥，吸收混凝土拌和物中的水分，使底部混凝土失水，强度降低，导致开裂。

混凝土配合比不当：①单位水泥用量偏大；②水灰比偏大；③施工中计量不

准,从而影响其初期强度;④长期在日光下暴晒的过干集料,会大量吸收拌和用水而影响水灰比的准确性,影响混凝土强度。

施工工艺不当:①搅拌时间不足,振捣不密实;②混凝土拌和时,如果水泥或集料温度过高,在冷却、硬化过程中会因温差收缩加大,导致开裂;③混凝土浇筑间断,再浇筑时未进行施工缝处理;④切缝不及时;⑤施工车辆过早通行;⑥采用真空吸水工艺时,如果因两吸垫之间未重叠而导致漏吸,则漏吸处水灰比较两侧大,混凝土强度较低,收缩也大,易形成薄弱环节而开裂;⑦传力杆安装不当,上下翘曲;⑧在日温差较大的季节和地区,混凝土表面修整过程中,要避免阳光直射,整修后要及时覆盖养生,防止混凝土白天过多的升温,造成夜间降温时收缩过大。

(2)使用期开裂、断板。

使用期开裂、断板产生原因包括以下几方面。

设计不当:①路面厚度偏薄;②板块平面尺寸设计不当;③混凝土原材料的配合比不当,存在混凝土产生碱-集料反应或抗冻融性差等耐久性问题;④排水设计不当。

超重车的影响:由于交通运输业的迅速发展,大吨位车辆逐年增多,单轴轴载比原设计计算轴载增加几倍,极易造成水泥混凝土路面出现使用期开裂、断板病害。

路基不均匀沉降主要发生在:①填挖相交断面处;②软弱地基、湿陷性黄土及采空区、陷穴等特殊路段;③桥涵、构造物附近压实机械难以施工的部位;④路基不同填料的界面或层面;⑤压实度不足的部位。

基层失稳:①基层施工质量不好,强度不均匀或较低,当受到的弯拉应力大于水泥混凝土板强度时面板即发生断裂;②面层接缝填缝料失效,板的弯沉使空隙内的积水变成有压水,侵蚀冲刷基层,并沿接缝缝隙喷出,即产生唧泥,在荷载作用下路面板产生断裂。

排水不良:①路基及基层排水不良,长期受水浸泡,引起路基失稳或强度不足,使路面产生不规则断裂;②裂隙水或边沟水等渗入路基、基层和底基层,冬季冻胀时使路面产生纵向开裂。

桥(涵)面铺装损坏:钢筋混凝土明盖板桥涵上的水泥混凝土路面铺装层,由于厚度不足或与盖板、涵台结合部处理不当,在行车和盖板胀缩作用下,产生层间搓动和面板断裂。

3)挤碎和拱起

在横向接缝,特别是胀缝两侧数十厘米范围内,由于胀缝内的滑动传力杆位置不正确、滑动端的滑动功能失效、施工时胀缝内部有混凝土搭连、使用期间胀缝内落入坚硬杂屑等原因,阻碍了板的伸长,使混凝土在膨胀时受到较高的挤压应力,当该应力超过混凝土的抗剪强度时,板即发生剪切挤碎。

拱起是季节性冻土地区混凝土路面典型破坏之一。其产生原因可归结如下:

膨胀缝间距过长,板块的温度膨胀受阻。混凝土板在受热膨胀而受阻时,某一接缝两侧的板突然向上拱起。这是由于混凝土板收缩时缝隙张开,填缝料失效,坚硬碎屑等不可压缩材料塞满缝隙,使板在膨胀时产生较大的压应力,从而出现纵向压曲失稳,如图 5.21 所示。

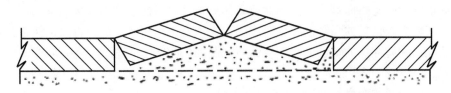

图 5.21 混凝土路面拱起示意图

4) 错台

错台现象常与唧泥、填缝料丧失、路基的不均匀变形等密切相关。一方面,填缝料的丧失会造成路面水的渗入,在车辆荷载的作用下产生唧泥,随着唧泥的连续不断产生,路基游离土被不断带走,路基表面标高不断降低,产生错台;另一方面,路基若处理不好,如压实程度不一致,则会随着通车时间的增长,不均匀沉降和变形也会增加,也可产生错台。此外,可造成错台的原因有以下几种:

(1) 下部嵌缝板与上部缝隙未能对齐,或胀缝两侧混凝土壁面不垂直,使缝旁两板在伸胀挤压过程中,会上下错开而形成错台。

(2) 地面水通过接缝渗入基础使其软化,或者接缝传荷能力不足,或传力效果降低时,都会导致错台。

(3) 当交通量或基础承载力在横向各幅板上分布不均匀,各幅板沉降不一致时,纵缝也会产生错台。

错台的特点是横向接缝两侧路面板出现了竖向相对位移 Δh,错台根据形成台阶的高度又可分为以下几种情况:

轻度错台——接(裂)缝两边路面形成的台阶高度小于 10mm;

中度错台——接(裂)缝两边路面形成的台阶高度在 10～15mm;

严重错台——接(裂)缝两边路面形成的台阶高度大于 15mm。

错台示意图如图 5.22 所示。

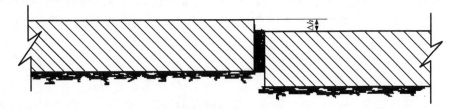

图 5.22 错台示意图

5) 脱空和唧泥

脱空是面板与基层之间存在一定间隙,脱空往往伴随唧泥的发生和发展而出现。唧泥是在车辆荷载作用下,板下基层的细粒材料从接缝或裂缝处与水一同喷出,致使板体与基础逐步脱空,并在接缝或裂缝附近常有污迹存在。

水泥混凝土路面唧泥是由车辆荷载作用下,面板接缝、裂缝和板边下部产生的水和细粒土混合物的强制性位移造成的。这主要是由于水泥面板直接铺筑在细粒高缩性土和易冲刷的基层上而产生的,唧泥往往是错台、断板、接缝破坏等病害的诱因。

路面唧泥的产生,一般需具备以下条件:

(1) 路基或基层的土壤处于松散状态,亦即存在松散的细粒土。

(2) 在面板与基层及路面之间有自由水存在,并与松散细粒土混合形成泥浆。

(3) 频繁的重载车辆轴载的作用,水泥混凝土路面板产生泵吸作用将泥浆喷出、吸入。

混凝土路面唧泥示意图如图 5.23 所示。

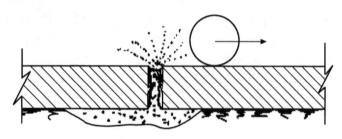

图 5.23　混凝土路面唧泥示意图

6) 浅层破坏

接缝处的破坏大都是因为接缝的密封不好或者是接缝处的混凝土振捣不密实、混凝土的强度低造成的。接缝未能完全密封或者混凝土板的开裂使水分或者坚硬的小石子进入接缝,使接缝失效以致出现接缝破坏。如果是在冬天,水分进入接缝后,温度降到 0℃ 以下时,水结冰膨胀会使板边开裂,接缝破坏。如果是小石子进入接缝,夏天温度升高时,所需要的膨胀间隙减小了,这会在接缝的凹槽底部产生压应力使混凝土出现边角开裂。在施工时如果接缝周围的混凝土振捣不密实,使接缝周围的强度降低,产生开裂的危险会更大。上述病害都属于混凝土路面的浅层破坏。

7) 深层开裂

这种破坏很容易被认为是边角开裂,实际上,这种裂缝在形式上是半圆形的,出现在距离接缝 200mm 以外的地方。这种破坏的原因一般是由于传力杆的位置不当,使传力杆不能活动,或者是混凝土中的粗集料脱落进入接缝而引起的。这样的破坏需要彻底维修。

8）D 裂缝

在纵向接缝的角隅周围和平行于横向接缝的附近有一系列的小裂缝,称之为D 裂缝。它出现的原因是由于集料的减水作用或者是对冰冻很敏感的多孔混凝土造成的。

9）表面不平整

不规则的撞击最容易形成这种破坏,在施工时对低洼地点的错误处理也会形成这种破坏。当开放交通一段时间以后,地基和基层的沉降同样会使板出现裂缝或者导致板出现错台。

10）塑性缩裂

塑性缩裂包括在混凝土表面上出现的一系列细而短的、对角方向的平行裂缝,这些裂缝没有达到板的边缘而且长度一般也不会超过 50mm。这种破坏的原因是混凝土在硬化过程中养护不当、快速失水干燥形成的。

11）表面脱落

表面脱落也称为露骨,原因之一是在缺乏引气的情况下,由于冰冻作用而形成的路面病害,如图 5.24 所示。为了防止出现这种破坏,在公路的水泥混凝土路面和机场的水泥混凝土路面上,应使用引气混凝土提高混凝土的抗冻性能。

图 5.24　由冰冻作用引起的混凝土路面板表面脱落病害

施工过程中雨水的破坏或者开放交通后交通荷载作用也可引起表面脱落病害。前者可以通过加强施工管理得到控制,后者可以通过在表面上锯一些间距很小且很浅的横向凹槽来得到改善。

12）跳子现象

这是混凝土路面表面上出现的病害之一。它出现的主要原因是混凝土的集料中混进了黏土或者是混进了对冰冻非常敏感的集料。当发生冰冻时,它在混凝土中膨胀就形成了跳子现象。跳子现象虽然是较小的病害,但却能够诱发其他病害的发生,对行车安全也有影响。应通过加强材料检验、加强施工管理进行预防。

13) 膨胀破坏

膨胀破坏的表现形式有拱起、错台、边角碎裂等。这种破坏在严重的时候会出现一块板搭在与它相邻的破碎的路面板上。其原因是夏季的高温产生了很大的压应力或者是在密封不好的接缝处有碎石子或者是膨胀缝的数量不够。另外,混凝土自身出现的破坏也可以造成路面板的膨胀破坏。混凝土结构暴露在自然界中,它必然受到环境的影响,在存在化学腐蚀的时候,混凝土材料的破坏会更明显。大多数混凝土材料出现的破坏包括:①氯化物的侵蚀和钢筋的锈蚀;②碱-硅反应或碱-集料反应;③碳化作用;④硫酸盐的侵蚀。混凝土的这些破坏都对混凝土结构的安全使用产生重大不良影响。

3. 水泥混凝土路面病害预防措施

1) 水泥混凝土路面水冲刷破坏的预防

水泥混凝土在凝结硬化过程中将产生一定的收缩变形,硬化后水泥混凝土面层内不同深度处,温度会随大气温度的变化而产生周期性变化,这种变化使混凝土面层出现伸缩变形和翘曲变形。当伸缩和翘曲变形受阻,面层内便产生较大的伸缩应力和翘曲应力。为了避免温度应力作用引起路面板的不规则断裂和拱胀等破坏,按一定间距设置的纵、横接缝就成为水泥混凝土路面结构的重要组成部分。接缝的设置有效缓解了温度应力的破坏作用,却给水泥混凝土路面带来了许多问题,其中危害最大的是接缝有可能成为雨水渗入路面结构内部的主要通道。而当路面结构内存在自由水时,每一次重复轴载导致的结构损坏比路面处于相对干燥时要多 40 倍甚至更多。雨水通过接缝、裂缝和板边缝隙渗入到板底,在车辆动荷载的重复作用下,形成有压水,在板底接缝处和板边高速流动,流速可达 0.15m/s(小汽车驶过时)或 0.90m/s(货车驶过时),对基层顶面进行冲刷,细颗粒从接缝处和板边被带到路面上,产生唧泥现象。时间一长,板底脱空,改变了混凝土板原有的受力状况,从而产生错台、下沉、断板,进而发展到破碎。

减少混凝土路面水冲刷病害的根本措施是加强排水以减少水分的渗入、加强基层材料抗冲刷能力和减小交通荷载。

(1) 加强排水措施。

① 加强路面表面排水。采取措施保证路表水的排泄通畅,缩短雨水在路面上的滞留时间,减少通过接缝、裂缝和板边缝隙渗入路面结构中的水分。

② 加强接缝处理。目前我国生产的填缝料使用期都很短,一般在使用两三年后基本上失去功效,不同程度地出现渗水现象。对于新建道路应选用优良的接缝板和耐老化的填缝料,尽可能地防止雨水进入路面结构中。应加强对接缝的结构形式、接缝材料的性能等方面的研究,做到既能保证接缝在温度变化下的自由伸

缩,又能保证防止雨水下渗。对于现有道路,应加强养护,对填缝材料脱落的接缝应及时补灌或重灌,对新出现的裂缝也应及时处理,杜绝路表水下渗。

③ 加强路面结构防排水。路面结构内部排水系统是指用来排除渗入路面结构内部自由水的路面边缘排水系统和透水基层排水系统。通过合理设置边缘排水系统和透水基层排水系统,将路面结构内部积滞水迅速、有效地排除到路面和路基结构外,有利于改善路面的使用性能,并大大提高路面结构使用寿命。这样做虽然前期的建设费用有所增加,但后期的养护费用大大减少,从全寿命设计考虑,依然可以认为是经济的。

(2) 加强基层的抗冲刷能力。

表面水会通过多种途径进入水泥混凝土路面结构内。水分使基层材料过分潮湿,特别是接缝或裂缝下无机结合料稳定基层也开裂的情况下,基层裂缝中往往会充满自由水。在行车荷载的作用下,路面结构层内或基层材料中的自由水会产生相当大的动水压力,这种有压力的水冲刷基层材料中的细料。一次冲刷的量是很小的,但在行车荷载的反复作用下,细料浆被逐渐压挤出来,形成裂缝和接缝处的唧浆现象。

由上可知,若基层表面没有松散的细粒土等可供泵吸的材料时,唧泥现象是不会发生的。高等级公路一般采用强度较高的无机结合料稳定类材料作为基层,以消除松散细粒土形成唧泥的条件。

在美国,为了建设优质的混凝土路面,采用贫混凝土作为基层,以避免基层产生冲刷和导致混凝土面板错台等破坏现象。我国《公路水泥混凝土路面设计规范》(JTG D40—2011)规定对于极重、特重交通的基层类型可选用极耐冲刷的贫混凝土、碾压混凝土和沥青混凝土(沥青类基层)。

基层的冲刷程度与进入路面结构层的水量大小有密切关系。进入的水越多,冲刷程度越大。冲刷程度还与基层材料本身有很大关系。对于未处治的级配集料来说,集料中小于 0.075mm 的粉粒与黏粒越多,冲刷越严重。对于无机结合料处治基层材料来说,稳定细粒土(如石灰土、水泥土和石灰-粉煤灰土)的冲刷最严重;稳定粒料土(中粒土或粗粒土)的冲刷程度随集料中 0.075mm 以下的颗粒含量而变,细集料越多,冲刷越严重。对于同一种稳定粒料土而言,其冲刷程度随水泥剂量的增多而减少,水泥剂量达到 4% 以上时,其抗冲刷能力大幅度提高。

(3) 减小荷载应力以防止水冲刷破坏。

交通的繁重程度影响到基层受冲刷的程度和唧泥、错台病害出现的可能性。从客观上讲,气候条件恶劣、重载车比例大、超载严重也是水冲刷破坏的重要原因。车辆荷载是唧泥过程中形成有压水和水分高速流动及泵吸作用的直接动力,没有车辆荷载也就不会有唧泥现象的发生。唧泥的发展与荷载应力的大小有显著的关系,荷载应力越大,唧泥越严重。严格限制超载车辆上路,可以减缓水冲刷破坏。

2) 水泥混凝土路面断板破坏的预防

(1) 早期开裂、断板的预防。

① 合格的原材料。

合格的原材料是保证水泥混凝土质量的必要条件：a. 禁止使用稳定性差的水泥，不同等级、不同厂家、不同种类、不同批产的水泥严禁混合使用；尽量采用发热量少、收缩量小的硅酸盐道路水泥或普通硅酸盐水泥。b. 集料(砂、碎石)含泥量超标时应更换料源，选择合格的、含泥量较少的材料，或将其认真冲洗至达到要求方可使用。对有机质含量超标的集料应严格禁止使用。

② 基层标高、平整度的控制。

a. 严格控制基层顶面标高，确保水泥混凝土路面板厚度的均匀一致。

b. 水泥混凝土路面平整度要求严格控制基层平整度，可采取加铺塑料薄膜等方法减少水泥混凝土路面板与基层的摩阻力。

c. 对于标高不足的基层应坚决返工重做，禁止采用抛撒松散基层材料填补标高的方法。

d. 加强基层养护工作，保持基层湿润状态，直至浇筑水泥混凝土路面板。

③ 严格控制水泥混凝土配合比。

a. 按试验对水泥混凝土配合比准确配料，单位水泥用量要精确称量，误差值控制在规范规定的范围内。

b. 集料的含水量要及时通过试验取得，控制适宜的用水量，保持水灰比准确。为减少用水量，改善和易性，可使用合适的外掺剂。

c. 采用电子秤或其他精度准确的配料机械设备准确配料，集料称量误差控制在规范规定的范围内。

④ 施工工艺的控制。

a. 水泥混凝土混合料的拌和时间要根据机械性能准确掌握，最长拌和时间不应超过最短拌和时间的3倍。振捣应均匀密实，避免漏振或超振。

b. 水泥混凝土混合料拌和时，若集料温度过高，应采取降温措施后再配料拌和。

c. 水泥混凝土路面施工开盘前，要仔细检查发电机、振动梁、运输车辆等机具设备，确保其完好。对于气候突变、停电、停料等情况，应提前做好准备工作，调整工序，暂停面板施工。重新铺装时应按施工缝处理接缝。

d. 重视水泥混凝土面板养生，采用优质养护剂，或采用湿法养护，不要采用没有覆盖物仅洒水的养生方法。

e. 及时切缝，根据施工现场气温及水泥品种试验确定最早切缝时间，切缝深度为水泥混凝土板厚的 1/3~1/4，不宜切缝太浅(少于 1/4)或太深(多于 1/3)，剩余断面部分能吸收由于高温产生的内应力。

f. 控制交通车辆,避免在混凝土强度不足的条件下,过早开放交通。

g. 采用真空吸水工艺时,一定要注意两吸垫之间重叠足够尺寸,避免漏吸。

h. 正确安装传力杆,防止上下翘动,浇筑下一块水泥混凝土板时要按设计要求安设塑料套管和涂沥青隔层。

i. 在昼夜温差较大的季节或地区,水泥混凝土路面修整完成后要覆盖养生,以保证温度变化不致太大。

(2) 使用期开裂、断板的预防。

设计要与交通情况相一致:①在水泥混凝土路面厚度、平面尺寸的设计计算阶段,应充分考虑交通发展状况,准确调查交通量及运输车辆的发展状况,避免因设计厚度偏小,平面尺寸不合理,在设计使用年限内由于交通量的快速增长或重载车辆增加造成面板提前破坏;②选用适合当地环境条件的原材料,注重材料的冻融性和耐久性;③设计全面的排水系统,确保地表水、地下水不会对路基、路面造成侵蚀破坏。

在路基质量控制方面:①路基压实质量要求达到规定的压实度值,保证路基有足够的、均匀的强度;②排水设计应完善,并要充分考虑地下水对路基稳定的影响;③路基填筑中,不同类型的土壤应分层填筑,避免土壤类型在路基上的突变造成沉降不一致,影响路面板结构性能;④对于填挖交界、半填半挖结合处应按路面板的要求进行特殊设计,施工中要对路槽以下部分进行处理;⑤对于路基不稳定,特殊软弱土基、湿陷性黄土、采空区、陷穴、滑坡等路段,应避免采用水泥混凝土路面,其他特殊路基应经过特殊处理后方可进行水泥混凝土路面施工。

在基层质量控制方面,水泥混凝土路面不要求基层有很高的强度,最重要的是基层强度的均匀性、稳定性要好:①基层应尽可能采用水泥稳定基层,严格控制细料,以增加基层的水稳定性,防止唧泥;②建立验槽制度,确保基层厚度均匀一致,保证强度的均匀;③采用厂拌法拌和基层材料,确保拌和均匀和配料准确;④按照设计要求,保证基层的密实度。

此外,还要及时采取措施,封填微裂缝,灌注环氧树脂等。加强养护工作,对排水系统中发现的问题及时处理,避免形成较大的病害。桥涵施工过程中,应结合桥面铺装,认真处理好路桥结合部位,防止不均匀沉降。同时,要严格执法,禁止超载车辆的通行,保证路面在设计条件下的安全、正常使用。

3) 其他病害的预防

除上述两类水泥混凝土典型病害之外,其他类型的混凝土路面病害可以从以下几个方面进行综合的预防。

(1) 材料方面。

混凝土材料受环境的影响而出现各种病害,此时应通过对混凝土材料的合理设计达到减小混凝土路面病害的目的。

① 冻害。

混凝土经受冻融循环作用,极易发生破坏。当路面使用化冰盐时,混凝土处于盐害和冻害双重因素作用下,其破坏或劣化速度将加快。

掺加引气剂可以为混凝土冰冻时尚未冻结的水提供空间,减小膨胀压力,提高混凝土抵抗这种冻融破坏作用的能力。另外,其他一些化学添加剂也可以对混凝土的冻害起到防治作用,如使用具有引气和减水双重作用的 AE 剂可以提高混凝土的抗冻性能;矿物添加剂,如粉煤灰、高炉矿渣粉末、硅灰等,掺入混凝土后可以持续提高混凝土的后期强度,并可以使混凝土内部更加密实,降低混凝土的渗透性,从而可以大幅度提高混凝土的抗冻性能。

② 盐害。

混凝土能够保护钢筋不锈蚀,是因为它的高碱性,混凝土中的高 pH 值(通常高于 12.5)使钢筋表面形成惰性和不锈蚀的氧化膜保护层。然而除冰盐或海水中的氯离子能破坏或渗透进这层膜。氯离子浓度一旦达到锈蚀的最低点,即水中溶有氯离子质量为水泥质量的 0.15% 时,就在钢筋或钢筋不同部位之间形成了原电池,锈蚀的电化学反应过程开始,钢筋的某些部位形成了正极,从中放出电子,钢筋从这里溶解到溶液中。得到电流的部位是负极,在这里形成氢氧根离子,铁和氢氧根离子发生反应生成氢氧化亚铁,氢氧化亚铁进一步氧化成铁锈(氧化铁)。生成铁锈的过程是个膨胀的过程,铁锈体积是原体积的 4 倍,从而在钢筋和混凝土之间产生内应力,最终导致钢筋保护层剥落。锈蚀还会使钢筋的横截面显著减小。

采用低水灰比(0.4)及使用硅灰等矿物添加剂,可以有效降低氯离子的渗透性。增加钢筋保护层厚度同样可以延长氯离子渗透到钢筋表面的时间,提高混凝土设施的寿命。

其他降低钢筋锈蚀的办法还有:使用防锈外加剂、敷环氧树脂钢筋、表面处理、混凝土涂层和阴极保护等。

防锈剂是防止钢筋锈蚀的化学添加剂,掺入混凝土可以在一定程度上防止钢筋的锈蚀。敷环氧树脂钢筋的工作原理是防止氯离子与钢筋接触。表面处理和混凝土涂层可阻止或减少氯离子渗透进混凝土表层,常用的表面处理材料有硅烷、硅氧烷、甲基丙烯酸酯环氧树酯等材料。

阴离子保护法就是颠倒在混凝土和钢筋中的锈蚀电流,在混凝土中加入非结构的阳极和利用电力转换系统使钢筋变成阴极,阳极和整流器的正极相接。当锈蚀发生时,钢筋放出电流,而阴极保护法使钢筋接受感应电流,因此不会发生锈蚀。

③ 碱-集料反应。

碱-集料反应是混凝土破坏类型之一,是由于集料中某些活性矿物成分与碱性氢氧化物发生反应,形成具有膨胀性的物质而造成的。碱-集料反应有两种类型:碱-硅反应(ASR)和碱-碳酸盐反应(ACR)。碱-集料反应的特征是网状裂缝,封闭和碎片状的裂缝,或结构中不同部位出现位移。因为碱-集料反应造成的破坏是个缓慢的过程,所以出现灾难性事故的风险很低,碱-集料反应的出现给使用上带来不便,并加剧其他方面的破坏。

目前控制碱-集料反应的方法是使用掺合料或经试验证明可以抑制碱-集料反应的混合水泥。掺合料有粉煤灰、磨细高炉矿渣、硅灰和天然火山灰,混合水泥中通常也含有这些抑制碱-集料反应的材料,这样可以利用当地现有的集料和掺合料。使用低碱水泥降低混凝土中的碱含量同样可以抑制这种反应。

④ 碳化。

混凝土的碳化是周围环境中的二氧化碳渗透混凝土,与氢氧化物发生反应生成碳酸盐,与氢氧化钙反应生成碳酸钙。碳化和新拌混凝土的快速干燥可能会影响混凝土表面的耐久性,但可以通过适当的养护加以控制。碳化对硬化混凝土本身并没有明显害处,但会明显降低混凝土的碱度(pH 值),而高碱性可以保护钢筋不被锈蚀,因此预防混凝土碳化对防止钢筋锈蚀有利。

在水灰比大、水泥用量少、养护期短、强度低和水泥石渗透性大的混凝土中,碳化速度增大。只要钢筋有足够的保护层,碳化深度对质量高、养护好的混凝土通常没有多大的影响。抹光面的碳化程度比成型面要低,在暴露环境中几年的混凝土抹光面的碳化深度只有 $1\sim10mm$,而成型面的碳化深度通常在 $2\sim20mm$,具体数值取决于混凝土龄期、性质、时间和暴露环境的情况。

混凝土碳化关键问题还是混凝土的渗透性。混凝土渗透性大,碳化速度快;反之,混凝土渗透性小,碳化速度慢。因此,预防混凝土碳化可以通过使用矿物添加剂、混凝土表面处理等方法来有效提高混凝土的抗碳化能力。

⑤ 硫酸盐侵蚀。

土壤和水中过量的硫酸盐会侵蚀和破坏没有经过合理设计的混凝土。硫酸盐(如硫酸钠、硫酸钙和硫酸镁)可以与水泥石中的水化产物发生反应,这些反应将产生足够大的应力使水泥石破坏,最终导致混凝土的瓦解(降低水泥石的黏结性能和强度)。和石灰石等天然石材一样,多孔混凝土对盐结晶侵蚀很敏感,这些盐可能含有硫酸盐,它们能与混凝土中水化产物发生反应,它的最大破坏来源于这些饱和盐溶液在干燥过程中发生结晶,在相对湿度和温度的循环变化的特殊环境中这个现象尤为突出。在干燥环境下的渗透性混凝土中盐溶液会通过毛细管作用迁移到表层,随着表面水分的蒸发,使盐溶液达到液相饱和状态而导致盐发生结晶,有些时候结晶所产生的压力足以导致裂缝的产生。

采取下列措施可提高混凝土抵抗外部硫酸盐侵蚀的能力:①混凝土采用较低的水灰比(0.4 左右);②采用适用于硫酸盐环境的水泥,如 ASTM C150(AASHTO M85)标准中的Ⅱ型或Ⅴ型水泥,以及 C595(AASHTO M240)标准中的中等抗硫酸盐水泥,或符合 C1157 标准中的 MS 或 HS 系列水泥。

（2）施工工艺方面。

合理地选择原材料，严格控制材料质量是实现优质水泥混凝土路面设计和使用要求的前提，科学、准确地进行混凝土配合比设计，生产稳定、均匀的混凝土是保证水泥混凝土路面质量的关键。推广使用机械施工方式是解决好水泥混凝土路面面板质量的有力措施。传力杆的规格、位置、间距必须符合设计要求，与接缝侧壁垂直、与路面板和路面中心线平行。嵌缝处的混凝土因嵌缝板和传力杆的影响一般很难一次浇筑成型，不易振捣密实，致使接缝处的混凝土强度偏低，为此应加强接缝和板角处的振捣；板块成型后，根据当地气温条件及时切割和严格养生，避免因切割不及时出现整体断裂或养生不及时水泥混凝土在水化作用下出现空隙，造成强度不足。应尽量断交施工，如有困难不能断交施工，现场便道一定要平整，避免有大的坑槽和石块，以免造成混凝土板在初凝期因行车振动造成板体断裂。当路线纵坡超过 2% 时应及时调整摊铺，一定要顺着上坡方向进行摊铺，以免因坍落度问题造成板体细小的横缝和板体断裂，拆除模板时一定要注意避免碰掉板角以免造成对称的啃边。

基层施工时，应将基层材料集中进行厂拌，并采用摊铺机进行摊铺，待基层整平压实后，严格进行养生，防止基层出现干缩或温缩裂缝。为减少路基土的压实变形，增加路基强度和稳定性，必须认真进行压实，特别是要加强路堤边部碾压，使路堤横向的密度尽可能均匀。尽量避免将两种材料性质差异甚大的路堤相接，应设置一个不太长的过渡段。在桥头或其他构造物与一般路堤相接处，应进行加载甚至超载预压加快地基沉降。在可能的条件下，采用透水性砂砾填筑台背后的路堤，减少开放交通后的填土沉降。

（3）日常养护与维修方面。

水泥混凝土路面的局部损坏，如不及时、有效地加以修复，往往会导致损坏迅速发展，其中最经常也是最不能忽视的工作就是随时清扫路面和对接缝进行养护。对混凝土路面必须经常清扫，不让路面上有碎石及其他硬物，以免受车轮反复碾压而破坏路表面造成麻面的产生。为防止接缝的失效必须及时更换已老化或损坏的填缝料，使接缝填料保持良好的状况，以防止泥土、砂子、石子、水等进入接缝内，从而导致路面的破坏。对路面裂缝及早期病害，应及时进行修复处理，防止形成进一步的破坏。还要重视路面排水系统的养护，加大资金投入，完善边沟等排水系统。经常疏通路面排水设施，防止水通过接缝或裂缝对路面造成破坏。

公路的养护、管理部门，除了日常的养护工作外，应定期组织进行路况调查，及时制定养护工作计划，确定养护内容，规范养护工作，提高养护队伍素质和机械化的水平，确保公路养护的质量。此外，还应加强路政的管理，严格控制超载车辆的行驶。

应采用先进的方法、材料和工艺对混凝土路面早期和初期病害进行修复，按养护技术标准的规定在允许的范围内尽量采取修复方式,使小的病害得到修复和控制,不至于发展为更加严重的病害,提高既有混凝土路面的使用寿命。当破损程度超出允许范围时,则应采取大修、改造等措施,保证交通的安全畅通。

5.3　道路病害的处治

随着道路使用年限的增加,在交通荷载、环境等因素的共同作用下,道路将逐渐产生各种病害,病害由小到大,逐渐使路面的使用性能和使用功能下降。道路病害的产生不仅影响道路使用功能,降低道路交通使用效率,使道路通行能力下降,行车速度降低,而且通过对车辆和驾驶员产生各种作用而影响交通安全。大量研究表明,路面平整度、抗滑性能对行车安全具有重要的影响,车辙、破损等严重影响车辆的正常行驶,造成交通安全隐患。

前面对道路各种病害特征、产生机理和预防措施进行了介绍,本节就道路路面各种病害的一般处置措施和最新发展的一些特殊处置方法作一介绍。

5.3.1　沥青混凝土路面病害的处治

1. 沥青路面病害一般处治方法

1) 路面裂缝的处治

(1) 缝宽在 6mm 以内的,宜将缝隙刷扫干净,并用压缩空气吹去尘土后,采用热沥青或乳化沥青灌缝料法封堵;缝宽在 6mm 以上的,应剔除缝内杂物和松动的缝隙边缘,或沿裂缝开槽后用压缩空气吹净,采用砂粒式或细粒式热沥青混合料填充、捣实,并用热烙铁封口,也可采用乳化沥青稀浆填封。

(2) 对轻微的裂缝,在高温季节可采用喷洒沥青粒料压入法修复,在低温、潮湿季节宜采用阳离子乳化沥青封层或采用相应级配的乳化沥青稀浆封层。

(3) 因土基、路面基层的病害或强度不足引起的裂缝类破损,首先应处理土基或基层,然后再修复路面。

(4) 因路面用沥青性能不好或路龄较长,产生较大面积的裂缝,可采用如下修补方法:

① 乳化沥青稀浆封层。

② 加铺沥青混合料上封层。

③ 橡胶沥青薄层罩面。

2) 沥青路面车辙的处治

路面如果是表面磨损过度造成的车辙,可用路面铣刨机或风镐翻松车辙表面 10~20mm,将其清除干净,然后喷洒 0.3~0.5kg/m² 黏层油,再用与原路面结构相同的沥青混合料进行铺筑,并恢复路坡,将接茬处烙平密合,最后碾压密实。

3）沥青路面油包、拥包的处治

沥青路面出现油包时,可用加热器烘烤发软时将油包铲除,补平整后用烙铁烙平;若是由于撒漏或油钉造成的油包,在气温高时铲除即可。

4）沥青路面泛油的处治

首先,对养护路段进行取样做抽提试验检测,并根据试验算出的油石比,采取具体的处治措施。然后,对于路面泛油较重的路段,需先撒铺5~10mm的碎石进行稳定后,再撒3~5mm石屑或粗砂,引导行车碾压。

5）沥青路面脱皮的处治

由于面层本身油料不匀或颗粒重叠的原因引起的脱皮,只需将路面重新翻修即可。由于路面面层与基层之间黏结不良引起的脱皮,需先将松动和脱落的部分清扫干净并洒黏层油后,再重铺面层。

6）沥青路面沉陷的处治

由于土基或基层结构受破坏造成的沉陷,要把土基或基层先处治好,再修复面层。若为路面沉陷,要及时填铺平顺。

7）沥青路面啃边的处治

如路面出现啃边,可采取设硬路肩或加固路肩,并与路面的边缘衔接平顺。若要路肩平整坚实,还需保持应有的横坡度,以便于排水。

8）沥青路面松散、麻面的处治

若由于油温过高引起黏结料的老化而造成松散,需挖除重铺。因基层或土基松软变形形成的松散,需先将土基或基层处理好后,再重铺路面。

9）沥青路面坑槽的处治

（1）最常见的情形是路面的基层完好,仅仅面层有坑槽。维修方法应遵循以下6个步骤:

① 测定坑槽的范围和深度(不小于4cm),按"圆洞方补"的原则,画出与路中心线平行或垂直的开槽轮廓线。

② 开槽至稳定部分,槽壁应垂直,并将槽底、槽壁清除干净。

③ 在干净的槽底、槽壁涂刷一层黏结沥青。

④ 摊铺新料使其略高于原路面,待碾压稳定后保持与原路面相平。

⑤ 用沥青封边,并对周边进行修理。

⑥ 如果面积大,修补后需等待混合料的温度与路面温度相近时才能开放交通。

（2）如果路面基层损坏,应针对损坏原因,先处理基层病害,再修复面层。

10）沥青路面波浪、搓板的处治

假如是基层存在稳定性差或强度不足,首先要把基层处理好后,然后再进行面层铺筑。如是面层面积较小的搓板（波浪），可在波谷内填补沥青混合料并找平，如果波浪起伏较大，先把波峰铲除，如面积较大时，也可采用铣刨机削除波峰后重新罩面。

11）沥青路面翻浆的处治

如排水不良引起翻浆，可用水稳定性好的基层、垫层重修路面，也可用设置盲沟、加深边沟的办法。

2. 沥青路面病害特殊处治工艺和方法

当前，我国公路建设已经进入建设与养护并重时期，根据有关资料，自 2008 年开始，我国公路年养护里程大于建设里程。在此背景下，新的路面养护、维修技术逐步得到开发和应用，为提高道路使用性能、延长道路使用寿命提供了重要技术支撑。

下面就沥青混凝土路面的一些特殊养护维修、病害处治技术进行介绍，以期读者对这方面的情况有一个初步的了解。

1）乳化沥青稀浆封层技术

（1）乳化沥青稀浆封层的特性。

防水作用。稀浆混合料的集料粒径较细，并且具有一定的级配，乳化沥青稀浆混合料在路面铺筑成型后，它能与路面牢固地黏附在一起，形成一层密实的表层，可防止雨水和雪水渗入基层。

防滑作用。由于乳化沥青稀浆混合料摊铺厚度薄，其级配中的粗集料分布均匀，沥青用量适当，不会产生路面泛油的现象，路面具有良好的粗糙面，其抗滑性能有明显提高。

耐磨耗作用。由于阳离子乳化沥青对酸、碱性矿料都具有良好的黏附性，因此稀浆混合料可选用坚硬耐磨的优质矿料，其耐磨性能好、路面的使用寿命长。

填充作用。乳化沥青稀浆混合料中有较多的水分，拌和后呈稀浆状态，具有良好的流动性。这种稀浆有填充和调平作用，可用稀浆封闭裂缝和填平浅坑，以改善路面的平整度。

（2）乳化沥青稀浆封层的应用范围。

① 旧沥青路面的维修养护。沥青路面由于长期暴露在自然环境下，受到日晒、风吹、雨淋和冻融的作用，同时还要承受车辆的重复荷载作用，路面经过一段时期的使用后，由于疲劳，会呈现开裂、松散、老化和磨损等现象，如不及时维修处理，破损路面受地表水的侵蚀，将使基层变软，路面的整体强度下降，导致路面的破坏。若在沥青路面尚未破坏前就采取必要的预防性养护措施，填充乳化沥青稀浆封层，将会使旧路面焕然一新，维修后的路面不但防水、抗滑、耐磨，而且还延长了路面的使用寿命。

② 新铺沥青路面的封层。在新铺双层路面第二层嵌缝料撒铺、碾压完毕后,其最后一层封层料可用乳化沥青稀浆封层代替。由于稀浆流动性好,可以很好地渗入嵌缝料的空隙中去,因此它能与嵌缝料牢固地结合。又因为稀浆封层集料的级配与细粒式沥青混凝土相似,摊铺成型后,路面外观类似细粒式沥青混凝土路面,它具有外观和平整度好的特点,并且有良好的防水和耐磨性能。在新铺筑的粗粒式沥青混凝土路面上,为了增加路面的防水和耐磨耗性能,可在该路面上加铺一层厚为5mm的乳化沥青稀浆封层保护层,加铺乳化沥青稀浆封层,可使路面更加密实,防水性能更好。

③ 在砂石路面上铺磨耗层。在平整压实后的砂石路面上铺筑乳化沥青稀浆封层,可使砂石路面的外观具有沥青路面的特征,提高砂石路面的抗磨耗性能,防止扬尘,改善行车条件。

④ 水泥混凝土路面和桥面的维修养护。乳化沥青稀浆封层对水泥混凝土具有良好的附着性,当水泥混凝土路面因多年行车产生裂缝、麻面或轻微不平时,采用乳化沥青稀浆封层后,可改善路面的外观,提高路面的平整度,延长水泥混凝土路面的使用寿命。在桥梁的行车面层采用乳化沥青稀浆封层处理可起到罩面作用,且桥面增加的重量很少。

(3) 乳化沥青稀浆封层施工。

① 清洁表面。对预定铺筑稀浆封层的路段,采取人工清扫、空气吹扫或水冲等方法将杂物清除干净。原路面上若有大块油污,应在铺筑稀浆之前,用清洁剂清除。

② 原材料的准备。按设计要求准备矿料、乳化沥青、填料和水,经过室内相关试验确定混合料的配合比。施工中应严格控制原材料质量,原材料技术指标应符合我国相关规范的要求。当原材料发生改变时,应重新进行配合比设计并经过试验检验、验证方可进行施工。

③ 准备工作。乳化沥青稀浆封层施工应准备的施工机械包括:a.具有储料、送料、拌和、摊铺和计量控制功能的稀浆封层铺筑机;b.乳化沥青罐车、胶轮压路机;c.装载机;d.水车;e.鼓风机及其他小型工具。稀浆封层铺筑机的计量控制系统,施工前应严格进行计量标定,根据室内试验来确定稀浆混合料的设计配合比,对矿料、填料、乳化沥青、水等用量进行标定。按照封层设计宽度画线,并遮挡水沟等容易被污染的构造物。

(4) 施工工艺。

① 放样画线。根据路幅全宽,调整摊铺箱宽度,使施工车程次数为整数。据此宽度从路缘开始放样,一般第一车均从左边开始,画出走向控制线。

② 装料。将符合要求的矿料、乳化沥青、填料、水等分别装入摊铺机的相应料箱。一般应全部装满,并应保证矿料的湿度均匀一致。

③ 摊铺。按乳化沥青稀浆封层铺筑机施工流程进行摊铺施工。

④ 碾压。一般情况下刚破乳的沥青微粒,其成膜后的性质接近于液态而非固态,因此在此时实施碾压,其压实效果最好。

⑤ 养护。刚摊铺的稀浆封层,必须有一段养护成型期。在养护成型期内,严禁车辆和行人进入,养护的时间视稀浆混合料中水的驱除情况及黏结力的大小而变化。

2) 微表处在沥青路面养护中的应用

(1) 微表处的特点。

微表处技术即聚合物改性乳化沥青稀浆封层由聚合物改性乳化沥青、连续级配石料、矿物填料、水和必要的添加剂,按照一定的配合比进行拌和,并使用专用的稀浆封层摊铺车,一次性完成拌和、摊铺过程的施工工艺。

改性乳化沥青是微表处的黏结材料,其质量的好坏对封层质量的影响最直接、最明显。为了达到尽快开放交通的要求,乳化剂必须是慢裂快凝型的阳离子乳化剂,且不能对沥青性能造成影响。微表处具有以下特点:

① 微表处具有良好的成浆情况。

② 微表处封面可有效防止路面水的下渗,并可有效地修复车辙等前期病害。

③ 可提高路面的防滑能力,增加路面色彩对比度,改善路面使用性能,延长路面使用寿命。

④ 微表处并不会显著增加车辆行驶时路面的噪声。

微表处技术的应用完全可以达到路面封水和增加路面的抗滑性能。同时由于其结构特点使得路面结构的构造深度减小,路面平整度变好。

(2) 微表处的适用范围。

微表处技术是一种应用于高速公路、城市干线等高等级路面养护及预防性养护的专用技术,它在欧美和澳大利亚已得到普及,被认为是修复道路车辙及其他多种路面病害最有效、最经济的手段之一。国际稀浆罩面协会(International Slurry Surfacing Association,ISSA) 对微表处的设计、试验、质量控制、测试等制定了许多实施细则。目前我国还没有制定有关微表处的试验规程和施工技术规范,聚合物改性乳化沥青稀浆封层在我国目前还处于试用阶段。

(3) 微表处的施工。

① 施工前应先对路面进行清理,清除原路面上的松散材料、泥土、各种杂物等。如果使用水冲洗路面,则要使所有的路面裂缝完全干燥后,才能进行微表处施工。

② 摊铺前应进行画线放样,摊铺时全程控制调节集料、填料、水、乳液的配合比,搅拌形成的混合料应具有良好的施工和易性,保证混合料在摊铺箱中分布均匀。

③ 摊铺施工时要控制稀浆封层铺筑机匀速前进,确保摊铺厚度均匀。对起、终点及纵向接缝在摊铺后应立即进行人工整平,纵向接缝应尽可能设置在车道标线上。

④ 混合料在拌和及摊铺中应保持浆状均匀,不得含有多余水分和乳液,不能出现乳液、细集料与粗集料离析的现象。

⑤ 施工时应保证车道分隔线处的微表处摊铺成一条直线,且不得有松散现象,并用适当材料及方法对摊铺末端进行处理,以保持直线端口。

⑥ 施工结束后,现场必须将多余材料清除掉,并将场地清理干净。

⑦ 稀浆封层摊铺后需进行早期养护,待乳液破乳、水分蒸发、干燥成型后开放交通自然碾压。禁止路面固化成型前车辆和行人进入。

3) 同步碎石封层技术

(1) 同步碎石封层技术的特点。

同步碎石封层技术是法国赛格玛公司在四十多年的实际道路养护经验中总结发明的新一代道路养护技术,并研制出相应的施工设备——同步碎石封层机。此技术及设备已被法国公路总署全面采用并推广。目前已应用于法国、俄罗斯及其他欧洲国家,以及南、北美洲和非洲的部分国家和地区,并已被我国引进、采用。

同步碎石封层技术是指同步进行沥青结合料的喷洒及骨料的撒布,使沥青结合料和骨料之间有最充分的表面接触,以达到它们之间最大限度的黏结性。实施这种技术,需要使用专用的设备——同步碎石封层机。

传统的表面封层技术是指为提高公路面层的防水性和防滑性,而进行的先洒布沥青结合料、后撒布骨料的技术。它通常是通过使用两种不同的设备——一辆沥青结合料洒布车及一辆骨料撒布车来进行的,沥青结合料的洒布和骨料的撒布不是同时进行的。而同步碎石封层技术是采用同一设备、在同一时间内同时撒布沥青结合料和骨料。

同步碎石封层技术具有以下特点。

① 良好的防水性。同步碎石封层技术可以使沥青结合料顺利渗入表面微裂缝,满足公路表面防水性能的要求。其作用之一是喷洒一部分适当温度的沥青结合料可顺利渗入表面微裂缝,弥补因裂缝造成的路面防水性能差等缺陷;作用之二是喷洒在路面的沥青结合料薄层形成一层严密的沥青结合料防水层。

② 高度的防滑性。被沥青结合料黏结到公路上的骨料直接接触轮胎,这种"镶嵌"在路面上的骨料将提供最好的路面防滑性。

③ 高度耐磨耗及耐久性。沥青结合料与骨料紧密结合,不会有骨料流失,具有良好的耐磨耗性能和耐久性。

除以上特性外,同步碎石封层技术可使用各种沥青结合料,可以在其他养护技术不宜实施的恶劣气候下进行公路作业,可在低温或高温的地区摊铺,具有良好的适用性。

（2）同步碎石封层技术的适用范围。

同步碎石封层技术既适用于高速公路、一级公路和二级公路，也适用于城市公路、乡村公路和市郊公路，是一种用于路面各种破损封层修补的技术。

（3）同步碎石封层技术相关的材料和设备。

① 同步碎石封层技术使用的骨料规格。

根据路面状况及对路面防滑性能的不同要求，骨料直径可分为 2～4mm、4～6mm、6～10mm、10～14mm 等几种规格。使用同步碎石封层技术的面层厚度是该施工项目所选择的最大规格的骨料规格。

② 一般来讲，同步碎石封层技术可以使用任何一种沥青结合料，如纯沥青、聚合物改性沥青、乳化沥青及聚合物改性乳化沥青等。材料的选择要考虑公路表面类型、交通流量、气候和供应能力等因素。

（4）应用同步碎石封层技术进行施工通常需要如下的配套机械设备。

① 同步碎石封层机 1 台。

② 50 型装载机 1 台。

③ 9～16t 胶轮压路机 2 台。

④ 25～40t 沥青运输车 1 辆。

⑤ 其他小型机具。

同步碎石封层技术为现场混合施工，无需昂贵的热沥青混凝土拌和站，无需长距离的热拌和料运输，从而为施工单位节省设备成本和运输费用。同时无需使用沥青混凝土摊铺机和钢轮压路机，但施工效率却远高于热拌混合料摊铺。同步碎石封层技术的成本在各种表面养护技术中是比较低的。同步碎石封层技术在材料质量和施工质量满足技术规范要求、无骨料流失的情况下，可以确保 7～10 年的养护性能。

为了获得良好的使用效果，同步碎石封层施工应注意以下因素：

① 对公路表面损伤进行准确的诊断，对特殊病害预先进行修补后再进行同步碎石封层施工。

② 对沥青结合料性能和骨料性能进行合理的选择和搭配，还要考虑交通流量、气候和供应能力等因素。

③ 注重对材料的准确计量，确保摊铺材料的最佳技术性能。

④ 严格按技术标准的规定进行摊铺作业。

⑤ 应预先对材料和摊铺设备进行试验验证，摊铺作业人员应训练有素，保证材料计量的准确、摊铺作业的标准化，满足设计要求。

同步碎石封层技术在欧美国家已经得到了大规模的应用。该技术具有较强的防水性、极高的防滑性、较好的粗糙度，并具有处理层间裂缝的良好性能，适合我国大部分地区降水多和雨季长的气候特点。同步碎石封层技术既适用于高速公路、一级公路和二级公路,也适用于城市公路、乡村公路和市郊公路,而且适合于不同的气候、交通能力的道路条件。同步碎石封层技术同时也是世界上成本较低的乡村公路建造技术,是欧美国家修建乡村公路的主要技术方案之一。在我国低等级公路和乡村公路建设中,同步碎石封层技术将会发挥独特的作用。

4) 现场冷再生技术在公路养护工程中的应用

沥青路面现场冷再生技术是指充分利用现有旧的道路结构层材料(面层、基层),必要时加入部分新骨料,按一定比例加入一定量的添加剂(水泥、石灰、乳化沥青、泡沫沥青)和水,在自然环境温度下现场连续地完成材料的铣刨、破碎、拌和、摊铺及压实成型,从而修筑出具有所需性能质量的道路新基层的路面处治技术。当路面破损严重时,可以考虑采用现场冷再生技术进行道路路面的维修和改造。

(1) 现场冷再生技术的特点。

① 节省材料、成本低、节省运输费用。所有的旧铺筑材料均可以就地利用,大大减少了新材料的用量,保护了资源。与在旧铺层上加铺新的材料相比,浅层现场冷再生大约可以降低 20% 的成本,深层现场冷再生大约可以降低 46% 的成本。由于不需要去除旧材料,因而节约了运输费用和重型卡车引起的交通不便。

② 提高旧路等级。通过提高基层的承载力可以从根本上提高道路等级,这对低等级道路改造具有特殊的意义。

③ 不损坏路基。由于冷再生为一次性作业方式,再生机械在路基上只通过一次,与传统的施工方法相比,机械对路基的损害较小。

④ 精确控制铺层厚度。工作深度一旦设定,则这个深度由再生机械中的传感器和控制系统控制,从而获得精确的再生铺层厚度。

⑤ 工期短。由于不存在旧料的运输问题,不需要其他机械对旧料的耙松和破碎,不需要大块材料的去除和专门破碎,施工中一次性作业,简化了施工程序,从而节约了施工时间。

⑥ 改善交通中断状况及施工安全。可以半幅施工,半幅开放交通。

⑦ 具有环保价值。充分利用旧料可以大大减少新材料的开采,保护了天然资源,也不需要考虑旧料的运输和堆放。再生筑路机械具有封闭式自动控制添加系统,不仅配合比精确,还防止了粉尘的飞扬,从根本上满足现代社会对环保的要求,是一项新兴绿色施工技术,不仅能产生经济效益,其社会效益也是很显著的。

现场冷再生包括以下三种类型:

① 深层现场冷再生。针对基层和面层,再生层厚度在 150mm 以上。

② 浅层现场冷再生。针对面层,再生层厚度在 80~150mm。

③ 无铺面道路的升级。针对基层,当以泡沫沥青或乳化沥青为添加剂时,再生层厚度在 100~150mm;当以水泥或石灰为添加剂时,再生层厚度多为 200mm。

(2) 现场冷再生技术的适用范围。

现场冷再生技术适用范围较广,选择该技术需要综合考虑原路面的类型、破损程度、新路面技术要求、设备条件等。一般来讲,旧有路面破损严重,或原沥青混合料老化严重,或原路面基层破损等情况下可以优先选择现场冷再生技术。原有路面等级低、需要提级改造的道路,现场冷再生技术是一个较好的选择。

现场冷再生技术是将原有路面面层或原有路面面层和基层进行破碎、拌和、摊铺、碾压,形成新的道路基层的方法。低等级道路有时可以使用现场冷再生层为面层结构,而高等级路面一般还需要在其上加铺路面面层。因此,在路面高程受到限制的道路上,如部分城市道路、桥梁相连的道路等,采用现场冷再生技术需要进行相关设计。

(3) 现场冷再生技术的施工。

现场冷再生技术施工程序如下所述。

① 铺层调查。包括原路面及路基的设计结构、环境因素、使用情况等,分析设计交通量,包括年平均交通量、重型交通所占比例、每个重型车辆所相当的平均“当量标准轴荷”数量及交通增长率。可以采用沿路观察、动态锥式针入度仪测试、试坑、岩芯试样、车辆测量、弯沉测量、实验室测试等调查方法。

② 配比设计。确定新集料、添加剂和水的添加种类及添加量,可以采用 CBR 设计法等。

③ 试验路段的施工。用于验证实验室配合比,必要时应对实验室配合比进行调整。

④ 进行冷再生施工。现场冷再生工艺流程如图 5.25 所示,现场冷再生施工包括以下程序。

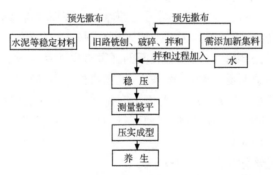

图 5.25　现场冷再生施工工艺流程

a. 旧路处理。对原路翻浆进行处治,对两侧路肩和较大面积沉陷先铺筑砂砾进行找平,对没有压实和松动的路面面层先以黏结料稳定并进行碾压后,再用冷再生机进行铣刨。

b. 预布材料。采用石灰土方格控制用料量,预布水泥要控制预布长度,以能保证拌和机正常工作为宜,一般预布 80~100m。边拌和边撒布,以防止过往车辆的气流带动及天气突然变化造成损失。

c. 拌和与整平。现场冷再生技术的旧路破碎、拌和、摊铺和整平,一般要使用专用现场冷再生机进行,应严格按操作规程控制作业程序,包括拌和时间和次数、拌和速度、拌和宽度等。

d. 碾压养生。整平后先用振动压路机强振 3 或 4 遍,再用 18~21t 压路机碾压 4 遍,即可达到压实度要求。洒水保湿养生即可开放交通或摊铺上层路面。

5)现场热再生沥青路面修补工艺

现场热再生通过现场加热、翻耕、混拌、摊铺、碾压等工序,一次性地实现就地旧沥青混凝土路面再生,具有无需运输、工效高等优点。它主要用于修复沥青路面的表面病害。

(1)现场热再生技术的特性。

现场热再生是利用专用设备将现状路面进行加热、铣刨,按预定比例加入新的骨料和沥青,进行拌和、摊铺、整平,最后进行碾压成型的一套旧路面维修养护的技术措施。该技术由成套设备构成,上述施工过程同时、顺序完成,可以一次性地对旧路面进行维修养护。现场热再生技术可以实现路面的半幅施工,无需完全中断交通。该技术减少了旧材料的运输,节约了运输成本。同时,该技术将旧沥青混合料 100% 再生利用,节约了建筑材料,是一种节能环保的施工技术。

现场热再生一般需要现场热再生设备。设备性能不同所达到的再生效果也各不相同,可以根据工程需要选择性能优良的、合适的再生设备。

(2)现场热再生技术的适用范围。

现场热再生技术的选择需要综合考虑原路面的破损程度、结构特点、道路维修养护或改造目标、现场条件等因素。一般来讲,现场热再生更适合于高等级沥青路面的养护维修,适用于现状路面只有表面的轻微破损而基层没有出现病害的情况。现场热再生还要考虑现场条件,一般来讲,现场热再生后,路面高程有一定的升高,在高程受限制的道路应慎重采用。路面上有排水井等设施、道路转弯多、转弯半径小等路段,也要通过精心设计,制订合理可行的技术方案后予以实施。

(3)现场热再生施工。

现场热再生主要分为以下几个步骤:

① 先对需要再生的路面进行实地技术勘察,钻取芯样和进行实验室检验,以获得最适宜的材料配比。

② 将原有沥青路面 5~6cm 厚度范围内加热至要求温度。

③ 将加热的路面翻松,并收集翻松的旧沥青混合料至搅拌器。

④ 添加适量的沥青再生剂或新沥青混合料至搅拌器,与旧沥青混合料拌和。

⑤ 将原地加热回收处理的新混合料,重新均匀地摊铺到路面。

⑥ 压路机碾压新铺层。

根据不同的施工工艺,现场热再生分为一层摊铺式和两层摊铺式的再生方法,如图 5.26 所示。

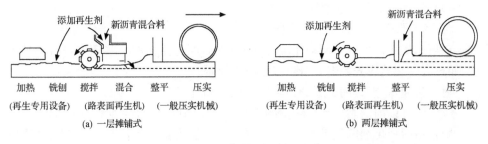

图 5.26　现场热再生施工工艺

图 5.26(a)中,用专用设备加热现有路面,洒布沥青再生剂,然后用铣刨机进行铣刨、翻耕,并加入新沥青和新骨料进行拌和,由刮平器摊铺、刮平,最后用通用压路机按常规压实方法压实成型。图 5.26(b)中,用专用设备加热现有路面,洒布沥青再生剂,然后用铣刨机进行铣刨、翻耕、拌和,由刮平器摊铺、刮平作为再生层,然后在再生层上摊铺并刮平新的沥青混合料作为新的沥青面层,最后将两层混合料用通用压路机按常规压实方法压实成型。上述两种再生方式均同时一次性完成再生作业,第一种方法中,面层材料为再生沥青混合料;第二种方法中,面层材料为新的沥青混合料。

6) 聚合路面强化剂

聚合路面强化剂是一种进行沥青路面表面处理的材料,通过对路面表面进行处理,可以提高路面抗水损坏和抗老化能力,提高路面使用性能和寿命。

(1) 聚合路面强化剂的特性。

聚合路面强化剂能够渗入沥青层表面,形成一种薄膜层,能够有效地防止水和空气进入沥青路面中,防止太阳光紫外线的辐射,保护沥青层表面。它具有以下特性。

防水性。薄膜层可以防止水渗透到沥青层内,有利于防止或大大减小沥青路面的水损坏,改善道路使用性能。这种薄膜层在多次冻融之后仍有防水作用。

抗老化性。可以保护沥青面层免受太阳光紫外线和红外线的辐射,隔断沥青与水、空气的接触。薄膜形成后立即使沥青停止氧化和老化,同时聚合物能够渗入沥青混合料 30~40mm 深处,形成共聚物使已老化的沥青还原,恢复其路用性能。

抗滑性。由于铺撒的中砂固结在薄膜层中,增加了路面的粗糙度,提高了车轮与路面的附着力,从而缩短了刹车距离,促进交通安全。

(2) 聚合路面强化剂的适用范围。

聚合路面强化剂可用于公路、城市道路等沥青混合料铺面的加固。应用的时机,应该在沥青路面建成运营后,尚未出现大面积损坏和明显的裂缝(温度裂缝除外)之前。

(3) 聚合路面强化剂的施工。

① 聚合路面强化剂的施工准备。

在喷洒或涂刷聚合路面强化剂之前,应先对沥青路面的一些病害进行单独处理,如较宽的裂缝应先灌缝,坑槽、沉陷应先修补。

封闭交通,不能封闭交通的路段应采取半幅施工。

应将所有以前的渗层或已剥落的密封物全部清除,并将表面清扫干净。

聚合路面强化剂的施工应控制一定的温度,温度过低无法与已老化的沥青发生化学反应,起不到加固的作用。聚合路面强化剂的最佳使用温度为 20℃,外部环境温度不应低于 12℃。

② 聚合路面强化剂的施工工艺。

将聚合路面强化剂先搅拌均匀,然后倒在需要加固的区域内。

用橡胶滚子或橡胶刮板尽可能推平、推匀,其用量视路面的损坏程度而定。聚合路面强化剂应添满空隙和凹陷处,必要时应局部再深一层。

聚合路面强化剂薄膜干燥硬化前均匀铺撒一层中砂。

③ 硬化时间及开放交通。

聚合路面强化剂摊铺后,与空气接触 5min 内就形成一层很薄的无光泽的膜,这层薄膜要在自然条件下养生一段时间使其干燥硬化。硬化的时间长短取决于周围环境的温度,薄膜层干燥硬化后即可开放交通。某聚合路面强化剂薄膜硬化时间见表 5.13,具体如何掌握,应视材料种类和现场路面情况而定。

表 5.13　某聚合路面强化剂硬化时间

周围环境温度/℃	30	25	20	15	12
硬化时间/min	20	35	45	70	90

7) 玻纤土工格栅在路面维修中的应用

(1) 玻纤格栅的特性。

玻纤格栅由玻璃纤维编织而成,格栅有多种规格,以 15mm×15mm 的方格网格栅为例,单层质量 268g/m²,纤维束直径 0.5mm。玻璃纤维经浆液处理,不会对人体造成危害。玻璃纤维的抗拉强度高达 1000MPa 以上,变形率仅 1%。玻纤格栅具有高抗拉强度、低延伸率、无蠕变,耐高温,物理化学性能稳定,与沥青混合料的相容性好,嵌锁与限制作用强等特点。

将玻纤格栅铺筑在道路基层与面层之间,主要作用为将反射裂缝应力由垂直方向转为水平方向;并均匀传递轴载,减小车辆集中压应力的垂直破坏作用。研究和应用结果表明,玻纤格栅具有防治反射裂缝、减少车辙作用等特点,能够加强沥青路面的结构性能,延长道路的使用寿命。

玻纤格栅的作用原理如下所述。

① 高抗拉强度延缓沥青路面开裂。玻纤格栅的高抗拉强度可增强沥青混合料的整体抗拉强度,有效地改善路面结构应力分布。具有高抗拉强度的玻纤格栅在沥青面层中能够分散应力,减少车载引起的压应力与拉应力的应力突变处对沥青面层的破坏。

② 嵌锁与限制作用强。在夏季高温情况下,沥青混合料高温蠕变易产生车辙。在沥青面层中使用玻纤格栅,沥青混凝土中集料贯穿于格栅间,方格网在沥青面层中起到骨架作用,与沥青混合料的相容性好而产生嵌锁与限制作用强,限制集料运动,增加了沥青面层中的各向约束力,沥青面层中各部分彼此牵制,防止沥青面层的推移,从而起到抵抗车辙的作用。

③ 低延伸率延缓沥青路面过度变形。玻纤土工格栅变形率仅 1%,其低延伸率减少了路面的弯沉量,保证了路面不会产生过度变形。

④ 延缓反射裂缝。反射裂缝有三种情况:

第一种是面层产生裂缝后,裂缝向下延伸,破坏下层结构,降低路面结构强度。雨水时节,在交通荷载(轮胎压力)的反复碾压下,水进入裂缝中会加速裂缝的发展。

第二种是基层产生的裂缝向上反射,路面面层无法承受因基层位移而产生的剪切应力和拉应力,导致路面面层开裂。

第三种是低温缩裂造成的裂纹。

在基层上加铺玻纤土工格栅,与沥青混合料相容而产生嵌锁与限制作用抑制应力向不利方向发展,释放应变,增强沥青混凝土整体强度。低温缩裂造成的裂纹,在裂纹两端处拉应力更加集中,经玻纤土工格栅的传递而减小或消失。因此,在基层上加铺玻纤格栅可以达到防止裂缝向上或向下反射的目的。

(2) 玻纤格栅的适用范围。

玻纤格栅可用于防治车辙、各种裂缝等各种病害的路面上,提高路面抵抗病害的能力,延长使用寿命。

新建路面时,可以将玻纤格栅铺设于半刚性基层和面层之间,用于防止半刚性基层裂缝向路面的反射;也可用于上面层和下面层之间,防止裂缝的反射和扩展,同时能够将荷载作用下路面内部应力进行扩散,降低应力集中程度,从而避免面层材料出现应力破坏。

玻纤格栅的另一个用途是进行道路路面的维修养护。当路面出现病害需要进行维修养护时,可以在现状路面上或现状路面铣刨后铺设玻纤格栅,在其上加铺沥青混凝土面层,使病害路面得到维修,路面在放水、抗开裂、抗车辙性能方面得到巨大的改善。当玻纤格栅用于路面养护维修时,要求现状路面状况基本良好,无基层、路基等的严重病害。

同时,玻纤格栅施工时一般洒布黏层油,它能有效阻止雨水对基层的侵蚀,从而延长路面的使用寿命。

(3) 玻纤格栅的施工。

玻纤格栅用于维修病害路面时,施工基本程序如下:

① 对现状道路路面进行调查,确定是否适用玻纤格栅进行路面的维修养护。一般要求现状路面状况良好,无严重坑槽、开裂、沉陷等结构性病害。如果存在基层、路基病害,必须经过处理后采用玻纤格栅维修技术。

② 对现状路面进行清扫、处理,对于较大的裂缝,应采取灌缝等措施进行处理;对于小的坑槽、松散等病害,应进行局部处理。

③ 铺设玻纤格栅,采取措施将玻纤格栅固定于路面上,不发生滑动现象。

④ 按有关规定要求,洒布黏层油。

⑤ 摊铺新的沥青混合料面层,压实成型。

8) 聚酯防裂布在道路养护工作中的应用

(1) 聚酯防裂布的特性。

聚酯防裂布是无纺类土工布,某聚酯防裂布技术性能见表 5.14。

表 5.14　某聚酯防裂布技术性能

项　目	单　位	标准值
单位面积质量	g/m²	60
厚度	mm	0.80
最大拉伸强力(纵向)	N/5cm	620
最大拉伸强力(横向)	N/5cm	400
在最大拉伸强力下的拉伸伸长(纵向)	%	31.0
在最大拉伸强力下的拉伸伸长(横向)	%	32.0
200℃热收缩(纵向)	%	≤ 1.7
200℃热收缩(横向)	%	≤ 0.1
3%形变强力(纵向)	N	250
3%形变强力(横向)	N	180
15%形变强力(横向)	N	450
15%形变强力(纵向)	N	320

与玻纤格栅的作用原理相似,在路面结构层中铺设防裂布可以防止反射裂缝

的发生。特别是在路面的维修养护工作中,如白改黑、沥青路面的铣刨加铺等工程中使用防裂布,可以有效防治旧路面裂缝对加铺层产生的反射作用,保证维修后的路面具有长久的使用寿命和性能。

(2) 聚酯防裂布适用范围和作用。

聚酯防裂布的适用范围与玻纤格栅基本相同,即新建路面时,可以将聚酯防裂布铺设于半刚性基层和面层之间,或上面层和下面层之间,防止裂缝的反射和扩展,同时能够将荷载作用下的路面内部应力进行扩散,降低应力集中程度,从而避免面层材料出现应力破坏。在路面的维修养护中,可以在现状路面上或现状路面铣刨后铺设聚酯防裂布,在其上加铺沥青混凝土面层,使病害路面得到维修,路面在放水、抗开裂、抗车辙性能方面得到巨大的改善。

在刚性路面改为沥青混凝土路面(即白改黑)的施工中,刚性路面的裂缝、温度缝、施工缝等经常反射到黑色面层上形成典型的反射裂缝。在这个过程中,如果在刚性路面和面层之间铺设聚酯防裂布,可以有效地防止反射裂缝的发生,改善路面使用性能,延长路面使用寿命。

图 5.27～图 5.30 为使用聚酯防裂布后,沥青混凝土路面的性能改变情况。

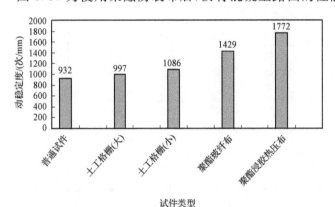

图 5.27　不同维修材料对路面抗车辙性能的影响(双层车辙试验结果)

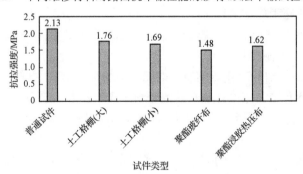

图 5.28　不同维修材料对路面层间抗拉性能的影响(抗拉拔试验结果)

研究结果表明,与未使用任何措施的维修方法相比,使用聚酯防裂布维修沥青混凝土路面可以提高路面的抗高温性能、抗渗水性能和抗疲劳性能,层间抗拉能力符合使用要求。该种材料与土工格栅、聚酯纤维布等维修材料具有类似的功能,在抗车辙、抗疲劳和抗渗水性方面表现出了更好的性能。

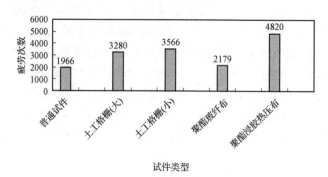

图 5.29　不同维修材料对路面抗疲劳性能的影响(疲劳试验结果)

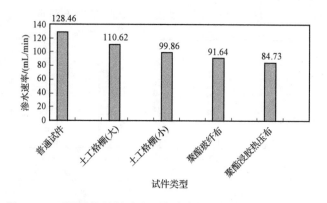

图 5.30　不同维修材料对路面抗渗水性的影响(渗水试验结果)

(3) 聚酯防裂布的施工要点。

聚酯防裂布施工应注意以下要点:

① 施工环境。在雨、雪、冰雹、雾霭等天气下不能进行防裂布的施工,并且要避免低温摊铺(气温不得低于 10℃)。

② 原有铺面的清扫。用压缩空气对路面裂缝加以清洗,并除去灰尘、杂草等。用接缝料将裂缝塞堵。用冷拌和热拌混合料填入坑洼及大裂缝。将路面上尖锐的突出部分予以铲除。对严重裂缝和撕裂路面,则应开挖、整平后,填铺一层混合料找平。

对半刚性基层工作面上的碎石、浮土等杂物进行清扫时,可以采用人工或机械清扫,但不允许用水清洗工作面。

③ 底层黏层油。根据老路面的状况,使用计量分布器在准备好的路面上喷洒黏层油 1.0~1.3L/m²。建议使用普通石油沥青作为黏层油,沥青温度在 150~170℃。注意喷洒沥青的横向范围要比聚酯防裂布宽 5~10cm。

④ 摊铺防裂布。可以用人工摊铺聚酯防裂布,对于大规模施工作业,建议使用专用机械摊铺聚酯防裂布。铺设时应注意以下几点:

a. 当使用热熔沥青时,防裂布要随底层黏层油的喷洒而同时展开。

b. 将防裂布层粗糙的一面向上铺放。

c. 必须避免折叠弯折。

d. 纵向及横向搭接宽度为 10~15cm,搭接部分的黏结料用量为 0.4L/m²。

e. 如果在铺设聚酯防裂布后要行驶车辆,则应撒布一层 1kg/m² 的砂以防止过多泛油,在摊铺沥青混合料之前要将砂清扫出去。

f. 铺设聚酯防裂布后,保持作业面清洁,防止水、汽油、柴油等液体沾污。

g. 可以使用软胎压路机对铺设好的聚酯防裂布碾压一遍,保持聚酯防裂布与底层更好地结合。

h. 当聚酯防裂布褶皱重叠宽度超过 4cm 时,必须人工剪开褶皱、铺平,并在洒布黏层油后平铺在路面上。

⑤ 铺设沥青混合料路面。在铺设聚酯防裂布之后,可立即摊铺沥青混合料,此时无需在聚酯防裂布上洒布黏层油。料车在防裂布上行驶时,应尽量避免轮胎上粘有沥青油并应匀速行驶,避免急刹车及掉头。沥青混合料摊铺后,按常规方法进行压实成型。

如果铺设聚酯防裂布之后不立即摊铺沥青混合料,则在摊铺沥青混合料前,可在聚酯防裂布上再洒布一层黏层油,以增强聚酯防裂布与沥青混合料的黏结力。

图 5.31~图 5.36 为利用聚酯防裂布维修沥青路面的施工流程。

图 5.31　路面的清扫　　　　　　　图 5.32　在现状路面上洒布黏层油

图 5.33 铺设聚酯防裂布

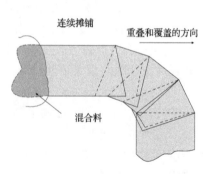

图 5.34 弯道处聚酯防裂布连续摊铺方法

图 5.35 摊铺沥青混合料

图 5.36 在聚酯防裂布上洒布黏层油

5.3.2 水泥混凝土路面病害的处治

1. 常见病害的处治

1) 裂缝

路面板出现小于 3mm 的轻微裂缝,可采用直接灌浆方法处治。对大于或等于 3mm 且小于 15mm 贯穿板厚的中等裂缝,可采取扩缝补块的方法处治。对大于或等于 15mm 的严重裂缝,采用挖补方法全深度补块。

裂缝的维修中,扩缝补块的最小宽度不得小于 100mm。

2) 脱空

水泥混凝土路面板块脱空,可采用弯沉仪、探地雷达等设备测定。其弯沉值超过 0.2mm 时应确定为面板脱空。面板脱空可采用灌浆方法处置,且灌浆孔的布设应符合下列规定:

灌浆孔与路面板边的距离不应小于 0.5m,灌注孔的数量在一块板上宜为 3～5 个,孔的直径应和灌注嘴直径一致,灌注压强宜为 1.5～2.0MPa,灌注作业应从沉陷量大的地方开始。当相邻孔或接缝处冒浆时即可停止泵送。每灌完一孔应采用木楔堵孔。

3）错台

高差小于 10mm 的错台,可以采用磨平机磨平,或人工凿平进行处理;高差大于 10mm 的错台,可以采用沥青砂或水泥混凝土处治。

4）面板沉陷

采用面板顶升,顶升值应经测量计算确定。原板复位后,按板下脱空进行处治;面板整板沉陷并发生碎裂,应采取整板翻修;当沉陷处经常积水时,可在适当位置增设雨水口。

5）拱起

相邻路面板板端拱起的维修,应根据拱起的高度,将拱起板两侧横缝切宽,释放应力,使板逐渐恢复原位,修复后应再检查此段路面的伸缩缝,如有损坏应按要求修复。

6）坑洞

坑洞的补修应符合下列规定:深度小于 30mm 且数量较多的浅坑或成片的坑洞,可采用适宜材料修补;深度大于或等于 30mm 的坑槽,应先做局部凿除,再补修面层。

7）唧泥

水泥混凝土路面唧泥病害,应采取压浆处理。处理后应对接缝及时灌注。

8）接缝

接缝处因传力杆设置不当所引起的损坏,应将原传力杆纠正到正确位置;伸缩缝修理时,应先将热沥青涂刷缝壁,再将接缝板压入缝内。对接缝板接头及接缝板与传力杆之间的间隙,必须采用沥青或其他接缝料填实抹平,上部采用嵌缝条的接缝板应及时嵌入嵌缝条;在低温季节或缝内潮湿时应将接缝烘干。当纵向接缝张开宽度在 10mm 及以下时,宜采用加热式填缝料;当纵向接缝张开宽度在 10mm 以上时,宜采用聚氨酯类填缝料常温施工。当纵向接缝张开宽度超过 15mm 时,可采用沥青砂填缝;当接缝出现碎裂时,应先扩缝补块,再做接缝处理。

9）板边、板角

当水泥混凝土路面板边轻度剥落时,不得采用沥青混合料修补;板角断裂应按破裂面确定切割范围。在后补的混凝土上,对应原板块纵、横处切开;凿除破损部分时,应保留原有钢筋,新、旧板面间应涂刷界面剂;与原有路面板的接缝面,应涂刷沥青,如为胀缝,应设置接缝板;当混凝土养生达到设计强度后,方可通行车辆。

10）整块翻修

对于破损严重的路面板应采取整块路面板翻修。旧板凿除时，不得造成相邻板块破损、错位，应保留原有拉杆；基层损坏或强度不足时，宜采用不低于 C15 混凝土补强，基层补强层顶面标高应与基层顶面标高相同；在混凝土路面板接缝处的基层上，宜涂刷一道宽 200mm 的沥青带；应根据通车时间要求选用路面的修补材料，进行配合比设计。

11）表面修复

水泥混凝土路面出现较大面积的磨光、起皮、剥落、露骨等病害时，应及时安排大、中修工程予以维修；应根据不同道路等级、破损情况，采取不同的材料和施工方法。低等级道路出现的表面起皮、剥落、露骨等病害，宜采取表面处理、稀浆封层或加铺沥青磨耗层的方法维修；高等级道路宜采用改性沥青稀浆封层、沥青混凝土加铺层等方法处治；路面磨光时宜采用刻槽机对路面板重新刻槽，槽深宜为 3～5mm，槽宽宜为 3～5mm，缝距宜为 10～20mm。

12）路面改善

水泥混凝土路面改善应因地制宜，可加铺水泥混凝土面层或加铺沥青混凝土面层。

水泥混凝土加铺层的标高控制应与周边环境、邻路建筑标高协调，不得影响正常的雨水排除；对原混凝土路面的各类病害必须进行维修；新、旧混凝土路面间应设置隔离层，隔离层可选用沥青混凝土、土工布或沥青油毡等材料；加铺层的厚度应通过设计计算确定，并不得小于 180mm。

加铺沥青混凝土层应符合下列规定：加铺前应对原混凝土路面进行检测，当强度处于不足状态时，应做补强层厚度计算，且应对路面板损坏部位进行维修；反射裂缝的防治可采用土工格栅、改性沥青油毡、土工布等材料；喷洒乳化沥青黏层油时，应在破乳后进行摊铺作业；在水泥混凝土路面上加铺沥青混凝土的厚度不得小于 80mm。

2. 水泥混凝土路面病害特殊处治工艺和方法

1）冲击压稳后加铺沥青混凝土

在道路基层承载力满足要求，路面存在较多病害的情况下，对原有水泥混凝土路面采取打裂压稳、冲击压稳、共振破碎、多锤头破碎等方法，将路面板破碎成块状混凝土块或碎石状材料，然后进行压实而形成新的道路基层，最后在此基层上加铺沥青混凝土或水泥混凝土面层，形成全新的路面结构。前两种方法是将路面板打裂成比较大的块状混凝土，进行压实后加铺新面层；后两种是将旧路面板破碎成碎石类材料，进行压实后再加铺其他面层。

对旧路进行何种方式的改造，首先，要对其进行评估。国内有关专家认为，当混凝土路面断板率低于 10％时,可采取打裂压稳技术直接加铺沥青混凝土罩面或经过局部修补后铺设防反射裂缝材料再加铺沥青混凝土罩面层;对于断板率在 10％～15％的水泥路面,在打裂压稳之后铺设防反射裂缝材料后加铺沥青混凝土罩面层;对于断板率超过 15％且有明显结构性破坏的水泥路面(或相邻板的沉降差大于 4mm,美国 AI 的标准为 3mm 就需要将板打碎处理),要求在对路基及基层有问题处进行局部处理后,将混凝土面板进行破碎压实作为基层,再加铺沥青混凝土罩面。

下面就冲击压稳施工方法,结合某工程实例进行介绍。

冲击压稳采用大型五角冲击压路机对路面实施冲击压实,在此过程中,路面板被打裂成块状,并被压路机压实,与基层得到良好的接触。当路面板打裂压稳达到要求后作为道路底基层,在其上加铺水泥稳定砂砾基层和沥青混凝土面层,形成全新的路面结构。

冲击压稳流程、设备和施工过程如图 5.37～图 5.39 所示。

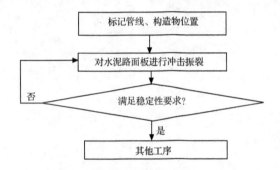

图 5.37　冲击压稳施工流程

图 5.38　大型五角冲击压路机

图 5.39　某水泥混凝土路面改造工程施工

(1)冲击压实施工质量控制。

① 破碎状态检测与控制。首先应对未冲击压实前路面损坏情况进行现场实测和记录,以后每冲击压实 5 遍检测一次。最终破碎的网状碎块应控制在 40cm以内。该碎块并非一般意义上的明显碎块,而是裂缝(纹)贯穿于块之间并形成集料嵌锁的结构,从而保全原路面所具有的大部分结构强度。

② 沉降量检测与控制。先应按沉降量检测布点位置对原路面高程检测一次,以后每冲击压实 5 遍检测一次沉降量。在实际操作中最终以两次检测沉降量差值小于 5mm 为收敛指标,控制冲击压实遍数。

③ 破碎状况控制。在沉降达到设计要求后应对板的破碎状况进行检查,若达不到要求,可以继续冲击压实,每 2 遍检测一次破碎状况,直到满足要求为止。

(2)施工注意事项。

① 冲击顺序与速度。由于混凝土面板在水平方向所受约束越小,破碎效果越

好,因此施工中应按路肩→车行道→超车道依次冲击压实,每冲击压实一遍按以上顺序进行下一遍冲击压实。

考虑前 5 遍冲击压实主要是对混凝土板块破碎,选择 7~9km/h 速度可产生最佳破碎效果。5 遍后考虑沉降与破碎双重效果拟选择 9~12km/h 速度为宜。

② 作业区域的控制。必须严格控制在标识的作业区内施工,根据不同情况合理选择套压或单道压实,不得有错压、漏压。在冲击压实过程中应派人观察沿线构造物,防止出现异常破坏现象。冲击压实过程中如下雨应立即停止作业并做好作业区遮盖工作,防止雨水渗入路床等。冲击压实结束后后续施工应立即跟上,并加铺基层,谨防雨水渗入。

2) 再生混凝土

水泥混凝土路面板破损严重,不能依靠维修或修补使路面使用性能得到恢复,同时又不适合采用冲击压稳技术或破碎压实技术的情况下,可以采用破碎旧混凝土作为再生集料,然后利用再生集料生产再生混凝土铺筑水泥混凝土路面,从而使水泥混凝土路面病害得到根本治理。

下面结合某工程实例做一下介绍。

再生混凝土集料生产流程如图 5.40 所示,再生混凝土集料生产过程如图 5.41所示,再生集料的性能见表 5.15。

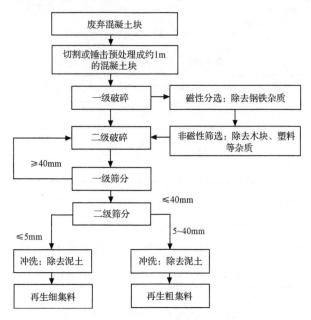

图 5.40　再生混凝土集料生产流程

图 5.41　再生混凝土集料生产过程

表 5.15　再生集料基本性能

试验编号	表观密度/(g/cm³)	表干密度/(g/cm³)	毛体积密度/(g/cm³)	含水率/%
1	2.545	2.466	2.413	2.16
2	2.544	2.459	2.403	2.31
平均	2.545	2.459	2.408	2.24

　　经过室内配合比设计和试配试验,确定的施工配合比见表 5.16,其抗折和抗压强度见表 5.17。再生混凝土具有良好的工作性能和满足设计要求的抗折、抗压强度。通过工程施工表明,该方法施工简便,与普通混凝土路面的施工工艺相同。

表 5.16　试验路面采用的混凝土配合比

水/kg	水泥/kg	砂/kg	细石/kg	粗石/kg	再生粗集料/kg	减水剂/kg	引气剂/g
160	348	682	194	290	726	3.48	55

表 5.17　再生混凝土力学性能

龄期/d	抗折强度/MPa	抗压强度/MPa
3	3.95	29.9
28	5.38	38.0

对再生混凝土路面和普通混凝土路面的路面性能进行了跟踪检测,结果见表 5.18。可以看出再生混凝土路面具有与普通混凝土路面一样的路面性能,该项方法是可行的。

表 5.18　再生混凝土和普通混凝土路面的路面性能对比

路面类型	摩擦系数(BPN)	构造深度/mm
再生混凝土路面	54	0.50
普通混凝土路面	46	0.46

5.4　结　　论

道路病害是影响道路使用功能和使用寿命的直接原因,而引起路面产生病害的原因有各种各样,因此虽然进行了大量的相关研究工作,但某些典型病害还是没有得到很好的解决,仍然威胁着道路工程设施安全、高效的使用。对道路病害产生的原理、规律进行深入的分析和了解,在此基础上有针对性地采取预防和处治措施,是减少路面病害的关键。

同时,道路的维修养护工作日益重要,道路工程出现的某些小的病害如果不进行及时的处治,小的病害就会扩大成大的病害,病害日积月累形成严重影响路面功能的病害。因此,加强道路管理,加强巡视,发现病害及时采取处治措施,可以有效地降低大规模病害的发生率。

新的高性能材料、新的处治技术和工艺的开发对于解决道路典型病害起到了重要作用。针对特殊病害开发特殊维修养护材料、开发特有处治技术和工艺,可以使病害得到处治、减少甚至根除此类病害的产生,从而显著改善路面使用性能、延长路面使用寿命。

参 考 文 献

程爱军,叶阳生.2006.多年冻土地区路基冻害分析及防治措施.铁道建筑,(7):60,61.

邓洪亮.2007.高速公路沥青混凝土路面裂缝原因与对策.施工技术,36(增刊):167-169.

邓学钧.2005.路基路面工程.2版.北京:人民交通出版社.

道路工程专论(第二版)

杜立峰,屈彦玲.2007.沥青路面冻胀翻浆病害的成因与防治.山西建筑,33(2):273,274.

傅智,金志强.2003.水泥混凝土路面施工与养护技术.北京:人民交通出版社.

高建立.2006.高速公路沥青路面养护关键技术与工程实例.北京:人民交通出版社.

郭进梅,赵世科.2008.浅谈山区公路软基病害.中国水运,8(7):179,180.

侯子仪,张宝龙.2008.冻土路基病害成因及处理方法.内蒙古科技与经济,(3):75—77.

黄立葵,何慧斌,张迎春.2003.水泥混凝土路面的水冲刷破坏.中南公路工程,28(3):18—22.

姜德义,朱合华,杜云贵.2005.边坡稳定性分析与滑坡防治.重庆:重庆大学出版社.

科斯马特卡,克尔克霍夫.2005.混凝土设计与控制.重庆:重庆大学出版社.

兰永红.2003.沥青混凝土路面水损害破坏机理及预防措施.公路交通技术,(5):43—46.

李玉军.2008.西北地区盐渍土路基的常见病害及防治.甘肃科技,24(5):109,110.

梁昌望.2005.膨胀土路基病害分析及其防治措施.安徽建筑,(1):75—78.

沙庆林.2008.高速公路沥青路面早期破坏现象及预防.北京:人民交通出版社.

沈金安,李福普,陈景.2004.高速公路沥青路面早期损坏分析与防治.北京:人民交通出版社.

宋焕宇.2001.水泥混凝土路面断板的原因与处治研究.公路,(9):77—81.

田彦福.2008.京通线 K288～K289 段路基病害成因分析.铁道建筑,(8):86,87.

汪双杰,张留俊,刘松玉,等.2004.高速公路不良地基处理理论与方法.北京:人民交通出版社.

王彦清.2007.公路工程软土路基处理方法选择.石家庄铁路职业技术学院学报,6(2):33—37.

夏洪峰.2006.襄渝铁路 K23～K25 路基病害的勘察和整治.路基工程,(5):142,143.

余正武.2007.高速公路路基路面病害检测技术的合理选择.公路,(5):19—23.

张志清,张兴友,胡光艳.2007.湿陷性黄土公路路基病害类型及成因分析.路基工程,(5):160—162.

郑明新,赵小平,方焘,等.2005.京九线淮滨—光山段路基病害及其防治对策.自然灾害学报,14(2):89—92.

第 6 章　道路养护与技术状况评价

6.1　道路养护工作发展概况

6.1.1　中国现代公路发展的历史

中国现代公路的发展大体经历了如下两个阶段。

1) 改革开放前公路基础设施的建设

1949 年新中国成立前,我国的公路交通极为落后,1949 年全国公路通车里程仅 8.07 万 km,公路密度仅 0.8km/100km²。新中国成立后,公路交通经历一段时期的恢复后开始获得长足发展,1952 年公路里程达到 12.67 万 km。20 世纪 50 年代中后期,为适应经济发展和开发边疆的需要,我国开始大规模建设通往边疆和山区的公路,相继修建了川藏公路、青藏公路,并在东南沿海、东北和西南地区修建国防公路,公路里程迅速增长,1959 年达到五十多万公里。

20 世纪 60 年代,我国在继续大力兴建公路的同时,加强了公路技术改造,有路面道路里程及其高级、次高级路面比重显著提高。70 年代中期我国开始对青藏公路进行技术改造,80 年代全面完成,建成了世界上海拔最高的沥青路面公路。在 1949~1978 年的 30 年间,尽管国民经济发展道路曲折,但全国公路里程仍基本保持持续增长,到 1978 年底达到 89 万 km,平均每年增加约 3 万 km,公路密度达到 9.3km/100km²。

2) 改革开放后公路基础设施的建设及成就

改革开放后,国民经济持续高速发展,公路运输需求强劲增长,公路基础设施建设开始发生历史性转变,其主要表现在:公路建设得到中央和地方各级政府的重视,"要想富、先修路",公路建设的重要性逐步为全社会所认识。在统一规划的基础上,开始了有计划的全国公路基础设施建设,20 世纪 80 年代初和 80 年代末国家干线公路网和国道主干线系统规划先后制定并实施,使公路建设有了明确的总体目标和阶段目标。公路建设在继续扩大总体规模的同时,重点加强了质量水平的提高,高速公路及其他高等级公路得到了迅速发展,改变了我国公路事业的落后面貌。从统计数据看,到 1999 年,全国公路里程达到 135 万 km,公路密度达到 14.1km/100km²,为 1978 年的 1.5 倍。二级以上公路占全国公路总里程的比重由 1979 年的 1.3%提高到 1999 年的 12.5%,主要城市之间的公路交通条件显著改善,公路交通紧张状况初步缓解。同时,县、乡公路里程快速增长,质量也有很大提高,全国实现了 100％的县、98％的乡和 89％的行政村通公路。总体而言,一个干支衔接、布局合理、四通八达的全国公路网已初步形成。特别值得一提的是我国高速公路的建设。高速公路建设是改革开放后我国公路事业取得的突出成就。1988 年,我国第一条高速公路沪嘉高速公路(18.5km)建成通车。此后,又相继建成全长 375km 的沈大高速公路和 143km 的京津塘高速公路。进入 90 年代,在国道主干线总体规划指导下,我国高速公路建设步伐加快,每年建成的高速公路由几十公里上升到 1000km 以上。到 1999 年底,全国高速公路通车里程已达1.16 万km。短短 10 年间,我国高速公路就走过了发达国家高速公路一般需要40 年完成的发展历程。高速公路及其他高等级公路的建设,改善了我国公路的技术等级结构,改变了我国公路事业的落后面貌,同时也大大缩短了我国同发达国家之间的差距。到 2016 年底,我国公路里程达到 469 万 km,其中高速公路 13.1 万 km,城市道路里程达到 38 万 km。高速公路里程稳居世界第一,道路总里程也处于全世界前列。

6.1.2　道路养护工作的重要性

改革开放后,随着国民经济持续、稳定、高速的发展,公路交通在国民经济中的地位和作用越来越重要。公路运输需求强劲增长,快捷安全、大载重量及高车密度的交通发展趋势给公路养护提出了新的要求。道路的维修养护工作不仅越来越大,而且越来越重要。

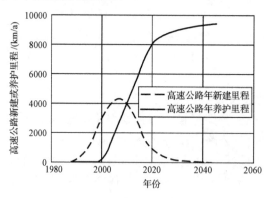

图 6.1　我国高速公路新建和养护里程变化情况

21 世纪初,我国有关部门和专家对我国高速公路建设和养护趋势进行了预测,如图 6.1 所示。根据当时我国高速公路网规划和该预测,从 1988 年我国建成第一条高速公路起,年新建高速里程持续增长,2003～2008 年,每年新建高速公路里程达到 4000km 以上,之后每年新建高速公路里程将呈下降趋势。根据规划,2020 年我国高速公路网基本建成,总里程达到 8 万 km,之后高速公路新建里程将非常有限。与之形成对照的是,2017 年底,我国高速公路里程已经达到 13.65 万 km,而且还在持续增长,公路路面养护率也达到97％以上,我国已经进入公路建设的"建、养并重"时期,在不久的将来将进入以养护管理为核心的公路建设时代。

从养护资金需求方面分析,我国公路养护资金需求 2006 年为 2059 亿元,

2010 年为 3642 亿元,2020 年达到 8889 亿元。因此,不论是从工作量方面还是从资金需求方面,道路维修养护将是我国今后道路基础设施工作的核心内容,进行合理科学的道路管理和养护工作,不仅是道路工程建设本身的需要,是我国道路交通建设形势的需要,也是节约资金、创造巨大经济效益的有效途径。

道路的维修养护是保持路况完好,延长道路使用寿命,为经济建设提供良好服务的根本条件。如果道路缺乏科学合理的维修养护,路况将会逐渐下降,严重影响交通通行效率,造成多方面的经济损失。同时,恶劣的道路条件影响行车和乘车舒适度,影响道路交通安全水平。所以,必须高度重视公路和城市道路的维修养护工作。

6.1.3　我国道路养护工作发展历史和现状

1. 道路养护工作管理机制

道路养护工作是道路建设事业的重要组成部分,是保证道路设施发挥应有交通服务功能的必要条件。从道路设施建设完成时日起,养护工作就要跟上,通过日常养护、大中修等不同规模和方式的养护工作,时刻保持道路设施处于良好状况,为道路设施使用者提供安全、舒适的服务。

我国对道路设施养护工作历来给予广泛的重视,建立健全了道路养护和管理机制。从养护工作管理机制上来讲,我国主要经历了三个不同的时期。

1949～1978 年,我国处于计划经济体制时代,公路建设实行管理、设计、施工和养护工作"四位一体"的建设机制。

1979～1994 年,我国开始进行道路建设的改革和探索,推行了养护管理工作的承包制度。

自 1994 年以来,进行了以市场机制为主的道路养护工作改革,逐步实行道路建设的管养分离、事企分离,推行政府道路养护工作的市场化,使道路养护工作步入科学发展的轨道。

尽管如此,我国道路养护工作还存在一定的困难,主要表现在以下几个方面:

养护工作越来越重要,养护工作量越来越大,而从事道路养护的工作人员技术和素质与当前任务的要求还有一定的距离。

养护资金投入不足,不能保证正常养护资金的足额到位。同时,养护资金结构不合理,预防性养护资金投入比较小,修复性的养护资金所占份额较大。

管理体制多样,养护权责界定不明。我国存在多种投资形式的道路,道路等级多样,在高速公路管理、普通国省道管理和县乡道管理方面,具有多种管理机制。尚存在体系混乱、政事企不分、权责不清、主体不明的现象,对道路养护工作产生了一定的不利影响。

　　2. 道路养护标准规范

　　改革开放后,我国道路养护工作逐步步入良性、科学发展轨道,道路养护标准
规范建设得到重视,取得巨大发展。从1979年开始,我国交通、城建部门相继颁布
了下列关于道路养护工作的主要技术标准和规范。

　　(1) 1979年交通部颁布《公路养护质量检查评定暂行办法》(JTJ 075—79),对
公路养护质量的检查和评定办法进行了规定,是我国最早颁布的公路养护质量评
价方面的技术标准。

　　(2) 1994年9月13日交通部颁布《公路养护质量检查评定标准》(JTJ 075—
94),自1995年1月1日起施行。制定《公路养护质量检查评定标准》的目的是为
加强公路养护技术管理,及时掌握公路养护质量和服务状况。

　　(3) 1996年3月22日交通部颁布《公路养护技术规范》(JTJ 073—1996),自
1996年10月1日起实施。制定《公路养护技术规范》的目的是为了加强公路养护
的技术管理工作,提高公路养护技术和服务水平,最大限度地发挥公路的功能。该
规范适用于设有专业养护机构和固定养护组织的国家干线、省级干线和主要的县
级公路。其他公路可以参照使用。

　　(4) 2001年6月7日交通部颁布《公路水泥混凝土路面养护技术规范》
(JTJ 073.1—2001),自2001年10月1日起施行。

　　(5) 2001年10月11日交通部颁布《公路沥青路面养护技术规范》
(JTJ 073.2—2001),自2002年1月1日起施行。《公路沥青路面养护技术规范》
是为提高公路沥青路面的养护水平,保证路面经常处于良好的技术状态。该规范
适用于各等级公路沥青路面的养护。

　　(6) 2002年12月4日交通部颁布《高速公路养护质量检评方法(试行)》(交公
路发〔2002〕572号),自2003年4月1日起试行。《高速公路养护质量检评方法
(试行)》是为加强高速公路养护管理工作,及时掌握高速公路养护质量和服务水
平,推进高速公路路况检测和养护质量评定工作的科学化、规范化和制度化。

　　(7) 2006年5月18日建设部颁布《城镇道路养护技术规范》(CJJ 36—2006),
自2006年10月1日起施行。《城镇道路养护技术规范》是为加强城镇道路的养护
工作,保持道路设施的功能,统一技术标准、提高城镇道路的服务水平,保证道路完
好和安全运行,使城镇道路的养护管理工作进一步科学化、规范化和制度化。

　　(8) 2007年11月28日交通部颁布《公路技术状况评定标准》(JTG H20—
2007),自2008年2月1日起施行,《公路养护质量检查评定标准》(JTJ 075—94)
和《高速公路养护质量检评方法(试行)》(交公路发〔2002〕572号)同时废止。

　　(9) 2016年11月15日,住房和城乡建设部发布《城镇道路养护技术规范》
(CJJ 36—2016),自2017年5月1日起实施,同时,原《城镇道路养护技术规范》

(CJJ 36—2006)废止。新版规范中,增加了预防性养护技术的相关要求,包括预防性养护的概念、养护时机、养护措施等,还增加了技术档案管理的相关要求。其他方面没有大的变化。

上述道路养护标准、规范反映了我国在道路养护工作的发展和变化历程,也反映了道路养护工作的标准化和规范化,表明我国的道路养护工作越来越得到重视,其作用也越来越重要。

6.2　道路养护工作基本知识

6.2.1　道路养护工作的原则

道路的维修养护工作是一个系统工程,是一个技术含量较高的工作。维修养护工作包括了道路状况的调查、评价和预测,包括了维修养护技术与材料,还包括了施工控制和管理、成本控制等多项工作内容。在这些工作中,包括了新的检测技术、新的评价技术、新的维修养护材料和技术、施工方案的优化设计等先进技术和方法。实际工作中,充分认识道路维修养护工作的重要性和必要性,从人员、资金、材料和设备方面对维修养护工作进行更大的投入,保证维修养护工作的正常进行。做好道路维修养护工作,应坚持以下原则。

1)服务性原则

道路维修养护工作应以为道路交通使用者和参与者提供良好服务为宗旨,要从道路使用者角度出发进行道路维修养护工作。应加强道路的调查和巡视工作,出现问题应及时、快速、高质量地完成维修和养护工作。在施工中合理组织施工,尽量减少对交通的干扰,保证道路使用者的正常通行。

2)规范性原则

道路维修养护工作应以我国的相关技术标准和规范为指导,严格遵守国家和有关部门的相关规定,维修养护工程质量、路况调查和评价等工作应遵循相关规范的要求,路面性能、养护水平应达到国家标准规定的技术要求。

3)技术先进性原则

道路维修养护工作是一项技术含量较高的工作,在养护作业的场地、时间方面都存在较大的限制,有些常规技术和方法在道路维修养护工作中无法利用。因此,要求根据维修养护工作的特点,开发和采用新材料、新工艺、新设备和新方法,提高维修养护工作效率。在路况调查方面,要求采用新技术、新设备、新方法,提高调查数据的准确性,提高道路路况数据的时效性。

4)经济性原则

维修养护工作技术复杂、资金需求量大。资金需求不仅包括了维修养护工程本身的工程费用,还包括路况调查工作的资金需要,同时还包括维修养护中的交通导改等相关费用。应对各方面的资金需求进行优化分配,对施工方案进行优化设计,使维修养护工作实现最优的目标。

5) 系统性原则

从路况调查评价、道路巡视与日常养护,到维修养护决策、维修养护工程施工,道路维修养护工作是一个系统工程,应从系统工程角度出发探讨各项工作之间的联系和相互影响,充分分析日常养护、预养护、中修、大修等各种措施的经济和技术效果,做好相互之间的协调与配合工作,达到系统最优的目标。

6.2.2　道路养护基本要求

1. 道路养护的目的和基本任务

道路养护工作应经常保持道路及其设施的完好状态,及时修复损坏部分,保障行车安全、舒适、畅通。采取正确的技术措施,提高养护工作质量,以延长道路的使用年限。防治结合,治理道路存在的病害和隐患,逐步提高道路的抗灾能力。对原有技术标准过低的路段和构造物及沿线设施进行分期改善和增建,逐步提高道路的使用质量和服务水平。

2. 道路养护的质量要求

道路养护总体质量要求保持:路面整洁,横坡适度,行车舒适;路肩整洁,边坡稳定,排水畅通;构造物完好;沿线设施完善;绿化协调美观。逐步实施 GBM 工程(实施具有中国特色的公路标准化、美化建设工程),力争构成畅、洁、绿、美的公路交通环境。养护质量应满足有关规范的技术要求。

3. 道路养护的技术政策

(1) 道路养护工作必须贯彻"预防为主、防治结合"的方针。根据积累的技术经济资料和当地具体情况,通过科学分析,预作防范,消除导致道路损毁的因素,增强道路设施的耐久性和抗灾能力,特别要做好雨季的防护工作,以减少水毁损失。

(2) 因地制宜,就地取材,尽量选用当地天然材料和工业废渣;充分利用原有工程材料和原有工程设施,促进道路建设中循环经济的发展,促进道路工程建设的可持续发展,同时可以有效降低养护成本,取得良好的经济效益。

(3) 推广应用先进的养护技术和科学的管理方法,通过技术进步改善养护材料、养护方法和养护设备的技术水平,综合提高养护技术水平。

(4) 重视综合治理,保护生态平衡、路旁景观和文物古迹,防止环境污染,注意少占农田。

（5）加强以路面养护为中心的全面养护，大力推广和发展公路养护机械化，提高养护工作效率。

4. 道路养护工程的技术措施

（1）认真开展路况调查，分析公路技术状况，针对病害产生的原因和后果，采取有效、先进、经济的技术措施。

（2）加强养护工程的前期工作、各种材料试验及施工质量检验和监理，确保工程质量。

（3）推广路面、桥梁管理系统，逐步建立公路数据库，实行病害监控，实现决策科学化，使有限的资金发挥最大的经济效益。

（4）推广 GBM 工程，实施公路的科学养护与规范化管理，改变现有公路面貌，提高公路的整体服务水平。

（5）认真做好道路交通情况调查工作，积极开发、采用自动化观测和计算机处理技术，为公路规划、设计、养护、管理、科研及社会各方面提供全面、准确、连续、可靠的交通情况信息资料。

（6）加强对交通工程设施（包括标志、标线、通信、监控等）、收费设施、服务管理设施等的设置、维护、更新工作，保障公路应有的服务水平。

6.2.3　道路工程养护的分类与管理

道路养护一般要根据养护工作的目的、工程量大小、技术难易程度和工程造价等，对养护工作进行分类，以便于维修养护工作的科学管理。不同道路类型、不同道路等级、不同管理方式，道路养护的分类方法存在一定的差异，但基本上一般划分为小修保养工程（也称为日常养护）、中修工程、大修工程、改善工程（改扩建工程），针对公路还专门设置了专项工程养护项目。

1. 小修保养工程

小修保养工程指对管养范围的道路及其附属设施进行日常保养和修补轻微损坏部分，使之保持完好状态。一般按年度小修保养定额进行资金安排和工程计划，根据日常检查发现的局部问题进行小规模的养护和维修。

2. 中修工程

中修工程指对管养范围的道路及其附属设施的一般磨损和局部损坏进行定期的修理加固，以恢复其原状的维修工程。中修工程一般按季度进行资金安排和工程计划，资金需求可根据实际道路情况确定，也可以取日常养护经费的一定比例。

3. 大修工程

道路状况随着使用年限的增加逐渐劣化,虽然经过日常养护和中修工程道路状况得到一定的改善和恢复,但道路路况总体水平处于下降趋势,达到一定年限后将逐渐影响道路的正常和安全使用。因此,需要对管养范围的道路及其设施进行周期性、长期性、综合性的修理和加固,以全面恢复到原有技术标准,或在原有技术标准基础上进行局部改善和个别增减,以逐步提高道路的通行能力。这些较大规模的维修工程称为大修工程。大修工程一般按年度计划执行,大修资金可以按日常养护经费的一定比例进行预算,也可以根据道路实际情况,确定当年的大修工程,作出详细的资金需求计划。《城镇道路养护技术规范》(CJJ 36—2016)中规定:大修工程工程量大于 $8000m^2$,或含基础工程的工程面积大于 $5000m^2$ 。

4. 改扩建工程

改扩建工程为单列工程项目,主要指道路及其设施不适应交通量和载重需要而分期、逐段提高技术等级,或通过改善显著提高其通行能力的较大工程。需要根据主管部门批准的计划和预算实施。

5. 专项工程

有些规范中列出了专项工程养护项目,主要指当年发生的较大水毁等自然灾害的公路抢修和修复工程。对于当年不能修复的项目,视其规模大小,列入下一年度的中修、大修或改善工程计划内完成。

6.2.4　道路养护工作的管理

为保证道路工程及其附属设施的良好状态和使用性能,应对道路进行定期的巡视、检查、检测和评价,以及时发现问题,决定道路养护方案。

对于城市道路,应对道路设施及其附属设施进行经常性的巡查,由专职道路管理和技术人员负责。经常性检查以目测为主,对重点结构变化、道路施工作业、各种标志及附属设施状况进行检查。应根据道路类别、级别、养护等级的不同制定不同的巡查频率。检查结果应计入规范的调查表中。除日常巡查外,还要进行定期的检测,主要包括车行道、人行道、广场的平整度、病害与缺陷、基础损坏情况、附属设施损坏情况。当道路进行大修改建、出现不明原因的破坏时,应进行特殊安排的检测,调查原因,确定解决措施。根据日常和定期检测结果,提出路面状况评价结果,确定道路养护的方案和对策。

对于高速公路,应制定道路巡视、检查计划,按要求进行道路的日常巡视和定期检查,对道路路况作出评价,确定养护维修技术方案。对于一般公路,也要加强日常巡视、检查,搞好日常养护维修工作。对道路进行定期检测、评定,确定中修、大修工作内容。

6.3　道路养护技术状况评价基本规定

6.3.1　道路养护技术状况评价重要性

随着道路里程的增加,道路养护管理的工作量急剧增加,通过道路检测获得路况数据可以判断路网中道路使用状况、损坏程度,同时检测数据也是编制道路养护和改建计划的依据。

道路技术状况评价的重要性主要体现在以下几个方面。

首先,进行道路技术状况评价可以为编制道路养护和改建计划提供科学依据。利用道路技术状况评价过程中搜集的数据及评价结果,可以制定出科学合理的路网养护和改建计划及措施。进行道路技术状况评价可以方便建立路面管理系统,从而有利于道路管理部门合理分配路网资源,有利于交通管制部门对交通车辆(通行量)进行合理调度,以便最大限度地发挥现有道路资源,提供良好的客货运交通环境。

其次,进行道路技术状况评价可以及时地发现和排除安全隐患,避免和减少交通事故。对道路技术状况进行评价,有助于道路管理部门及时发现路面存在的问题,及时进行处治,避免发生更多的交通事故,使得人们生命和财产不受损失。因此,积极开展道路技术状况的调查和评价有助于提高交通的安全性。

再次,开展道路技术状况评价可以使道路得到及时有效的养护。道路得到及时有效的养护,可以延长道路的使用寿命,大大节约交通运营的社会成本。同时,道路得到及时有效的养护还可以使道路保持良好的服务品质。例如,路面保持良好的平整度,可以保证行车的舒适性,延缓路面结构的破坏;路面保持良好的抗滑能力,可以保证行车的安全,减少安全隐患。

除此之外,开展道路技术状况评价可以积累大量的道路各指标因素的变化数据,从而为进行道路性能预测、路面结构设计、路面材料性能等科研工作提供参考依据。使广大的道路科技工作者能够更好地了解道路的强度、变形及耐久性变化规律,为以后的道路设计和施工提供有价值的数据和资料。

由于道路结构和使用的特殊性,在全部道路养护工作中,路面养护是中心环节,这是因为路面是直接承受行车荷载和自然因素作用的结构层,最易于出现各种病害或损坏,关系着行车是否安全、快速、经济、舒适。因此,在道路技术状况评价中,路面技术状况评价也处于重要地位,是道路技术状况评价的核心内容。

6.3.2 道路养护技术状况评价依据

进行道路养护技术状况评价的基本依据是我国交通和城市建设部门颁布的相关技术标准和规范。目前主要现行道路维修养护技术规范见表6.1。

表6.1 现行道路维修养护技术规范

颁布时间	规范名称	颁布单位
1996年3月22日	《公路养护技术规范》	交通部
2001年6月7日	《公路水泥混凝土路面养护技术规范》	交通部
2001年10月11日	《公路沥青路面养护技术规范》	交通部
2016年11月15日	《城镇道路养护技术规范》	住房和城乡建设部
2007年11月28日	《公路技术状况评定标准》	交通部

不同规范具有不同的适用对象,其道路养护技术状况的评价指标和体系也不相同。道路养护工作者应根据工作目的采用对应的技术规范,并采用对应的病害调查、分类和分级方法及技术状况评价指标进行养护质量的评价工作。

6.3.3 道路养护技术状况评价体系

道路养护技术状况评价体系如图6.2所示。

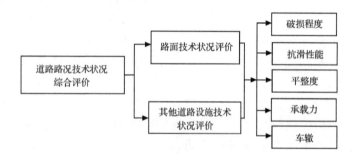

图6.2 道路养护技术状况评价体系

进行道路养护技术状况评价首先应根据有关规范和标准的规定,对道路路面和其他设施进行调查、检测,得到基础数据;然后根据规范规定的技术指标和计算方法,得到各技术指标数值;最后得到道路技术状况综合评价指标。

不同道路特点不同,其关注的道路性能重点也不相同,因此采用的技术指标类型、计算方法及涵义也不相同。

为了对路面技术状况进行客观和科学的评价,《城镇道路养护技术规范》(CJJ 36—2016)对路面技术状况评价方法进行了规定,通过破损状况、抗滑性能、平整度和承载能力等四项指标进行评价,并根据评价结果确定养护对策。该规范在路面状况评价中尚未将车辙单独列为评价指标,而只是作为一种病害予以考虑。《城镇道路养护技术规范》根据城镇道路的特点,用城镇道路完好率表征道路综合完好程度,作为道路养护质量的综合评价指标。城镇道路完好率由车行道完好率、人行道完好率,以及路基与排水设施完好程度和其他附属设施完好程度按不同的权重计算得到。车行道完好率、人行道完好率的计算只考虑路面病害,而对抗滑性能、承载力和平整度则不予考虑。

《公路技术状况评定标准》(JTG H20—2007)以对道路技术状况进行综合评价为目的,以 MQI(公路技术状况指数)表征道路路况综合技术状况,作为道路养护质量的综合评价指标。MQI 由路面、路基、桥隧构造物和其他附属设施等四类设施的技术状况按不同的权重计算得到。路面技术状况评价包括破损程度、抗滑性能、平整度、承载能力和车辙等五项指标,车辙作为单列指标进行考虑,在病害统计中则不再予以考虑。

道路维修养护工作者应首先明确所调查和评价的道路的类型,确定应遵循的技术规范,在此基础上进行相关工作。

6.3.4　道路技术路况评价指标

道路技术路况评价是进行道路养护维修的最基本依据,也是评价道路养护维修工作质量的根本方法,选取最能代表道路路况技术特点的技术指标进行评价是非常重要的。

从 20 世纪 60 年代中期,美国 AASHO 建立第一个路面使用性能评价模型 PSI(present serviceability index)以来,以各种技术指标对道路路况进行科学评价在国外已经具有五十多年的历史,在我国也已经有三十多年的历史。在此过程中,出现了众多的道路路况评价指标或模型,我国逐步形成了以道路承载能力、路面破损状况、抗滑性能和平整度为主要指标的路面状况评价指标。2007 年颁布的《公路技术状况评定标准》将车辙也作为路面状况评价指标。对于整个道路而言,路面状况只是道路状况的指标之一,对道路路况的评价还包括路基、排水设施、桥梁、涵洞、附属设施等的使用状况。因此,对道路路况作出综合评价,需要对上述所有内容全面考虑。

由于道路特点不同、使用目的不同,我国有关规范对道路路况指标的规定存在一定的差异,所使用的技术指标也不尽相同。本书主要以《城镇道路养护技术规范》(CJJ 36—2016)和《公路技术状况评定标准》(JTG H20—2007)为参考,分别介绍城镇道路和公路路况及养护质量评价方法与指标。

我国城镇道路和公路维修养护及评价中经常使用的技术指标如下所述。

1. 城镇道路技术状况评价指标

城镇道路技术状况及养护质量评价主要包括以下技术指标。

λ_z——城镇道路综合完好率；

PCI(pavement condition index)——路面状况指数，表征路面的完好程度；

PQI(pavement quality index)——综合评价指数，表征路面完好与行驶舒适程度的综合指标；

RQI(riding quality index)——路面行驶质量指数，表征路面行驶的舒适程度；

FQI(footpath quality index)——人行道质量指数，表征人行道的平整度；

FCI(footpath condition index)——人行道状况指数，表征人行道的完好程度；

IRI(international roughness index)——国际平整度指数；

BPN(british polishing number)——摆式仪摆值，表征路面的抗滑能力；

SFC(sideway force coefficient)——横向力系数。

2. 公路技术状况评价指标

公路技术状况评定主要包括以下技术指标。

MQI(maintenance quality indicator)——公路技术状况指数；

PQI(pavement quality or performance index)——路面使用性能指数；

SCI(subgrade condition index)——路基技术状况指数；

BCI(bridge,tunnel and culvert condition index)——桥隧构造物技术状况指数；

TCI(traffic-facility condition index)——沿线设施技术状况指数；

PCI(pavement surface condition index)——路面损坏状况指数；

RQI(riding quality index)——路面行驶质量指数；

RDI(rutting depth index)——路面车辙深度指数；

SRI(skidding resistance index)——路面抗滑性能指数；

PSSI(pavement structure strength index)——路面结构强度指数。

6.4　城镇道路路面技术状况和养护状况评价

6.4.1　城镇道路养护和评价的基本规定

1. 养护级别的分类

城镇道路的养护包括道路设施的检测评定、养护工程实施和档案资料归档。道路设施包括城镇道路的车行道、人行道、路基，以及停车场、广场、分隔带和其他附属设施。城镇道路根据快速路、主干路、次干路、支路等类别和技术状况进行养护和评价。

根据各类道路在城镇中的重要性,将城镇道路分为下列三个养护等级。

一等养护。包括城镇道路的快速路、主干路、次干路、支路中的广场、商业繁华街道、重要生产区、外事活动及游览路线。

二等养护。包括城镇道路的次干路及支路中的商业街道、步行街、区间联络线、重点地区或重点企事业所在地。

三等养护。包括城镇道路的支路、社区及工业区的连接主次干路的支路。

城镇道路的技术状况按:A——优级、B——良好、C——合格、D——不合格,分为四级进行评价。

2. 城镇道路养护工程分类

《城镇道路养护技术规范》(CJJ 36—2016)规定,城镇道路养护工程根据其工程性质和技术状况分为预防性养护、矫正性养护、应急性养护。

矫正性养护包括保养小修、中修工程、大修工程和改扩建工程,中修、大修和改扩建工程应进行专项设计。从技术上讲,矫正性养护的基本内容如下。

(1) 保养小修。

为保持道路功能和设施完好所进行的日常保养,是对路面轻微损坏的零星修补。

(2) 中修工程。

对一般性磨损和局部损坏进行定期的维修工程,以恢复道路原有技术状况。

(3) 大修工程。

对道路的较大损坏进行的全面综合维修、加固,以恢复到原设计标准或进行局部改善以提高道路通行能力的工程。

(4) 改扩建工程。

对道路及其设施不适应交通量及载重要求而需要提高技术等级和提高道路通行能力的工程。

一般来讲,保养小修费用按年度进行预算,不进行专项工程设计。其他养护工作需要进行专项设计,申请专项养护经费进行实施。但实际情况可能存在多种影响因素,有些情况下,养护类型的确定还与单项工程的工程量、经费数量有关。表 6.2 为《城镇道路养护技术规范》(CJJ 36—2006)中建议的养护工程分类方法。

表 6.2　城镇道路养护工程分类

工程分类	小修保养		中修工程	大修工程
工程量/m²	零星	<200	≥200,<4000	≥4000
工作量/万元	—	<1	≥1,<20	≥20

3. 城镇道路养护工作的管理

应对城镇道路的沥青混凝土、水泥混凝土和砌块路面等类型的机动车道、非机动车道及沥青类、水泥类和石材类等铺装类型的人行道进行检测和评定,结合路面检测和对路基及排水设施和其他附属设施进行检测,对城镇道路养护状况进行总体评价。其他附属设施包括:标志牌、护栏、隔离带、检查井、雨水口、污水井、防眩板、防撞墩、隔声屏、挡土墙、护坡、边沟、排水沟和截水沟、防撞架、隧道与涵洞等。

城镇道路的检测根据其内容、周期分为经常性巡查、定期检测和特殊检测。

经常性巡查是根据道路等级、养护级别进行的日常性检查,以目测检查为主,详细记录城镇道路状况,发现存在的问题,及时通知相关部门并提出处理意见。根据巡视对象和养护等级的不同,可制定不同的日常巡视检查周期。表 6.3 为某城市关于城镇道路设施日常巡查周期的规定。

表 6.3　城镇道路设施日常巡查周期

养护水平等级	日常巡查周期					
	沥青路面、水泥路面	人行道	城市桥梁	人行天桥	人行地下通道	附属设施
Ⅰ 等养护	1d	1d	1d	1d	1d	2d
Ⅱ 等养护	2d	2d	2d	3d	3d	3d
Ⅲ 等养护	3d	3d	3d	3d	3d	5d

定期检测分为常规检测和结构强度检测。常规检测应每年一次,根据道路情况,检测道路设施的损坏情况,判断损坏原因,确定养护范围和养护方案。对不能确定原因的损坏,制定和实施特殊检测项目。结构强度检测是通过设备对道路设施承载力进行检测。定期检测还包括对路面的平整度、抗滑性能等进行检测。

当道路设施出现不明原因的大规模病害,以及在道路大修改建、超期服役等情况下,应进行特殊检测,其检测内容包括结构强度、功能状况等。

6.4.2　城镇道路路面技术状况评价

1. 城镇道路路面技术状况评价体系

城镇道路路面技术状况评价是对城镇道路路面技术状况的客观评定,是进行城镇道路路面养护工作的依据,城镇道路路面养护管理单位将根据城镇道路路面技术状况评价结果进行养护决策。

城镇道路沥青路面技术状况评价内容应包括路面行驶质量、路面损坏状况、路面结构强度、路面抗滑能力和综合评价,相应的评价指标为路面行驶质量指数(RQI)、路面状况指数(PCI)、路表回弹弯沉值、抗滑系数(BPN 或 SFC)和综合评价指数(PQI)。沥青路面技术状况评价体系如图 6.3 所示。在沥青路面评价中，以平整度和破损状况指标为主对道路路面的综合状况进行评价，承载力和抗滑性能指标作为辅助指标用于道路养护决策。

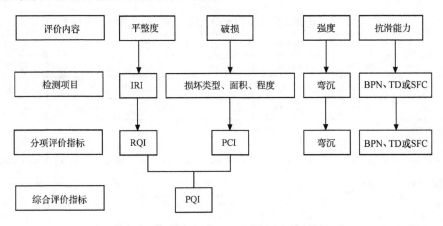

图 6.3　城镇道路沥青路面技术状况评价体系

城镇道路水泥路面技术状况评价内容应包括路面行驶质量、路面损坏状况和综合评价，相应的评价指标为 RQI、PCI 和 PQI。城镇道路水泥路面技术状况评价体系如图 6.4 所示。

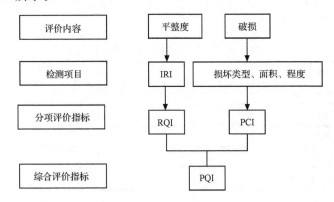

图 6.4　城镇道路水泥路面技术状况评价体系

2. 城镇道路路面技术状况评价方法

1) 路面行驶质量评价

城镇道路车行道路面行驶质量指数(RQI)按式(6.1)计算。RQI 的数值范围为 0~4.98。如果计算值为负值，则 RQI 取为 0。

$$RQI = 4.98 - 0.34IRI \tag{6.1}$$

式中:IRI——国际平整度指数。

根据 RQI、IRI 或平整度标准差(σ),城镇道路沥青路面或水泥混凝土路面行驶质量划分为 A、B、C 和 D 四个等级,评价标准见表 6.4。

表 6.4　城镇道路沥青路面和水泥混凝土路面行驶质量评价标准

评价指标	A			B		
	快速路	主干路、次干路	支路	快速路	主干路、次干路	支路
RQI	[4.10,4.98]	[3.60,4.98]	[3.40,4.98]	[3.60,4.10)	[3.00,3.60)	[2.80,3.40)
IRI	[0,2.60]	[0,4.10]	[0,4.60]	(2.60,4.10]	(4.10,5.70]	(4.60,6.60]
平整度标准差 σ/mm	[0,3.20]	[0,4.20]	[0,4.70]	(3.20,4.50]	(4.20,5.20]	(4.70,5.50]
评价指标	C			D		
	快速路	主干路、次干路	支路	快速路	主干路、次干路	支路
RQI	[2.50,3.60)	[2.40,2.80)	[2.20,2.80)	[0,2.50)	[0,2.40)	[0,2.20)
IRI	(4.10,7.30]	(5.70,7.80]	(6.60,8.30]	(7.30,20.00]	(7.80,20.00]	(8.30,20.00]
平整度标准差 σ/mm	(4.50,5.80]	(5.20,6.20]	(5.50,6.70]	(5.80,10.00]	(6.20,10.00]	(6.70,10.00]

人行道平整度评价根据平整度标准差(σ)和间隙度平均值,划分为 A、B、C 和 D 四个等级,评价标准见表 6.5。

表 6.5　城镇人行道平整度评价标准

评价指标	A	B
平整度标准差 σ/mm	[0,6.00]	(6.00,7.00]
间隙度平均值/mm	[0,5.00]	(5.00,6.00]
评价指标	C	D
平整度标准差 σ/mm	(7.00,8.00]	(8.00,10.00]
间隙度平均值/mm	(6.00,7.00]	(7.00,10.00]

2) 路面损坏状况评价

城镇沥青路面和水泥路面损坏状况的评价指标 PCI 为

$$\text{PCI} = 100 - \sum_{i=1}^{n} \sum_{j=1}^{m} \text{DP}_{ij} \cdot \omega_{ij} \tag{6.2}$$

式中:PCI——路面状况指数,数值范围为 0~100,如出现负值,则 PCI 取为 0;

n——单类损坏类型数,对沥青路面,n 取值为 4,分别对应裂缝类、变形类、松散类和其他类;对水泥路面,n 取值为 4,分别对应裂缝类、接缝破坏类、表面破坏类和其他类;

m——某单类损坏所包含的单项损坏类型数,对沥青路面的裂缝类损坏,m 取值为 3,分别对应线裂、网裂和碎裂;其他单类损坏所包含的单项损坏类型数根据损坏类型表依此类推;

DP_{ij}——第 i 单类损坏中的第 j 单项损坏类型的单项扣分值,具体数值根据损坏密度,由损坏单项扣分表中的值内插求得;

ω_{ij}——第 i 单类损坏中的第 j 单项损坏类型的权重,其值与该单项损坏扣分值和该单类损坏所包含的所有单项损坏扣分值总和之比或与该单类损坏扣分值和所有单类损坏扣分值总和之比有关。

上述各参数取值,请参考《城镇道路养护技术规范》(CTJ 36—2016)。城镇道路路面损坏状况根据路面状况指数(PCI)划分为 A、B、C 和 D 四个等级,评价标准见表 6.6。

表 6.6　城镇道路路面损坏状况评价标准

评价指标	A			B		
	快速路	主干路、次干路	支路	快速路	主干路、次干路	支路
PCI	$[90,100]$	$[85,100]$	$[80,100]$	$[75,90)$	$[70,85)$	$[65,80)$
评价指标	C			D		
	快速路	主干路、次干路	支路	快速路	主干路、次干路	支路
PCI	$[65,75)$	$[60,70)$	$[60,65)$	$[0,65)$	$[0,60)$	$[0,60)$

城镇人行道状况评价以人行道状况指数(FCI)表示,根据式(6.3)计算

$$FCI = 100 - \sum_{i=1}^{n} DP_i \cdot \omega_i \qquad (6.3)$$

式中:FCI——人行道状况指数,数值范围为 0~100,如出现负值,则 FCI 取为 0;

n——损坏类型总数,对人行道,n 取值为 3,分别对应裂缝、松动或变形和残缺三种损坏;

DP_i——第 i 类损坏的单项扣分值,具体数值根据损坏密度,由损坏单项扣分表中的值内插求得;

ω_i——第 i 类损坏的权重,其值与单项扣分值和所有单项扣分值总和之比有关。

上述各参数取值,请参考《城镇道路养护技术规范》(CTJ 36—2016)。城镇人行道损坏状况评价根据人行道损坏状况指数(FCI)划分为 A、B、C 和 D 四个等级,评价标准见表 6.7。

表 6.7　城镇人行道损坏状况评价标准

评价指标	A	B	C	D
FCI	$[80,100)$	$[65,80)$	$[50,65)$	$[0,50)$

3）城镇沥青路面结构强度评价

城镇沥青路面结构强度用路面回弹弯沉值评价,根据不同基层类型和交通量等级划分为足够、临界和不足三个等级,评价标准见表 6.8,交通量等级划分标准见表 6.9。

表 6.8　沥青路面结构强度评价标准

交通量等级＼基层评价	碎砾石基层			半刚性基层		
	足够	临界	不足	足够	临界	不足
很轻	<98	98~126	>126	<77	77~98	>98
轻	<77	77~98	>98	<56	56~77	>77
中	<60	60~81	>81	<42	42~59	>59
重	<46	46~67	>67	<31	31~46	>46
特重	<35	35~56	>56	<21	21~35	>35

注:弯沉值以轴载100kN车测定结果为标准,弯沉值单位为0.01mm。

表 6.9　交通量等级划分标准

交通量等级	很轻	轻	中	重	特重
交通量(AADT)	<2000	2000~5000	5000~10000	10000~20000	>20000

注:交通量单位为标准小客车(pcu)。

4）城镇道路沥青路面抗滑性能评价

城镇道路沥青路面抗滑性能以摆值(BPN)、构造深度(TD)或横向力系数(SFC)进行评价,根据评价结果将沥青路面抗滑能力分为 A、B、C 和 D 四个等级,评价标准见表 6.10。

表 6.10　城镇道路沥青路面抗滑性能评价标准

评价指标	A		B	
	快速路	主干路、次干路	快速路	主干路、次干路
BPN	≥42	≥40	37≤BPN<42	35≤BPN<40
TD/mm	≥0.45	≥0.45	0.42≤BPN<0.45	0.42≤BPN<0.45
SFC	≥42	≥40	37≤BPN<42	35≤BPN<40

评价指标	C		D	
	快速路	主干路、次干路	快速路	主干路、次干路
BPN	34≤BPN<37	32≤BPN<35	<34	<32
TD/mm	0.40≤BPN<0.42	0.40≤BPN<0.42	<0.40	<0.40
SFC	34≤BPN<37	32≤BPN<35	<34	<32

5）城镇道路路面技术状况综合评价指数

根据沥青混凝土路面和水泥混凝土路面的行驶质量和破损状况检测结果,按式(6.4)计算城镇道路路面技术状况综合评价指数 PQI。该指数主要表征城镇道路路面的完好程度和行驶质量,反映了路面的行驶舒适性等使用性能。

$$PQI = T \cdot RQI \cdot \omega_1 + PCI \cdot \omega_2 \qquad (6.4)$$

式中：PQI——综合评价指数,数值范围为 0～100;

　　　T——PQI 分值转换系数,T 取值为 20;

　　　ω_1、ω_2——分别为 RQI、PCI 的权重,对快速路或主干路,ω_1 取值为 0.6,ω_2 取值为 0.4;对次干路或支路,ω_1 取值为 0.4,ω_2 取值为 0.6。

根据路面技术状况综合评价指数,路面技术状况划分为 A、B、C 和 D 四个等级,评价标准见表 6.11。

表 6.11　城镇道路路面综合评价标准

评价指标	A			B		
	快速路	主干路、次干路	支路	快速路	主干路、次干路	支路
PQI	[90,100]	[85,100]	[80,100]	[75,90)	[70,85)	[65,80)

评价指标	C			D		
	快速路	主干路、次干路	支路	快速路	主干路、次干路	支路
PQI	[65,75)	[60,70)	[60,65)	[0,65)	[0,60)	[0,60)

3. 城镇道路路面养护决策

城镇道路路面养护方案需要综合考虑道路路面的各项技术指标综合确定。《城镇道路养护技术规范》(CJJ 36—2016)根据路面技术状况不同的评价结果,确定了城镇道路路面养护工程规模和类型,见表 6.12～表 6.14。

表 6.12　沥青路面养护对策

评价指标	PCI	RQI	结构强度	BPN、TD、SFC
等级	A、B	A、B	足够	A、B
养护对策	预防性养护或保养小修			
评价指标	PCI	RQI	结构强度	BPN、TD、SFC
等级	B、C	B、C	足够、临界	B、C
养护对策	保养小修或中修			
评价指标	PCI	RQI	结构强度	BPN、TD、SFC
等级	C	C	临界、不足	C、D
养护对策	中修或局部大修			

续表

评价指标	PCI	RQI	结构强度	BPN、TD、SFC
等级	D	D	不足	C、D
养护对策	大修过改扩建			

表 6.13　水泥路面养护对策

PCI 评价等级	A	B	C	D
RQI 评价等级	A	B	C	D
养护对策	保养小修	保养小修或中修	中修或局部大修	大修或改扩建工程

表 6.14　人行道养护对策

FCI 评价等级	A	B	C	D
人行道平整度评价等级	A	B	C	D
养护对策	保养小修	保养小修或中修	中修或大修	大修或改扩建工程

6.4.3　城镇道路养护状况评价

城镇道路养护状况评价以城镇道路设施的养护质量为评价目标,其目的是得到城镇道路养护质量综合评定结果,对城镇道路养护工作效果进行评价,是城镇道路主管部门对道路养护管理企业单位进行检查和考核的主要依据,也是综合反映一个城市道路设施完好程度的重要指标。

1. 城镇道路养护质量评价体系

《城镇道路养护技术规范》规定的城镇道路养护状况评价体系如图 6.5 所示。城镇道路养护状况评价对象为城镇道路车行道、人行道、路基与排水设施、其他附属设施等四类设施,每类设施分别进行养护状况评价,最后按一定的权重得到城镇道路养护状况综合指标——城镇道路综合完好率。

2. 城镇道路养护状况调查和评定指标

城镇道路各类设施的养护状况以完好率进行评价,完好率为每类设施处于完好状态的比率。每类设施根据完好率或完好程度评定为优、良、合格和不合格四个等级。

1) 车行道完好率 C_L

车行道完好率是车行道路面处于完好状态的比率。对车行道路面进行单元划分,测量单元路面总面积,调查每个单元上各种病害的面积,然后根据式(6.5)计算该单元上车行道完好率。

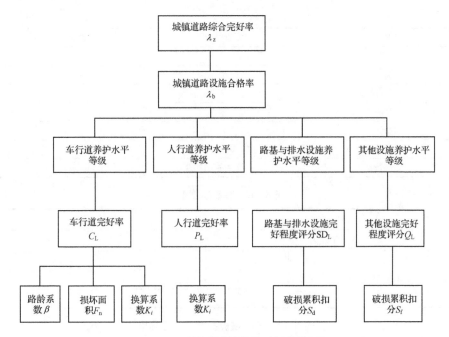

图 6.5　城镇道路养护状况评价体系

$$C_{\mathrm{L}} = \left[(F_1 - \beta \sum F_{1i} K_i)/F_1 \right] \times 100\% \tag{6.5}$$

式中：F_1——检查单元的车行道面积；

　　　F_{1i}——i 类病害的实际破损面积；

　　　K_i——i 类病害的换算系数；

　　　β——路龄系数。

　　车行道路面病害类型划分和每种病害的换算系数、路龄换算系数等,参见表 6.15 和表 6.16。根据车行道完好率对车行道进行养护状况评定的标准见表 6.17。

表 6.15　路面病害换算系数

破损类型	沥青路面	水泥混凝土路面
裂缝	0.5	3
碎裂	1	3
断裂	—	10
松散	1	—
脱皮、泛油、露骨	1	1
坑槽、啃边	3	3
井框高差	3	3
车辙	0.5	—

续表

破损类型	沥青路面	水泥混凝土路面
沉陷	3	3
拥包	2	—
搓板或波浪	2	—
翻浆	6	—
唧泥	6	6
缝料散失	—	2
错台	—	6

表 6.16　路龄换算系数

路　龄		路龄系数
设计年限内		1
超设计年限/a	1～5	0.9
	6～10	0.8
	11～15	0.7

表 6.17　车行道养护状况评定标准

养护状况等级	完好率 C_L/%			
	快速路	主干路	次干路	支路及其他
优	$C_L \geqslant 99$	$C_L \geqslant 98.5$	$C_L \geqslant 98$	$C_L \geqslant 95$
良	$98 \leqslant C_L < 99$	$97 \leqslant C_L < 98.5$	$96 \leqslant C_L < 98$	$90 \leqslant C_L < 95$
合格	$95 \leqslant C_L < 98$	$93 \leqslant C_L < 97$	$91 \leqslant C_L < 96$	$85 \leqslant C_L < 90$
不合格	$C_L < 95$	$C_L < 93$	$C_L < 91$	$C_L < 85$

2) 人行道完好率 P_L

人行道完好率是人行道处于完好状态的比率。对人行道进行单元划分(单元划分与车行道相同),测量单元上人行道总面积,调查每个单元上各种病害的面积,然后根据式(6.6)计算该单元上人行道完好率。根据人行道完好率对人行道进行养护状况评定的标准见表 6.18。

$$P_L = \left[(F_2 - \sum F_{2i})/F_2 \right] \times 100\% \tag{6.6}$$

式中:F_2——检查单元的人行道面积;

　　　F_{2i}——i 类病害的实际破损面积。

表 6.18　人行道养护状况评定标准

养护状况等级	完好率 P_L/%	养护状况等级	完好率 P_L/%
优	$P_L \geqslant 98$	合格	$91 \leqslant P_L < 96$
良	$96 \leqslant P_L < 98$	不合格	$P_L < 91$

3) 路基与排水设施完好程度 SD_L

路基与排水设施的完好程度表征路基和排水设施处于完好状态的程度。对路基和排水设施进行单元划分(单元划分与车行道相同),每个单元以没有任何病害的设施完好程度为 100 分,通过调查病害状况,对每种病害进行扣分,最后剩余值即为路基和排水设施完好程度。路基与排水设施完好程度计算方法见式(6.7)、养护状况评定标准见表 6.19。

$$SD_L = 100 - S_d \qquad (6.7)$$

式中：S_d——路基与排水设施累计扣分。

表 6.19　路基和排水设施养护状况评定标准

养护状况等级	完好程度 SD_L/分	养护状况等级	完好程度 SD_L/分
优	$SD_L \geqslant 90$	合　格	$60 \leqslant SD_L < 75$
良	$75 \leqslant SD_L < 90$	不合格	$SD_L < 60$

4) 其他设施完好程度 Q_L

与路基与排水设施养护状况评定方法相同,其他设施以其他设施完好程度 Q_L 表征其他设施处于完好状态的程度。对其他设施进行单元划分(单元划分与车行道相同),每个单元以没有任何病害的设施完好程度为 100 分,通过调查病害状况,对每种病害进行扣分,最后剩余值即为其他设施完好程度。其他设施完好程度计算方法见式(6.8)、养护状况评定标准见表 6.20。

$$Q_L = 100 - S_f \qquad (6.8)$$

式中：S_f——其他设施累计扣分。

表 6.20　其他设施养护状况评定标准

养护状况等级	完好程度 Q_L/分	养护状况等级	完好程度 Q_L/分
优	$Q_L \geqslant 90$	合格	$60 \leqslant Q_L < 75$
良	$75 \leqslant Q_L < 90$	不合格	$Q_L < 60$

3. 城镇道路养护状况综合评定

城镇道路具有范围广、不规则和面积大的特点,一般所调查的城镇道路的面积较大,调查工作量大,需要的时间较长。为便于做好调查和养护状况评价工作,实际工作中应将调查范围内的城镇道路进行划分,根据道路的特点、长度等因素划分为不同的单元,分别进行调查、统计,最后得出全部调查道路的完好率。

城镇道路单元划分可以根据道路特点划分,如以交叉口为界、以城市桥梁所在位置为界等。当无明显界线时,则根据道路长度划分,每个单元的长度不大于 500m。

1) 单项设施合格率 λ_{bi}

对四类单项设施分别计算设施合格率,计算方法如下:

$$\lambda_{bi} = (m_i/n_i) \times 100\% \tag{6.9}$$

式中: i——$i=1\sim4$,代表四类设施;

　　　λ_{bi}——道路各设施合格率(%);

　　　m_i——i 类设施优、良、合格单元数;

　　　n_i——i 类设施检查总单元数。

2) 城镇道路综合完好率 λ_z

对四类设施合格率进行加权计算,得到城镇道路综合完好率,计算式如式(6.10)所示

$$\lambda_Z = \sum \lambda_{bi} u_i \tag{6.10}$$

式中: u_i——各类设施的比例系数,车行道为 0.35,人行道为 0.25,路基与排水为 0.25,其他设施为 0.15。

根据城镇道路设施综合完好率对城镇道路养护状况评定为优、良、合格和不合格四个等级,评定标准见表 6.21。

表 6.21　城镇道路养护状况综合评定标准

养护状况等级	完好率 λ_Z/%			
	快速路	主干路	次干路	支路
优	$\geqslant95.5$	$\geqslant95$	$\geqslant94.5$	$\geqslant94$
良	$88.5\leqslant\lambda_Z<95.5$	$88\leqslant\lambda_Z<95$	$87.5\leqslant\lambda_Z<94.5$	$85.5\leqslant\lambda_Z<94$
合格	$80\leqslant\lambda_Z<88.5$	$79\leqslant\lambda_Z<88$	$78.5\leqslant\lambda_Z<87.5$	$76.5\leqslant\lambda_Z<85.5$
不合格	$\lambda_Z<80$	$\lambda_Z<79$	$\lambda_Z<78.5$	$\lambda_Z<76.5$

6.4.4　城镇道路养护状况评定实例

1. 项目概况

北京市某环路是北京市中心城区环形快速路之一,全长 48.264km,于 1994 年建成通车,其路面为四幅路形式,中央分隔带宽度一般为 2m,两侧主路双向宽度为 24.5~32m(双向六~八车道);主、辅路分隔带宽度一般为 2m,两侧辅路宽度为 7~18m;辅路外侧为人行道,宽度一般为 3~5m。

为进行该道路养护状况评价,按照《城镇道路养护技术规范》(CJJ 36—2006)相关规定于 2006 年 12 月对该路病害情况进行了调查、统计,并进行了养护状况评定。道路病害以人工调查为主,辅助于小型的测量设备。病害分类和调查、统计严格按规范规定进行。

2. 单元划分

该路全长 48.26m,分为主路、内外辅路、人行道、交叉口等部分,调查中,单元的划分按下述原则进行:

(1) 车行道分为主路、内环辅路、外环辅路三部分,每部分再进行单元划分。

(2) 路口部分作为单独统计单元予以划分。

(3) 每个单元长度不大于 500m。

(4) 人行道、其他设施单元的划分按对应的车行道单元划分区域进行划分。

按上述原则,主路划分为 100 个单元、内环辅路 86 个单元、外环辅路 86 个单元、路口 35 个单元(共计 35 个道路交叉口)。由于桥梁部分单独调查,桥梁对应的路面部分(桥梁两端伸缩缝之间的路面)排除在调查单元之外。

3. 道路设施病害调查

调查工作由 4 个小组完成,第一小组负责道路交叉口、第二小组负责主路、第三小组负责内辅路车行道和人行道及其他设施、第四小组负责外辅路车行道和人行道及其他设施的调查工作。调查工作开始前首先对调查人员进行培训,讲解各道路单元划分情况及其界线,明确各自的调查范围。其次针对道路病害分类、特征和统计方法进行培训,使各组按统一的方法进行病害调查和统计工作。编制各种调查记录表格用于调查工作。

调查工作严格按标准进行,分单元详细调查道路各种病害的类型、数量、地点,并拍照记录。对病害类型判断存在疑问的地方,由各组集体研究、统一判断标准。

路基和排水设施部分主要对道路边缘排水沟、排水井的淤塞、完好情况,以及路基挡墙的完好状况等进行调查统计,其他设施则主要对护栏、交通标志、防撞墩、防撞门架等设施进行调查统计。由于城市道路路面有多种检查井存在,在调查中专门对道路上的检查井情况进行了调查统计,检查井引起的路面损坏计入路面病害内。

图 6.6～图 6.9 为调查中记录的道路设施典型病害。

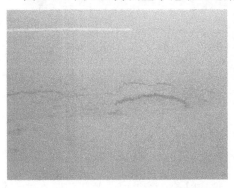

图 6.6　车行道路面病害

图 6.7　人行道病害

图 6.8　排水设施病害

图 6.9　检查井病害

4. 调查评定结果

1) 车行道调查评定结果

主路评定结果见表 6.22,有 99 个单元评定结果为良以上,占到总调查单元数量的 99%。

表 6.22　主路单元养护水平调查评定结果分布

序号	完好率标准/%	等级	单元数量
1	≥98.5	优	98
2	≥97,<98.5	良	1
3	≥93,<97	合格	1
4	<93	不合格	0
合格率/%			100.0

辅路路段及路口的调查评定结果见表 6.23。内、外环路段和路口评定结果达到优和良的单元数量分别为 79、83 和 30,合计为 192 个单元,占总单元的 92.75%。

表 6.23　辅路单元养护水平调查评定结果分布

序号	完好率标准/%	等级	内环	外环	路口	合计
1	≥98.5	优	72	70	9	151
2	≥97,<98.5	良	7	13	21	41
3	≥93,<97	合格	7	3	5	15
4	<93	不合格	0	0	0	0
合格率/%			100	100	100	100

2）人行道调查评定结果

人行道的单元养护水平调查评定结果分布情况见表 6.24,从内、外环辅路路段和路口合计单元数量上看,达到良及良以上等级的单元数为 204 个,占总数的 98.55%。

表 6.24　人行道单元养护水平调查评定结果分布

序号	完好率标准/%	等级	内环	外环	路口	合计
1	≥98	优	81	81	30	192
2	≥96,<98	良	3	4	5	12
3	≥91,<96	合格	2	1	0	3
4	<91	不合格	0	0	0	0
合格率/%			100	100	100	100

3）检查井评定结果

检查井的评定结果见表 6.25。

表 6.25　检查井评定结果

序号	评定检查井总量	不合格数量	合格率/%
1	16706	1638	90.2

4) 路基与排水设施评定结果

对主路和辅路范围内的路基与排水设施的养护状况进行了调查,评定结果单元分布状况列于表 6.26 中。

表 6.26　路基与排水设施单元养护水平调查评定结果分布

序号	完好程度评定标准/%	等级	主路	内环辅路	外环辅路	路口
1	≥90	优	100	75	59	21
2	≥75,<90	良	0	8	18	11
3	≥60,<75	合格	0	2	7	3
4	<60	不合格	0	1	2	0
	合格率/%		100	98.8	97.7	100

5) 其他设施评定结果

对主路及辅路上,养护范围内其他设施的养护状况进行调查,调查结果显示,所有被调查单元的其他设施均处于完好状态,基本未出现破损和功能失效的现象。因此,主路、辅路和路口的其他设施合格率均为 100%,结果见表 6.27。

表 6.27　其他设施单元养护水平调查评定结果分布

序号	完好程度评定标准/%	等级	主路	内环辅路	外环辅路	路口
1	≥90	优	100	86	86	35
2	≥75,<90	良	0	0	0	0
3	≥60,<75	合格	0	0	0	0
4	<60	不合格	0	0	0	0
	合格率/%		100	100	100	100

各类设施调查统计记录示例见附表 6.1～附表 6.3。

6) 道路综合完好率

对四类设施(车行道、人行道、路基与排水设施和其他设施)的合格率进行加权平均,分别得到主路、辅路和路口的道路综合完好率,结果见表 6.28～表 6.31。

表 6.28　主路综合完好率

项目	车行道养护状况	人行道养护状况	路基与排水设施养护状况	其他设施养护状况	道路综合完好率/%
设施合格率/%	100	100	100	100	100
加权系数	0.35	0.25	0.25	0.15	

表 6.29　内环辅路综合完好率

项目	车行道养护状况	人行道养护状况	路基与排水 设施养护状况	其他设施 养护状况	道路综合 完好率/%
设施合格率/%	100	100	98.8	100	99.7
加权系数	0.35	0.25	0.25	0.15	

表 6.30　外环辅路综合完好率

项目	车行道养护状况	人行道养护状况	路基与排水 设施养护状况	其他设施 养护状况	道路综合 完好率/%
设施合格率/%	100	100	97.7	100	99.4
加权系数	0.35	0.25	0.25	0.15	

表 6.31　路口综合完好率

项目	车行道养护状况	人行道养护状况	路基与排水 设施养护状况	其他设施 养护状况	道路综合 完好率/%
设施合格率/%	100	100	100	100	100
加权系数	0.35	0.25	0.25	0.15	

5. 评价结果的分析

通过对调查数据的统计分析,得到主路、辅路和人行道病害种类分布情况如图 6.10～图 6.12 所示。

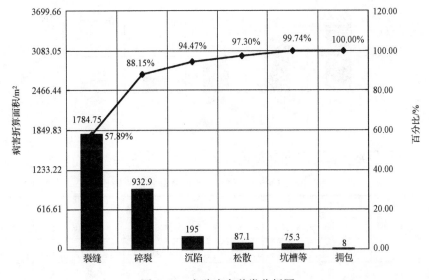

图 6.10　主路病害种类分析图

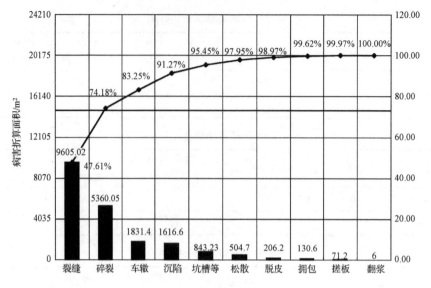

图 6.11　辅路病害种类分析图

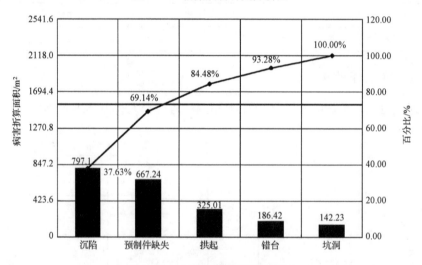

图 6.12　人行道病害种类分析图

2005 年和 2006 年该环路养护状况对比情况见表 6.32。

表 6.32　2005 年与 2006 年道路养护水平对比

项目 等级	主路		辅路与路口		人行道	
	2005 年	2006 年	2005 年	2006 年	2005 年	2006 年
优	88	98	126	151	193	192
良	5	1	39	41	5	12

续表

项目 等级	主路		辅路与路口		人行道	
	2005 年	2006 年	2005 年	2006 年	2005 年	2006 年
合格	4	1	24	15	5	3
不合格	3	0	18	0	4	0
合计	100	100	207	207	207	207

通过对图 6.10～图 6.12 分析可以得到该道路常见病害类型、病害产生特点和规律,从而为采取有效的道路病害防治措施提供重要的支撑材料。表 6.32 则可以明确反映道路养护状况的变化情况,可以对道路养护质量和水平作出客观的评价。

城镇道路养护状况评价体系和方法可以比较准确、客观地反映道路养护状况的实际情况,但在实际应用过程中,尚有下列问题有待进一步完善:

(1) 路基与排水设施、其他设施的范围和种类缺乏更明确的规定,应该结合城镇道路情况进行细化和分类。

(2) 城镇道路养护状况评价设计了四类道路设施,即车行道、人行道、路基与排水设施、其他设施,由于我国城镇道路建设和管理体制的原因,上述设施可能由不同的部门或单位进行管理、养护,因此,作出准确、全面的城镇道路养护状况综合评定比较困难。

(3) 城镇道路设施状况评定未考虑路面的抗滑、承载力等性能,不能全面代表路面的使用状况。

6.5　公路技术状况评定

6.5.1　公路技术状况评定基本规定

公路具有与城市道路不同的特点,其评价方法也不相同。当前,进行公路技术状况评定主要依据《公路技术状况评定标准》(JTG H20—2007)进行,下面结合该标准对公路技术状况评定方法和指标进行介绍。

1. 公路技术状况检测与调查频率

公路技术状况评定所需数据的最低检测与调查频率应符合表 6.33 的规定。

表 6.33　最低检测与调查频率

检测频率 检测内容			路面损坏 (PCI)	路面平整度(RQI)	抗滑性能 (SRI)	路面车辙 (RDI)	结构强度 (PSSI)
路面 PQI	沥青	高速、一级公路	1 年 1 次	1 年 1 次	2 年 1 次	1 年 1 次	抽样检测
		二、三、四级公路	1 年 1 次	1 年 1 次	—	—	—
	水泥混凝土	高速、一级公路	1 年 1 次	1 年 1 次	2 年 1 次	—	—
		二、三、四级公路	1 年 1 次	1 年 1 次	—	—	—
	砂石		1 年 1 次	—	—	—	—
路基 SCI			1 年 1 次				
桥隧构造物 BCI			采用最新桥梁、隧道、涵洞技术状况评定结果				
沿线设施 TCI			1 年 1 次				

2. 公路技术状况检测方法

用于公路技术状况评定的基础数据的检测,应以 1000m 路段作为检测或调查单元,在路面类型、交通量、路面宽度和养管单位变化处,评定单元长度可适当变化,但评定路段长度不应超过 2000m。

1) 路面性能检测

路面技术状况检测时,高速、一级公路按上行方向(桩号递减方向)和下行方向(桩号递增方向)分别检测,二、三、四级公路可不分上、下行。采用快速检测方法检测路面使用性能评定所需数据时,每个检测方向至少检测一个主要车行道。主要车行道通常指单车道全幅路面、双车道双向混合行驶的全幅路面、双车道双向分道行驶的上行或下行车行道、四车道双向分道行驶的外侧车道、六车道双向分道行驶的中间车道、八车道以上双向分道行驶的中间两个或多个车道。

路面性能检测包括以下内容。

(1) 路面损坏状况检测。

路面损坏状况检测宜采用自动化的快速检测方法,在条件不具备时,可采用人工检测方法。路面损坏检测数据应以 100m(人工检测)或 10m(快速检测)为单位长期保存。

(2) 路面平整度检测。

路面平整度宜采用快速检测设备,可使用多功能检测车结合路面损坏和车辙一并检测。单独检测路面平整度时,宜采用高精度的断面类检测设备。路面平整度检测设备必须定期标定,每年至少标定一次,标定的相关系数应大于 0.95。

条件不具备的三、四级公路,路面平整度可采用 3m 直尺人工检测。检测结果按表 6.34 规定进行评定。路面平整度检测数据应以 100m（人工检测）或 20m（快速检测）为单位长期保存。

表 6.34　路面平整度人工评定标准

技术等级	优	良	中	次	差
RQI	≥90	≥80，<90	≥70，<80	≥60，<70	<60
3m 直尺	≤10	>10，≤12	>12，≤15	>15，≤18	>18
颠簸程度	无颠簸，行车平稳	有轻微颠簸，行车尚平稳	有明显颠簸，行车不平稳	严重颠簸，行车很不平稳	非常颠簸，行车非常不平稳

（3）路面车辙检测。

路面车辙宜采用快速检测设备，可使用多功能检测车结合路面损坏和路面平整度一并检测。根据断面数据计算路面车辙深度（RD），计算结果应以 10m 为单位长期保存。

（4）路面抗滑性能检测。

路面抗滑性能宜采用基于横向力系数的路面抗滑性能检测设备或其他具有可靠数据标定关系的自动化检测设备。路面抗滑性能检测数据（横向力系数）应以 20m 为单位长期保存。

（5）路面结构强度检测。

路面结构强度宜采用自动检测设备检测。

自动检测时宜采用具有可靠数据标定关系的自动化检测设备，检测结果应能换算成我国相关技术规范规定的回弹弯沉值。自动检测设备必须定期标定，每年至少标定一次，标定的相关系数不得小于 0.95。弯沉检测数据应以 20m 为单位长期保存。

采用贝克曼梁检测时，检测数量应不小于 20 点/（km•车道）。

抽样检测时，检测范围可控制在养护里程的 20% 以内。

2）路基、桥隧构造物和沿线设施调查

公路技术状况评定所需要的路基、桥隧构造物和沿线设施数据，有条件的地区，可借助便携式路况数据采集仪进行现场调查、汇总、计算与评定。

6.5.2　公路技术状况评定体系

公路技术状况评定体系如图 6.13 所示。

公路技术状况评定包括道路路面性能评定、路基技术状况评定、桥隧构造物技术状况评定和附属设施技术状况评定。对全线道路进行单元划分，对每一个单元，通过对道路设施的调查、统计，分别对四类设施的技术状况进行评定，然后根据

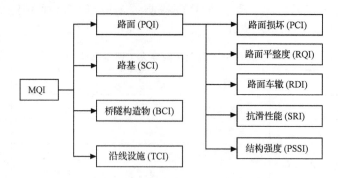

图 6.13　公路技术状况评定体系

式(6.11)按不同的权重计算得到该单元的技术状况指数(MQI)。最后对所有单元的技术状况指数进行平均得到全线道路的技术状况指数。

$$MQI = W_{PQI}PQI + W_{SCI}SCI + W_{BCI}BCI + W_{TCI}TCI \qquad (6.11)$$

式中：W_{PQI}——PQI 在 MQI 中的权重，取值为 0.70；

W_{SCI}——SCI 在 MQI 中的权重，取值为 0.08；

W_{BCI}——BCI 在 MQI 中的权重，取值为 0.12；

W_{TCI}——TCI 在 MQI 中的权重，取值为 0.10。

6.5.3　公路路面使用性能指数

公路路面有沥青路面、水泥混凝土路面、砂石路面三类。

沥青路面使用性能评定包含路面损坏、平整度、车辙、抗滑性能和结构强度五项技术内容。其中，路面结构强度为抽样评定指标，单独计算与评定，评定范围根据路面大中修养护需求、路基的地质条件等自行确定。

水泥混凝土路面使用性能评定包含路面损坏、平整度和抗滑性能三项技术内容。

砂石路面使用性能评定只包含路面损坏一项技术内容。

路面使用性能指数(PQI)为

$$PQI = W_{PCI}PCI + W_{RQI}RQI + W_{RDI}RDI + W_{SRI}SRI \qquad (6.12)$$

式中：W_{PCI}——PCI 在 PQI 中的权重，按表 6.35 取值；

W_{RQI}——RQI 在 PQI 中的权重，按表 6.35 取值；

W_{RDI}——RDI 在 PQI 中的权重，按表 6.35 取值；

W_{SRI}——SRI 在 PQI 中的权重，按表 6.35 取值。

表 6.35 PQI 分项指标权重

路面类型	权重	高速、一级公路	二、三、四级公路
沥青路面	W_{PCI}	0.35	0.60
	W_{RQI}	0.40	0.40
	W_{RDI}	0.15	—
	W_{SRI}	0.10	—
水泥混凝土路面	W_{PCI}	0.50	0.60
	W_{RQI}	0.40	0.40
	W_{SRI}	0.10	—

1. 路面损坏

路面损坏用路面损坏状况指数(PCI)评价,PCI 按式(6.13)和式(6.14)计算。

$$PCI = 100 - a_0 DR^{a_1} \qquad (6.13)$$

$$DR = 100 \times \frac{\sum_{i=1}^{i_0} W_i A_i}{A} \qquad (6.14)$$

式中: DR——路面破损率,为各种损坏的折合损坏面积之和与路面调查面积的百分比(%);

A_i ——第 i 类路面损坏的面积(m^2);

A ——调查的路面面积(调查长度与有效路面宽度之积)(m^2);

W_i ——第 i 类路面损坏的权重,沥青路面按表 6.36 取值,水泥混凝土路面按表 6.37 取值,砂石路面按表 6.38 取值;

a_0 ——模型参数,沥青路面采用 15.00,水泥混凝土路面采用 10.66,砂石路面采用 10.10;

a_1 ——模型参数,沥青路面采用 0.412,水泥混凝土路面采用 0.461,砂石路面采用 0.487;

i ——考虑损坏程度(轻、中、重)的第 i 项路面损坏类型;

i_0 ——包含损坏程度(轻、中、重)的损坏类型总数,沥青路面取 21,水泥混凝土路面取 20,砂石路面取 6。

表 6.36　沥青路面损坏类型和权重

类型(i)	损坏名称	损坏程度	权重(W_i)	计量单位
1	龟裂	轻	0.6	面积 m²
2		中	0.8	
3		重	1.0	
4	块状裂缝	轻	0.6	面积 m²
5		重	0.8	
6	纵向裂缝	轻	0.6	长度 m(影响宽度 0.2m)
7		重	1.0	
8	横向裂缝	轻	0.6	长度 m(影响宽度 0.2m)
9		重	1.0	
10	坑槽	轻	0.8	面积 m²
11		重	1.0	
12	松散	轻	0.6	面积 m²
13		重	1.0	
14	沉陷	轻	0.6	面积 m²
15		重	1.0	
16	车辙	轻	0.6	长度 m(影响宽度 0.4m)
17		重	1.0	
18	波浪拥包	轻	0.6	面积 m²
19		重	1.0	
20	泛油	—	0.2	面积 m²
21	修补	—	1.0	面积 m²

表 6.37　水泥混凝土路面损坏类型和权重

类型(i)	损坏名称	损坏程度	权重(W_i)	计量单位
1	破碎板	轻	0.8	面积 m²
2		重	1.0	
3	裂缝	轻	0.6	长度 m(影响宽度 1.0m)
4		中	0.8	
5		重	1.0	
6	板角断裂	轻	0.6	面积 m²
7		中	0.8	
8		重	1.0	

类型(i)	损坏名称	损坏程度	权重(W_i)	计量单位
9	错台	轻	0.8	长度 m(影响宽度 1.0m)
10		重	1.0	
11	唧泥	—	1.0	长度 m(影响宽度 1.0m)
12	边角剥落	轻	0.6	长度 m(影响宽度 1.0m)
13		中	0.8	
14		重	1.0	
15	接缝料损坏	轻	0.4	长度 m(影响宽度 1.0m)
16		重	0.6	
17	坑洞	—	1.0	面积 m²
18	拱起	—	1.0	面积 m²
19	露骨	—	0.3	面积 m²
20	修补	—	1.0	面积 m²

表 6.38 砂石路面损坏类型和权重

类型(i)	损坏名称	权重(W_i)	计量单位
1	路拱不适	0.1	长度 m(影响宽度 3.0m)
2	沉陷	0.8	面积 m²
3	波浪搓板	1.0	面积 m²
4	车辙	1.0	长度 m(影响宽度 0.4m)
5	坑槽	1.0	面积 m²
6	露骨	0.8	面积 m²

2. 路面行驶质量

路面平整度用路面行驶质量指数(RQI)评价,按式(6.15)计算

$$RQI = \frac{100}{1 + a_0 e^{a_1 IRI}} \tag{6.15}$$

式中：IRI——国际平整度指数；

a_0——模型参数,高速公路和一级公路采用 0.026,其他等级公路采用 0.0185；

a_1——模型参数,高速公路和一级公路采用 0.65,其他等级公路采用 0.5。

3. 路面车辙

路面车辙用路面车辙深度指数(RDI)评价,按式(6.16)计算

$$RDI = \begin{cases} 100 - a_0 RD & RD \leqslant RD_a \\ 60 - a_1(RD - RD_a) & RD_a < RD \leqslant RD_b \\ 0 & RD > RD_b \end{cases} \tag{6.16}$$

式中：RD——车辙深度；

　　　RD_a——车辙深度参数，采用 20mm；

　　　RD_b——车辙深度限值，采用 35mm；

　　　a_0——模型参数，采用 2.0；

　　　a_1——模型参数，采用 4.0。

4. 路面抗滑性能

路面抗滑性能用路面抗滑性能指数(SRI)评价，按式(6.17)计算

$$SRI = \frac{100 - SRI_{min}}{1 + a_0 e^{a_1 SFC}} + SRI_{min} \tag{6.17}$$

式中：SFC——横向力系数；

　　　SRI_{min}——标定参数，采用 35.0；

　　　a_0——模型参数，采用 28.6；

　　　a_1——模型参数，采用 -0.105。

5. 路面结构强度

路面结构强度用路面结构强度指数(PSSI)评价，按式(6.18)和式(6.19)计算。

$$PSSI = \frac{100}{1 + a_0 e^{a_1 SSI}} \tag{6.18}$$

$$SSI = \frac{l_d}{l_0} \tag{6.19}$$

式中：SSI——路面结构强度系数，为路面设计弯沉与实测代表弯沉之比；

　　　l_d——路面设计弯沉(mm)；

　　　l_0——实测代表弯沉(mm)；

　　　a_0——模型参数，采用 15.71；

　　　a_1——模型参数，采用 -5.19。

6.5.4 路基技术状况

路基技术状况用路基技术状况指数(SCI)评价，按式(6.20)计算

$$SCI = \sum_{i=1}^{8} W_i(100 - GD_{iSCI}) \tag{6.20}$$

式中：GD_{iSCI}——第 i 类路基损坏的总扣分，最高分值为 100，按表 6.39 的规定
　　　　计算；

W_i——第 i 类路基损坏的权重,按表 6.39 取值;

i——路基损坏类型。

表 6.39 路基损坏扣分标准

类型(i)	损坏名称	损坏程度	计量单位	单位扣分	权重(W_i)
1	路肩边沟不洁		m	0.5	0.05
2	路肩损坏	轻	m²	1	0.10
		重		2	
3	边坡坍塌	轻	处	20	0.25
		中		30	
		重		50	
4	水毁冲沟	轻	处	20	0.25
		中		30	
		重		50	
5	路基构造物损坏	轻	处	20	0.10
		中		30	
		重		50	
6	路缘石缺损	—	m	4	0.05
7	路基沉降	轻	处	20	0.10
		中		30	
		重		50	
8	排水系统淤塞	轻	m	1	0.10
		重	处	20	

6.5.5 桥隧构造物技术状况

桥梁、隧道和涵洞技术状况用桥隧构造物技术状况指数(BCI)评价,按式(6.21)计算

$$\mathrm{BCI} = \sum (100 - \mathrm{GD}_{iBCI}) \qquad (6.21)$$

式中:GD_{iBCI}——第 i 类构造物损坏的总扣分,最高分值为 100,按表 6.40 的规定计算;

i——构造物类型(桥梁、隧道和涵洞)。

表 6.40 桥隧构造物扣分标准

类型(i)	项目	技术状况评定等级	计量单位	单位扣分	备注
1	桥梁	一、二	座	0	采用《公路桥涵养护规范》(JTG H11—2004)的评定方法,五类桥梁所属路段的 MQI=0
		三		40	
		四		70	
		五		100	
2	隧道	S:无异常	座	0	采用《公路隧道养护技术规范》(JTC H12—2015)的评定方法,危险隧道所属路段的 MQI=0
		B:有异常		50	
		C:有危险		100	
3	涵洞	好,较好	道	0	采用《公路桥涵养护规范》(JTG H11—2004)的评定方法,危险涵洞所属路段的 MQI=0
		较差		40	
		差		70	
		危险		100	

6.5.6 沿线设施技术状况

沿线设施技术状况用沿线设施技术状况指数(TCI)评价,按式(6.22)计算

$$\text{TCI} = \sum_{i=1}^{5} W_i (100 - \text{GD}_{iTCI}) \qquad (6.22)$$

式中：GD_{iTCI}——第 i 类设施损坏的总扣分,最高分值为 100,按表 6.41 的规定计算；

W_i——第 i 类设施损坏的权重,按表 6.41 取值；

i——设施的损坏类型。

表 6.41 沿线设施扣分标准

类型(i)	损坏名称	损坏程度	计量单位	单位扣分	权重(W_i)	备注
1	防护设施缺损	轻	处	10	0.25	—
		重		30		
2	隔离栅损坏	—	处	20	0.10	—
3	标志缺损	—	处	20	0.25	
4	标线缺损	—	m	0.1	0.20	每 10m 扣 1 分,不足
5	绿化管理不善	—	m	0.1	0.20	10m 以 10m 计

6.5.7 公路技术状况综合评定

对拟评定的道路,首先应对道路进行单元划分,对每个单元路段进行路面性

能、路基状况、桥隧构造物状况和沿线其他附属设施状况的调查和统计,分别根据式(6.12)、式(6.20)~式(6.22)计算技术状况指数。然后按式(6.11)计算该单元路段的技术状况指数(MQI)。

对于非整公里的路段,除 PQI 外,SCI、BCI 和 TCI 三项指标的实际扣分均应换算成整公里值(扣分×基本评定单元长度/实际路段长度)。桥隧构造物评价结果(BCI)计入桥隧构造物所属路段。存在五类桥梁、危险隧道、危险涵洞的路段,MQI=0。

将所有单元路段的技术状况指数进行平均,即得到该道路全线的公路技术状况指数。计算时,应先按上、下行分别统计 MQI,然后将上、下行结果的平均值作为评定路段或路线的 MQI。

公路的技术状况等级根据表 6.42 的规定进行评定。

表 6.42　公路技术状况评定标准

评价等级	优	良	中	次	差
MQI 及各级分项指标	≥90	≥80,<90	≥70,<80	≥60,<70	<60

6.6　道路养护技术和评价技术的发展

6.6.1　道路预防性养护

1. 预防性养护的概念

AASHTO 对预防性养护(pavement preventive maintenance,PPM)定义如下:在公路寿命期内,为了保证路况良好、延长公路寿命并将寿命周期内养护成本降到最低,而应用一系列的预防性养护措施的系统过程。在这一系统过程中,要在不增设公路系统及其附属设施的条件下,达到延缓路况退化、保持或改进系统的功能性状况的目的。预防性养护理念的核心在于防患于未然,基础在于经济性最优。

道路技术状况总会随着使用年限的延长而逐渐劣化,而预防性养护就是在道路技术状况衰减的初期,在最适当的时机,应用最适当的养护措施,以最小的寿命周期成本,最大限度地延缓道路状况的退化。在路基、路面尚未发生破坏或刚出现病害迹象时即采取强制性保养措施,将病害处理在萌芽状态,可有效延缓路况的恶化,延长公路及设施使用寿命。

与预防性养护的概念对应,公路养护还有矫正性养护,即道路设施出现病害后,通过采取一定的工程技术措施使病害得到处治、使道路状况得到基本恢复的养护方法。矫正性养护的核心在于对道路可见病害的处治,它并不能对道路病害的发展进行预测和预防,对道路寿命周期内的技术和效益缺乏合理的对比和分析。

预防性养护和矫正性养护是道路养护的相辅相成的两个方面,预防性养护可以有效降低病害发生率,延缓道路技术状况下降的速度。而当道路设施使用年限,道路技术状况不能满足使用要求时,则必须通过矫正性养护才能使道路设施功能得到恢复。预防性养护和矫正性养护的有机结合可以使道路技术状况保持最佳状态,并且使道路使用寿命周期内的养护费用达到最低。

由于技术发展和应用的相对滞后,我国对预防性养护的作用还处于逐步认识和实践的状态,道路养护基本采取的是矫正性养护。国外发达国家道路发展具有较长的历史,公路网已经趋于完善,养护管理工作已经成为公路工作的重点。对如何进行经济合理、技术先进的养护工作,已经进行了长期的探索和研究,预防性养护得到了充分的重视。

美国公路管理部门从 20 世纪 80 年代以来,通过对几十万公里不同等级道路进行跟踪调查,发现一条质量合格的道路,在使用寿命 75% 的时间内道路性能下降 40%,这一阶段称为预防性养护阶段。此阶段如不及时进行养护,在随后 12% 的使用寿命时间内,性能将再次下降 40%,而养护成本却要增加 3~10 倍,这一阶段称为矫正性养护阶段。研究结果充分证明了预防性养护的重要性,从而推动了预防性养护的广泛运用,并取得成功经验和十分显著的成效。

预防性养护依赖于科学的决策程序和评价方法。预防性养护决策,是通过预测道路技术状况的发展趋势,分析养护措施对道路技术状况产生的影响,对可行的预防性养护方案进行评估,以最小费用效率比的方案为基础进行决策。在预防性养护方案评估过程中,主要考虑以下三方面因素:①需要处理的现有病害和应当被预防或减缓的预期病害;②现有公路技术条件下可以采取的最适当的养护措施;③以最小费用效率比确定获得最佳结果的养护处理时间。

影响道路服务水平的主要因素是路面技术状况,而路面养护工作占到道路整体养护工作的 70% 以上。研究表明,道路路面技术状况随时间(自然因素和行车荷载作用)的变化具有一定的规律性,具有预测性。因此,目前预防性养护主要是指对道路路面的预防性养护。

2. 道路预防性养护的作用

1) 有利于降低养护成本

合理的预防性养护可以避免历年来道路养护采取的"头痛医头、脚痛医脚"式的养护方法,既可以降低道路大修养护的工作难度,又可以有效降低使用寿命周期内的综合养护成本。

2) 有利于延长公路使用寿命

预防性养护是在道路及其设施尚未发生破坏或刚出现病害迹象时,通过维修路面、加固桥梁、疏通边沟、整修路基、绿化路肩等措施进行强制性养护。研究结果表明，一条质量合格的公路在使用寿命前 75% 的时间内性能下降 40%，这一阶段称为预防性养护阶段，在此阶段内如果得不到及时养护，在随后 25% 的使用寿命时间内，性能将再下降 60%。由此可见，预防性养护是延长公路使用寿命的关键因素。

3）有利于防止道路路面水损害

道路路面的预防性养护一般采取封层类养护方法，其主要作用之一是提高路面的抗渗水功能，提高路面的抗水侵蚀的能力。因此，预防性养护在防止路面水损坏方面具有重要的作用。

4）有利于提高公路通行能力

传统的养护模式是坏了再修，一般采取了较大规模的中修或大修工程。道路进行大规模维修时，对车辆的通行将产生重要影响。预防性养护采取的是超前防范，对路面及其附属设施的初期病害进行补强，施工相对简单，对交通影响不大，一般情况下能保证车辆正常通行。

3. 道路预防性养护工作内容

道路预防性养护是一个系统工程，在路面、路基和附属设施上都存在预防性养护问题。其目的就是通过日常的保养，对初期发现的和预测到的病害进行维修，使设施经常处于良好的工作状态。

1）路基的预防性养护

路基受多种因素影响，很难达到均质要求，这就埋下了路基、路面不均匀沉陷的隐患，车辆的碾压又会使路面产生横向或纵向的变形。随着变形的加大，车辆颠簸的冲击力也就加大，路面破坏也就加快，形成恶性循环，造成公路急剧破坏。因此，道路在设计和建设时就应采取有效措施，有利于路基的预防性养护。例如，设计时应考虑路基地下水位、土质、降雨强度和降雨量等的影响，建设时要确保路基施工质量达到标准均质，建成后要密切重视路基的水害问题，保证路基排水畅通。

2）路面的预防性养护

路面是公路服务功能的集中体现，因此，路面养护是整个道路养护的重中之重。任何道路都有其生命周期，不同阶段的路面，也有不同的维修、养护需求。路面养护应重视路面排水，及时修补路面的坑洞和裂缝，防止地表水渗入基层。对已渗入基层的积水，应开设路肩盲沟排水。沥青路面早期出现的松散、麻面、网裂（龟裂）等病害，应用表面处治材料封闭或进行罩面处理。对小坑槽等初期病害应及时进行修补。

水泥路面养护应从日常养护入手，对水泥路面进行病害检查并详细记录，做好标记，重点是加强接缝养护、板底灌浆、病害处治等工作。在路面出现接缝渗水、灌缝料开裂等情况时,应采用接缝重灌处理;当发现路面板底脱空翻浆时,应采用乳化沥青压浆办法处理;对水泥板出现的轻微裂缝,可使用沥青罩面的办法进行处理。

3)路肩和边坡的预防性养护

公路的边坡受到雨水侵蚀后,常常出现塌方、滑坡等病害。因此,要加强对边坡地下水和地表水的截流、疏导,重点放在疏导地表水上。除种植一些植物外,还应对边坡的裂隙及时填缝,防止因雨水侵蚀而引起塌方或滑坡。另外,对边坡设置挡土墙和加固边坡内部也是防止边坡坍塌的有效手段。

4)排水设施的预防性养护

经常清理排水沟、清疏涵洞、疏通桥梁泄水孔,特别是水沟兼用农用水渠的,要经常清理水沟杂物。对较高的河床,应及时疏导河流,保持水流畅通,避免水毁公路。在春融期,特别是汛期前,应对排水设施进行全面检查。暴雨过后应重点检查,如有冲刷、损坏,应及时修补。桥涵病害最大的特点是隐蔽、细小、不易觉察,它的发展很迟缓,一旦爆发却又会在瞬间酿成车毁人亡的灾祸。因此,对桥涵应当做到日常检查与维修并举,对发现的病害及时进行维修或加固。

5)防护设施的预防性养护

挡水墙、挡土墙是公路防护设施预防性养护的重点。当挡水墙、挡土墙出现破损,出现开裂、窟窿、墙内土石被冲空时,应分析原因,采取措施,对其加固和修复。

6)季节性预防性养护

冬季要密切注意路面排水和防冻问题,要确实保证路面整体结构处于干燥状态,避免路面结构发生冻胀,造成破坏。春季对路面结构发生冻胀及路面表层有水痕部位,要抓紧在路肩、路基边坡处挖排水渗沟,引流路面结构冬季蓄积的雨水到结构之外。也可在路面上覆撒干土,干土一方面可以吸收路面结构的水分,另一方面还可以减缓热量沿路面结构下传的速度,使路面结构中的冻土缓慢融化,并自行逐步渗透到排水沟中,避免路面结构发生熔融性破坏。秋季要做好公路沿线边沟积水的疏导排放工作,避免这些积水成为冬季路面结构冻结毛细水的补给水源。夏季要做好路面排水工作,避免路面结构处于潮湿工作状态而引起破坏。

7)道路巡查

道路巡查应由熟悉道路现有技术状况的人员根据要求,对公路的使用情况进行全面的检查,雨天和夜间尤为重要,应做好详细检查记录,及时排除病害,保障公路畅通。

4. 路面预防性养护时机和技术

1)路面预防性养护时机

路面技术性能是保证道路正常使用的最关键因素,路面养护也是道路养护的核心内容。搞好道路预防性养护的主要工作内容之一是进行路面的预防性养护。

当前,国内外确定进行路面预防性养护的时机有以下几种主要方法。

(1) 行驶质量指数法及破坏指数法。

国外有些机构用行驶质量指数(RQI)或破坏指数(distress index,DI)来确定路面预防性养护的时机。例如,密歇根州运输部(MDOT)在路网管理中用 DI 和 RQI 来表示路面性能。目前,进行路面维修和预防性养护决策的主要根据是 DI,当行驶质量降低到一定程度时,DI 所达到的界限值用作路面大修的决策依据。

为了延迟由不平整度和动载引起的路面破坏,MDOT 进行了用 RQI 作为各种路面的预防性养护阈值(RQI threshold)的研究,通过采取预防性养护措施提高路面平整度、减小动载影响,从而增加路面的服务期。

(2) 基于时间或路况的方法。

预防性养护是为了保持路面的良好功能,使其不致出现功能失效而进行的养护。所以预防性养护理论的研究就在于弄清路面功能失效的时间,从而采取相应的养护措施,使路面功能还处于一定水平时进行预防性养护,这就是基于时间或基于路况的预防性养护措施。

Hicks 等认为每个路段都有一个需要进行预防性养护的大致时间。表 6.43 给出了沥青路面需要在不同时间采取的预防性养护措施,这些预防性养护措施的实际实施时间随交通水平和环境有所不同。

表 6.43　不同预防性养护措施应用的时间

措施	雾状封层	裂缝填封	石屑封层	稀浆封层	薄层罩面
预防性养护的时间/a	1～3	2～4	5～7	5～7	5～10

(3) 效益费用评估法。

效益费用法是用效益与费用的比值来衡量的。费用一般为养护工程单价,如元/m²,每一种养护策略的费用都根据管理部门费用和用户费用来确定。管理部门费用包括设计费、初期修建费、养护费、改建费和残值,用户费用包括车辆运营费、延误费、行程时间费和事故费。效益一般为预防性养护后期望延长的路面寿命,可以用性能曲线下增加的面积来表征。对多个养护方案,可以通过对效益费用比值的对比,选择最佳养护方案。

(4) 排序法。

预防性养护的各种特征对管理部门是非常重要的,但有些特征不容易定量化。这些特征包括交通分布、当前预防性养护的经验及适合施工的气候条件等。除了效益费用比外,还可对所采取的预防性养护措施采取整体评分排序的方法。排序法通常是先初步安排养护的时间和对策,然后考虑预算的约束和优先次序的要求决策一年或多年的项目规划。预防性养护时间的安排可以遵循某一事先设定的标准进行,如采用使用性能标准 PCI。当路段路面的 PCI 低于此标准时,该路段即需采取预防性养护措施。当然也可以采用经济分析参数进行排序。

(5)生命周期评估法。

生命周期费用分析是在一定的时期内,通过分析某一路段的初建费用和以后的折扣费用来评价其经济价值的过程。生命周期评估法是目前应用比较广泛的一种方法。在路面大、中修和重建时,常常用到生命周期评估法。预防性养护推迟了昂贵的路面大修活动,但预防性养护要求提前支付养护费用。在不同时期支付同样多的费用有不同的经济价值,所以有必要进行经济分析。分析的方法是将分析期内不同时间支出的费用,按某一预定的贴现率转换为现在的费用(现值)。通过转换成单一的现值,可在等值的基础上比较各种方案,确定最佳养护时机和方法。

2)路面预防性养护技术

(1)沥青路面。

沥青路面养护技术近年来取得快速发展,有些养护技术既可用于路面的预防性养护,又可作为路面中修的技术措施。因此,很难将某种技术定义为专用预防性养护技术。有些常规技术比较广泛地用于沥青路面的日常养护,如灌缝、坑槽修补等,也是预防性养护的一个组成部分,可以有效提高路面的使用功能和使用寿命。通常来讲,路面预防性养护技术是通过对路面进行技术处理的工程技术措施,其具有施工相对简便、价格相对低廉、可有效提高路面抗病害能力、可有效提高路面性能的特点。

下述几种方法是沥青路面的预防性养护中比较常见的技术。

① 乳化沥青封面。将乳化沥青喷洒在旧沥青路面上,可以涂封沥青面层以防止水和空气的进入,使松散的沥青面层增加沥青分量,增加黏结力。

② 稀浆封层。稀浆封层是用乳化沥青、细集料、矿质填料和水的混合料摊铺在沥青路面上,它能快速恢复路面,涂封裂缝和空隙以减少水和空气的进入。它能减少和防止路面的松散,能为供低速行驶的路面提供抗滑的路表面,能适当延长路面的使用寿命,其经济效益比较显著。

③ 微表处。微表处是在稀浆封层技术的基础上发展起来的,它在材料、机具、工艺等方面较稀浆封层均有突破。微表处具有防水、防滑、改善道路表观等多种功能,封层效果优于稀浆封层,使用寿命一般为 4 ～ 6 a 或更长,是性价比较高的养护手段。

④ 沥青路面养护剂的应用。沥青路面养护剂是从石油中提炼出来的能够保护和恢复沥青路面塑性和耐久性的石化产品,它包括复原剂、裂缝填充剂和保护剂。作为一种新型的养护材料,使用它能非常有效地延长沥青路面的寿命,也可以

用来修复已经老化或损坏的沥青路面。

（2）水泥混凝土路面。

水泥混凝土路面的预防性养护,可针对路面出现的主要损坏类型而采取相应的措施,见表 6.44。对于水泥混凝土路面来讲,接缝填缝的失效会使不可压缩的杂物进入缝内,以及水分下渗到基层,导致接缝碎裂、拱起、唧泥和错台等损坏现象的出现。因此,及时填缝和修补裂缝是水泥混凝土路面最重要和经济有效的预防性对策。

表 6.44　水泥混凝土路面的预防性养护措施

损坏类型	预防性养护对策
断裂	板底灌浆填缝,铺加铺层
唧泥	填缝接缝,设排水设施,混凝土路肩,修理接缝传荷
错台	填缝接缝,板底灌浆填缝,修理接缝传荷,设排水设施,混凝土路肩
接缝碎裂	接缝填缝
拱起	接缝(裂缝)填缝

5. 路面预防性养护技术在我国的应用前景

国内对预防性养护技术正处在重新认识和推广的过程,预防性养护技术已经引起管理部门和专家、学者的高度重视,但这一理念和实践尚处在起步阶段,与之相配套的养护材料及养护工艺还不完善,机械设备的技术水平、实用性能和推广程度与国外相比也还有很大的差距,它所发挥的巨大经济社会效益,众多决策和主管机构还没有充分意识到,可以说我国在应用预防性养护技术上还处于起步和推广阶段。

随着国内公路等级的不断提高,特别是高速公路通车里程数的迅速增加,对路面的养护维修工作提出了新的、更高的要求。加快我国路面养护维修新技术的研究,已经提到日程上来,但是目前国内在路面预防性养护的专门技术方面基本上处于刚起步阶段,只有少数省份在这方面进行过尝试,大部分地区至今仍未对其引起重视。国内习惯于传统的养护方式,等路破坏到一定程度重新铣刨掉然后罩面。

目前,预防性养护技术的使用和推广中存在以下问题:

（1）养护部门的认识不够,预防性养护与决策者的思维方式有冲突。公路管理部门主观意识不够,还不能将预防性养护带来的巨大收益放到一个长远目标上考虑。

（2）以预防为主的科学化养护体系还不健全,往往路面、桥梁病害发展到严重程度时才开始进行维修,错过了最佳养护时机,增加了工程费用、延长了维修工期、影响了交通、降低了道路服务水平、减少了经济效益。

(3) 技术研究薄弱,对病害的成因认识不够全面、深入,还不具备针对相应的病害采取适当维修技术的能力。

(4) 缺乏专项养护资金,国外已经使用成熟的技术引进国内后,需要一个设备、原材料使用标准、检验标准等的二次开发过程。

(5) 缺少路面性能数据资料的收集与系统分析。预防性养护方案的建立需要大量的路面性能资料,包括路面破损及病害情况、交通量、气候、日常养护维修记录等,因此预防性养护工作的开展还需要一个相当长的时间。

目前,广泛应用在我国高等级路面的预防性养护中的技术有雾封层技术、微表处技术和薄层罩面等,大部分预防性养护材料都是依赖进口或者引进国外工艺,国内加工,与之相配套的机械设备的技术水平、实用性能与国外相比还有很大的差距,还没有正规的预防性养护的相关技术标准出台,这在一定程度上制约了预防性养护技术的推广。为了不断提高预防性养护技术的水平,就需要加强对预防性养护新材料、新工艺、新设备等的研究,推进我国路面预防性养护技术的进步。

6.6.2　道路养护机械

1. 道路机械化养护的涵义

道路养护是一项技术含量比较高的工作,通常采用新技术、新材料、新工艺,技术较复杂、施工难度大。同时,养护工作都是在在用道路上进行的,为保证道路交通不因养护工作而中断,不可为道路使用者带来诸多的不便,道路养护工作一般需要在不中断交通下进行,或在夜间有限的时间内完成养护工作。因此,道路养护还具有时间场地受限、安全性要求高的特点。为圆满完成道路养护工作,推广道路机械化养护作业具有重要的意义。

所谓机械化养护,是指对养护作业中质量、效率要求高,或有人身安全隐患的作业,使用技术参数相互协调和配备合理的机械系统来完成,并能在指定的作业条件和环境下以较好的技术经济指标、机械性能指标,保证养护工程质量和速度的养护作业。机械化养护涉及养护机械的配备、作业方式、组织与管理模式、机械化配备水平的评价、养护机械的分类、养护机械生产率与效率的计算方法等。机械化养护水平是一个动态发展的水平,它与社会的总体发展水平同步,随着国民经济的发展与科学技术的进步,机械化养护的水平也在不断提高。

公路机械化养护主要特点有:① 效率高,质量好;② 安全性高,可减轻工人劳动强度;③ 机动性强;④ 对机械设备要求较高。

养护机械设备是公路机械化养护的物质基础,其必须具备运行安全可靠、工作效率高、环保符合标准、适合公路的养护作业等特点,只有具备了这些特点才能适应公路养护生产的要求。同时,机械化养护对工作人员素质要求高。设备管理及使用人员都应具备良好的文化素质和机械方面的专业修养,才能正确管理和使用养护机械。

2. 常用的道路养护机械

用于路面养护的机械设备多种多样,既有通用类设备,又有专用设备,设备性能也随设备型号、厂家的不同而有巨大差异。道路养护工作者应根据道路养护工程类型、养护目的、养护技术和工艺采用适用的养护机械,推广应用技术程度高、养护效果好的设备,推进道路养护的机械化水平。

下面对几种道路养护机械进行简单的介绍。

1) 多功能沥青路面修补车

沥青路面修补车又称路面综合养护车,由于它比较适合沥青路面的日常小修养护,因而在国外得到了较为广泛的应用。沥青路面修补车可完成路面破碎挖掘、路面碾压、搅拌沥青混合料、旧油层再生利用、加热沥青、工场材料转运、为其他养护机具提供电源、公路检查巡视等多项作业和工序。

沥青路面修补车的分类如下所述。

(1) 按载重量分。

沥青路面修补车一般均选用汽车底盘,按汽车底盘载重量可将修补车分为大、中、小三种类型:大于 5t 为大型,3~5t 为中型,小于 3t 为小型。

(2) 按行驶方式分。

按行驶方式分为自行式和拖式两种。自行式修补车是将各种设备和装置装在汽车底盘上或专用自行式底盘上,从底盘主机或自备发动机取得动力驱动各种工作装置和机具。目前,国内生产的沥青路面修补车大多是自行式的。

(3) 按传动方式分。

按传动方式分为机械传动式、液压传动式、气压传动式、电传动式、综合传动式五种。

(4) 按发动机所用燃料分。

按发动机所用燃料分为柴油机和汽油机两种。

2) 路面铣削机

路面铣削机用于清除路面的拥包、波浪、网裂、车辙、坑槽和水泥路面的错台等病害,可将路面铣削一层,以提高路面的平整度和粗糙度。由于其工作效率高,施工工艺简单,铣削深度易于控制,操作灵活方便,机动性能好,铣削下来的旧料可再生利用,因而被广泛用于路面的维修。

3) 稀浆封层机

乳化沥青稀浆封层是利用乳化沥青的特性,在常温条件下以适应级配的石屑为集料,以乳化沥青结合料与添加剂(水泥、石灰、粉煤灰)和水按一定比例掺配、拌和、拌制成均匀的稀浆混合料,并按要求的厚度摊铺在路面上,经过水分蒸发、硬化而形成密实、坚固、耐磨的表面处治薄层。由于这种表面处治技术具有施工速度快、质量好、工艺简单、节能、减少环境污染、经济效益高等优点,在世界各国得到了迅速的发展,被广泛用于沥青路面的新建、旧路改造和日常养护作业中。乳化沥青稀浆封层机是完成稀浆封层施工的专用设备。

稀浆封层机的特点是在常温下在路面现场拌和摊铺,因此能大大降低工人的劳动强度,加快施工速度,并节约资源和能源,适用于公路和城市道路部门对路面磨耗层进行周期性的预防性养护,以保持路面的技术性能和延长使用寿命;还可对路面早期病害进行修复,以提高路面的防水能力、平整度及抗滑性能。

4) 沥青路面就地再生机

沥青路面就地再生机是对旧沥青路面材料进行再加工,使其恢复原有形态和性能的机械设备。它适用于产生裂缝、车辙、磨耗、各种变形的旧沥青路面的修复工程,是道路养护的专用机械设备之一。

5) 乳化沥青设备

乳化沥青设备就是用来生产这种乳化沥青的专用设备,其生产特点是在乳化剂的作用下通过机械力将沥青破碎成微小的颗粒,并均匀地分散在水中,形成稳定的乳态液,即乳化沥青,主要在公路、城市道路工程中作为透层、黏结层及面层结合料,也可在建筑行业用于配制防水涂料和防水卷材。

6) 沥青洒布机

沥青洒布机是一种应用历史最长的路面工程机械。在采用沥青贯入法表面处治、透层、黏层、混合料就地拌和沥青稳定土等施工养护工程中,沥青洒布机用来喷洒各种液态沥青材料(包括热态沥青、乳化沥青)。

7) 水泥路面维修机械

水泥路面破损形式和维修工艺的多样化,导致维修机具的多样化。维修水泥路面常用的机具有:破碎机、凿岩机、空气压缩机、高压水清洗机、切缝机、封层机、搅拌机、振捣机、挖掘机、装载机等。

8) 路面保洁机械

路面保洁机械主要有:清扫车、洒水车、护栏清洗车。

9) 其他养护机械

其他养护机械包括除雪机械和撒盐机、除草机、打桩拔桩机、路面画线机和桥梁检测车等。

3. 公路养护机械的发展

1) 公路养护机械的发展方向

当前,高等级公路的养护作业已基本实现机械化,对于一般的坑槽、车辙、拥包等病害多采用多功能综合型养护车作业。该类养护车又分为常温作业型(通常具有现场沥青混合料拌和设备)和加热作业型(一般带有具有保温加热功能的沥青混合料箱)。上述两种设备的主要区别在于前者的养护对象在常温下作业,原有的旧路面材料就难以再利用;而后者是将损坏部分通过加热软化后,视情况添加新材料与之混合摊铺再用,因此具有旧料再利用功能。

但普通道路养护由于资金紧张,投入较少,目前难以很快实现机械化。一般会分两步走:

第一步,以简单机械与人工配合作业,这种情况下的机械可能是较为原始的,功能也较为单一,工程量由机械与人力合作完成。

第二步,在第一步的基础上实现全部机械化作业,显然这种机械必然是多功能作业。

2) 机械化养护设备的发展趋势

(1) 预防性养护设备和服务性养护设备将受到进一步关注。预防性养护是指根据公路检测评估结果,在道路病害出现之前实施有针对性的预先养护处理,以防止和延缓路面性能恶化,延长道路使用寿命的养护项目。预防性养护技术是指如稀浆封层、石屑封层、微粒封层等类的封层技术。服务性养护是指养护部门对行驶在管养路段上的各种车辆提供应急服务(如提供机动加油设备、应急维修等),及时清除对车辆有害的路面洒落物,减少车辆故障,保证公路畅通的养护项目。

(2) 环保型养护设备将受到青睐。随着我国主干公路的建成,旧路的改造、废料的利用摆在越来越重要的位置上来。例如,沥青路面就地热再生和就地冷再生及厂拌再生受到国内生产厂家及国外代理商的普遍关注。

(3) 沥青路面综合养护车技术已较成熟,但在快速反应能力、高效、高质量作业方面还有待进一步提高。

6.6.3　路面管理系统在路面养护中的应用

1. 路面管理系统概述

路面管理系统是利用现代计算机技术、现代管理技术对路面进行科学化、规范化管理的综合系统。路面管理系统的研究最早始于加拿大,20 世纪六七十年代在美国、欧洲得到了广泛的推广和应用,技术已经趋于成熟。

近年来,许多研究者将新兴学科应用于路面管理系统。例如,将运筹学、模糊数学、可靠性理论、神经网络分析等应用于路面性能预测、路面养护决策等分析工作,使路面性能预测和分析更加科学、准确;将地理信息系统(GIS)、网络传输技术、GPS 定位系统等用于管理系统的建设,提高了系统的功能,使用更加方便。新技术的采用使路面管理系统的技术含量大大提高,在道路管理中发挥越来越重要的作用。

路面管理系统综合考虑技术、经济、社会和政治等方面因素,协调各项路面管理活动,促使路面管理过程系统化。路面管理系统的建立和实施,可以帮助管理部门改善所作出的决策的效果,扩大决策的范围,为决策的效果提供反馈信息,以积累管理经验,并保证部门内各级单位决策的协调一致性。

公路路面管理系统(pavement management system,PMS)主要包括公路路面数据库、公路模型数据库、图像管理系统、公路养护决策系统、公路养护报告制作系统等功能。它的产生极大地方便了人们对路面的智能化、科学化的管理。同时,它的推广应用可在公路建设资金紧张的情况下,提高养护资金的利用效率,及时改善路面的使用性能;促进公路养护行业由粗放型向集约型转化,加快公路养护管理科学化、现代化的步伐。

2. 路面管理系统发展趋势

近年来,路面管理系统的作用和涵义也在发生变化,其功能更加多样化,技术更加复杂化。今后,路面管理系统将在以下几个方面取得进一步的进步。

(1) 向路面管理和设施管理拓展。

路面管理系统起步早,发展也比较成熟。从 20 世纪 90 年代中后期开始,一些部门就开始着手将路面管理与桥梁管理结合在一起。美国纽约的公路管理部门在 1987 年就开始着手对路面和桥梁一起进行管理。通用的参考系统、数据库和风格统一的用户界面是系统集成需要重点考虑的因素,也是研究的重点。在国内,上海于 90 年代中后期也出于对各类不断增长的基础设施的集成和有效管理的需求,开始着手开展城市基础设施管理信息化研究。

(2) 专家系统体系的改进。

随着新技术的不断发展,公路管理部门也同样需要采用新技术对路面管理系统进行升级。从 20 世纪 80 年代开始,各个国家都建立了一批基于专家知识库的路面管理系统,在路面日常养护、大中修对策及改造对策的选择方面得到了具体的应用。目前的研究集中于某一方面的专家知识改进和完善方面,在土木工程研究领域较为活跃的人工神经元网络和遗传算法的研究就反映了这一趋势,在路面管理方面的应用应针对的是优化路网和桥梁的资金分配方案。

(3) 网级与项目级管理相结合。

路面管理系统通常分为网级管理系统和项目级管理系统两个层次,在路面管理的发展阶段中分别成为当时的研究重点。在近年来的研究中,出现了网级分析中经济分析模型与项目级设计的结合趋势。英国的伯明翰大学帮助塞浦路斯、马来西亚和我国的营口建立的路面管理系统都是采用了世界银行提出的 HDM2 Ⅲ模型,这个模型实际上是一个网级的养护投资分析工具。国内一些研究者也开始考虑致力于将道路使用寿命周期内的经济分析和设计综合起来研究。

（4）标准化与新技术平台。

计算机软件工业的发展大大地促进了路面管理系统的发展。近年来，GIS 技术应用于交通运输领域，形成了 GIS 的专门分支 GIS2T。基于 GIS 的管理系统的基础工作是空间数据库的建立，即进行管理对象的数字化，完成基础地形图和属性连接。这项工作耗时耗资巨大，而且需要进行周期性维护和更新。因此而带来的空间数据标准的建立和数据共享及相关的研究，成为路面管理者和开发者关心的问题。

（5）数据采集技术。

路面管理系统的基础是道路动态使用现状数据的采集，研制新的数据采集设备及相关软件技术的研究一直是国际和国内道路工程界比较前沿的方向。其中，比较具有代表意义的有，利用模式识别技术进行路面损坏状况自动或半自动检测和交通数据的采集，采用无破损检测技术进行路面结构探测和道路结构承载力检测（代表有落锤式弯沉仪 FWD）及相应的模量反算研究，路面平整度检测仪器等，都是当前道路养护工作中的重要研究内容。对于各种检测设备在某个地方使用的适应性要经过研究进行标定后才能使用。这类仪器的数据与路面管理系统的数据通信研究始终是路面管理研究者需要解决的问题。

（6）体制与机构变革。

我国正处于大规模的建设阶段，道路建设的主体为国家和地方政府投资，但也存在由社会融资建设的部分道路和高速公路，一些省市道路设施管理机构与体制处于变革时期。如何对多主体的道路设施进行有效的管理、如何应用路面管理系统为道路设施的总体建设和管理进行服务，是道路管理研究人员关注的趋势之一。

3. 路面管理系统在道路养护工作中的作用

路面管理系统最初研究并不是用于路面的养护，而是主要解决路面的设计问题。基于路面管理系统的功能和优势，目前路面管理系统主要应用于路面的养护工作中。在路面养护工作中充分利用路面管理系统的功能，与路面管理系统进行有机的结合和协作，可以提高路面养护工作的科学性，有利于养护工作的科学管理和决策。同时，利用路面养护的基础数据，可以增加路面管理系统的功能，提高路面管理系统在路面性能预测、养护决策方面的准确性，使路面管理系统发挥更大的作用。

路面管理系统可以在道路路面养护工作的以下三个方面发挥其重要作用。

（1）数据库管理。

道路养护工作量越来越大，基础数据的存储、分析数量也越来越多。利用路面管理系统的数据库功能，可以将多条道路的多年检测数据进行管理，并可以进行数据的分析,得到每条道路路面性能变化的预测模型,为路面的预防性养护、大中修决策提供最科学的支持。

(2) 养护资金的科学使用。

过去我国的道路管理和养护为市场化的管理,建设、管理和养护集于一身的管理机制常年存在。现在,我国的道路养护逐渐实行市场化,由不同的单位对道路进行养护。在这种形势下,如何确定养护资金数量、如何科学有效地分配养护资金,需要有科学、合理、公正的机制予以保证。路面管理系统具备养护决策功能、寿命周期分析功能、经济评价功能、优化排序功能等,可以根据实际需要,制订出最优的养护资金分配方案,得到最佳的养护效果。

(3) 路面养护状况评价。

路面管理系统可以对所管道路进行快速的路面状况评定,节省人力、物力,实现对道路快速、客观的评价。

路面管理系统具有巨大的使用功能,在道路养护工作中具有重要作用。应积极推广路面管理系统在道路管理和养护工作中的应用,将道路养护技术与路面管理系统功能进行有机的结合,在路面测试数据共享、养护方案决策、养护时机的决策等诸方面,进行进一步的研究,使二者达到协调一致。

6.6.4 道路路面技术状况的评价方法

前面章节对道路路面评价进行了详细的论述,目前国内外已经建立了比较完善的路面性能评价和路面养护状况评价的模型。随着科学技术的发展和人们生活水平的提高,人们对交通的安全性和舒适性提出了更高的要求,基于驾乘者心理和生理指标的路面性能评价理论和方法开始进入道路工作者的研究领域,如何根据驾乘者的心理和生理指标评价道路性能已经成为研究热点。

下面对逐渐开展的路面性能新的评价理论作介绍。

1. 传统评价方法的特点

20世纪60年代中期,美国AASHO建立了第一个路面使用性能评价模型——路面服务性指数(PSI),其后,日本的养护管理指数(maintenance control index,MCI)、美国陆军的路面状况指数(PCI)等路面性能评价模型也相继建立。

PSI的建立引入了专家评分制。即由建设技术人员、养护人员、汽车运输人员、汽车制造人员组成评价小组,按一定的条件乘车通过某条道路,根据自己的感受,按图6.14所示表格对路面性能进行评价。该评价是基于乘车人的感受而得到的,基本反映了路面性能对乘车人舒适性的影响。

在乘车试验完成后,测定了该路的路面破损状况和平整度指标,建立了专家评价结果和路面性能客观数据之间的关系模型,即PSI模型,最初建立的PSI模型如

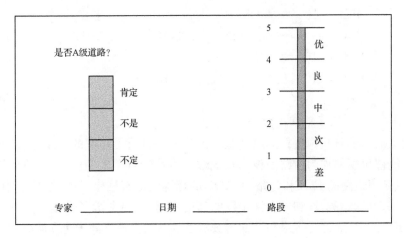

图 6.14　专家评价表

下所示：

$$\begin{cases} \text{PSI} = 5.03 - 1.91\lg(1+\text{SV}) - 0.01\sqrt{C+P} - 0.21\text{RD}^2 & \text{沥青} \\ \text{PSI} = 5.41 - 1.80\lg(1+\text{SV})0.05\sqrt{C+3.3P} & \text{水泥} \end{cases} \quad (6.23)$$

式中：SV——轮迹处纵向平整度离散度；

　　　　C——裂缝度（$\text{m}^2/1000\text{m}^2$）。

在第一个路面性能评价模型 PSI 建立之后，各国也相继建立了自己的路面性能评价模型。式(6.24)为日本于 1978 年建立的 PSI 模型，并根据 PSI 按表 6.45 所示标准决定道路路面养护方案。

$$\text{PSI} = 4.53 - 0.518\lg\sigma - 0.371\sqrt{C} - 0.174D^2 \quad \text{日本} \quad (6.24)$$

式中：σ——纵向平整度标准偏差（mm）；

　　　　C——裂缝率（%）；

　　　　D——车辙深度（cm）。

表 6.45　日本道路路面养护方法

PSI	处治方法	PSI	处治方法	PSI	处治方法
3～2.1	表处	2～1.1	罩面	1～0	重建

除路面服务指数(PSI)外，日本提出了养护管理指数(MCI)、线形舒适性指数(RCI)，美国陆军提出了路面状况指数(PCI)等。我国于 20 世纪 80 年代末期建立了 PCI 模型，当时的模型借鉴 PSI 模型的建立方法，进行了专家乘车和评价试验，建立了 PCI 与路面性能客观数据的关系模型。式(6.25)和式(6.26)分别为河北省(保定、石家庄)和杭州市建立的 PCI 模型，其中 PCI 为专家评分结果，最高分 10 分，其他参数为实测路面性能技术参数，反映了路面性能与乘车舒适性的相互关系。

$$PCI = 10 - 0.73DR^{3.35} - 4.22 \times 10^{-5}[\lg(1+BI)]^{3.49} \tag{6.25}$$

$$\begin{cases} PCI = 11.5 - 2.52DR^{0.25} - 0.00016 \times [\lg(1+BI)]^{7.47} \\ PCI_2 = 10 - 3.20DR^{0.25} \\ PCI_1 = 10 - 2.77 \times 10^{-4}[\lg(1+BI)]^{7.47} \\ IRI = 0.0179BI^{0.729} \end{cases} \tag{6.26}$$

式中：IRI——国际平整度指数(m/km)。

前面的章节对我国现行的路面状况评价方法进行了详细的介绍,其所采用的路面性能评价模型均为由路面技术状况数据直接计算得来的。同时,路面综合技术状况(城市道路的 PQI 和公路的 MQI)的计算及等级确定(即分级界限指标)均未对驾乘人员的舒适性和安全性予以明确的考虑,即使考虑了也是一种理论意义上的、定性的考虑,评定等级与路面行驶舒适性和安全性之间未建立明确的定量关系,等级的确定具有随意性和不确定性。

上述分析表明,PSI 的建立考虑了乘车人的舒适性感受,是一种在一定程度上考虑了驾乘者心理和生理状况的评价方法,但这种考虑只是定性的考虑,没有建立起根据驾乘者的心理和生理指标确定路面性能"阈值"或"限值"的关系模型。而目前面向道路路面养护工程的路面状况评价模型,则更多地基于工程因素,根据工程可行性、技术可行性、经济可行性等因素确定路面状况评定标准。

2. 道路路面技术状况评价理论的新发展

适应人性化的建设理念,为提高道路路面的舒适性和安全性,国内外对不同道路和环境条件下的驾乘人员心理和生理反应逐渐予以重视并进行研究,道路工程研究者正在对基于驾乘者心理和生理指标的路面性能评价理论和方法进行研究和探讨。

日本的学者为了掌握人们对凹凸不平的路面有什么反应,用搬运东西的手推车进行了段差试验,即在平坦的地面上铺上厚板,通过推动手推车来上下移动,测定走行前、走行中、走行后人的脑电波对段差的冲击有什么反应的试验。并认为道路纵断面高程的变化与脑电波的变化是对应的,如图 6.15 所示。

另有学者利用 10 个电极测定脑电波,通过对数据进行特定的感性谱处理得到人类的四种感情,即舒适(joy)、紧张(stress)、悲哀(sadness)、放松(relax)。在机场道路进行的试验表明,路面平整度对人类的舒适和紧张程度具有一定的影响,如图 6.16 所示。

某学者进行的 10 条路的试验结果表明,车行道上的振动数与乘车人的不舒适程度具有高度的相关性,如图 6.17 所示。

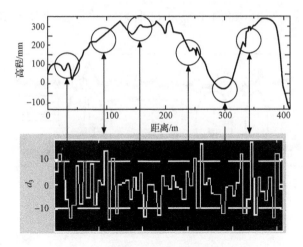

图 6.15　路面高差对脑电波的影响

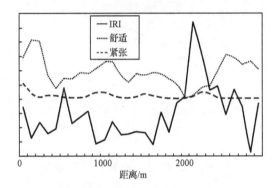

图 6.16　平整度对人舒适和紧张程度的影响

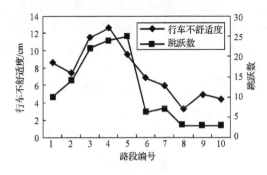

图 6.17　振动数与不舒适度的关系

　　本书进行的路面性能与驾乘者心理和生理指标的试验研究表明,路面平整度对乘车人的心律具有明显的影响,当平整度发生变化时,心律将产生较大的波动,如图 6.18 所示。同时,路面平整度与乘车人心律变化率有高度的相关性,如图 6.19所示。

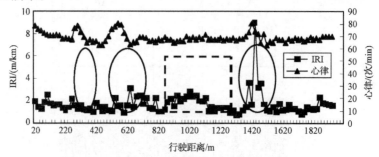

图 6.18　心律与路面平整度指数(IRI)的对应关系

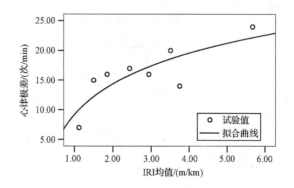

图 6.19　乘客心律极差与路面平整度的关系曲线

研究表明,路面的性能(平整度、破损状况等)对驾乘者的心理和生理具有明显的影响,当路面性能变化超过一定的阈值时,驾乘者将会感到极度的不适,会对行车舒适性乃至行车安全性产生不利影响。因此,可以通过确定驾乘者心理和生理反应阈值来确定路面性能的变化阈值,从而制定基于驾乘者心理和生理反应的路面性能评价指标。

基于驾乘者心理和生理反应的路面性能评价方法还处于初始研究和探索阶段,相信经过广大道路工程研究者的不懈努力,一定可以使道路路面状况和性能的评价方法更加合理和科学,更加具有人性化,建设的道路路面更加安全舒适。

参 考 文 献

白志强,崔志勇.2007. 浅析公路机械化养护.工程机械文摘,(6):16—18.

陈其学.2007. 高速公路路面预防性养护决策.公路交通技术,(1):63—65.

董瑞琨,孙立军,彭勇.2004. 路面预防性养护时机确定方法探讨.中国安全科学学报,14(6):31—35.

董瑞琨,孙立军. 2004. 路面维护及预防性养护效益分析. 公路,(3):121—125.

黑树伶,郭贵生. 2007. 谈公路预防性养护. 青海交通科技,(4):11,12.

胡力群,沙爱民,袁文豪. 2005. 多功能道路检测车在道路养护、管理中的应用. 筑路机械与施工机械化,(6):60—62.

邵林,李响,王火明. 2004. 浅谈路面使用性能评价及其重要性. 中国水运,7(3):80,81.

王玲杰,邓闯,王亚玲. 2006. 公路的预防性养护. 工程技术与管理,(11):41,42.

王永业. 2007. 浅谈路面管理系统的发展状况及趋势. 山西建筑,33(32):366,367.

杨士敏,吴国进,张铁,等. 2003. 高等级公路养护机械. 北京:机械工业出版社.

张国梁,叶中辰. 2007. 路面无损检测技术的现状与发展. 吉林交通科技,(3):5—8.

张卿. 2008. 公路养护机械及其发展方向. 中国水运,8(4):130,131.

张志刚. 2007. 国内外公路预防性养护技术发展应用情况. 交通世界,(12s):72,73.

赵宝平. 2005. 国内外公路养护技术分析研究. 交通标准化,(5):99—103.

中华人民共和国交通部. 1996. 公路养护技术规范　JTJ 073—1996. 北京:人民交通出版社.

中华人民共和国交通部. 2001. 公路沥青路面养护技术规范　JTJ 073.2—2001. 北京:人民交通出版社.

中华人民共和国交通部. 2001. 公路水泥混凝土路面养护技术规范　JTJ 073.1—2001. 北京:人民交通出版社.

中华人民共和国交通部. 2007. 公路技术状况评定标准　JTG H20—2007. 北京:人民交通出版社.

中华人民共和国住房和城乡建设部. 2002. 城镇道路养护技术规范　CJJ 36—2006. 北京:中国建筑工业出版社.

中华人民共和国住房和城乡建设部. 2016. 城镇道路养护技术规范　CJJ 36—2016. 北京:中国建筑工业出版社.

附　录

附表 6.1　内环辅路车行道 001~020 单元养护水平调查评定结果

单元序号	破损面积 F_{1i}(实测/换算)/m²　换算系数 K_i　沥青路面											换算破损面积/m²			检查面积 F_1/m²	完好率/% $\dfrac{F_1-\beta\sum F_{1i}K_i}{F_1}$	评定等级
	裂缝	碎裂	松散	脱皮	坑槽等	车辙	沉陷	拥包	搓板	翻浆	唧浆	$\sum F_{1i}K_i$	β	$\beta\sum F_{1i}K_i$			
	0.5	1	1	3	3	0.5	3	2	2	6	6						
SDBN-001	19.8	1.7										11.6	1.0	11.6	7553	99.8	优
SDBN-002	7.4	2.7										6.4	1.0	6.4	5271	99.9	优
SDBN-003	14.2	2.5										9.6	1.0	9.6	3704	99.7	优
SDBN-004	4.6	3.9	2	0.08								8.4	1.0	8.4	4863	99.8	优
SDBN-005	1.8	4.3		1.6			2.4					17.2	1.0	17.2	5251	99.7	优
SDBN-006	87.6	20.8										64.6	1.0	64.6	3729	98.3	良
SDBN-007	43.4	14.5	33	0.2								69.8	1.0	69.8	3553	98.0	良
SDBN-008	36.2	23.4										41.5	1.0	41.5	4719	99.1	优
SDBN-009	1.6											0.8	1.0	0.8	649	99.9	优
SDBN-010	78.2	4					1.2					46.7	1.0	46.7	5001	99.1	优
SDBN-011	43.6	19.2	4	4			0.9					59.7	1.0	59.7	7861	99.2	优
SDBN-012	40.2	7.4		0.25								27.5	1.0	27.5	5325	99.5	优
SDBN-013	63	11.5		0.04								43.8	1.0	43.8	6016	99.3	优
SDBN-014	80	13.7										53.8	1.0	53.8	8957	99.4	优
SDBN-015	57.8	12.1					4.8					55.4	1.0	55.4	5259	98.9	优
SDBN-016	62.4	13					8.2					68.8	1.0	68.8	6715	99.0	优
SDBN-017	152.8	261.1	8	6.25			15					409.3	1.0	409.3	7570	94.6	合格
SDBN-018	208.2	285.9		0.54			4					403.6	1.0	403.6	5986	93.3	合格
SDBN-019	87.4	61.9	1	6								124.6	1.0	124.6	6197	98.0	良
SDBN-020	44.2	7.8					1					32.9	1.0	32.9	7046	99.5	优

附表 6.2　内环辅路人行道 001～020 单元养护水平调查评定结果

| 单元序号 | 破损面积 F_{2i}/m^2 | | | | | 破损面积合计 $\sum F_{2i}/m^2$ | 检查面积 F_2/m^2 | 完好率 $P_L/\%$ | 评定等级 |
	坑洞	错台	拱起	沉陷	预制件缺失				
SDBN-001	1	1	7	1.4375	0.125	10.56	2152	99.5	优
SDBN-002	0.375	1.25	5.5	1.675	3.275	12.08	1743	99.3	优
SDBN-003			0.25	0.2	0.3	0.75	1523	100.0	优
SDBN-004	0.125	1	2.75	9.625	2.625	16.13	2105	99.2	优
SDBN-005	0.02	0.25		0.25	0.5	1.02	1239	99.9	优
SDBN-006	0	0	0	0	0	0.00	533	100.0	优
SDBN-007	0.4125	1	1.5	2.05	0.25	5.21	1215	99.6	优
SDBN-008	0.0625	1.5	4.1	7.125	0.125	12.91	1936	99.3	优
SDBN-009	0	0	0	0	0	0.00	3225	100.0	优
SDBN-010	1.41	3	4.04	5	0.88	14.33	4113	99.7	优
SDBN-011	0.1	0.5	3.3025	8.75	0.74	13.39	820	98.4	优
SDBN-012	3.045	1.5	1.25	2.875	1.3125	9.98	2395	99.6	优
SDBN-013	0.33	8.75	6.875	6.75	2	24.71	1483	98.3	优
SDBN-014	1.225	2.75	0.5	4		8.48	2785	99.7	优
SDBN-015	0.21	1.5	0.5	1.25	1.18	4.64	1485	99.7	优
SDBN-016	1	6.8125	2.8	7.715	1.525	19.85	1695	98.8	优
SDBN-017	0.925	1.86	1.375	15.97	1.35625	21.49	1973	98.9	优
SDBN-018	7.87	12.61	12.325	28.3	15.65	76.76	2608	97.1	良
SDBN-019		1.67	0.6	14.46	1.51	18.24	2265	99.2	优
SDBN-020		0.66	0.48	5.52	1.88	8.54	2453	99.7	优

附表 6.3　内环辅路检查井 001～020 单元调查评定结果

单元号	检查井类型/个				病害类型/个			
	雨	污	其他	小计	沉陷	突起	破损	小计
SDBN-001	15	0	31	46			3	3
SDBN-002	13	0	31	44			7	7
SDBN-003	6	0	31	37			3	3
SDBN-004	12	1	34	47	1		3	4
SDBN-005	14	2	32	48	5		3	8
SDBN-006	10	1	11	22	1		4	5
SDBN-007	8	2	34	44	1		4	5
SDBN-008	18	2	35	55	4		3	7
SDBN-009	0	0	2	2				0
SDBN-010	24	2	54	80	1	2	3	6
SDBN-011	18	5	68	91	2		8	10
SDBN-012	10	3	21	34			7	7
SDBN-013	14	2	21	37			2	2
SDBN-014	23	2	26	51			3	3
SDBN-015	16	6	5	27			5	5
SDBN-016	43	19	25	87			4	4
SDBN-017	58	21	54	133	5		9	14
SDBN-018	68	28	59	155	5		12	17
SDBN-019	25	19	33	77	22		9	31
SDBN-020	10	6	53	69	11		1	12

第7章 道路与交通安全

7.1 道路交通安全概述

交通安全一般理解为在交通过程中不发生交通事故。不发生事故的概率大，交通安全度大；反之，交通安全度小。

造成交通事故的原因是多方面的，主要与交通参与者、车辆机械性能、道路交通环境有关。白俄罗斯共和国对 1979～1980 年的车祸进行了分析，结果表明有 92％的责任在驾驶员；美国 1968 年的事故统计指出，有 90.6％的责任归于驾驶员。2005 年我国道路交通事故统计结果显示，道路交通事故 90％以上是由机动车驾驶员的错误行为所致。为了防止交通事故，从理论上来说要使道路满足车辆行驶的要求；避免车与车、车与人、车与物体碰撞；减少发生碰撞时的能量；确保车辆技术性能可靠；驾驶员的工作状态保持良好。为此，应严格执行法规，驾驶教育，采取适当的工程措施。

据统计，自汽车问世以来的一百余年中，全球死于交通事故的人数逐年增加，到目前为止累计死亡约 3300 万人，并且仍保持上升势头。据联合国统计，20 世纪全世界每年死于道路交通事故的人数由 70 年代的 30 万，增加到 90 年代的 50 万。根据世界卫生组织数据，道路交通事故死亡人数已经从 1990 年的将近 99.9 万上升到 2002 年的 118.3 万，上升了将近 10％。

我国 1984～2007 年全国道路交通事故次数、死亡人数、受伤人数如图 7.1 所示。在 2000～2004 年，因交通事故造成的损失为国内生产总值的 1％～3％，损失金额逾 125 亿美元，高于公众卫生服务和农村义务教育的国家财政预算。2003 年以来，我国在机动车保有量、机动车驾驶人快速增长的情况下，全国发生道路交通事故起数、死亡人数、万车死亡率实现了从 2003 年以来的连续 4 年"三下降"：交通事故起数以年均 10.8％的速度下降，由 2003 年的约 66 万起降至 2006 年的约 37 万起；交通事故死亡人数以年均 6.7％的速度下降，由 2003 年的 10.4 万人降至 2006 年的 8.9 万人；交通事故万车死亡率由 2003 年的 10.8％降至 2006 年的 6.2％。尽管我国的道路交通事故呈现下降趋势，但在2000～2004年这 5 年里，因道路交通事故造成约 50 万人死亡，约 260 万人受伤，相当于每 5min 就有 1 人因交通事故死亡，死亡率为世界第一。道路交通事故造成了人力和社会资源的巨大浪费,而且给社会造成严重的不良影响。因此,交通事故成为当今世界的一大社会公害,成为世界各国关注的重大课题。

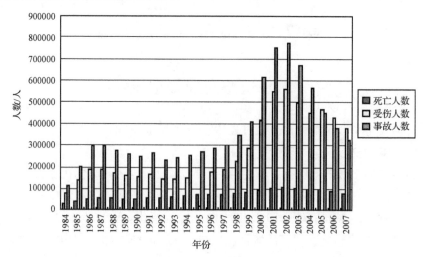

图 7.1　全国道路交通事故分布示意图

7.1.1　交通事故的定义

对于交通事故的定义,各个国家有各自的理解。

美国国家安全委员会认为:交通事故是"在道路上所发生的意料不到的有害或危险的事件"。这些有害或危险的事件妨碍着交通行为的完成,其原因常常是由于不安全的行动或不安全的因素,或是两者的结合。

日本对交通事故的定义为:由于车辆在交通中所引起的人的伤亡或物品的损坏,在道路法中称为交通事故。

我国 2004 年 5 月 1 日颁布实施的《中华人民共和国道路交通安全法》中对交通事故的定义为:车辆在道路上因过错或者意外造成的人身伤亡或者财产损失的事件。

我国交通事故中发生的伤是指医生证明需要休息 1 天以上者,或有骨折,或有皮肉裂伤需要缝合者,或脑震荡者;亡是指主要因交通事故而造成的在事故后 7 天内死亡者;物损是指直接经济损失 20 元以上者(在城市道路)或 50 元以上者(在公路上)。

各国在交通事故的具体定义中,对交通事故死亡时间界定各有差别。表 7.1 为不同国家在对交通事故死亡人数统计时采用的时间的规定。不同国家对死亡事件的规定不同,因此,不同国家间交通事故死亡人数统计结果存在一定统计上的差异,在对比时应予以注意。

表 7.1　各国和地区对交通事故中死亡时间的规定

国家(或地区)	各国和地区对交通事故中死亡时间的规定/d
日本、印度尼西亚、菲律宾、泰国、土耳其	1
波兰	2
法国	6
中国、意大利、孟加拉国	7
新西兰	28
美国、德国、英国、加拿大、澳大利亚、俄罗斯、捷克、匈牙利、罗马尼亚、印度、马来西亚、新加坡、中国(香港)、巴基斯坦、韩国、埃及、尼日利亚、墨西哥、巴西	30

7.1.2　交通事故的分类

1. 各国对道路交通事故的分类

由于研究目的不同,对于道路交通事故的不同情况进行分类,各人所持观点不同,因而形成了多种多样的分类情况,到目前为止,国际上已经有以下几种分类方式:

(1) 最简略的分类法。

(2) A-B-C 分类法。

(3) AIS(abbreviated injury scale)分类法。

(4) MAIS(maximum abbreviated injury scale)分类法。

(5) 按事故费用组成的分类法。

1) 最简略的分类法

该方法将道路交通事故分成死亡、重伤和轻伤三类事故。

2) A-B-C 分类法

美国公路委员会将汽车交通事故传统地分为:F、A、B 或 C 级伤害,或 PDO (物损)事故,分级标准见表 7.2。

表 7.2 交通事故 A-B-C 分类法

代码	受伤严重程度	所表示的受伤
F	死亡	(事故发生 100d 内)死亡
A	伤残	使人不能行走、驾驶或持续正常活动的伤害
	包括	严重撕裂、肢体折断或歪曲,头部或胸部及腹部受伤,在事故现场或运出事故现场时昏迷,没有帮助不能离开现场等
	不包括	暂时性昏迷或其他
B	非伤残性受伤	此类受伤在事故现场很清楚判别
	包括	头部隆肿、擦伤、青肿、轻微撕裂等
	不包括	跛 I(此伤害看不见)等
C	潜在性伤害	除上述伤害
	包括	暂时性昏迷,自称不明显的伤害,抱怨痛苦、恶心、癔病等
PDO	损害	损害使得财产等货币价值降低
	包括	对有货币价值的野生动物或鸟类的损害等
	不包括	使得移动需要增加一笔附加费用;正常操作时的机械故障,如轮胎爆裂、螺旋桨传动带断裂或轴断等

3) AIS 分类法

AIS 分类法即为伤害等级简易分类,它是于 20 世纪 70 年代早期由美国发展起来的对受伤程度分类的方法。至今已经过了几度修正(汽车安全医疗方面委员会 1971 年,受伤程度联合委员会 1985 年)。它被国际公认,并被广泛采用。它将受伤划分为六种受伤程度,从 1-轻伤至 6-最重伤(目前无法医治的伤害),见表 7.3。

表 7.3 交通事故 AIS 分类法

AIS	受伤情况
0	没有伤害
1	轻伤(可能不需要专业治疗)
2	中等伤(几乎都需要专业治疗,但通常没有生命危险或永久残废的可能)
3	较重(对大多数住院者有长期残废的危险,但无生命危险)
4	严重(有生命危险,常常永久残废,但可能能幸免于死)
5	危险(通常需要严密医疗看护,生死未料)
6	最严重(无法治疗,多数不能幸免于死)

4) MAIS 分类法

MAIS 分类法即为最大程度的简略受伤分类,见表 7.4。它是美国汽车医疗委员会(The Association for the Advancement of Automotive Medicine,AAAM)对事故分类更为详细的定义,这种方法为美国交通部(它同时也使用 A-B-C 划分法)和一些州所接受。

表 7.4 交通事故 MAIS 分类法

伤害等级	伤害程度	所表示的伤害
1	轻度伤害	皮肤轻微擦伤或撕裂,手指/足趾扭伤,第一度灼伤,头痛或头晕眼花(无其他神经病)
2	中度伤害	皮肤较重擦伤或撕裂,脑震荡(失去知觉 15min 以下),手指或足趾压碎/截断,近脱臼性或非脱臼性骨盆断裂
3	严重伤害	神经严重撕裂,多肋骨断裂(但胸部撞过除外);腹部器官撞伤,手足或肩压碎/截断
4	剧烈伤害	脾裂,腿碎,胸壁穿孔,伴有其他神经症状的脑震荡(24h 内的昏迷)
5	严重伤害(危及生命)	脊髓伤害(含脊髓切断),二、三级多处烧伤,伴有许多种神经症状的脑震荡(昏迷超过 24h)
6	最重伤害(当时死亡)	头断,体断,胸腔大规模压碎

5) 按事故费用组成的分类法

大多数专家认为事故费用含直接费用和间接费用,但它们(特别是间接费用)的构成有所分歧。

(1)直接事故费用。事故所引起的物损的产生和服务的消耗。例如,财产损失,医疗和交通紧急服务费用,医疗费用——急救室、住院、诊治、护理、家居调整等,法律、法庭费用。

(2)间接事故费用。包含一切变化及事故所涉及的人和社会所体验到的不可弥补的损失。这些变化包括生活之不可见部分,如痛苦和忍受,可见部分为服务机构所完成的行政工作,或者由于事故,个人现有不能生产产品或提供服务的损失。

美国联邦公路管理局提出间接费用的四个部分为:社会机构费用、人力资本费用、社会精神损失、生活和安全的价值。

① 社会机构费用。社会机构费用源于汽车交通事故中死、伤一人所带来的大量工作和文书工作。当考虑所有事故时,警察、消防、保险、福利、公共支援机构、交通部门、验尸房等,这些人员完成事故后的一系列过程,这一事务很重要,但其费用难以确定。确定每个机构用于机动车事故上的时间和费用是很困难的。美国联邦

公路管理局认为估算的社会机构费用应含警察、消防、验尸(送检)、保险、福利和公共支援机构。然而,国家机动车管理局和国家及当地交通部门的费用并不能通过已知的数据进行满意的估算。

② 人力资本费用。人力资本费用反映伤亡者所不能或者是短期不能完成的工作。这些工作包括对雇主、对家庭或对社会的工作;工作场所以外的责任,如家务或自愿活动也可能受影响。人力资本费用也包括降低了的工作能力,如外科医生在事故后还是医生,但不能再干外科医生的活,其收入将降低。

③ 社会精神损失。社会精神损失评价人力资本费用所忽视的生活质量的改变。不可见部分为精神痛苦或长期痛苦,家庭或婚姻的危害;滥用毒品(酒精);少年犯罪,错过(延误)教育,整个生活质量下降,失去与朋友、家庭、社会的交往更难以用金钱来表述。

④ 生活和安全价值。人们生活和安全价值反映了他们愿意支付(金钱、时间、自由和其他)以降低事故的数量或严重性及保障健康和安全状况。确定愿意支付事故费用数量和价值,许多方法都试图确定公众愿意支付以使事故可能性变小的费用。这使人力资本与社会精神损失费用不适应,因为每人的反应和行动将受由其所期待的收入和生活质量所限。若事故费用建立于愿意支付的概念之上,计划和方案选择更可能代表公众意愿。

2. 我国公安部对道路交通事故的分类

我国将交通事故分为死亡、重伤、轻伤及财物损失四类。

1992 年年初,在《道路交通事故处理办法》实施后不久,公安部发出了《关于修订道路交通事故等级划分标准的通知》,按死伤人多少、经济损失的大小等造成的后果的严重程度的不同,将事故的严重程度分为四类,该具体标准在事故处理和事故统计中均统一适用。具体标准如下:

轻微事故是指一次造成轻伤 1 或 2 人,或者财产损失机动车事故不足 1000 元,非机动车事故不足 200 元的事故。

一般事故是指一次造成重伤 1 或 2 人,或者轻伤 3 人以上,或者财产损失不足 3 万元的事故。

重大事故是指一次造成死亡 1 或 2 人,或者重伤 3 人以上、10 人以下,或者财产损失 3 万元以上、不足 6 万元的事故。

特大事故是指一次造成死亡 3 人以上,或者重伤 11 人以上,或者死亡 1 人,同时重伤 8 人以上,或者死亡 2 人,同时重伤 5 人以上,或者财产损失 6 万元以上的事故。

我国对下列事故不列入道路交通事故统计范围:

① 轻微事故。

② 厂矿、油田、农场、林场自建的不通行社会车辆的专用道路,用于田间耕作农机具行走的机耕道,机关、学校、单位大院内、火车站、汽车总站、机场、港口、货场内道路上发生的事故。

③ 参加军事演习、体育竞赛、断路施工的车辆自身发生的事故。

④ 在铁路道口和渡口发生的事故。

⑤ 蓄意驾车行凶杀人、自杀,精神病患者、醉酒者自己碰撞车辆发生的事故。

⑥ 车辆尚未开动发生的人员挤摔伤亡事故。

⑦ 由于地震、台风、山洪、雷击等不可抗拒的自然灾害造成的事故。

公安部《关于做好交通事故统计工作的通知》中规定的交通事故统计范围分为:死亡、重伤、轻伤和财产损失。公安部 1991 年 12 月 2 日公通字〔1991〕113 号《关于修订道路交通事故等级划分标准的通知》指出:在事故统计中,公安部《关于做好交通管理统计工作的通知》中规定的统计范围不变动。

死亡:以事故发生后 7 日内死亡为限。

重伤:按司法部、最高人民法院、最高人民检察院、公安部发布的《人体重伤鉴定标准》执行。

轻伤:按司法部、最高人民法院、最高人民检察院、公安部发布的《人体轻伤鉴定标准(试行)》执行。

财产损失:是指道路交通事故造成的车辆、财产直接损失折款,不含现场抢救(险)、人身伤亡善后处理的费用,也不含停工、停产、停业等所造成的财产间接损失。

3. 北京工业大学道路交通事故的分类

北京工业大学在进行道路交通事故经济损失研究中,认为可以在以上基础上,对受伤严重程度结合《人体重伤鉴定标准》(1990)规定和《人体轻伤鉴定标准(试行)》(1990)的规定,将道路交通事故受伤情况作如图 7.2 所示分类,交通事故受伤种类分类及其定义见表 7.5。

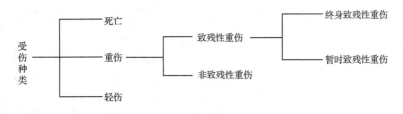

图 7.2　北京工业大学提出的交通事故受伤分类体系

表 7.5　北京工业大学提出的交通事故受伤种类分类

受伤种类	定义
死亡[1]	指因交通事故而当场死亡和伤后 7d 内抢救无效死亡
重伤[2]	指使人体肢体残废、毁人容貌、丧失听觉、丧失其他器官功能或者其他对人身健康有重大伤害的损伤
致残性重伤	指使人体在一个月以上时间里不能恢复其工作能力的重伤
非致残性重伤	指使人体在一个月以内不能恢复工作、生活能力,但不会导致终身残废的重伤
终身致残性重伤	指使人体至少一年时间不能恢复工作,且工作能力终身不能恢复到受伤前的状态的重伤
暂时致残性重伤	指使人体有一月以上的时间不能恢复工作,但工作能力在五年内能够恢复的重伤
轻伤[3]	指物理、化学及生物等各种外界因素作用于人体,造成组织、器官结构一定程度上的损害或部分功能障碍,尚未构成重伤又不属于轻微伤害的损伤

注：1) 按照公安部《关于做好交通事故统计工作的通知》中的规定。
　　2) 按照《人体重伤鉴定标准》(1990)规定。
　　3) 按照《人体轻伤鉴定标准(试行)》(1990)规定。

7.2　道路安全的影响因素

　　道路交通事故原因分析的目的在于找出与驾驶员、车辆和道路有关的可能促成事故的原因,以便拟定防治措施,减少事故的频率和严重程度。

　　道路交通事故的影响因素体系包含了四个子系统:第一为驾驶员因素,第二为道路因素,第三为交通流与车辆因素,第四为环境因素。具体的体系结构如图 7.3 所示。

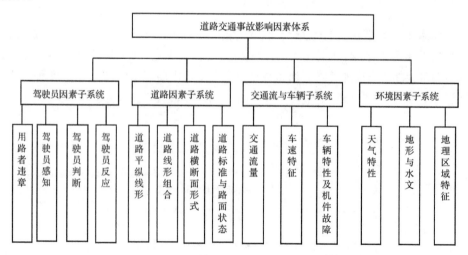

图 7.3　道路交通事故影响因素体系

7.2.1　道路使用者的因素

驾驶员、骑乘者和行人都是道路使用者(用路者),绝大多数交通事故都与用路者有关,且主要为驾驶员驾驶过程中的不当行为所致,引起交通事故的用路者因素包括以下多种原因。

驾驶员是道路交通事故的主要因素,引起事故的原因可以分为直接因素和间接因素。引起交通事故的直接因素有感知不准、反应不当、判断失误,间接因素包括生理和心理状况异常、违章行驶、驾驶经验不足等。

感知不准。驾驶员置身于交通环境中,面对的交通条件极为复杂,且时刻都在变化,驾驶员需要及时收集各种交通信息,并且随时作出反应。现代汽车行驶速度快,驾驶员对交通信息的感知,有可能是因 1/10 s 的误差,便酿成车损人亡的祸端。

反应不当。驾驶员在行车过程中,不仅要及时地感知交通条件的变化,而且需要对交通信息作出及时、准确的反应。因大意或注意力不集中等造成反应迟缓甚至酿成交通事故。

判断失误。驾驶员正确感知交通信息,并且及时作出反应,但如果判断不当也会造成交通事故。根据日本统计,由于驾驶员判断错误引起的交通事故,约占交通事故总数的 35%。因判断失误造成的事故主要是驾驶员对过街行人,如对儿童或老人行动的方向、速度判断失误,以及看错了前方的道路线形,或是对对方车速及与对方车辆的距离,或凭自己的想象判断对方的行动引起的。

生理和心理状况异常。驾驶员服用某些对驾驶员的感知及其驾驶行为产生干扰的药物;或是驾驶员在疲劳状态下,酒后/醉酒,驾驶员情绪产生急剧波动时。以上这些非正常状态会影响驾驶员的驾驶操作行为,从而诱发交通事故。

违章行驶。驾驶员的不良驾驶行为与习惯、驾驶员违章装载、操作引起的交通事故;对道路交通法规意识淡薄,对交通标志、标线视而不见;放松车辆的日常检查和维护。其中也包括骑乘者或行人违章行驶或行走。

驾驶经验不足。驾驶员技术生疏,经验不足,对车辆、道路情况不熟悉,遇到突发情况时惊慌失措,发生操作错误从而造成交通事故。

7.2.2　车辆因素

根据对某高速公路连续三年(2000~2002 年)交通事故统计资料进行统计,由于汽车机械故障所致交通事故占所有事故的 12.63%。这类事故的起因通常是由于制动失灵,机件失灵,车辆装载超高、超宽、超载;也可能是由于车辆各种机件出现疲劳损坏而酿成交通事故。表 7.6 是我国公安部对 2007 年全国交通事故中机械故障事故统计结果。

表 7.6　2007 年我国交通事故中机械故障事故统计表

故障种类	事故次数	比例/%
制动失效	1880	10.95
制动不良	10496	61.14
转向失效	336	1.96
照明与信号装置失效	1564	9.11
爆胎	591	3.44
其他机械故障	2299	13.39
合计	17166	100.00

汽车的新旧、性能优劣、维修的好坏都会影响事故的多少。车辆种类的多样化,使行驶在路上的车辆尺寸不一、载重相差悬殊,性能差别很大,而驾驶员并不完全熟悉各种车辆的性能与特点。这些都给交通安全造成隐患。因此,对车辆应定期检验,悉心保养。

7.2.3　道路因素

道路上交通事故的生成,其表象与直接的诱因多为驾驶员的违章或过失,而潜在与间接的因素涉及道路的线形设计。

线形设计通过对驾驶员行为的客观干扰,如降低驾驶员的行车环境质量、对于驾驶员过失的放大等,与行车安全产生了互动的关联。这一点,已为高速公路上事故的统计资料所证明。图 7.4 为北方平原地带某高速公路的多年事故统计分析,从图中可以看出,事故在道路的某些地段呈现出明显的集中分布,而如果事故与道路要素无关,这种集中性是不可能存在的。

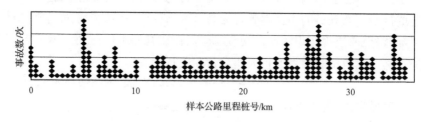

图 7.4　某高速公路事故分布示意图

以下分别从道路类型、道路平面线形、道路纵断面线形、道路横断面及交叉口等几个方面对道路因素与交通安全的关系进行说明。

1. 道路类型

不同类型的道路,其上的交通事故率也不相同。表 7.7 为英国进行的各类道路交通事故率统计结果。

表 7.7　英国各种类型道路上受伤事故率

道路类型	事故率/(次/万车公里)
商业中心道路	5～8.1
居住区道路	2.5～4.4
乡区道路	0.9～1.6
三车道道路	1.3
两块板式道路——乡村	1
两块板式道路——城市	3
高速公路	0.4

2. 道路平面线形

1) 直线长度

(1) 长直线。

直线是平面线形设计最常采用的一种线形。直线长度的选择及设置影响着交通安全。汽车沿长直线行驶,如果道路环境缺乏变化,驾驶行为单一,持续时间过长,将使驾驶员兴奋度降低,造成精神的抑制状态,反应时间过长,甚至达到半睡眠程度,对突然出现的交通状况处理不当,导致交通事故发生。

长直线造成驾驶员的趋驶心理,即趋向于尽快通过该区段,从而易引发高速行驶。

长直线区段在白天易产生长时间的阳光引起的眩光,夜间易造成车辆之间的相互灯光干扰,从而影响正常驾驶行为。

这些作用的综合效果,造成长直线对行车安全极为不利。苏联资料表明,在干线公路上,因驾驶员瞌睡而引起的道路交通事故占总数的 1.7%～2.4%。我国 1995～1997 年的统计结果,在直线段上发生的事故占事故总数的 82.4%,因疲劳驾驶发生的事故占事故总数的 1.6%。因此,限制直线长度和合理设置是非常重要的。

根据统计资料,直线长度超过 1500m,在道路、交通环境单调的情况下,直线段上事故开始增多;超过 2000m 时,统计显示的事故增多现象将较为明显;当直线长度超过 3000m 时,形成了典型的事故多发区段;并且随着直线长度的继续增加,事故累积将以超过线性规律的速度提高。

通过对我国某条高速公路的交通事故资料的分析与处理,将 1km 以上直线区段交通事故数与其直线长度相关联,其呈现的散点规律如图 7.5 所示。

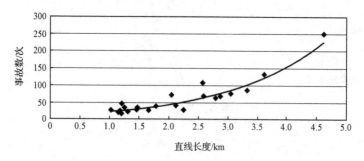

图 7.5　长直线的"直线长度-交通事故数"散点图

为了提高直线段的安全性,有些国家分别制定标准来限制长直线的长度。德国的道路技术标准规定直线段长度不宜超过车辆以计算行车速度行驶 70s 的距离,苏联规定限制的直线最大长度为 8km,美国为 180s 的行程。当路线不可避免地采用长直线时,必须进行路旁装饰性的绿化,或采用人工构造物,或沿线设置交通安全设施以提高驾驶员的注意力,消除长直线的单调性,避免驾驶疲劳。

(2) 短直线。

平曲线间以直线过渡,当直线过短时,发生交通事故的潜在危险也将增高。这其中又具体划分为反向曲线间的直线段与同向曲线间的直线段。

反向曲线间的直线段过短,将不能提供足够的时间使驾驶员调整方向盘,使驾驶员在进入下一个反向曲线时不能及时把握车辆方向,从而产生反应不及时、车辆轨迹突变等现象,危及车辆安全。

反向曲线间的直线过短,受其影响最大的是反向曲线内部与直线相邻的那个区段,这一区段是车辆由直线段进入曲线段的衔接区段,驾驶员反应不及时、车辆轨迹不能保持正确等问题一般是发生在反向曲线的过渡段。直线区段长度过短所造成的影响也将作用于过渡段。

同向曲线间连以短直线,形成了俗称的"断背曲线",用路者在行经这种线形时,视觉上往往将直线段看成向两端曲线相反方向弯曲,线形不连续。同向曲线间的直线区段过短,还可能造成驾驶员对直线的忽略,这样,当车辆驶入不同半径的下一同向曲线时,驾驶员错误地认为还行驶在先前的曲线上,而不采取相应的措施,造成反应不及时。

我国道路设计标准规定:同向曲线间直线的最小长度不应小于设计车速(以km/h 计)的 6 倍(长度以 m 计)为宜,而反向曲线间直线的最小长度不应小于设计车速(以 km/h 计)的 2 倍(长度以 m 计)为宜。

2) 平曲线

(1) 平曲线半径。

当道路导线转折时,可以选取适当半径的曲线,将使得道路摆脱直线的单调感,使驾驶员总处于需要调适车辆的状态,避免长时间不需改变驾驶行为而造成的困倦与麻木。同时,适当应用平曲线,使得道路线形流畅。因此,适度半径的平曲线有利于交通安全。

对交通安全产生负面影响的是半径过小的平曲线。

如果驾驶员以高于设计速度的车速驶入小半径的曲线时,将会导致车辆转弯时的横向力系数过高,车辆发生侧向滑移或倾覆的倾向性增大。

同时,从驾驶员与道路的互动影响分析,车辆在弯道上的安全行驶速度小于直线,驾驶员应根据弯道的半径降低车辆速度,而速度降低的幅度并不一定能够正确地把握,尤其当半径过小时,易引发车速相对于地点特征的过快现象。因而,一部分的超速交通事故,也与弯道半径有着潜在的关联。

曲线半径对于行车安全的影响,更明显地表现在曲线与其他因素的组合作用上。例如,当由于天气导致视距不良时,弯道是事故的集中地段,这从一个方面说明了曲线半径对于行车安全的影响是广泛存在的。

某样本道路各曲线段上事故数对应曲线半径值的散点图如图 7.6 所示。从散点图可以观察到,小半径曲线段的事故倾向性较大,且随着半径的减小,事故数将增大。而在半径适当的区间内,事故数不随曲线半径的增加而有明显的改变。

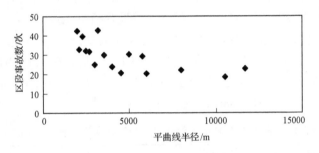

图 7.6　平曲线半径及其相应事故数的分布图

(2) 平曲线转角。

当路线转角在 7°以下时,视觉上感觉曲线长度比实际长度要短;同时还会引起曲线半径过小的错觉,易导致驾驶员产生过度的减速与转弯行为,危及行车安全。关于产生错觉的转角阈值,世界各国的研究成果各不相同,如美国为 5°,德国为 6°20′,日本为 7°,苏联为 10°。虽然转角阈值的选取有一定的差异,但对于小转角能够引发驾驶员错觉这一现象的存在,世界各国有着共识。

阿法纳塞夫所进行的分析表明,当平曲线的转角不超过 20°时,道路就不会超出驾驶员的"清晰视距矩形"(驾驶员挡风玻璃处,10cm×16cm 内)范围。特埃洛尔与富迪(美国)的资料也证明了路线转角的极限安全值为 20°。

塞留可夫对白俄罗斯若干具有曲线半径为 100～5000m 的道路,确定了如

表 7.8所示的转角与百万车公里的道路交通事故数量的关系。在 8°～20°,随着平曲线转角的增大,事故率也呈上升趋势。

表 7.8 曲线转角与相对事故数关系

转角/(°)	8	8～20	20～30	>30
交通事故率/(次/百万车公里)	1.44	1.56	1.64	2

(3) 平曲线曲率。

曲率表征曲线上的平均弯曲程度,对于圆曲线,曲率 $K=\Delta\varphi/\Delta S=1/R$。曲率越大事故越高,尤其是曲率大于 10 以上,事故率急剧增加,表 7.9 为英国的格兰维尔(Glanville)在白金汉(Buckinghamshire)的调查结果。

表 7.9 曲率与交通事故的关系

曲率/[1/(°)]	0～1.9	2～3.9	4～5.9	6～9.9	10～14.9	>15
交通事故率/(次/百万车公里)	1.62	1.86	2.17	2.36	8.45	9.26

(4) 平曲线设置频率。

平曲线设置频率对交通事故的影响,只在半径小于 600m 时才显示出来。当平曲线半径小于 600m 时,对于同样的平曲线设置频率,随着曲线半径的减小而呈现出上升趋势。1km 长度内的曲线数量的变化对交通事故率有显著的影响,见表 7.10。因此,在设计道路时,对小半径曲线的选择及对在 1km 内曲线数量的控制十分重要,应给予高度重视。美国《公路几何设计指南》中引用了曲线半径、每公里道路长度内的曲线数量与事故数量的有关资料(表 7.10)。

表 7.10 曲线半径、1km 道路长度内曲线数量与交通事故率的关系

曲线半径/m	>580			580～290			<175		
1km 内的曲线数量	0.3	0.6～1	2.5～3	0.3	0.6～1	2.5～3	0.3	0.6～1	2.5～3
交通事故率/(次/百万车公里)	1.6	1.87	1.5	3.06	2.62	1.6	8.2	3.7	2.2

3. 道路纵断面线形

1) 纵坡坡度

纵坡是根据地形、设计速度、通行能力等条件决定的。纵坡的坡度、坡长对行车安全都有显著影响。纵坡过陡、坡长过大,载重汽车的爬坡能力有限,会产生小车与载重汽车上坡时的速度差过大,诱发车辆追尾事故;在冰雪条件下,或是寒冷地区,严重的可产生倒滑现象。在下坡时,过陡的纵坡,对于重心偏高的车辆,可能会造成车辆的翻覆;过长、过陡的下坡,不利于车辆制动。因此,纵坡坡度过大、坡

长过长将使得道路的安全特性下降。

公路纵坡路段事故发生率高,已为苏联调查资料所证实。在平原区事故率为7%左右、丘陵区为18%左右、重丘区为25%左右。主要原因是下坡时汽车驶出路基,或者上坡超车的车辆迎面相撞,此类事故占较大纵坡路段事故数的24%;行车过快,制动不及时或失灵,占40%;绕过路边停车或超越车速较低车辆与对面来车相撞,占18%。

大纵坡路段道路交通事故特征点分布如图7.7所示。事故特征点主要分布在上坡道路的上面部分与过了坡顶后紧接着的路段上及纵断面的下凹部分。

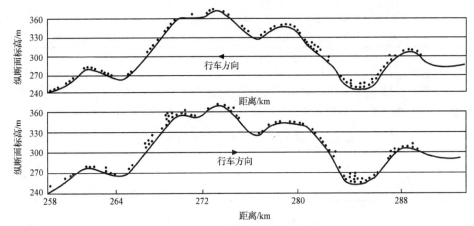

(a) 美国收费的汽车干道(黑点表示道路交通事故的地点)

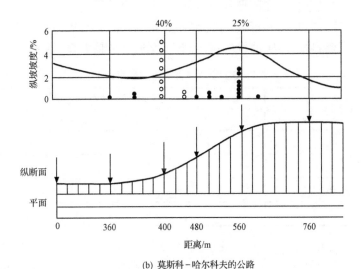

(b) 莫斯科-哈尔科夫的公路

图 7.7 大纵坡路段上道路交通事故集中的地点散点图

○ 下坡段的道路交通事故;● 上坡段的道路交通事故

下坡比上坡交通事故数量多一半以上,主要是下坡行驶时间长,制动器发生故障所致。由这一原因引起的事故占故障引起总事故的40%以上。

表7.11为比兹鲁在德国高速公路上调查坡度与事故率关系的统计资料,表明当坡度大于4%时,事故率剧增。

表7.11　坡度与交通事故率

坡度/%	交通事故率/(次/亿车公里)
0~1.99	46.5
2~3.99	67.2
4~5.99	170.0
6~8.00	210.5

2) 纵向视距

道路的竖曲线半径过小时,易造成驾驶员视野变小,视距变短,导致事故发生。从美国的调查成果——表7.12中可见,随着视距的减小,事故率增多。

表7.12　双车道道路上视距与交通事故率关系

视距/m	<240	240~450	450~750	<750
交通事故率/(次/百万车公里)	1.49	1.18	0.93	0.68

在竖曲线上行驶时,当凸形竖曲线半径过小时,会影响驾驶员的视距,使其视野变小,也易酿成事故。在凹形竖曲线处时,由于汽车下坡行驶,车速变快,引起车辆左右摆动,若汽车在夜间行驶,车灯照距过短,影响视距,也易造成交通事故。

根据英国资料统计,竖曲线的视距越短,交通事故越频繁,见表7.13。

表7.13　竖曲线视距与交通事故率

视距/m	交通事故率/(次/百万车公里)	
	凸形竖曲线	凹形竖曲线
<240	2.4	1.5
240~450	1.9	1.2
450~750	1.5	0.8
>750	1.1	0.7

3) 道路线形组合

道路交通安全不仅与道路的平面线形/纵断面线形有关,而且与线形组合有密切的关系,即使线形设计符合规范,但组合不当仍然会导致交通事故。德国的比兹鲁在高速公路上进行的交通事故调查证实了上面的规律,见表7.14。

表 7.14　弯坡组合产生的交通事故率　（单位：次/亿车公里）

曲线半径/m	坡度/%			
	0~1.99	2~3.99	4~5.99	6~8
>4000	28	20	105	132
3001~4000	42	25	130	155
2001~3000	40	20	150	170
1001~2000	50	70	185	200
400~1000	73	100	192	233

4. 道路横断面

车道宽度、路肩、中央分隔带宽度、道路侧向净空等横断面设计要素对行车安全有着直接或间接的影响。

1）车道宽度

调查表明，随着车道宽度的增加，事故比率降低。科布在宽度为 240mi 长的双车道道路从 18ft 拓宽为 22ft 时，对路面拓宽对交通安全的影响进行了调查。调查证明，在交通量较小的地点能减少 21.5% 的事故率，在交通量较大的地点则减少 46.6%，见表 7.15。

表 7.15　路面拓宽前后事故率变化

拓宽前的交通事故率/(次/百万车公里)	事故率减少比率/%	拓宽前的交通量/(辆/d)
<2.4	21.5	2170
2.4~3.0	25.2	2284
3.0~4.0	34.4	2700
>4.0	46.6	3006

2）路肩

统计资料表明，路肩宽度增大，事故率降低。路肩宽度从 2.5~3.0m 开始对道路事故的影响就不明显了。对于路面边缘标线对事故的影响调查表明，事故状况没有变化。

3）中央分隔带宽度

中央分隔带的宽度影响交通事故数量，随着分隔带宽度的增加，行车相撞事故的数量显著减少，当分隔带宽度达到 15m 时，基本上不存在行车相撞事故。这一结论可通过图 7.8 来说明。

美国新泽西州 26 号路具有 4 个车道，在长 17.02km 路线上修建 13.7m 的中央分隔带。对该路段的调查表明，在修建中央分隔带前后两年间，虽然全州交通事

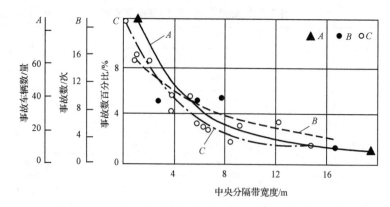

图7.8　道路交通事故数与中央分隔带宽度的关系

根据美国加利福尼亚州公路委员会的资料 A. 误驶到分隔带上去并发生事

故的汽车数量；B. 100万辆驶过的汽车由于横穿分隔带而发生的事故数；

C. 误驶到分隔带上引起的事故数占道路交通总事故数的百分比

故增加了6.7%,但这一路段却减少了40.4%。

　　高速公路和一级公路应设置中间带,中间带由两条左侧路缘带和中央分隔带组成。有路缘石的窄分隔带比没有路缘石的宽分隔带事故多。

　　4) 道路侧向净空

　　路旁的树木或建筑物限制了道路两旁的视距,减小了侧向净空,而且会增加驾驶员的神经紧张性。特别是公路路线与次干路、支路相交时,因树木或建筑物造成视距不足的现象,极易引发交通事故。

　　道路两旁的树木或建筑物离车行道越近,车速下降越大。汽车撞到路肩上的树木形成的事故后果严重,常常是车毁人亡。因此,要求树木离车行道边缘的距离不应小于5m。美国建议,对较小的树木不应小于6m,对于较粗的树木不应小于9m。事故严重性与树木直径有关,树木直径越大,相应事故的死亡、重伤人数比例越大。德国规定了分隔带上不允许有直径大于10cm的树木。

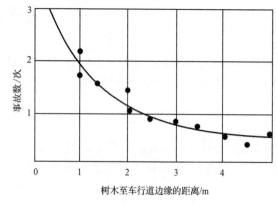

图7.9　百万车公里道路交通事故数与树木至车行道边缘的距离的关系图

　　树木至车行道边缘的距离与百万车公里道路交通事故数的关系如图7.9所示。

　　5. 路面状况

　　道路路面与行车安全的相关性主要是以路面和车轮之间的附

着系数来表现的。附着系数与道路路面材料、路面表面的粗糙程度、干湿程度及路面的完好程度相关。附着系数越大,交通事故的发生率越低,交通事故的恶性程度也越低。附着系数与事故率系数的关系见表 7.16。

表 7.16　附着系数与事故率系数关系

附着系数	0.3	0.4	0.5	0.6	0.7	0.8
事故率系数	8	3	2	1.5	1	0.5

因路面光滑发生事故有以下两种情况:一是发生在刹车前,路面光滑使驾驶员控制不了车;另一种是发生在刹车后,在预定的距离内不能减速或停车。美国宾夕法尼亚州收费路调查了路面状况和事故率的关系,其结果表明,如果路面干燥时发生事故的危险比率为 1 的话,那么路面潮湿、降雪、结冰时,危险比率大致相应为 2、5、8,见表 7.17。

表 7.17　不同路面状况同交通事故率的关系

路面状况	交通事故率/(次/百万车公里)
干燥	1.6
湿润	3.2
降雪或雨雪	8.0
结冰	12.8

英国格拉斯哥市在四个平面交叉口,把易滑的砖块路面进行粗糙化处理,对其处理前后的事故率进行了观察统计,见表 7.18。对比处理前后事故数,表明粗糙化以后大大提高了安全性。对于潮湿、滑溜情况,粗糙后事故减少至原来的 1/3～1/9。

表 7.18　英国格拉斯哥市交叉口路面防滑处理前后的交通肇事比较

粗糙前后	路面干燥	路面滑溜	路面不湿而滑溜	路面积雪结冰	合计
粗糙前	21	44	15	2	82
粗糙后	18	5	4	0	27

6. 桥梁的宽度

如果上承式桥的车行道宽度不足时,设置在邻近车行道两边人工构造物的栏杆与人行道就会限制道路,特别是高速行车时,就会引起驾驶员害怕触及障碍物的心理,从而保持靠近路中心行驶,在绝大多数情况下,车速会显著降低,有时会导致汽车相互碰撞。桥栏杆是引起事故的地方,有人行道的长桥比没人行道的长桥事故少。同样的道路,瓶颈路段也易发生事故。

Fritts 等调查桥宽与交通事故的关系见表 7.19,桥面宽度比桥头宽度宽时,事故率显著减少。

表 7.19　桥宽与交通事故率的关系

桥梁宽度与桥头引道的宽度之差/ft	交通事故率/(次/亿车公里)
<1ft	100
>1ft、<5ft	58

7. 交叉口

1) 平面交叉口

1968 年美国调查表明,发生在平面交叉口的事故占总事故数的 36% 左右。在市区交叉口死亡事故占总死亡事故的 37%,在郊区占 15%。对郊区双车道和四车道公路的调查指出,如果每千米的交叉口数量增加,则事故率就增大,这表明了对公路入口进行控制对增加交通安全的意义。

据 1976 年统计,各国在平面交叉口处发生的交通事故占总事故数的 10%~40%,苏联为 16.1%,1995~1997 年我国平均为 17.2%。

据美国、英国、日本等国的调查,认为对交叉口发生事故影响较大的因素有 5 个:交通量、有无信号灯控制、冲突点数、交叉口长度、车行道宽度。

Mcdonald 和 Webb 调查了加利福尼亚的 150 个有分隔带道路的交叉口的事故情况。其成果表明,互相交叉的两条路的总交通量与交通事故没有任何相关关系,而交叉道路中交通量小的那条反而比大的那条事故多。麦克唐纳建议用式(7.1)计算交叉口的事故次数

$$W = 0.000783 N_d^{0.455} N_c^{0.633} \tag{7.1}$$

式中:W——1 年内的交通事故次数;

N_d——主线的年平均日交通量;

N_c——交叉道路的年平均日交通量。

Webb 对不设信号灯的交叉口,提出如下计算事故的公式:

对市区,车速接近 40km/h 的情况

$$W = 0.030 X^{0.55} Y^{0.55} \tag{7.2}$$

对郊区,车速为 40~72km/h 的情况

$$W = 0.17 X^{0.045} Y^{0.38} \tag{7.3}$$

对乡村,车速接近 72km/h 的情况

$$W = 0.28 X^{0.5} Y^{0.29} \tag{7.4}$$

相交道路的数量对事故有影响,因为道路越多,冲突点越多,发生事故的可能

性越大。从式(7.5)可以看出冲突点个数 C 与相交道路条数 n 的 4 次方成正比。

$$C = n^2(n-1)(n-2)/6 \tag{7.5}$$

从实际调查来看,三路相交比四路相交事故率小,安全性高。

次要道路车辆驶入主要道路的视距保证程度,对于没有信号控制平面交叉口的行车安全有较大影响。

交通流交角对没有信号灯控制的交叉口的行车安全也有很大影响。交通流交角取决于交叉口的形式即交叉口交角大小。英国运输与道路研究实验室的研究人员及洛巴诺夫(苏联)的研究结果表明,从行车安全的角度出发,交角为50°～70°的平面交叉口安全性最佳,钝角交叉口行车危险性最大,垂直相交的交叉口危险性较小。平面交叉口道路交角与百万车公里事故数关系如图 7.10 所示。

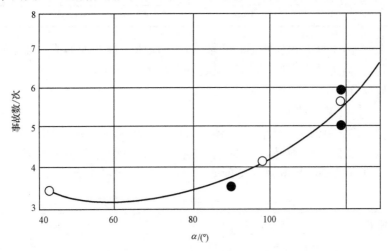

图 7.10　百万车公里事故数与平面交叉口道路交角的关系图
● 英国运输与道路研究实验室的资料; ○ 洛巴诺夫(苏联)的资料

总之,几何设计与事故率有一定关系,路线标准高、设备齐全,事故率低;反之,事故率高。肇事率从低到高的次序为:①直线平坦路段;②直线上坡路段;③直线下坡路段;④曲线平坦路段;⑤曲线上坡路段;⑥曲线下坡路段。

2) 立体交叉

立体交叉是高速公路的薄弱环节,占高速道路上总肇事的 11%～46%。立体交叉范围内的平曲线或竖曲线处都容易发生交通事故。

(1) 匝道位置。

根据 Smith 调查的结果,匝道设在主线上坡的中途或顶点,或设在辅助车道上,事故频率就低;设在主线下坡的中途或凹部,就会表现出较高的事故频率。

(2) 匝道的连接。

原则上匝道应和最外侧的车道相连,即车辆从右侧出入高速道路(右出右进)。

城市高速道路不断发展,与高速公路相连的立体交叉上,有时匝道与内侧车道相连,即车辆从左侧进出高速道路(左出左进)。

表 7.20 为美国加利福尼亚州公路局对 40 个匝道分别设在车道外侧或内侧,并分别驶入与驶出进行事故调查的成果。结果表明,通常匝道设在最外侧的车道,如设在内侧事故率就增加 4~5 倍;此外,驶出匝道发生的事故是驶入的 2 倍。

表 7.20　匝道连接法与交通事故率

匝道连接法		交通事故率/(次/百万车公里)
连接外侧车道	驶入	0.07
	驶出	0.17
连接内侧车道	驶入	0.37
	驶出	0.62

综上所述,下坡式入口匝道和上坡式出口匝道是最好的形式。如果匝道与内侧车道相连时,为减少交通事故,应设置明显的匝道标志,较长的加、减速车道,较宽的路肩或分隔带。

(3) 立体交叉的种类。

根据英国、美国的调查,菱形立体交叉比其他形式好,不单纯因为工程费用省,而且事故率也低。特别是在载重汽车混合率高的情况下更应推荐菱形立交。表 7.21 为英国高速公路立体交叉种类与交通肇事调查结果表。

表 7.21　立体交叉种类与交通肇事的关系

立体交叉种类	肇事件数	立体交叉个数	每一立体交叉一年肇事件数
环形汽车站	55	5	11.0
部分苜蓿叶形与喇叭形	29	3	9.7
环形	16	5	3.2
菱形	4	2	2.0
高速道路间连接	6	2	3.0

7.2.4　交通流与车辆构成的因素

1. 交通量

在道路因素和交通管制条件基本相同时,交通事故数量取决于交通量大小。当交通量较小时,交通事故率较小;随着交通量的增加,交通事故率逐渐增大。当交通量接近道路通行能力时,事故率反而下降,而在受约束(不稳定)行车状态下对应较小车头时距时,事故数达到最高峰值。苏联研究人员在这方面做了大量调查,得出了交通量对交通事故的影响系数 K_{aB}(K_{aB} 是某一交通量下百万车公里交通事故率与标准条件下交通量为 85000 辆/d 的交通事故率之比),见表 7.22。

表 7.22　交通量与交通量影响系数的关系

交通量/(10³ 辆/d)	0.5	1	3	5	6	7	9	11	15	20
交通量影响系数(K_{aB})	0.4	0.5	0.75	1.0	1.15	1.4	1.7	1.8	1.0	0.6

图 7.11 为上海市郊区某平原区三级公路上日平均交通量与交通事故率关系图。

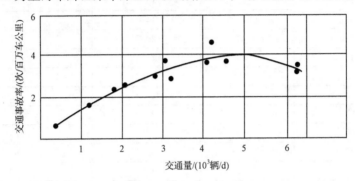

图 7.11　交通量 N 与事故率 Y 的关系图

2. 交通量组成

　　道路交通事故不仅与交通量有关,而且还受交通流中交通组成的影响。各种车辆的车速、动力特性、外形尺寸、爬坡能力、负载程度等都在不同程度上对行车安全产生较大影响。在交通流特征方面,车辆类型较多,其速度差别越大,从而导致交通流的紊乱,增加了超车要求,尤其在无中央分隔带的道路上,交通事故率随交通混合率的增大而增加。货车比例与交通事故关系如图 7.12 所示。

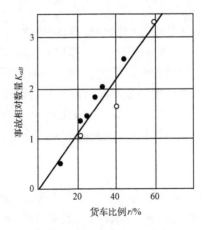

图 7.12　货车比例与道路交通事故相对数量(采用货车为 20% 时作为 1)的关系
○ 比特茨尔亚(联邦德国);● 库宾(苏联)

表7.23为交通流中载货汽车比例与交通事故率的统计资料,当货车比例达到20%时交通事故迅速增加。在城市道路上,大型车辆混杂率超过50%的路段交通事故率较高。

表 7.23 交通事故率与载货汽车比例关系

小轿车与摩托车/辆	载货汽车/辆	载货汽车比例/%	交通事故率/(次/亿车公里)
7318	1117	13.0	43
2890	630	14.0	47
4537	1144	20.5	72
2945	780	21.0	97
2065	600	22.6	142
703	225	24.3	118
875	325	27.0	145
3660	1450	28.5	184
2340	1105	32.5	195
4415	3420	44.5	260

3. 交通管理水平

为使道路交通安全、畅通,就必须通过交通管理手段调整人、车对道路的时空合理使用,保持道路交通的有序状态。但是要在整体上使各运动的交通元素间保持有序状态是很困难的,不可能像传送带上的物体,其时间、空间的间距保持一成不变。各种交通元素在参与交通活动时大多数时间表现为动态,如参与交通的人员出行目的不同,途中遇到的客观情况的不同,随时可能改变行进的方向,使交通顺序发生时间和空间上的变化,形成交叉、分流、合流等冲突形态,易形成交通事故。

平面交叉口的管理设施是指专用转弯车道、信号灯、车辆停车线、中央车道、人行横道及其中间停驻地点、人行道照明、人行横道专用信号灯、人行过街天桥或地道、进口路线照明、交叉口内照明等。采用各种交通管理设施,可以采取机动车之间、车辆与骑车人、行人之间通过分配不同时段上的通行权,从而减少交通事故。

此外,道路使用者对道路交通信息感知的及时、正确与否,关系到道路的交通安全,也反映出交通管理水平与交通事故之间的关系。

7.2.5 环境因素

交通事故的分析研究表明,影响汽车交通事故的主要因素,除了驾驶员的综合素质,以及车辆的安全技术性能、道路条件、交通安全设施外,还包括气候条件(如雪、雨、雾、冰等)这个重要因素。气候条件对路面的影响,改变了路面的状态,破坏了轮胎与路面的正常接触状态,因而诱发事故。

雨天行车,驾驶员视线受到影响,且路面摩擦系数不到干燥铺装路面的一半,因而车轮易打滑。另外,在干燥路面上,车辆加速,附着系数几乎没有变化,而在潮湿路面上,摩擦系数随速度的增加而急剧减小,天降大雨时,路面上会浮着一层流动的水膜,使汽车轮胎极易打滑和方向失控。

雨天因为潮湿路面的反射作用,致使路面上的车道线难以看清,整体视野降低。在高速行驶中,前车或超车车辆溅起的水花,经常会弄脏风窗玻璃,两眼能看清的范围仅雨刮滑动范围,因而视野变窄,后视镜上的薄雾严重影响后视效果。

驾驶员在强风的雨天或暴雨天出车,会本能地提高警惕、控制车速,并紧张地握住方向盘,但在普通雨天,一般就放松了警惕,因为在这种场合下行车,以为与晴天没有什么区别,也是造成雨天事故多的原因之一。

雾天行车,视线严重受限,由于雾使光线散漫,并能吸收光线,致使事物的明度下降,雾天行车易引发恶性追尾事故。要防止雾天事故的发生,最重要的是利用信息板或广播,向驾驶员传递有关雾天驾驶的注意事项:减低车速、开亮防雾灯或近光灯,并对开灯要采取强制性措施。

在我国北方,一旦进入冬季,大雪纷飞,使路面状态恶化,车祸连发。这主要因为大雪天结冰的路面比晴天的路面甚至雨天的路面更滑,一些对雪天行车经验不足的驾驶员由于对这种气候条件下路滑程度估计不足而发生交通事故。对雪天提高交通安全的有效措施是及时清除积雪、融雪或使用轮胎防滑链和限制汽车行驶速度。

7.3　道路交通安全评价

7.3.1　道路交通事故评价指标

衡量交通事故及其严重程度的指标,多以死亡人数为单位。交通事故死亡人数的统计对各国来说是一样的,具有可比性。而同是死一个人,但由于各国社会制度、经济条件的差异,计算得出的经济损失不一样,甚至相差悬殊,没有可比性。通常有下列指标。

(1) 死亡绝对数字。例如,北京市 1993 年交通事故死亡人数为 462 人,受伤人数为 2878 人;1997 年全国交通事故死亡人数为 73861 人,受伤人数为 190128 人。

(2) 按人口计算的死亡率。在某地区,交通对人民生命的危险,可以每 10 万人口的交通死亡事故数来表示。

$$R = \frac{B \times 10^6}{P} \tag{7.6}$$

式中:R——每 10 万人口的死亡率;

B——1 年内交通事故死亡总数;

P——地区的人口。

(3) 按车辆登记数计算死亡比率。该指标与按人口计算相似,能反映某地区的交通事故真实面貌。

$$R = \frac{B \times 10000}{M} \tag{7.7}$$

式中:R——每 1 万辆车的死亡率;

B——1 年内交通事故死亡总人数;

M——在该地区内登记的车辆总数。

在实践中,常用该项指标计算交叉口的事故率,这时 M 为 1 年内进入交叉口的车辆数量,等于 24h 进入交叉口的车辆数乘全年天数。

(4) 按车公里计算的事故比率。事故的危险性,以每 1 亿车公里行程的事故率来表示。用这一指标比用人口或用车辆计算更接近真实。

$$R = \frac{B \times 10^8}{V} \tag{7.8}$$

式中:R——每 1 亿车公里的死亡率;

B——1 年内交通事故死亡总数;

V——1 年内行驶的车公里。

车公里数可以通过 1 年内消耗的燃料总数乘以每升燃料的平均行驶公里数求得。或在公路上可以这样计算:24h 内在本区间行驶的机动车辆的平均交通量乘以本区间公路长度,再乘以全年天数。考虑到交通量季节性变化,应取比较切合实际的平均值。

7.3.2　交通事故预测

交通事故是随机发生的事件,它受前述多方面因素的影响,无法于交通肇事前确切预知何时、何地会发生哪种性质的事故,因此呈现出偶然性。如果对各种交通事故进行长期、大量的调查研究,在这些偶然事件中又会呈现出一定的规律性。因此,对交通事故进行预测就是为了揭示交通事故的未来发展趋势与特点,为采取积极有效的预防措施提供科学依据。

交通事故预测是根据某一地区或路线的人、车、路等条件和过去若干年交通事故情况等因素,采用科学的方法,预计或推测今后若干年事故的发展趋向、水平和程度。

事故预测模型的建立过程一般为通过理论分析建立基础数学模型形式,再通过统计分析手段,以实际数据标定模型参数。

一般常用的有时间序列预测和回归预测法。统计预测有以下几类:定性预测与定量预测、静态预测与动态预测、时间序列预测和回归预测、长期预测与短期预测、宏观预测与微观预测。微观分析是对典型交通事故或对众多事故中取样作全面的成因分析，探求主观与客观原因、直接与间接因素。宏观分析则从大量的交通事故中总结出共性的普遍规律，为制定防止和减少交通事故的对策和措施提供依据和基础资料。宏观与微观分析二者互为补充，从而使事故分析具有全面性。

1. 事故相关性因素分析

英国伦敦大学 Smeed 教授 1949 年曾根据 1938 年以来的欧洲 20 个国家的交通事故调查数据，运用回归分析，得出下列事故死亡人数非线性回归模型如下：

$$D = 0.0003(VP^2)^{\frac{1}{3}} \tag{7.9}$$

式中：D——当年交通事故死亡人数；

　　　V——当年汽车拥有量；

　　　P——当年人口数。

Smeed 又根据 1960～1969 年 68 个欧、美、亚、非国家的数据检验了上述关系，发现这一模型的预测值与实测值大致相符。

Smeed 的回归模型仅仅考虑人口与汽车的因素，计算简便，曾广泛应用，20 世纪 80 年代以来，由于一些发达国家机动化水平逐步增长，而 10 万人口事故率却呈现不断下降的趋势，该模型不再适用于发达国家的情况。世界银行报告分析了 1963～1999 年的 88 个国家的数据。同 Smeed 研究不同的是，作者根据每个国家不同时间段的数据制定了不同的模型。他们的一个主要发现是在人均国内生产总值水平较低时，随着人均国内生产总值的提高，人均交通事故死亡率急速上升，到 6100～8600 美元达到高峰（以 1985 年美元国际价格为准），具体数字取决于确定的模型。在高峰过后，人均交通事故死亡率开始下降。

我国有人研究表明，1980～2002 年万车死亡率与机动车保有量之间具有良好的相关性，计算值与实际值吻合较好。但是我国自 2003 年以来交通事故死亡人数一直保持连续四年的下降，因此，该模型是否适用于我国 2003 年以后的实际情况有待商榷。

2. 事故原因分析模型

微观分析通过统计分析或理论分析与交通事故有关的人、车、路、交通环境四个主要因素，确定某条路线或地点发生事故的主要原因，并建立起交通事故与上述各要素之间的相关关系，可以计算预期的路段交通事故，便于采取对策。

1）交通量模式

英国调查公路的交通事故，曾发表下列非线性回归模式：

$$Y = \alpha X^{\beta} \tag{7.10}$$

式中：Y——公路每公里一年间事故次数；

　　　X——公路某一路段平均日交通量或车公里数；

α、β——参数。

瑞典、日本等于 20 世纪 70 年代分别根据本国公路情况与若干年事故资料,求算 α、β,得出相应的预测模式。

2) 道路设计要素模式

以研究道路设计要素(平面设计、纵断面设计、横断面设计及中央分隔带、路侧设计等)为自变量,建立微观的数学模型计算出一个"潜在的"道路事故数。

目前,国内外在微观交通安全研究中,已取得了许多针对主要道路设计要素的事故预测模型,这些模型一般都是经验公式。以下选取典型的成果对事故预测模型加以描述。

(1) Zeeger 模型。

$$A = (1.552LV + 0.014DV - 0.012SV)0.978^{W} - 30 \qquad (7.11)$$

式中：A——预测事故数;

　　　L——曲线长度;

　　　V——交通量;

　　　D——平曲线的曲率;

　　　S——曲线上是否有缓和曲线,无缓和曲线时 S 为 0,有缓和曲线时 S 为 1;

　　　W——车行道宽度(包括路肩宽度在内)。

Zeeger 模型所描述的是平面曲线中的曲率、曲线长度、有无缓和曲线,在特定的交通量水平下,所对应得到的预期交通事故数。从模型中可以得出,平曲线路段的预测事故数的基本规律是随着曲线长度、曲率的增加而增大,随着缓和曲线的设置,以及车行道宽度的增加而减少。

(2) 美国联邦公路管理局开发的双车道公路交互式公路安全设计模型——IHSDM 模型(interactive highway safety design model,2006 年版)。在 IHSDM 中分别将双车道公路分为基本路段和平面交叉口两种情况,分别相应地建立了基于道路线形条件的事故预测模型。

美国双车道事故预测方法是一种新的方法,是综合历史事故资料预测法、数理统计模型法、前后分析法和专家经验预测法基础之上建立起来的。研究过程中收集了华盛顿州和明尼苏达州两个州的公路数据和事故数据,分别开发了路段的事故频数预测模型和三种交叉口的事故频数预测模型,将这些模型综合起来可以预测整条路的事故情况,包括事故数、事故严重程度分布、事故类型分布等,也可以预测安全改进后(改进方案)的事故情况。

① 路段的事故数预测模型。

采用负二项分布,因变量是特定时间段内预测的路段发生的事故数,自变量是反映路段交通量特征、道路线形特征、交通控制特征的指标。路段事故数预测是采用基本模型预测一定基本条件下的事故数,对于不同于基本条件的道路特征、交通控制特征对路段交通事故数的影响都通过事故修正系数(accident modificationfactor,AMF)来修正。

$$N_{rs} = N_{br}C_r(AMF_{1r} \cdot AMF_{2r} \cdots AMF_{nr}) \tag{7.12}$$

式中：N_{rs}——路段预测的事故数；

　　　　N_{br}——理想条件下路段的预测事故数；

　　　　$AMF_{1r} \cdots AMF_{nr}$——路段的事故修正系数；

　　　　C_r——特殊地形路段的标定参数类。

在理想条件下的事故频数预测模型如下所示：

$$N_{br} = EXPO \cdot \exp(0.6409 + 0.1388STATE - 0.0846LW - 0.0591SW$$
$$+ 0.0668RHR + 0.0084DD) \sum WH_i \exp(0.0450DEG_i)$$
$$\cdot \sum WV_j \exp(0.4652K_j) \cdot \sum WG_k \exp(0.1048GR_k) \tag{7.13}$$

式中：N_{br}——路段总的预测事故数；

　　　　EXPO——暴露变量（$EXPO = ADT \cdot 365 \cdot L \cdot 10^{-6}$）；

　　　　ADT——路段的平均日交通量（辆/d）；

　　　　L——路段长度（mi）；

　　　　STATE——路段位置（明尼苏达州取 0,华盛顿州取 1）；

　　　　LW——车道宽度（ft）,标准值是 12ft；

　　　　SW——路肩宽度（ft）,标准值是 6ft；

　　　　RHR——路侧安全等级,标准值是 3(共 7 个等级)；

　　　　DD——出入密度,标准值是 5 个/mi；

　　　　WH_i——路段中第 i 个平曲线的权重系数；

　　　　DEG_i——路段中第 i 个平曲线的曲率（°/100ft）；

　　　　WV_j——路段中第 j 个竖曲线的权重系数；

　　　　K_j——路段中第 j 个竖曲线的坡度变化率（°/100ft）；

　　　　WG_k——路段中第 k 个坡度路段的权重系数；

　　　　GR_k——路段中第 k 个坡度路段的坡度（%）。

而在理想的道路条件下各参数的取值见表 7.24。

表 7.24　理想条件下双车道路段相关参数的默认值

参数	取值
车道宽度	12 ft
路肩宽度	6 ft
路侧安全等级	3
出入口密度	5 个/mi
平曲线	无
竖曲线	无
坡度	0%

把表 7.24 中的默认值代入式(7.13),得到如下理想条件的事故数预测公式:

$$N_{br} = ADT \cdot L \cdot 365 \cdot 10^{-6} \cdot \exp(-0.4865) \tag{7.14}$$

实际上,式(7.12)中用到的理想条件下的事故预测数 N_{br} 就应是式(7.14)。

事故修正系数:

理想条件下各影响因素的 AMF 均是 1.00。相对于理想条件某因素使路段事故数增加了,此因素的 AMF 就大于 1.00,反之则小于 1.00。例如,路段事故预测的基本条件是车道宽 12ft,而要预测路段车道宽只有 11ft,那么查图 7.13 所示的车道宽度修正系数图,就可以得出车道宽度的 AMF 就是 1.05,这也意味着双车道公路车道宽 11ft 比车道宽 12ft 一般事故要多出 5%。

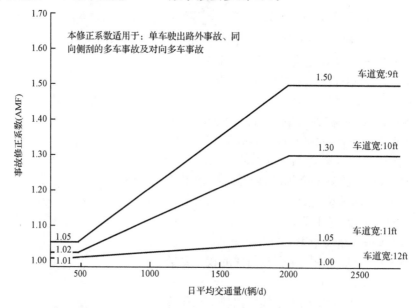

图 7.13　车道宽度的修正系数

除车道宽度的修正外,该方法还给出了其他参数如路肩宽度和类型、路侧危险等级、平曲线、竖曲线、坡度和出入口密度等修正图表,这里不再详述。

美国双车道公路的事故预测方法可以说是美国最新的研究成果,该方法是一个定量的方法。AMF 使得事故预测结果对于特定地点的道路特征、交通控制特征比较敏感,即可以体现出不同道路特征、不同交通控制特征对事故预测结果的影响。每一个 AMF 都是基于美国半个世纪以来关于道路特征、交通控制特征等安全性影响的有效研究,由专家组定出来的。这避免了单纯依靠统计模型的缺陷,即如果依据统计相关性,AMF 有可能过大、过小或相反。随着对道路特征、交通控制特征等影响因素的进一步研究,如果上述影响因素的修改值需要更新时,该预测模型只需要通过修改 AMF 就可以实现预测数据的更新。

当然该方法也有自身的缺点,如下所述。

不同地区的事故不同,即使两条道路相似,事故也有可能不同。由于事故频数预测模型是仅用了一两个州的数据建立起来的,许多影响因素未含在基本模型里,如事故报告的区别、驾驶员特性、天气的区别等,因此容易造成预测的误差。

这个预测方法对每一个道路特征、每一个交通控制特征都应用了一个 AMF,忽略了这些因素之间的关系。理想的情况是,如果这些关联存在,应该在模型里有所体现。但是基于目前掌握的知识,还做不到,如果将来的研究能够获得这方面的进展,可以再将这些结果应用进来。

② 交叉口的事故频数预测模型。

美国双车道交叉口的事故频数预测模型为

$$N_{\text{int}} = N_{\text{bi}} C_i (\text{AMF}_{1i} \cdot \text{AMF}_{2i} \cdots \text{AMF}_{ni}) \tag{7.15}$$

式中:N_{int}——预测的交叉口的交通事故数;

$\quad C_i$——特殊地形交叉口的校准因子,分别由交叉口的事故修正系数因子 $\text{AMF}_{1i} \cdots \text{AMF}_{ni}$ 确定,目前这个值基本上由专家组给出推荐值。

四路交叉的信号控制路口的交通事故预测回归模型的标准形式为

$$N_{\text{int}} = N_{\text{bi}} (\text{AMF}_{1i} \cdot \text{AMF}_{2i} \cdots \text{AMF}_{ni}) \tag{7.16}$$

$$N_{\text{bi}} = \exp(-5.46 + 0.60\ln\text{ADT}_1 + 0.201\ln\text{ADT}_2 - 0.40\text{PROTLT}$$
$$- 0.018\text{PCTLEFT}_2 + 0.11\text{VEICOM}$$
$$+ 0.026\text{PTRUCK} + 0.041\text{ND}_1) \tag{7.17}$$

式中:N_{int}——预测的交叉口的交通事故数;

$\quad$ ADT_1、ADT_2——分别表示主路和支路的平均日交通量;

$\quad$ PROTLT——交叉口一个或多个主干道进口车道是否有保护性左转相位,1 代表有,0 代表没有;

$\quad$ PCTLEFT_2——从早上到晚上期间,由次干道左转进入信号控制交叉口的车辆比例;

$\quad$ VEICOM——交叉口 76m 范围内所有竖曲线(凹凸竖曲线)的坡度值(%);

$\quad$ PTRUCK——在早高峰和晚高峰时段,由主、次干道进入信号控制交叉口的货车(4 轮以上的车辆)比例;

$\quad$ ND_1——交叉口沿主干道 76m 范围内进出口个数。

三路交叉口支路停车让行的平面交叉口,其交通事故预测模型也是采用负二项分布形式的回归模型,如下所示:

$$N_{\text{bi}} = \exp(-11.28 + 0.79\ln\text{ADT}_1 + 0.492\ln\text{ADT}_2$$
$$+ 0.19\text{RHRI} + 0.28\text{RT}) \tag{7.18}$$

式中:RHRI——交叉口范围内主线上的平均路侧危险等级;

$\quad$ RT——0 为主线无右转车道,1 为主线上有右转出口车道。

在上述三路交叉口的交通事故预测模型里引入了由 Zegeer 提出的路侧危险等级变量 RHRI,用在双车道公路上表征路侧设计对交通事故的影响。路侧危险等级从 1～7,其中 1 表示路侧环境最好,也就是路侧对于发生交通事故最不危险;7 表示路侧环境最差,即路侧对于发生交通事故最危险。这 7 个等级定义见表 7.25。

表 7.25 路侧危险等级评价表

路侧危险等级	路侧危险等级的评价标准
1	从路面边缘算起,路侧净空区≥9m(30ft); 边坡坡度小于 1∶4; 车辆驶入边坡后仍可安全返回车行道上
2	从路面边缘算起,路侧净空区在 6～7.5m(20～25ft); 边坡坡度约为 1∶4; 车辆驶入边坡后仍可安全返回车行道上
3	从路面边缘算起,路侧净空区大约 3m(10ft); 边坡大约为 1∶3 或 1∶4; 路侧表面粗糙; 车辆驶入边坡后仍可安全返回车行道上
4	从路面边缘算起,路侧净空区在 1.5～3m(5～10ft); 边坡大约为 1∶3 或 1∶4; 可能设置有路侧护栏,距离路面边缘 1.5～2m; 路侧可能有暴露的树木、杆柱,或其他物体(距离路面边缘 3m); 车辆驶入边坡后可能能够返回到车行道上,但增加了路侧事故的概率
5	从路面边缘算起,路侧净空区在 1.5～3m; 边坡大约为 1∶3; 可能设置有路侧护栏,距离路面边缘＜1.5m; 路侧可能有坚硬的障碍物或筑堤,距离路面边缘 2～3m; 车辆驶出路外后不可返回到车行道上
6	路侧净空区小于或等于 1.5m; 边坡大约为 1∶2; 路侧没有设置路侧护栏; 路侧有裸露在外的坚硬障碍物,距离路面＜2m; 车辆驶出路外后不可返回到车行道上
7	路侧净空区≤1.5m; 边坡为 1∶2 或更陡; 路侧为悬崖或者直立的岩石; 没有设置路侧护栏; 车辆驶出路外后不可返回到车行道上,路侧事故的严重受伤的概率较大

7.4　道路事故经济损失的计量

7.4.1　交通事故损失的研究方法

从 20 世纪 30 年代,欧美就开始研究道路交通事故的人员与物质损失的问题。20 世纪五六十年代,在对以往的概念和做法提出质疑和修改的基础上,一些较有影响的方法开始自成体系。这些方法本质的区别就在于对生命价值的不同评价。由于交通事故经济损失研究的复杂性,计量经济损失的目的不同,目前国外至少有 6 种(Hills et al.,1983)确定事故损失或估价预防事故费用的方法。根据数据条件及目标选择的不同,每种方法都可能是"最优的",以死亡 1 人为例,这 6 种评价方法如下所述。

(1) 总产量法(或人力资本法)。

其定义的事故损失费用为实际资源损失与人力资本的损失之和,这里的人力资本是用国民生产量或国民收入来衡量的。死亡 1 人的交通事故损失是实际资源损失(如车辆、财务的损毁、医疗费用、社会的公共支出费用等)再加上死者从事故日期到将来期望寿命的产量的现值之和。

使用人力资本法暗示着生产能力低的人,对社会的价值就小,人力资本法没有考虑事故后任何生活质量的问题,也没有考虑事故以后的伤残恢复和余生所经历的痛苦、遭遇问题等。

(2) 净产量法。

此法与总产量法的不同之处在于交通事故受害者从事故日期到期望寿命期间的消费(现值)要从总产量中减去。

(3) 人身保险法。

事故的损失费用定义为实际的资源损失加"特定"个人对生命(或四肢)的投保之和。

(4) 法院裁决法。

法院裁决给由犯罪或过失而造成的死亡人员的赡养者的数额,代表了与死亡有关的社会损失,实际资源加上此数,就形成了事故的损失费用。

(5) 公共部门的不明确估算法。

此法试图确定用于公共部门事故预防方面的不明确的事故费用和价值。决定、支持或反对影响安全的投资计划。例如,如果政府机构否决了一项耗用 100 万元预防 20 人死亡的安全方案,那么,不明确的事故预防费用肯定小于 5 万元/人。

(6) 愿付费用法。

事故损失的费用定义为实际的资源费用加上人们为降低事故的数量或严重程

度而愿意支付的费用(包括金钱、时间、自由及其他)。愿付费用法确定的事故损失也包括车辆、物损、医疗费用及社会公共支出的费用等实际资源损失,还包括生活的价值,这种生活的价值反映了人们为降低事故的数量或严重性,确保健康和安全而愿意支付时间及金钱等的意愿。这种方法优于总产量法的地方是考虑了人的心理、精神的损失和生命安全的价值。减少死亡危险后的个人价值就是他为这种危险的转变而乐意付出的费用。由这种边际价值可能推出生命的价值,或更严格意义上的拯救生命的价值,这是防止死亡增益社会的正确计量方法。

有以下四种方法可估算愿意支付的费用:

① 访问公众。

② 直接从经济理论中得出数字。

③ 求得危险工作与安全工作的工资差。

④ 求得产品的价格,如人们在速度和安全方面权衡后对产品的选择。

美国的事故损失研究者使用上述方法最终得出的人均生命价值在 100 万~200 万美元。职业安全与健康管理局(Occupational Safety & Health Administration,OS-HA)认为人均生命的价值为 350 万美元,美国白宫管理与预算局(Office of Management and Budget,OMB)认为人均生命价值为 100 万美元。这两个值的折中值约为 200 万美元(Kragh et al. ,1986),与事故损失研究的值相接近。

发达国家所做的愿付费用法的经验性工作比人力资本法所做的工作要多许多,事故损失的估算值也大很多。当然,在我国或一些发展中国家应用此方法估算的事故损失在绝对值上肯定要小,而且这种估算值也很可能是相应的总产量估算法价值的较小倍数。因为一般来说,发展中国家个人对生命风险的反应相对较小,或者个人对风险的反应较迟钝。

愿付费用法能较大限度地体现社会福利最大化的目标,随着我国经济的发展与社会的进步,公民对人的生命价值的认识将会不断提高,愿付费用法所含的这些损失将越来越引起社会的普遍关注与重视。

这些方法中与国民生产总值目标直接相关的是总产量法,与社会福利最大化目标直接相关的是愿付费用法。交通事故经济损失计量方法的选择,最关键的影响因素是基础数据的完备性。如果数据不完备,通常会选择更简单与更直观的方法。

7.4.2　事故综合经济损失计量模型简介

北京工业大学于 1996 年提出了道路交通事故综合经济损失计量模型,该模型已经在新疆、河北、河南等地的相关研究中获得实际应用。北京工业大学将道路交通事故的综合经济损失分为如下五项内容(图 7.14)。

（1）与受害者相关的经济损失。受害者的收入损失、医疗费用损失、生活质量损失、家务损失、精神损失和丧葬费用。

（2）与受害者相关的社会机构的经济损失。受害者教育投入的损失、其工厂的生产损失、有关救护设施及相关部门的支出。

（3）事故造成交通阻塞引起的经济损失。

（4）事故造成的财物损失。

（5）事故造成空气、噪声污染引起的损失。

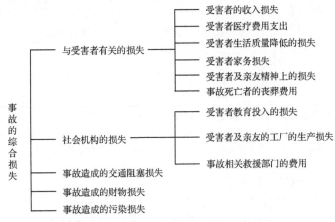

图 7.14　道路交通事故综合损失构成图

在进行道路交通事故经济损失计量时，各项计量方法与内容如下所述。

1）受害者的收入损失

交通事故造成的收入损失反映了伤亡者不能完成工作所造成的收入损失，也包括工作能力降低所造成的收入损失。

死亡人员的收入损失即为从事故致死的时间到通常的期望寿命之间的社会未来期望收入值的现值之和。

受伤人员的收入损失包括两部分：第一部分是因事故受伤完全不能工作时间内的收入损失，第二部分是伤后可工作时间内因工作能力降低而造成的收入损失。

对于重伤和轻伤人员均存在第一部分收入损失，但只限于劳动人口才有。

第二部分收入损失为受害者因事故使工作能力降低而损失掉的收入的现值之和。将重伤分成终生致残性重伤、暂时致残性重伤和非致残性重伤。则轻伤和非致残性重伤者没有这部分损失。

不同伤亡情况的收入损失计量方法见表 7.26。

表 7.26 不同伤亡情况的收入损失计量表

伤亡种类	收入损失计量方法
死亡 1	$K_i = Y\dfrac{1}{q-g}\left(1-\dfrac{g^n}{q^n}\right)$，其中 $Y=\dfrac{G}{N'}\dfrac{N}{M}$
重伤 2	—
终生致残性重伤、致残性重伤、非致残性重伤	$K_i = Y\dfrac{1}{q-g}\left(1-\dfrac{g^n}{q^n}\right) + Y\dfrac{1}{q-g}\left(1-\dfrac{g^n}{q^n}\right)\alpha$ α——平均的工作能力降低系数，其相当于伤残等级系数 终身致残性重伤情况下，取 $\alpha=0.43$； 暂时致残性重伤情况下，取 $\alpha=0.25$； 非致残性重伤情况下，取 $\alpha=0$，即不含有此项损失值
暂时致残性重伤	$K_i = Y\dfrac{1}{q-g}\left(1-\dfrac{g^n}{q^n}\right)$
轻伤 3	$K_i = Y\dfrac{1}{q-g}\left(1-\dfrac{g^n}{q^n}\right)$

注：K_i——第 i 年龄组内所死亡人员因事故而损失掉的将来收入现值之和；Y——该年度每个死亡人员平均的国民收入；q——折现系数（$q=$折现率$+1$）；g——国民收入增长系数（$g=$增长率$+1$）；n——第 i 年龄组平均的年龄损失数；N'——全社会总劳动人口数；N——事故受害者样本中总劳动人口数；M——事故受害者样本总人数；G——人均国民收入。

2）事故伤亡者的医疗费用

伤亡人员的医疗费用是基于实际伤亡人员医疗费用的统计结果。

德国研究资料表明，交通事故死亡的人员中约有 1/4 的人能在事故发生当日存活，而在当日死亡的人员中约有 1/3 的人进入医院治疗。则事故伤亡者的医疗费用计算方法为

$$\left\{\begin{array}{l}\text{总费用}=\text{当日死亡者医疗费用总数}+\text{当日存活者医疗费用总数}\\\text{当日死亡人数}=\text{死亡总人数}\times 3/4\\\text{当日死亡人数中入院治疗的人数}=\text{死亡总人数}\times 3/4\times 1/3\\\text{当日死亡者医疗总费用}=\text{死亡人数}\times 3/4\times 1/3\times\text{每日医疗费用}\\\text{当日存活人数}=\text{死亡人数}\times 1/4\end{array}\right. \tag{7.19}$$

假设当日存活者，但又在 7d 内死亡人员的平均存活时间为 4d，则

当日存活者的医疗费用$=$总人数$\times 1/4\times 4\text{d}\times$每天医疗费用。

3）事故伤亡者的生活质量损失

生活质量损失表现在以下两个方面：一是由于恢复时期经历的疼痛，暂时失去生产、生活能力导致的生活质量的暂时损失；二是由于受伤所致的长期疼痛，以及残废使其功能、生产和生活能力下降而造成的生活质量长久的下降。采用多项指标衡量生活质量损失。

人均生活质量损失的公式为

$$Q_k = \sum_{j=1}^{6} r_j \sum_{i=1}^{4} q_{ij} f_{ij} \tag{7.20}$$

式中：Q_k——各个年龄段交通事故造成的生活质量的损失的比例；

　　　　f_{ij}——按四种严重程度，六项生活质量指标各个损失的比例；

　　　　q_{ij}——六项生活质量指标损失在四个严重程度上分布概率（表 7.27）；

　　　　r_j——六项生活质量指标各自的权重；

　　　　i——受伤严重程度，分为轻微、中等、较重、严重四种情况；

　　　　j——生活质量衡量指标，分为六种情形，即活动灵活程度，受害者对外界事物的认识能力，受害者的容貌的毁坏，对外界事物的感觉器官的功能，因事故而遭受的疼痛，生活自理能力。

生活质量损失的年数为

$$Q_y = \sum_{k=1}^{4} n_k Q_k L_k \tag{7.21}$$

式中：Q_y——各个年龄段平均生活质量损失的年数；

　　　　n_k——各个年龄段遭受生活质量损失的人数；

　　　　Q_k——平均生活质量损失的比例；

　　　　L_k——各个年龄段交通事故受害者遭受生活质量损失后生活的年数。

表 7.27　六项生活质量损失的发生概率 q_{ij}

严重程度	灵活性/%	认识能力/%	自理能力/%	感觉能力/%	容貌毁损/%	遭受疼痛/%
4-最重	3	73	49	0	0	5
3-较重	56	8	35	0	0	17
2-中等	32	19	8	5	8	60
1-轻度	9	0	8	12	71	18
各项指标权重	30	33	14	6	17	100

注：遭受的疼痛是影响着每个事故受害者的，故它的权重取 100%。

4）事故伤亡者的家务损失

受害者因事故残废、死亡，也会给他（她）家庭的家务造成一定的损失。作为一名健康的家庭成员，他（她）肯定会承担一定的家务劳动，而当事故发生后，导致残废、死亡的受害者失去了做家务的能力，而这方面的工作或者转移到其他的成员身上，或者必须请保姆来完成。

为估计因事故不能工作而对工作单位造成的生产损失费用，假设中等受伤程度中的轻伤工作者会因伤不能工作的时间为 2d，这 2d 不能正常上班将对工作单位产生相应的生产损失；严重受伤者则有一个月不能工作所造成的工作单位的生产损失；而严重致命的受伤者的不能工作造成的工作单位的生产损失将长达 4 个月。假设在物损事故中，所有受伤者中的在职工人将会造成 2d 的工作生产损失。

假设没有工作的受伤者将和受同样伤的工人一样，其家庭工作将损失同样的天数,为把家庭工作损失进行量化,按表7.28来计算这个值。

暂时性致残的损失应在表7.28的计算值上乘以0.90的折减系数。终身致残性重伤只计算其住院期间的工厂损失,家务损失计算至其终身。非致残性重伤作为中等受伤的情况考虑,而对轻伤则不计算其工厂、家务的损失。交通事故受伤人员在其受伤前所服务的工厂的生产损失是以全国为基础的"折现率"来反映将来国民收入损失,受伤人员工厂的国民收入按每年1%的增长率来进行估算。

表7.28 交通事故受害者的工厂、家务损失时间

受伤类别	工厂生产损失天数	家务损失天数
终身致残性重伤	66d	20a
暂时致残性重伤	122d	122d
非致残性重伤	30d	30d
轻伤	2d	2d

注:工人的人均小时工资=年平均工资/全年的工作日,家务损失以工人的人均工资的1/10来计算。

5) 受害者遭受的精神损失及丧葬费用

由于道路交通事故的突发性及其后果的严重性,不仅给当事人造成生理和心理上的巨大损害,同时也给当事者家属及亲友带来不可弥合的心理创伤。

道路交通事故造成的精神损失分为两个部分:一部分是指受害者及其亲友遭受的精神痛苦这方面无法用物质尺度进行衡量的损失;另一部分为受害者及其亲友遭受精神伤害后所伴生的物质损失,这一部分是有形的损失,已计入到相应的收益损失之中。

我国设立了"死亡补偿费",以示对其家属的精神补偿。此"死亡补偿费"按照交通事故发生地平均生活费计算,补偿10年。

我国交通事故处理法规规定:丧葬费是指料理交通事故死亡者丧葬事宜所需的费用。其一般包括整容、存尸、运尸、火化、骨灰盒、死者的服装、死者亲友前来吊唁的交通、食宿费用等必需的费用。各城市地区的情况各有不同。

6) 事故伤亡者的教育投入损失

教育投入是一种投资,而且是一种高产业的投资。这种观念已被越来越多的社会和人所接受。人接受教育是为了获取一定的知识,以提高自身的智力与技术水平。从一个人的成长过程来看,人的教育分为两个方面:一方面是社会知识,另一方面是书本知识。社会知识主要来源于社会经验,随着年龄及社会经历而增加;而书本知识则来源于国家在教育方面的投资,且随着教育程度的提高,其获取的书本知识也就越多,社会付出的教育投入也越大。因此,在计量交通事故受害者教育损失时,应包括这两个方面的教育投入。

教育方面的投资主要由教育成本和学生在校期间放弃的收入这两部分组成。

社会知识是在人类社会生存的社会大环境中所获得的一些基本知识。社会知识是随着人的年龄、阅历的增加而迅速增长的,不同年龄的人其社会知识程度是不同的,其社会知识的投入也是不同的。

7) 受害者及亲友工厂的生产损失

当一名职工遭受到交通事故时,还会影响到其工作单位的经济效益。按照我国交通事故处理法规规定:职工因交通事故死亡或者残疾丧失劳动能力的,按照本办法的规定处理后,职工所在单位还应当按有关部门的规定给予抚恤、劳动保险待遇。同时,伤亡事故还会导致受伤者的工厂损失生产量,这个损失费用包括雇佣和培训临时或永久性因事故不能工作者的替换人员,以及由于同事谈论事故而对生产造成的干扰。

8) 事故相关救援部门的费用

当道路交通事故发生后,交通、医疗、消防部门必须立即解决其引起的一系列的后果。不仅需要出动交通警察、救护人员和消防人员,同时也会因事故而使并不畅通的道路上增加警车、救护车、消防车及清障车,因此交通事故同样会给这些部门带来一定的物质消耗。

(1) 医疗部门的损耗。由以下三个部分组成:医护人员的出诊费用,急救车辆的直接损耗和车辆的折旧费用,医疗器械、急救药品的损耗。已计入医疗费用之中的部分,在此不再重复计入。

(2) 交通管理部门的损耗。交通事故处理、管理人员的服务、交通事故管理部门运输车辆的损耗。

(3) 消防部门的损耗。消防人员的服务,消防材料的消耗。

(4) 保险部门的损失。对于参加保险的车辆与事故受害者,他们还需要由保险部门提供意外损失的赔偿费用,而对于社会整体而言,这是保险部门保险费用的支出,若不发生事故,这笔开支是可以用于国家其他方面的经济建设的。所以,从社会的角度来看,交通事故也引起保险部门的一定经济损失。

(5) 交通管理、医疗、消防、法院、保险部门的行政费用。

9) 交通事故造成交通阻塞的延误损失

根据美国联邦公路管理局估算,因事故导致的阻塞损失的车辆小时占整个交通阻塞的60%。因为一旦道路交通事故发生,它使公路上还要增加警车、拖拉车、急救车及救火车等,这些都会进一步导致公路上车流速度下降,从而使阻塞时间延长。即事故导致的阻塞其影响要更大。根据国外事故统计的结果,特大事故占整个事故的5%,重大事故占事故总数的25%,一般事故占事故的70%;特大事故造成的延误一般持续10～11h。不同种类的事故产生的交通阻塞时间是不同的。

基于上述数据,不同交通事故造成的交通延误计量方法如下:特大事故延误约11h,每起事故导致3000辆车的延迟,即特大事故阻塞延误为33000辆小时;重大事故延误约 1h,每起事故导致 1200 辆车的延迟,即重大事故阻塞延误为 1200 辆小时;一般事故延误约 30min,每起事故导致 600 辆车的延迟,即一般事故阻塞延误为 300 辆小时。

交通事故阻塞的经济损失＝交通阻塞的车辆小时×单位时间里的国内生产总值

10) 事故造成的财物损失

交通事故造成财产直接损失常常表现为车辆、货物、设施等的损坏。这里所指的设施主要为:道路、道路安全设施及在道路上和其附近的其他设施,如房屋、电力、水利设施、树木花卉等。

交通事故造成的财物损失分为直接损失与间接损失。交通事故给当事双方造成的车辆、财物、运载物资、牲畜的伤害等作为直接财物损失。道路交通事故给当事双方外的第三方带来的财物损失,如发生事故时,汽车撞坏了输电线,使得附近工厂停产,或中断了附近农田的灌溉等,这种给第三方带来的损失定义为交通事故造成的间接财物损失。

在交通事故造成的直接损失中,有关车辆损失的费用包括:修理费用、代替车使用费用、停车补偿费、车辆购置、替换费用等。

11) 空气噪声污染的损失

车辆废气排放量与车流量、车型、燃料、运行状态、道路条件及地理气象等有着密切的关系。由交通事故引起的阻塞造成车辆行驶速度降低,行驶时间延长,耗油量增加,致使 CO、HC 等污染物排放量成倍增加。

参 考 文 献

巴布可夫 Вφ. 1990. 道路条件与交通安全. 景天然,译. 上海:同济大学出版社.

公安部交通管理局. 2008. 中华人民共和国道路交通事故统计年报(2007 年度). 北京:公安部交通管理科学研究所.

过秀成. 2001. 道路交通安全学. 南京:东南大学出版社.

李作敏,杜颖. 1993. 交通工程学. 北京:人民交通出版社.

任福田. 1987. 交通工程学导论. 北京:中国建筑工业出版社.

王炜,过秀成. 2000. 交通工程学. 南京:东南大学出版社.

Hills P J, Jones-Lee M W. 1983. Costs of traffic accidents and the valuation of accident prevention in developing countries. PTRC Summer Annual Meeting. London: PTRC Education and Research Services.

Kragh B C, Miller T R, Reinert K A. 1986. Accident costs for highway safety decision making. Public Roads, 50(1): 15—20.

第8章　国外沥青路面设计方法简介

现代道路技术已经经过了一百多年的发展历史,从最初的泥土路面、砂石路面、稳定土路面,到现在的沥青混凝土路面和水泥混凝土路面,路面材料发生了根本性的变化。路面使用性能逐步改善,行车舒适性和安全性逐渐提高,行车速度和道路通行能力也得到根本性的改变。与此同时,通过对道路建设经验的逐步总结和提高,通过吸收相关学科的先进理论和技术,道路路面设计理论和方法逐步发展和完善,使设计方法更加符合路面的力学状况,更加符合道路使用的实际情况,也更加科学。

柔性路面是世界上应用最广泛的路面类型之一,除目前的沥青混凝土路面外,最初的泥土路面、砂石路面也可归类于柔性路面。柔性路面一般为多层结构,所使用的材料具有非线性特点,材料性能受多种因素的影响,不仅使用条件、环境条件对路面的力学性能产生影响,而且荷载的大小等也对路面材料的性能产生影响。此外,柔性路面破坏具有不同的形式和特点,难于选择某种单一指标代表柔性路面的总体破坏情况。因此,柔性路面设计方法一直是道路研究工作者研究的重点内容。直到现在,柔性路面设计方法不仅没有得到完全的统一,不同国家采用了不同的设计理论和方法,而且仍是当前和今后道路工作者研究的热点和难点,众多研究者引进新的理论和方法,应用先进的手段和技术,试图对柔性路面设计方法进行更合理、更科学的改进和完善。

综合分析柔性路面设计方法的历史和现状,柔性路面设计方法大致可以分为经验法、力学分析法、力学-经验法三种类型。经验法是以试验路试验数据、道路建设和使用经验为依据而进行经验模拟的一种设计方法;力学分析法则是将路面结构简化为一个力学模型,通过力学分析来确定结构参数的设计方法;力学-经验法是在对路面结构分析的基础上,考虑环境、交通条件及路面损坏特征等道路建设和使用经验而设计道路路面结构的设计方法。

本章以沥青混凝土路面结构设计理论和方法为重点,对国外相关类型设计方法进行简要介绍,并与我国设计方法进行一下对比。

8.1　沥青路面设计方法概述

1. 经验法

经验法主要通过对试验路或使用中的道路的试验观测,建立路面结构(结构层组合、厚度和材料性质）、荷载（轴载大小和作用次数）和路面性能三者间的经验关系，用于指导以后的路面结构设计。

CBR 法以 CBR 作为路基土和路面材料（主要是粒料）的性质指标。通过对已损坏或使用良好的路面的调查和 CBR 测定，建立起路基土 CBR-轮载-路面结构层厚度（以粒料层总厚度表征）三者间的经验关系。利用此关系曲线，可以按设计轮载和路基土 CBR 确定所需的路面层总厚度。路面各结构层次的厚度，按各层材料的 CBR 进行当量厚度换算。不同轮载的作用按等弯沉的原则换算为设计轮载的当量作用。日本的 TA 法就是一种基于 CBR 的经验设计方法。

AASHTO 法是在 AASHO 试验路的基础上建立的。整理试验路的试验观测数据，得到了路面结构-轴载-使用性能三者间的经验关系式。路面结构中的路基土采用回弹模量表征其性质，路面结构层按各层材料性质的不同转换为用一个结构数（SN）表征。AASHTO 法的最大特点是采用现时服务能力指数（PSI）作为路面使用性能的度量指标。PSI 是一个由评分小组进行主观评定后得到的指标，它与路面实际状况（平整度、裂缝、车辙、修补）之间建立经验关系式。不同轴载的作用，按等效损坏（以 PSI 表征）的原则进行转换。

2. 力学分析法

力学分析法以多层弹性层状体系理论为基础，分析路面内部各部位的力学量（主要为材料的应力或不同部位的应变），以荷载作用下的应力与其本身强度的相对关系判断结构的安全性和可靠性，或以荷载作用下路基或面层累计变形计算值与设计值的对比来判断结构的安全性和可靠性。多层弹性层状体系模型存在的与实际情况的巨大差异，则通过各种修正系数予以修正。同时，路面材料的强度也为考虑疲劳荷载作用影响下的强度值。

国外的 Shell 设计方法、美国的 AI 设计方法是典型的基于力学分析的道路设计方法。在 2017 年之前的我国各版柔性路面设计规范，均是基于力学分析的道路设计方法。将道路结构简化为多层弹性连续体系，通过理论或数值分析得到路面结构内部不同部位的应力或应变，并与相应部位的材料强度、变形控制量进行对比，以判定道路结构的安全性。具体控制指标包括路面弯沉、沥青面层和基层的抗弯拉强度等。

3. 力学-经验法

力学-经验法首先分析路面结构在荷载和环境作用下的力学反应量（应力、应变、位移），利用在力学反应量与路面性能（各种损坏模式）之间建立的性能关系模型，按路面性能设计要求设计路面结构。在设计过程中考虑了荷载作用下路面结构内部的力学工作状态，考虑了路面结构材料的力学特性，考虑了交通疲劳荷载的特点,还考虑了路面的服务功能,因此设计成果与路面实际状态具有较好的一致性。

从 20 世纪 60 年代初开始,各国科技人员致力于研制和实施沥青路面的力学-经验设计法,以不同的方式将力学分析和路面的使用状态结合起来,成为力学和经验相结合的力学-经验设计方法。

上述的美国沥青协会(AI)法和壳牌(Shell)法也是力学-经验设计法的一个类型。在第一届沥青路面结构设计国际会议(1962 年)上,壳牌公司的 Peattie 和 Dormon 分别提出了力学-经验法设计沥青路面的框架:以弹性层状体系(三层)代表路面结构,计算分析圆形均布轮载作用下结构内各特征点的应力、应变和位移,以沥青面层的疲劳开裂以及路基土和粒料层的过量永久变形作为沥青路面的主要损坏模式,选用面层底面在荷载重复作用下的拉应变以及路基顶面的压应力或压应变作为设计指标。这一设计框架成为随后进行并完成的 Shell 设计方法的雏形。

美国的 NCHRP 1-37A 沥青路面设计方法也是典型的沥青混凝土路面的力学-经验设计方法。该方法通过多层弹性体系模型计算路面内部各力学参量,通过相关试验和调查数据建立路面内部力学参量与路面的抗开裂性能、抗车辙性能、抗疲劳性能等使用性能之间的关系模型。对于给定的道路,可根据环境条件、交通条件、材料类型等,确定路面使用性能技术要求,最后根据上述关系模型和力学分析,设计出符合力学要求和使用性能要求的道路路面结构。

我国于 2017 年颁布了《公路沥青路面设计规范》(JTG D50—2017)。在新版设计规范中,增加了沥青混合料永久变形量、路基顶面竖向压应变和路面低温开裂指数指标,改进了沥青混合料层和无机结合料稳定层疲劳开裂预估模型,取消了应用多年的路面弯沉设计指标。新规范具有力学-经验法的道路结构设计特点。

上述三种方法的划分不是绝对的,有些方法既属于力学分析的方法,又具有经验设计的成分,只是对道路路面使用性能进行了不同方式的考虑。不同的设计方法具有不同的优点和缺点,适用于不同的条件。综合来讲,力学-经验法既对路面结构进行力学分析,又对路面性能及其破坏特征等予以充分的考虑,能够比较全面地反映路面在使用状态下的变化过程,路面设计具有经济和技术性能均良好的特点。提高力学分析方法的准确性和科学性,选择最能够反映路面性能及其变化特点的路面性能数据,并建立基于力学变量和路面性能关系模型的力学-经验设计方法,是今后沥青混凝土路面设计方法的发展方向。

关于国外柔性路面设计方法,国内的相关著作和教材都有较详细的介绍。本书以柔性路面不同设计理论的特点为核心,主要对日本的柔性路面设计方法和美国的基于不同设计理论的设计方法进行介绍,使读者对柔性路面不同设计理论和方法的特点有一个比较全面的了解。

8.2 日本沥青路面设计方法简介

8.2.1 日本道路设计简介

1951年日本制定了第一个道路建设5年计划,10个5年计划后,道路总里程达到78万km。日本道路协会于1950年出版了《沥青道路铺装要纲》第一版,1962年、1975年、1978年、1988年和1992年分别进行了改版发行,对沥青路面设计方法进行了不断的改进。除该设计规范外,日本道路协会还相继制定了与沥青路面设计施工有关的标准和规程,包括:《排水沥青路面技术指南》、《厂拌旧沥青混合料再生技术指南》、《路上面层再生工法技术指南》、《路上基层再生技术指南》、《碾压混凝土路面技术指南》、《沥青路面试验方法便览》等。

2001年,日本道路协会出版了《路面设计施工指南》,该规范是对日本沥青路面设计和施工方法的重大改进,是对《沥青道路铺装要纲》的补充和提高。《沥青道路铺装要纲》和《路面设计施工指南》均为现行规范,在沥青路面设计方法方面,前者主要以TA法进行路面结构设计,而后者在保留TA设计法的前提下,引入了力学分析方法,使日本的沥青路面设计方法从纯粹的经验设计方法,过渡到经验设计和力学分析设计并用。在《路面设计施工指南》中主要还导入了"性能规定"、"可靠性设计"等新的设计施工思想,比较全面地反映了日本沥青路面设计和施工的发展现状。

本节以《路面设计施工指南》为重点,对日本沥青路面设计方法进行简要介绍。

8.2.2 日本沥青路面设计参数

日本沥青路面结构形式如图8.1所示,路面结构层包括面层(分为上面层和下面层)、基层(包括上基层和下基层)、路床(下基层以下1m的部分)和路基。

1. 路面的设计年限

路面的设计年限是指在交通荷载的反复作用下,路面具有足够整体承载能力的周期,它通常是指路面至出现疲劳开裂的使用年限。在设计时,还要考虑路面的塑性变形、透水性、平整度等性能变化情况,根据道路设计具体目标确定设计年限。

沥青路面一般设计年限为10a,对于因施工可能造成对交通重大影响的道路,可以延长道路路面设计期限。例如,对主要高速公路可按40a、国道可按20a进行路面结构设计,对于隧道内的路面结构可按20~40a设计,对交通量大的交叉口(立交)和城市的干线道路设计年限可取20a以上。当预料远景交通量不可能大幅度增加,且路面施工对交通影响不大的公路,设计周期可以适当缩短,如地方公路

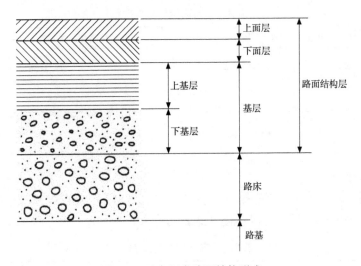

图 8.1　日本沥青路面结构形成

和城市的小区道路可以为 5a。在预计不久就有可能加宽时,可以以预计的这个周期作为设计年限。

2. 设计交通量

设计交通量是指路面设计年限内大型车的平均交通量,它与用来确定道路规划的公路设计年限最终年度的汽车交通量是不同的。当公路为单向两车道以下时,大型车交通量均以在一个车道上通过的车辆进行计算(即车道系数为 1);当单向为三车道公路时,车道系数以 0.7 计算。

当公路在设计年限内很难预测大型车交通量、公路沿线路床承载力有大的变化等情况时,应考虑进行可靠度预测。当可靠度为 50% 时,路面产生疲劳破坏的时间超过设计期限的情况出现的概率为全体的 50%,此时,交通量取预测交通量即可;同样,当可靠度为 75% 时,路面产生疲劳破坏的时间超过设计期限的情况出现的概率为全体的 75%,此时,交通量取预测交通量的 2 倍;当可靠度为 90% 时,路面产生疲劳破坏的时间超过设计期限的情况出现的概率为全体的 90%,此时,交通量取预测交通量的 4 倍。

3. 路面使用性能要求

1) 路面疲劳破坏次数

当设计年限为 10a 时,路面疲劳破坏次数的要求见表 8.1;当设计年限为其他值,如 20a、40a 时,则乘以相应的倍数。

表 8.1　路面疲劳破坏次数

路面设计交通量(单方向)/(辆/d)	疲劳破坏次数/(次/10a)
＞3000	35000000
1000～3000	7000000
250～1000	1000000
100～250	150000
＜100	30000

2）塑性变形

以车辙试验的动稳定度来评价,其要求见表 8.2。但对积雪寒冷地区、不久将进行改建等特殊情况下,可以不遵循此表的要求。

表 8.2　车辙试验的动稳定度

公路等级	设计交通量(单方向)/(辆/d)	动稳定度/(次/mm)
1类、2类、3类的1级和2级,4类的1级	3000 以上	3000
	3000 以下	1500
其他等级	—	500

注:日本公路等级划分方法请参见日本《道路构造令》。

3）路面的平整度

一般要求小于 2.4mm,对高速公路要求 1.3mm,一般公路要求 2.0mm,对地方道路要求 2.4mm。

4）排水路面

对排水性路面及透水性路面,要求路面的透水系数大于表 8.3 的要求。

表 8.3　透水系数要求

公路等级	透水系数/(mL/15s)
1类、2类、3类的1级和2级,4类的1级	1000
其他等级	300

5）其他性能

路面的抗滑性能、抗磨耗性能、噪声等性能,根据道路建设的目的、地域等,参考实际道路实测结果确定。

8.2.3　经验设计方法

经验设计法是日本沿用六十多年的主要道路设计方法,又称 TA 设计法。它是基于经验数据和使用结果的沥青路面经验设计方法,其核心为:根据路床承载力和设计交通量确定沥青路面结构层全部为沥青混凝土时的总厚度,然后通过不同材料间的等值换算,将全部为沥青混凝土的沥青路面结构层总厚度换算为使用不同材料的道路路面结构层。

1. 交通量

路面设计交通量是指设计周期内平均每天单向大型车交通量,需要考虑可靠度时,乘以前述交通量系数。单向为三车道以上的多车道公路时,根据交通量的分布状况确定大型车交通量,并可按设计交通量的 70% 计算。设计荷载为 49kN 的标准轮载,疲劳破坏次数是以 49kN 轮载循环加载至产生裂缝的次数,即累积 49kN 换算轮数计算,要求的疲劳破坏次数见表 8.1。当设计年限不是 10a 时,乘以相应的系数,如设计年限为 20a 时,可将表 8.1 的数据乘以 2 得到。

如果能对道路今后的交通量进行预测,则可以不采用表 8.1 的推荐值,可以使用预测的实际交通量进行设计。此时,不同轮载的交通量应按式(8.1)换算为标准轴载,并按式(8.2)计算设计年限内总交通量。

$$N_{49} = \sum_{j=1}^{m}\left[\left(\frac{P_j}{49}\right)^4 N_j\right] \tag{8.1}$$

$$N = \sum_{i=1}^{n}(N_{49} \times 365\alpha_i) \tag{8.2}$$

式中:N_{49}——1d 单向 49kN 换算轮数;

P_j——第 j 类轮载范围内的轮载代表值;

m——轮载范围数,$j=1\sim m$;

N_j——P_j 的通过数;

N——设计年限内的累积 49kN 换算轮数,即要求的疲劳破坏轮数;

n——设计年限;

α_i——i 年后 N_{49} 的轮载通过率的增长率,$i=1\sim n$。

2. 路基承载力

TA 法中,路基的承载力以路床、原路基(含防冻层)的设计 CBR 表示。CBR 通过钻探、取样、试验得到。对填方路段,取上部 50cm 深处的土进行试验;对挖方路段,取路床深度 50cm 处的扰动土进行试验,但当深 1m 内的土质有变化时需另取样进行 CBR 试验。当土样中含有较多砾石时,可采用承载板试验确定路基承载力系数 K,再换算为 CBR。

3. 路面结构层设计

考虑路面性能、施工因素、环境影响等,沥青面层(包括上面层和下面层)的总厚度不小于表 8.4 的规定,基层各层厚度不小于表 8.5 的规定。

表 8.4　沥青面层的最小厚度

设计交通量(单方向)/(辆/d)	面层(上面层+下面层)的最小厚度/cm
≥3000	20(15)
1000～3000	15(10)
250～1000	10(5)
≤250	5

注:括号中的数值为当上基层为沥青稳定类材料时可采用的面层总厚度。

表 8.5　不同材料基层的最小层厚度

材料及施工方法	1 层的最小厚度
沥青稳定碎石基层	最大粒径的 2 倍且不小于 5cm
其他基层材料	最大粒径的 3 倍且不小于 10cm

4. 路面结构层厚度计算

TA 法以通过试验和建设经验建立的全部为沥青混凝土的道路沥青路面结构层总厚度与交通量和路床承载力 CBR 的统计模型计算沥青路面结构层总厚度,可靠度分别为 90%、75% 和 50% 时沥青路面结构层总厚度计算公式如式(8.3)～式(8.5)所示。

$$TA = 3.84N^{0.16}/CBR^{0.3} \tag{8.3}$$

$$TA = 3.43N^{0.16}/CBR^{0.3} \tag{8.4}$$

$$TA = 3.07N^{0.16}/CBR^{0.3} \tag{8.5}$$

式中:CBR——路床承载力;

N——要求的疲劳破坏次数;

TA——沥青路面层总厚度(cm)。

上述 TA 数值为沥青路面的结构层均为沥青混凝土情况下的路面结构层总厚度,这也是 TA 称呼的来源,即 total asphalt。

从 TA 法设计理论上来讲,当路床承载力为 CBR、标准荷载交通量为 N 时,则在该路床上铺筑厚度为 TA 的沥青混凝土即可满足道路力学性能和使用功能的要求。但实际上,沥青混凝土材料价格高,材料资源紧缺,同时基于抗冻层厚度、抗水侵蚀等方面的需要,需要结合当地的材料选择合适的材料修筑道路路面各结构层。此时,根据道路路面各结构层厚度计算总沥青混凝土层厚度的计算公式如下所示:

$$TA' = \sum_{i=1}^{n} \partial_i h_i \tag{8.6}$$

式中:n——层数;

h_i——各层的层厚;

∂_i ——各层的材料换算系数,按表 8.6 所规定的数值选取。

式(8.6)中的 TA' 与式(8.3)～式(8.5)中的计算结果应基本相同。最后,校核路面结构层的抗冻厚度、施工工艺的技术要求等,不满足要求时进行相应的调整。

表 8.6　不同材料的换算系数表(TA 法)

结构层	材料及施工工艺	质量标准	等值换算系数 ∂_i
上面层、下面层	热拌沥青混合料	使用满足石油沥青技术标准的沥青、混合料满足沥青混凝土技术标准	1.00
上基层	沥青稳定碎石基层	热拌:马歇尔稳定度大于 3.43kN	0.80
		冷拌:马歇尔稳定度大于 2.45kN	0.55
	水泥及沥青综合稳定碎石基层	单轴抗压强度 1.5～2.9MPa 变形量 5～30(1/100cm) 残留强度比 65% 以上	0.65
	水泥稳定碎石基层	7d 单轴抗压强度 2.9MPa	0.55
	石灰稳定碎石基层	10d 单轴抗压强度 0.98MPa	0.45
	级配碎石、级配钢渣	修正 CBR80 以上	0.35
	水硬性级配钢渣	修正 CBR80 以上 14d 单轴抗压强度 1.2MPa	0.55
下基层	未筛碎石、钢渣、砂等	修正 CBR30 以上	0.25
		修正 CBR20 以上	0.20
	水泥稳定处理	7d 单轴抗压强度 0.98MPa	0.25
	石灰稳定处理	10d 单轴抗压强度 0.7MPa	0.25

注:"一次变形量",单轴抗压强度试验时,与最大抗压强度对应的试样的变形量;"残留强度",得到最大抗压强度后继续进行压力试验,当试样变形量再次达到"一次变形量"时,抗压强度与最大抗压强度的比值。

5. TA 法设计示例

(1) 条件。

某路基承载力 CBR=5.0;

设计年限内的设计交通量为 7000000 次;

试进行路面结构方案设计。

(2) 设计基本过程。

分别取可靠度为 50%、75% 和 90%,根据式(8.5)、式(8.4)和式(8.3)计算得到 TA 分别为 23.6cm、29.4cm 和 36.8cm。

以可靠度为 75% 的情况为例,根据上述计算结果,道路路面结构层可选择的方案举例见表 8.7,在此基础上可以结合经济性分析、材料入手的难易程度、施工条件、环境条件等因素,最终确定最优设计方案。

选取其他可靠度情况下的设计方法与此相同。

表 8.7　可靠度为 75% 时的路面结构设计方案

可靠度	75%		
TA	29.4cm		
面层	路面结构方案一	路面结构方案二	路面结构方案三
	细粒式沥青混凝土 5cm	细粒式沥青混凝土 5cm	细粒式沥青混凝土 5cm
	粗粒式沥青混凝土 5cm	粗粒式沥青混凝土 5cm	粗粒式沥青混凝土 9cm
基层	热拌沥青稳定碎石 15cm	级配碎石 40cm	级配碎石 30cm
	CBR 小于 30 的未筛分碎石 40cm	石灰稳定处理 20cm	石灰稳定处理 20cm
TA′	30cm	30cm	29.5cm
路面结构总厚度	65cm	70cm	64cm

8.2.4　理论设计方法

日本沥青路面理论设计方法主要特点如下:首先,假设路面结构断面,根据多层弹性体系理论进行力学分析计算,得到在标准车辆荷载路面结构内部的应力和应变数据;其次,根据沥青混合料和路基材料的疲劳破坏方程式,得到在上述应力或应变作用下的沥青混合料或路基的疲劳寿命;最后,对比疲劳寿命和设计交通量,如果疲劳寿命大于设计交通量,则满足设计要求,反之,如果疲劳寿命小于设计交通量,则需要调整路面结构材料或结构层的厚度,重新进行验算,直至符合疲劳寿命和设计交通量的条件为止。同时,设计过程中,对路面性能、设计年限、交通量、路基等条件应进行考虑,对路面设计方案的可靠度、经济性等也要针对具体情况进行分析,最后给出最佳设计方案。

下面对理论设计方法的具体设计过程进行简要介绍。

1. 理论法一般设计过程

1) 设计条件

(1) 路面性能。

主要以设计年限能够承受的标准轮载作用次数表示,具体以设计年限内面层混合料由于疲劳破坏产生的裂缝率及路床顶面塑性变形量表示。道路设计年限、路面设计可靠度按前述规定确定。

(2) 环境条件。

气温直接影响沥青层的温度和沥青混合料的弹性模量,在寒冷地区影响冰冻深度,为此需要设定沥青层(含沥青稳定碎石基层)的温度、冰冻深度。

沥青层的温度可以采用年、季、月的平均温度,或者采用年内各温度出现频率的计算方法进行设定。沥青层的温度通常以深度方向的平均温度表示。在沥青层温度不能实测的情况下,可根据气温推算沥青层的温度。

在寒冷地区,需通过调查确定路基冰冻深度。由气温求取冰冻深度时可利用 n 年概率的冰冻指数,冰冻深度的 70% 以上或根据经验确定需要换土的深度设置防冻层。

降雨量与透水性路面的结构设计密切相关。

(3) 交通条件。

利用多层弹性理论计算路面结构层的应变时使用 49kN 为标准轴载。其他轴载换算为标准轴载。关于可靠度的考虑,按前述规定进行。

(4) 路基条件。

根据路基条件设定弹性模量和泊松比,可以通过室内试验获得,或通过 CBR 与弹性模量的关系由 CBR 换算得到。

当由 CBR 换算弹性模量时,可按 CBR 的 2~10 倍求取,即 $E=(2\sim10)CBR$。

通常情况下,泊松比可取 0.4。当深度方向的路床由不同层次组成时,可按式(8.7)求取平均弹性模量。但表面 20cm 的弹性模量小于 20MPa 时,需要对其进行加固处理或换土。平均弹性模量的计算仅适用于路床越上部弹性模量越高的情况,如果上部的弹性模量小于下部的弹性模量,则路床全部都以软弱的层次计算,也可将软弱的层次换土或进行加固处理。

$$E_m = \left[(h_1 E_1^{1/3} + h_2 E_2^{1/3} + \cdots + h_n E_n^{1/3})/h \right]^3 \tag{8.7}$$

式中：E_m——平均弹性模量(MPa);

　　　E_n——第 n 层的弹性模量(MPa);

　　　h_n——第 n 层的厚度(cm);

　　　h——路床或路基的总厚度(cm)。

(5) 材料条件。

设定各层材料的弹性模量和泊松比,一般通过室内试验获得,沥青混合料要测定不同温度下的弹性模量。对于水泥稳定类基层材料,可以由抗压强度换算为弹性模量。不同材料的弹性模量和泊松比可按表8.8取值。

表8.8　路面各层的弹性模量和泊松比

材料	弹性模量/MPa	泊松比
沥青混合料	600~12000	0.25~0.45
水泥混凝土	25000~35000	0.15~0.25
水泥稳定材料	1000~15000 也可由强度推算	0.10~0.20 通常选用0.15
粒料基层	100~600 也可由其他力学试验推算	0.30~0.40 通常选用0.35

2) 路面结构组合设计

沥青路面的结构组合设计是假定道路结构层各层材料类型和厚度。上面层根据常用路面材料类型和厚度进行选择。对于冰冻地区应验算抗冻深度,不能满足要求时应设置防冻层。各层材料厚度的选择还要考虑施工性能、施工机械的性能等因素。

各种路面结构层所用材料的弹性模量和泊松比可按表8.8选择。在进行道路结构设计时,一般要假定几种断面形式,见表8.9,通过比较分析确定最合理断面。

表8.9　假定道路路面结构

使用位置	材料及施工方法	路面断面结构			
		No. 1	No. 2	No. 3	No. 4
上面层					
下面层					
上基层					
下基层					

3) 力学分析和疲劳寿命的计算

确定设计条件、路面材料和结构后,按多层层状弹性体系理论计算标准荷载

49kN 双轮中心下方的应变。一般来说,沥青路面的疲劳指标由沥青层下部水平方向的拉伸应变控制。而路面的结构性车辙是计算路床表面垂直方向的压缩应变。计算拉伸应变和压缩应变均采用前述平均弹性模量。

将上述计算结果代入相应的疲劳破坏方程式,计算破坏时标准轴载的次数,即疲劳寿命。当前,日本的沥青路面力学设计方法采用了美国沥青协会(AI)的疲劳方程式,如式(8.8)和式(8.10)所示。

① 沥青路面疲劳开裂方程式为

$$N_{fA} = S_A [18.4C(6.167 \times 10^{-5} \varepsilon_t^{-3.291} E^{-0.854})] \tag{8.8}$$

式中：N_{fA}——沥青路面疲劳寿命(49kN 轴载作用次数);

　　　S_A——设定的裂缝率;

　　　ε_t——沥青层下部拉伸应变。

　　　E——沥青混合料的弹性模量(MPa)。

$$C = 10^M$$

$$M = 4.84 \left(\frac{V_b}{V_b + V_v} - 0.69 \right) \tag{8.9}$$

式中：V_b——沥青路面最下层沥青混合料的沥青用量(%);

　　　V_v——沥青路面最下层使用的沥青混合料空隙率(%);

② 路床永久变形的破坏标准计算式为

$$N_{fS} = S_S (1.365 \times 10^{-9} \varepsilon_z^{-4.477}) \tag{8.10}$$

式中：N_{fS}——路床的容许标准轴载作用次数;

　　　S_S——设定的路床永久变形的常数;

　　　ε_z——路床上部的压缩应变。

4) 道路结构的力学评价

上述计算得到了某一种温度下的计算结果,之后按设计道路的温度分布情况,改变不同的温度分别计算不同温度下的疲劳寿命。

最后,根据温度分布特征进行疲劳寿命的加权计算,得到全年的道路结构疲劳寿命。其计算方法如下:

$$D_A = (1/12) \sum_{i=1}^{k} (N_i / N_{fAi}) \tag{8.11}$$

$$D_S = (1/12) \sum_{i=1}^{k} (N_i / N_{fSi}) \tag{8.12}$$

$$N_{fAd} = 1/D_A \tag{8.13}$$

$$N_{fSd} = 1/D_S \tag{8.14}$$

式中：D_A——考虑温度后,标准轴载作用一次沥青混合料产生的疲劳破坏量;

　　　D_S——考虑温度后,标准轴载作用一次路床产生的疲劳破坏量;

K——温度水平数；

N_i——温度水平 i 情况下的月份数；

N_{fAi}——温度水平 i 情况下沥青路面疲劳寿命；

N_{fSi}——温度水平 i 情况下路床的容许标准轴载作用次数；

N_{fAd}——考虑温度后的沥青混合料疲劳寿命(容许的标准轴载作用次数)；

N_{fSd}——考虑温度后的路床疲劳寿命(容许的标准轴载作用次数)。

例如,如果分别按每月的情况进行力学分析时,则 $i=1\sim12$, N_i 均等于 1；如果按每 3 个月(即按季度)分别进行力学分析,则 $i=1\sim4$, N_i 均等于 3。

对比疲劳寿命和设计交通量,如果加权疲劳寿命大于设计交通量,则该种结构满足设计要求；如果加权疲劳寿命小于设计交通量,则不满足设计要求,应予以排除。

5) 经济分析和设计结果

对上述确定的、符合设计条件的道路结构各断面方案进行经济分析比较,最终确定经济合理、技术可行的道路路面结构。

2. 理论法设计示例

所设计的公路为城市间干线公路,无地下埋设设施,不考虑冻融影响。

1) 设计条件

(1) 路面性能。

预测交通量为 2500000 次。沥青路面疲劳开裂破坏的裂缝率为 20%,由路床永久变形引起的车辙为 15mm。

(2) 环境条件。

不考虑冰冻深度,沥青层的弹性模量根据温度条件确定。实测月平均温度及推算的沥青路面温度见表 8.10。

表 8.10 实测月平均气温及推算的沥青路面温度

月份	1	2	3	4	5	6	7	8	9	10	11	12
气温/℃	5.2	5.6	8.5	14.1	18.6	21.7	25.2	27.1	23.2	17.6	12.6	7.9
沥青层温度/℃	8	8	13	21	27	31	36	38	33	26	18	12

(3) 交通条件。

路面的设计年限为 20 年,由于是干线公路,可靠度 90%,则设计交通量为预测交通量的 4 倍,即可靠度换算系数 $a=4.0$。

设计年限内预测交通量为 2500000 次。标准轮载 49kN,双轮荷载条件如

图 8.2 所示。双轮间距为 32cm，轮胎接地压强为 0.61MPa。

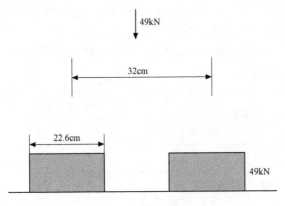

图 8.2　双轮荷载条件图

（4）路基条件。

由于路基条件较好，地下水位较低，测定的路床弹性模量为 60MPa，泊松比取为 0.4。

（5）材料条件。

根据表 8.10 所示各月路面温度数据，将沥青路面温度划分为四个水平，不同温度水平下的沥青混合料弹性模量和泊松比见表 8.11，其他材料的弹性模量和泊松比见表 8.12。

表 8.11　由温度条件确定的沥青材料的弹性模量

温度条件数	4			
温度条件	1	2	3	4
路面温度/℃	10	20	30	35
相应的月份	1,2,3,12	4,11	5,6,10	7,8,9
沥青混合料弹性模量/MPa	8000	4000	1500	700

表 8.12　各层材料的弹性模量和泊松比

材料	弹性模量	泊松比
级配碎石	400	0.35
未筛碎石	200	0.35

2）路面结构组合设计

假定设计断面见表8.13，其中上面层和下面层采用设计年限长、耐久性好的热拌沥青混凝土，上基层采用热拌沥青碎石加级配碎石，下基层采用未筛分碎石。可以看出，4种假定路面结构的类型基本相同，只是下基层的厚度有变化。

表8.13　假定路面结构

使用位置	材料及施工工艺	路面断面结构层厚度/cm			
		No. 1	No. 2	No. 3	No. 4
上面层及下面层	热拌沥青混凝土	10			
上基层	热拌沥青稳定碎石	10			
	级配碎石	20			
底基层	未筛碎石	20	25	30	35

3）力学分析和疲劳寿命的计算

按上述设计条件和断面结构，分别计算4个温度水平下，49kN标准轮载双轮中心下方沥青层下部水平方向的拉伸应变及路床表面垂直方向的压缩应变。

沥青混合料的疲劳方程和路床竖向变形的疲劳方程采用式(8.8)和式(8.10)计算。其中，V_b取12.5%，V_v取4.4%，$C=1.74$。

4）道路结构的力学评价

根据式(8.11)~式(8.14)分别计算各参数，得到考虑温度后的沥青混合料疲劳寿命(容许的标准轴载作用次数)和路床疲劳寿命(容许的标准轴载作用次数)。本例中：

$i=1\sim4, N_1=4, N_2=2, N_3=3, N_4=3$。

本例的计算流程和计算结果见表8.14。由计算结果可以看出，断面No.1和断面No.2沥青混合料的疲劳寿命符合设计要求，但路床疲劳寿命不符合设计要求，应予以排除，断面No.3和断面No.4的沥青混合料疲劳寿命和路床疲劳寿命均符合设计要求，可以作为备选方案。

5）经济分析和设计结果

对于通过力学分析得到的道路结构备选方案，应从材料、施工性能、适应性、养护维修等各方面进行综合经济和技术比较，最终确定路面结构。

本例中，由于只是下基层厚度不同，其他方面情况相同，因此，从经济性考虑，断面No.3的下基层厚度较薄、造价低，可以推荐为本路的最终路面结构。

表 8.14　理论设计法计算表

假定断面		No. 1				No. 2				No. 3				No. 4			
各层厚度/cm	热拌沥青混凝土	10				10				10				10			
	热拌沥青稳定碎石	10				10				10				10			
	级配碎石	20				20				20				20			
	未筛碎石	20				25				30				35			
温度水平		1	2	3	4	1	2	3	4	1	2	3	4	1	2	3	4
沥青混合料疲劳寿命	拉伸应变 ε_t (10^{-6})	81	118	172	194	79	116	170	193	78	115	169	192	78	114	168	192
	N_{fAd} (10^7)	2.72	1.42	0.95	1.23	2.95	1.51	0.99	1.25	3.08	1.55	1.01	1.27	3.08	1.6	1.03	1.27
	DA (10^{-8})	7.06				6.76				6.6				6.25			
	N_{fAd} (10^7)	1.42				1.48				1.51				1.53			
路床疲劳寿命	路床顶面压应变 ε_z (10^{-6})	218	276	356	420	200	250	318	372	185	228	286	332	10	208	258	296
	N_{fSd} (10^7)	3.37	1.17	0.38	0.18	4.96	1.83	0.62	0.31	7.03	2.76	1	0.51	10	4.17	1.59	0.86
	DS (10^{-8})	23				13.7				8.54				5.23			
	N_{fSd} (10^7)	0.434				0.729				1.18				1.91			
断面力学评价		$N_{fAd}>Na$				$N_{fAd}>Na$				$N_{fAd}>Na$				$N_{fAd}>Na$			
		$N_{fSd}<Na$				$N_{fSd}<Na$				$N_{fSd}>Na$				$N_{fSd}>Na$			

注：$Na = 2.5\times10^6 \times 4.0 = 1\times10^7$。

8.3　美国主要沥青路面设计方法

8.3.1　AASHTO 1986/1993 设计方法

1. AASHTO 设计方法简要发展历史

现在的 AASHTO 柔性和刚性路面设计方法的基础是于 20 世纪 50 年代在伊利诺伊州(Illinois)的渥太华(Ottawa)进行的路面性能试验路试验,共投资 2700万美元(按 1960 年的美元价值计算)。该试验路试验由美国各州公路工作者协会(American Association of State Highway Officials)负责进行,后来被称为AASHO 道路试验。该试验路试验包括四个双车道环路,每个长 2mi,位于将来修建的 I-80 公路。该试验路试验还包括进行特殊研究的两个小型环路试验路。每一个大的环路车道由多种不同层厚的道路结构组成,它们包括柔性路面,也包括刚性路面。每个环路由具有特定轴载的卡车进行行车试验,卡车每天行驶 16h,每间隔 14d 收集路面性能评价指标的参数变化情况,包括路面的平整度和破损。对于每一个具有不同路面结构的试验路路段,路面性能数据的采集持续到路面功能完全丧失,即路面的服务指数 PSI 下降到 2.0 以下。在所有的试验路段中,部分路段在 1958~1960 年丧失其使用功能。

虽然该短期加速破坏试验路具有一定的局限性,它没有考虑环境的影响,但通过该试验路第一次得到了在控制荷载作用下的路面性能变化数据库,对数据库数据的统计分析结果,得到了路面功能丧失时的轴载作用次数、结构特性(即结构数SN)及轴载组合和轴载等之间的统计关系。利用这些统计关系建立了当量轴载因数,即 ESAL(equivalent single-axle load),建立了第一个柔性和刚性路面的经验设计公式。这些早期的数据形成了 AASHTO 的路面设计方法,并且直到今天仍在采用。

根据试验路得到的当量轴载因数,即 ESAL 的计算公式如下:

$$\text{ESAL}_x = P_{80}/P_x \tag{8.15}$$

式中:P_{80}——轴载 80kN 导致路面破坏的作用次数;

P_x——轴载 xkN 导致路面破坏的作用次数;

ESAL_x——轴载为 xkN 的当量轴载因数。

当给定荷载时,ESAL 与路面结构厚度和选定的路面服务性能破坏指标有关。

根据试验路得到的道路结构数 SN 计算公式如下:

$$\text{SN} = a_1 D_1 + a_2 m_2 D_2 + a_3 m_3 D_3 \tag{8.16}$$

式中:D_1、D_2、D_3——沥青路面的沥青混凝土层、基层和底基层的厚度(in);

m_2、m_3——与道路基层和底基层的排水性有关的系数,排水能力越好,该数
值越大;

a_1、a_2、a_3——结构层系数,是根据现场弯沉测量反算的路面结构层弹性模量
来等效假定的。

从 AASHTO 路面设计方法的发展历史可以看出,AASHTO 路面设计方法
是基于试验路数据的设计方法,它建立了路面结构、轴载作用次数与路面性能变化
之间的统计关系,通过规定路面性能的允许变化量、预测交通量,可以得到路面结
构数,从而设计出所需要的路面结构。

2. 交通引起的路面服务指数下降

由交通造成的路面服务指数下降量可由基于 AASHO 道路试验的数据建立
的经验公式计算得到,该关系式将累计 ESAL 和路面服务指数下降量 ΔPSI 建立
了对应关系,如式所示(英制单位):

$$\lg W_{18} = Z_R S_0 + 9.36 \lg(SN+1) - 0.20$$

$$+ \frac{\lg\left(\dfrac{\Delta PSI}{4.2-1.5}\right)}{0.4+\dfrac{1094}{(SN+1)^{5.19}}} + 2.32 \lg M_R - 8.07 \tag{8.17}$$

式中: W_{18}——引起服务指数发生 ΔPSI 改变的 ESAL 数;

　　　 SN——结构数;

　　　 M_R——路基回弹模量;

　　　 Z_R、S_0——分别为预测路面服务性能时的标准偏差和标准误差。

Z_R 根据正态分布,按一定的可靠度取值。S_0 包括了在交通量预测和路面服务
寿命(即服务指数达到 2.0 的寿命)预测两方面产生的标准误差。上述两个数值为
不确定量,根据道路情况和预测准确度情况确定。

计算示例 1　计算一个新建的、具有中等排水性能(即水能够在一个星期的时
间内从路面内排出)的沥青混凝土路面所需要的路面层厚度。假设路面结构达到
饱和的时间的频率低于 1%。同时给出如下数据:

假设在最大使用年限 12a 内的 ESAL=2500000;

路基回弹模量=30000lb/in^2(206.8MPa);

设计可靠度=95%;

预测路面服务性能的标准误差=0.40;

ΔPSI=2.2(即从 4.2 降低到 2.0)。

则把给定的参数值代入式(8.17),得到

$$6.397 = -1.64504 + 9.36 \lg(SN+1) - 0.20$$

$$+\frac{\lg\left(\dfrac{2.2}{4.2-1.5}\right)}{0.4+\dfrac{1094}{(SN+1)^{5.19}}}+2.32\lg30000-8.07$$

解上述方程,得到 SN 的值为 2.4。用式(8.16)把 SN 分解为路面各层的层厚度。根据题意,具有中等排水性能路面的 SN 在 1.25～1.15,对应的系数 m_2 和 m_3 均为 1.2。对于新建沥青混凝土路面,沥青混凝土路面面层、基层和底基层的结构层系数 a_1、a_2 和 a_3 分别为 0.44、0.14 和 0.11。将这些参数带入式(8.16),则

$$2.4=0.44D_1+0.14\times1.2D_2+0.11\times1.2D_3$$

即

$$2.4=0.44D_1+0.168D_2+0.132D_3$$

很显然,路面结构层的组合并不是唯一的,可以根据式(8.16)逐层计算 SN,最后得到各层的厚度。具体计算图示如图 8.3 所示,计算方法如下:假定第一层的沥青混凝土层为路面结构层,下面的基层作为支撑层,则可以得到 SN_1;假定基层和沥青混凝土面层为结构层,下面的底基层为支撑层,则可以得到 SN_2;假定底基层、基层和沥青混凝土面层为结构层,下面的路基为支撑层,则可以得到 SN_3。这样可以得到各结构层的厚度值,计算结果见表 8.15,此时基层和底基层的模量分别为 70000lb/in^2（482MPa）和 50000lb/in^2（344MPa）。在实际工作中,还要考虑施工层最小厚度,并考虑成本最低,综合各因素后确定路面结构各层的厚度。

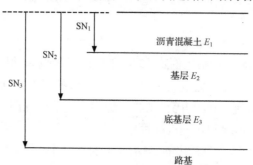

图 8.3　结构层计算图示

表 8.15　结构数及结构层厚度计算结果

步骤	支撑层的模量/(lb/in²)	SN	厚度计算过程	各层厚度/in
1	70000	1.75	$D_1=1.75/0.44=3.97$	4.0
2	50000	1.99	$D_2=(1.99-4\times0.44)/0.168=1.36$	2.0
3	30000	2.40	$D_3=(2.40-4\times0.44-2\times0.168)/0.132$ $=2.3$	3.0

3. 由环境造成的路面性能下降

1993 年版 AASHTO 路面设计指南考虑了由于路基土膨胀和冻胀引起的路面性能的下降问题。由路基土膨胀引起的路面性能损失 $\Delta\mathrm{PSI}_{\mathrm{SW}}$ 是使用时间 t（年数）的函数，如下所示：

$$\Delta\mathrm{PSI}_{\mathrm{SW}} = 0.00335 V_{\mathrm{R}} P_{\mathrm{S}}(1 - \mathrm{e}^{-\theta t}) \tag{8.18}$$

式中：V_{R}——路基土膨胀引起的竖向变形量（in），是路基土塑性指数的函数，可由相关图表获得。

P_{S}——受路基土膨胀影响的路面面积占路面总面积的百分率；

θ——路基土的膨胀率，可以由相关图表获得。

由路基土冻胀引起的路面性能损失 $\Delta\mathrm{PSI}_{\mathrm{FH}}$ 是使用时间 t（年数）的函数，如下所示：

$$\Delta\mathrm{PSI}_{\mathrm{FH}} = 0.01 p_{\mathrm{f}} \Delta\mathrm{PSI}_{\mathrm{max}}(1 - \mathrm{e}^{-0.02\varphi t}) \tag{8.19}$$

式中：$\Delta\mathrm{PSI}_{\mathrm{max}}$——冻胀引起的路面性能损失最大值，由根据试验数据绘制的图表获得；

p_{f}——主观判断的发生冻胀可能性的百分率；

φ——路基土的冻胀率（mm/d），根据路基土统一分类（USC），由相关诺莫图查取。

计算示例 2　计算一已服务超过 12 年的柔性路面的路面性能损失。路基为中等排水、低塑性黏土（根据 USC 系统定为 CL），按重量计算小于 0.02mm 的颗粒少于 60%，塑性指数为 26%。路基厚度为 25ft，暴露于高潮湿环境，有中等水平的结构断裂。受路基土膨胀影响的路面面积占路面总面积的 50%，发生路基土冻胀的可能性估计为 45% 时，冻结深度为 2ft。

首先计算由于路基土膨胀引起的路面性能损失。查有关图表，$V_{\mathrm{R}}=0.5\mathrm{in}$，$\theta=0.15$。把这些值代入式（8.18），则

$$\Delta\mathrm{PSI}_{\mathrm{SW}} = 0.0033505 \times 50 \times (1 - \mathrm{e}^{-0.15\times12}) = 0.07$$

然后，估计由路基土冻胀引起的路面性能损失。查有关图表，$\Delta\mathrm{PSI}_{\mathrm{max}}$ 为 0.6，φ 为 3mm/d。把这些值代入式（8.19），则

$$\Delta\mathrm{PSI}_{\mathrm{FH}} = 0.0145 \times 0.6(1 - \mathrm{e}^{-0.02\times3\times12}) = 0.138$$

把上面两个因素引起的路面性能损失相加，则由环境引起的路面性能损失量为

$$\Delta\mathrm{PSI}_{\mathrm{SWFH}} = 0.208（近似值）$$

4. 路面使用性能预测

实际工作中需要预测在环境和交通荷载综合作用下的路面使用性能，但上述

分析中,由交通引起的路面性能损失是累计交通量的函数,而由环境引起的路面性能损失是使用年限的函数。因此,可以将累计交通量 ESAL 假设为使用时间的函数,则可以考虑环境和交通荷载综合作用下的路面使用性能变化。计算方法可以由以下示例说明。

计算示例 3 假设道路的交通量数据如计算示例 1 所示,路基条件如计算示例 2 所示。假定交通量的年增长率为 3%。计算考虑环境和交通荷载因素综合作用下,计算示例 1 中道路路面的使用寿命。

根据给定的交通量条件,可以得到 ESAL 与使用年限的关系,如图 8.4 所示。

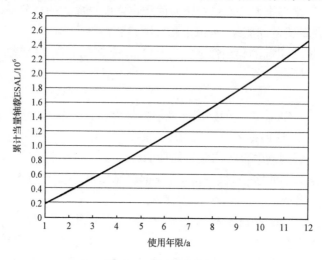

图 8.4　ESAL 增长图

路面使用寿命的计算是通过试算得到的。根据条件,路面性能总的损失量为 2.2。先假定一个道路路面使用年限,如 9a,则可以根据式(8.18)和式(8.19)计算由于环境引起的路面损失量,总损失量减去该损失量则为由交通荷载引起的路面性能损失量。根据由交通荷载引起的路面性能损失量和式(8.17),可以计算出累计 ESAL。计算值与图 8.4 中的数值对比,如果二者不符则通过调整假设的使用年限,直至假设的使用年限与计算年限相同为止。计算过程见表 8.16。

表 8.16　路面寿命预测计算过程

计算步骤	假定使用年限/a	由环境引起的路面性能 PSI 的损失	由交通荷载引起的路面性能 PSI 的净损失	计算的路面使用寿命/a
1	9	0.175	2.2−0.175=2.025	11.6
2	10	0.187	2.2−0.187=2.013	11.3
3	11	0.198	2.2−0.198=2.002	11.0

例如,假定使用寿命为 9a,根据式(8.17)计算如下:

$$-1.645 \times 0.4 + 9.36\lg(2.4+1) - 0.20 + \frac{\lg\left(\dfrac{2.025}{4.2-1.5}\right)}{0.4 + \dfrac{1094}{(2.4+1)^{5.19}}}$$

$$+ 2.32\lg 30000 - 8.07 = 6.3794$$

即 W_{18}=2395729ESAL,根据图 8.4,该累计交通量时的使用年限是 11a。然后假定使用寿命为 11a,经计算,其计算结果也为 11a,假定值与计算结果相同,则该路面性能从 4.2 降低到 2.0 的使用年限为 11a。上述计算过程通过编制通用计算软件可以很方便地得到计算结果。

8.3.2　沥青协会设计方法

美国沥青协会(AI)提出了柔性路面的理论设计方法,并正如前面所述,该方法被日本的理论设计方法所借鉴。该方法基于两个路面破坏控制指标:一为通过控制沥青混凝土面层底部拉应变来控制柔性路面的疲劳裂缝破坏;二为通过控制路基顶面的压应变来控制导致柔性路面出现车辙破坏的塑性变形。

导致路面疲劳裂缝破坏的沥青混凝土面层底部拉应变与疲劳寿命的关系可用式(8.20)表示

$$N_f = 0.0795\varepsilon_t^{-3.291} E^{-0.854} \tag{8.20}$$

式中:N_f——沥青路面的疲劳寿命;

ε_t——沥青混凝土面层底部拉应变;

E——沥青混凝土层的弹性模量(lb/in^2)。

路面疲劳裂缝破坏的判断标准是疲劳裂缝面积达到轮迹面积的 10%。由于沥青混凝土的弹性模量随温度和荷载而变化,因此,N_f 和疲劳破坏率也随季节和车速等而变化。

导致沥青路面出现车辙破坏的路基顶面竖向压应变与疲劳寿命的关系可用式(8.21)表示

$$N_r = 1.365 10^{-9} \varepsilon_v^{-4.477} \tag{8.21}$$

式中:N_r——沥青路面的车辙破坏疲劳寿命;

ε_v——路基顶面竖向压应变。

沥青混凝土路面出现车辙破坏的判断标准是车辙深度达到 12.5mm(0.5in)。

沥青混凝土面层底部的拉应变和路基顶面的压应变可以根据层状弹性理论,利用不同的计算方法计算得到。为便于应用,AI 利用 DAMA 计算程序计算了不同组合情况下的路面力学参数,并绘制了不同温度条件下的路基回弹模量、基层类型和厚度、设计当量交通量与沥青面层厚度之间关系的诺莫图,基层材料包括未处理碎石和乳化沥青稳定碎石,年平均气温(mean annual air temperature,MAAT)

划分为 7℃、15.5℃和 24.4℃三种。

年平均气温 MAAT 为 7℃、基层为未处理碎石情况下的沥青混凝土面层厚度诺莫图如图 8.5 所示。

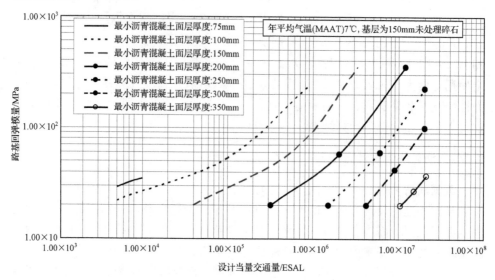

图 8.5　沥青混凝土面层厚度计算诺莫图(温度 7℃、150mm 未处理碎石基层)

图中曲线数字为最小沥青混凝土面层厚度

计算示例 4　在未处理的碎石基层上铺筑沥青混凝土面层,要求能够适应 300 万 ESAL 的交通量而不出现疲劳裂缝破坏或车辙破坏,路基回弹模量为 100MPa,年平均气温 MAAT 是 7℃。

设计计算过程如下:

对于上述问题,可以利用图 8.5 所示诺莫图进行简便的设计计算。取基层的材料厚度为 150mm,从诺莫图 8.5 可以查知,沥青混凝土面层厚度约为 180mm。如果查基层厚度为 300mm 的诺莫图,则可以得到另一个设计结果。因此,设计结果也不是唯一的,可以通过不同方案的经济和技术比较,最后确定最合理的路面结构方案。

上述计算是通过诺莫图进行的,可以预先通过计算绘制多种诺莫图,便于在各种条件下查用。当然也可以利用计算程序计算不同条件下的路面结构内部的力学参量,采用式(8.20)和式(8.21)的约束条件,最后得到满足约束条件的路面结构层组合及其厚度。

AASHTO1993 方法和 AI 方法不能进行直接比较,前者是以由试验路得到的模型为根据的路面厚度设计方法,主要关注路面服务性能的变化;后者则是基于路面结构力学分析的设计方法,并主要关注路面的疲劳裂缝和车辙两种破坏,而对路面的服务性能则不重点考虑。

8.3.3　NCHRP 1-37A 设计方法

美国 NCHRP 1-37A 研究采用了力学-经验的柔性路面设计方法。该方法首先计算路面结构对交通荷载的响应（如应力、应变），然后将其转化为导致路面性能随使用时间下降的路面的损坏或破坏。路面结构对交通荷载的响应可应用层状弹性体系理论进行计算，如可以采用 JULEA(Jacob Uzan layer elastic analysis)计算机软件进行计算。

NCHRP 1-37A 设计方法以疲劳裂缝（由上而下和由下而上）、所有结构层的压缩变形产生的车辙和路面平整度作为路面破坏的指标。荷载以轴载谱形式输入，其他输入参数还包括年均日交通量(average annual daily truck traffic, AADTT)、月调整系数(monthly adjustment factors, MAF)、卡车类型、代表日内卡车交通量分布等。该设计方法已经被编制为 NCHRP 1-37A 设计软件，可以从 www. trb. org 网站下载（注意 NCHRP 1-37A 软件仅能以英制单位代入）。

下面对用于柔性路面性能预测模型的路面破坏方程式进行介绍，但这些方程式还处于探讨阶段，在今后的研究和探讨中可能会得到进一步的完善或修正。

1. 疲劳破坏

1）疲劳裂缝

疲劳裂缝指由下而上的龟纹状裂缝和由上而下的纵向裂缝。用于计算产生由下而上和由上而下疲劳裂缝的疲劳寿命 N_f 的公式是由 Finn 提出的，并被 AI 理论设计方法采用，如下所示：

$$N_f = 0.00432 k_1' \, C \left(\frac{1}{\varepsilon_t}\right)^{3.9492} \left(\frac{1}{E}\right)^{1.281} \tag{8.22}$$

式中：ε_t——沥青混凝土层拉应变；

$\quad\quad E$——面层的弹性模量(lb/in²)；

$\quad\quad C$、k_1'——统计常数。

C 的计算公式见式(8.23)和式(8.24)。

$$C = 10^M \tag{8.23}$$

$$M = 4.84 \left(\frac{V_b}{V_a + V_b} - 0.69\right) \tag{8.24}$$

式中：V_b、V_a——沥青结合料体积、混合料总体积，均以混合料总体积的百分比表示。

$\quad\quad k_1'$——沥青混凝土层厚度 h_{ac}(in)的函数，对于由下而上和由上而下的疲劳裂缝，其计算方法分别如式(8.25)和式(8.26)所示。

$$k_1' = \frac{1}{0.000398 + \dfrac{0.003602}{1 + e^{11.02 - 3.49 h_{ac}}}} \tag{8.25}$$

$$k_1' = \frac{1}{0.01 + \dfrac{12}{1 + e^{15.676 - 2.8186 h_{ac}}}} \tag{8.26}$$

由下而上和由上而下的疲劳破坏累积数(百分比)计算公式参考了 Miner 的假说,如下所示:

$$FD = \sum \frac{n_{i,j,k,l,m}}{N_{i,j,k,l,m}} \times 100 \tag{8.27}$$

式中:$n_{i,j,k,\cdots}$——在 i,j,k,l,m 情况下荷载作用次数;

$N_{i,j,k,\cdots}$——在 i,j,k,l,m 情况下可导致疲劳开裂的荷载作用次数;

i——月,用于说明由于基层和路基含水量变化及沥青路面温度变化引起的以月为单位产生的模量的变化;

j——一天中的时间,用于说明沥青混凝土模量以小时单位发生的变化;

k——轮轴种类(单轴、双轴、三轴、四轴);

l——每种轮轴的荷载水平;

m——车道分布,假定车轮行走横向呈正态分布。

温度和湿度变化应用改进的综合气候模型(enhanced integrated climatic model)计算,气候参数应用设计道路所在地区的数据。NCHRP 1-37A 计算软件,包括了一套层状弹性体系计算方法计算沥青混凝土层的拉应变,利用式(8.22)计算导致路面疲劳破坏的不同荷载分布和大小的荷载作用次数。另外,对于分析对象地点的荷载实际作用次数进行推测(推测方法参见 *Pavement Design and Materials* 第 2 章有关内容),利用式(8.27)计算疲劳破坏累计数 FD。

由下而上疲劳裂缝面积 FC(占车道总面积的百分数)计算如下:

$$FC = \frac{100}{1 + e^{c_2'(-2 + \lg FD)}} \tag{8.28}$$

式中:FD——根据式(8.27)计算的由上而下的纵向疲劳破坏累积数(百分数)。

c_2' 计算方法如下:

$$c_2' = -2.40874 - 39.748(1 + h_{ac})^{-2.856} \tag{8.29}$$

由上而下纵向疲劳裂缝面积 FC(ft/mi)计算如下:

$$FC = \frac{10560}{1 + e^{(7.0 - 3.5 \lg FD)}} \tag{8.30}$$

式中:FD——根据式(8.27)计算的由上而下的纵向疲劳破坏累积数(百分数)。

计算示例 5　一公路段由下而上的疲劳破坏数达到 15%,沥青混凝土层的厚度为 20cm(7.87in),推测其疲劳裂缝率。

解　利用式(8.29)来计算系数 c_2',如下所示:

$$c_2' = -2.40874 - 39.748(1 + 7.8)^{-2.856} = -2.487$$

代入式(8.28),得

$$FC = \frac{100}{1 + e^{-2.487(-2 + \lg15)}} = 11.41\%$$

2) 车辙破坏

NCHRP 1-37A 指南通过求出每一路面结构层塑性变形和路基塑性变形的总和来计算车辙破坏。首先将每一层分为很多小层 i,然后计算每一小层的塑性应变,最后通过式(8.31)来计算最终的塑性变形(PD)。

$$PD = \sum_{i=1}^{n} \varepsilon_p^i h^i \tag{8.31}$$

式中：ε_p^i——第 i 小层的塑性应变;

　　　h^i——第 i 小层的厚度;

　　　n——分的小层总数。

每个小层的塑性应变 ε_p 通过利用线弹性模型计算的竖向弹性应变 ε_v 计算,如下所述。

(1) 沥青混凝土面层的塑性应变。

沥青混凝土层的塑性应变 ε_p 是通过层状弹性体系分析方法获得的竖向弹性应变 ε_v 计算的,计算公式为

$$\frac{\varepsilon_p}{\varepsilon_v} = k_1 10^{-3.4488} T^{1.5606} N^{0.479244} \tag{8.32}$$

式中：T——沥青混凝土层的温度(°F);

　　　N——累计荷载作用次数;

　　　k_1——受深度约束的标准修正系数,随深度不同而不同,如下所示：

$$k_1 = (c_1 + c_2 \text{depth})0.328196^{\text{depth}} \tag{8.33}$$

其中

$$c_1 = -0.1039 h_{ac}^2 + 2.4868 h_{ac} - 17.342 \tag{8.34}$$

$$c_2 = 0.0172 h_{ac}^2 - 1.7331 h_{ac} + 27.428 \tag{8.35}$$

计算示例 6　当温度为 85°F,进行 1、10、10^2、10^3 次循环加载后,路面沥青混凝土层厚度为 0.153mm(6in),计算沥青混凝土层中间部位的塑性应变并绘制出相关图形。同时,计算进行 10^3 次循环加载后的塑性变形。已知竖向弹性应变 $\varepsilon_v = 145 \times 10^{-6}$。

解

$$h_{ac} = 6\text{in}, \quad \text{depth} = 3\text{in}$$

通过式(8.34)和式(8.35)分别计算系数 c_1 和 c_2

$$c_1 = -0.1039 \times 6^2 + 2.4868 \times 6 - 17.342 = -6.1616$$

$$c_2 = 0.0172 \times 6^2 - 1.7331 \times 6 + 27.428 = 17.6486$$

通过式(8.33)计算修正系数 k_1

$$k_1 = (-6.1616 + 17.6486 \times 3) \times 0.328196^3 = 1.654$$

所以,根据累积加载循环次数 N,使用式(8.32)来计算塑性应变 ε_p

$$\varepsilon_p = 145 \times 10^{-6} \times 1.654 \times 10^{-3.4488} \times 85^{1.5606} N^{0.479244}$$

根据加载次数 N 与塑性应变的关系可以绘制出二者的关系图,如图 8.6 所示。塑性变形通过式(8.32)计算。本例中,假设沥青混凝土为单一层,则当 $N = 10^3$ 时,其塑性变形为

$$PD = 1.569 \times 10^{-3} \times 6 = 0.009412(\text{in})(0.239\text{mm})$$

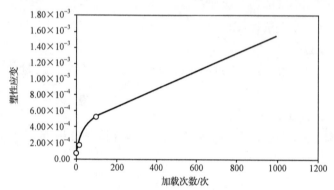

图 8.6 塑性应变与加载次数的关系(计算示例 6)

(2) 粒料基层和底基层的塑性应变。

NCHRP 1-37A 中采用由 Tseng 和 Lytton 提出的模型来计算粒料结构层的塑性应变 ε_p。同样,ε_p 是与通过线弹性理论计算的竖向弹性应变 ε_v 相关联的,ε_p 的计算公式如下所示:

$$\frac{\varepsilon_p}{\varepsilon_v} = \beta_G \left(\frac{\varepsilon_0}{\varepsilon_r}\right) e^{-\left(\frac{\rho}{N}\right)^\beta} \tag{8.36}$$

式中: N——荷载作用次数;

β、ρ——室内测定的材料性能参数;

β_G——统计常数,通常基层取 1.673,路基取 1.35。

β 和 ρ 的数值由式(8.37)和式(8.38)计算,其中 W_c 表示材料的含水率。

$$\lg\beta = -0.6119 - 0.017638 W_c \tag{8.37}$$

$$\rho = 10^9 \left[\frac{-4.89285}{1 - (10^9)^\beta}\right]^{\frac{1}{\beta}} \tag{8.38}$$

比值$\dfrac{\varepsilon_0}{\varepsilon_r}$也是材料性能参数,通过室内重复加载试验取得,$\varepsilon_r$为室内加载试验的弹性

应变水平,比值$\dfrac{\varepsilon_0}{\varepsilon_r}$的计算公式为

$$\frac{\varepsilon_0}{\varepsilon_r} = \frac{1}{2}\left[0.15\mathrm{e}^{(\rho)^\beta} + 20\mathrm{e}^{\left(\frac{\rho}{10^9}\right)^\beta}\right] \tag{8.39}$$

计算示例 7　粒料基层厚度为 10in(25.4cm),含水率为 18%,压缩应变水平 $\varepsilon_r = 250 \times 10^{-6}$。计算 $N = 1000$ 时基层的塑性应变和塑性变形。基层可视作单一层。

解　使用式(8.37)来计算材料特性参数 β
$$\lg\beta = -0.6119 - 0.017638 \times 18 = -0.9294$$
则 $\beta = 0.1177$。将 β 代入式(8.38),求出另一特性参数 ρ

$$\rho = 10^9\left[\frac{-4.89285}{1 - (10^9)^{0.1177}}\right]^{\frac{1}{0.1177}} = 0.001578 \times 10^9$$

使用式(8.39)来计算比值$\dfrac{\varepsilon_0}{\varepsilon_r}$

$$\frac{\varepsilon_0}{\varepsilon_r} = \frac{1}{2}\left[0.15\mathrm{e}^{(0.001578\times10^9)^{0.1177}} + 20\mathrm{e}^{(0.001578)^{0.1177}}\right] = 31.94$$

由于 $\beta_G = 1.673$,通过式(8.36)计算出塑性应变 ε_p,如下所示:

$$\varepsilon_p = 1.673 \times 31.94\mathrm{e}^{-\left(\frac{0.001578\times10^9}{1000}\right)^{0.1177}} \times 250 \times 10^{-6} = 1.238 \times 10^{-3}$$

基层的塑性变形的计算结果为

$$1.238 \times 10^{-3} \times 10 = 0.01238\mathrm{in}(0.31\mathrm{mm})$$

2. 平整度

NCHRP 1-37A 指南提出的平整度衰减(变化)模型是基于回归关系的模型,并作为路面破坏的独立变量。对于具有粒料基层的沥青混凝土路面,路面平整度 IRI 的计算公式为

$$\mathrm{IRI} = \mathrm{IRI}_0 + 0.0463\mathrm{SF}(\mathrm{e}^{\frac{age}{20}} - 1) + 0.00119\mathrm{TC_T} + 0.1834\mathrm{COV_{RD}}$$
$$+ 0.00384\mathrm{FC} + 0.00736\mathrm{BC} + 0.00115\mathrm{LC_S} \tag{8.40}$$

式中:IRI_0——道路路面初始(刚建成时)的平整度;

　　　$\mathrm{TC_T}$——横向裂缝的总长度(ft);

　　　$\mathrm{COV_{RD}}$——在车辙深度的变化系数;

　　　FC——轮迹处的疲劳裂缝(ft/mi);

　　　BC——块状裂缝的面积(占全部车行道面积的百分比);

　　　$\mathrm{LC_S}$——纵向裂缝的总长度(ft);

　　　age——道路使用年数;

SF——与道路现场环境有关的参数,其计算公式如下:

$$SF = \frac{R_{SD}P_{0.075}PI}{2 \times 10^4} + \frac{\ln(FI+1)(P_{0.02}+1)\ln(R_m+1)}{10} \tag{8.41}$$

式中:R_m、R_{SD}——每年降雨量的平均值和标准偏差(mm);

$P_{0.075}$、$P_{0.02}$——路基材料中粒径小于 0.075mm 和 0.02mm 的颗粒所占的比例;

FI——年平均冻结指数;

PI——路基材料的塑性指数。

3. 路面破坏模型的标定与验证

上述路面破坏模型都通过大尺寸试验路试验进行了标定和验证,这些试验路研究项目包括了明尼苏达州道路研究项目(Minnesota Road Research Project,MnROAD)、West Rack 项目和长寿命路面研究项目(Long-Term Pavement Performance Program,LTPP)。

MnROAD 项目是在 Minneapolis/St. Paul 西北部一条长 64km 的 I-94 公路上修建的 6mi 长的一段试验路,试验监测设备从应力-应变传感器到路基温度和湿度传感器,共计约 4500 个。试验路包括柔性和刚性两类路面,交通为现场实际交通,通过车辆轴载监测系统(weight-in-motion system,WIM)进行检测和统计。

West Rack 项目 11 条长 2.9km 的椭圆形试验路,位于 Reno 东南部 100km 的 Nevada 汽车研究中心内。该试验的目的是考察具有不同沥青混合料配合比的路面性能,评价路面结构和材料(即沥青含量、空隙率、集料级配等)变化对路面性能的影响。交通为 4 辆无人驾驶的带有 3 节拖车的卡车,共行驶约 2 年,计1000 万 ESAL。

LTPP 项目是开始于 1986 年的大规模试验,是美国公路战略研究计划(Strategic Highway Research Program,SHRP)的一个部分。它包括许多长度为 150m、位于美国和加拿大的试验路。试验路包括已建成的公路、正计划修建的公路路段,公路有常规公路路段(GPS),也有特殊用途公路路段(SPS)(见表 8.17 和表 8.18),已建成公路和计划修建公路的试验段的数量分别为 652 和 1262。试验路路段交通为现场实际交通,通过车辆轴载监测系统 WIM 进行检测和统计。这些试验路段试验数据的收集已经进行二十多年,在 FHWA 的统一安排下由 4 个地方性的机构进行。试验数据被设计为一个庞大的数据库,并周期性地对公众开放。试验数据包括材料、交通、环境和路面评价指标等。

表 8.17 LTPP 普通公路路段（GPS）分类

编号	路面类型
GPS1	粒料基层沥青混凝土路面
GPS2	稳定类基层沥青混凝土路面
GPS3	带传力杆的普通水泥混凝土路面
GPS4	带传力杆的钢筋水泥混凝土路面
GPS5	连续配筋水泥混凝土路面
GPS6A	在用的沥青混凝土路面上加铺的沥青混凝土面层
GPS6B	旧沥青混凝土路面上加铺新的沥青混凝土面层
GPS7A	在用的水泥混凝土路面上加铺的沥青混凝土面层
GPS7B	旧水泥混凝土路面上加铺的新的沥青混凝土面层
GPS9	旧水泥混凝土路面上加铺无连接水泥混凝土面层

表 8.18 LTPP 特殊公路路段（SPS）分类

编号	公路路段特点
SPS1	柔性路面结构数战略研究
SPS2	刚性路面结构数战略研究
SPS3	柔性路面预防性养护效果研究
SPS4	刚性路面预防性养护效果研究
SPS5	沥青混凝土路面维修
SPS6	带传力杆的水泥混凝土路面的维修
SPS7	旧水泥混凝土路面加铺有连接的水泥混凝土路面
SPS8	无重荷载条件下的环境影响的研究
SPS9	SHRP 沥青标准和混合料设计的有效性研究

上面提出的柔性路面设计模型将会进行进一步的修改和完善，并在不同的地区进行检验和验证，使柔性路面设计方法更加与实际使用情况相吻合。

参 考 文 献

邓学钧. 2005. 路基路面工程. 2 版. 北京：人民交通出版社.
姬野贤治，等. 2005. 道路工学. 东京：理工图书株式会社.
内田一郎，鬼塚克忠. 2007. 道路工学. 7 版. 东京：森北出版株式会社.

日本道路学会. 1992. 沥青路面铺装要纲. 东京:丸善株式会社.

日本道路学会. 2001. 路面铺装设计施工指南. 东京:丸善株式会社.

中华人民共和国交通运输部. 2017. 公路沥青路面设计规范　JTG D50-2017. 北京:人民交通
　　出版社.

Huang Y H. 2004. Pavement Analysis and Design. 2nd ed. New Jersey:Pearson Education,Inc.

Papagiannakis A T, Masad E A. 2007. Pavement Design and Materials. New Jersey:Pearson
　　Education,Inc.